Räume – Grenzen – Hybriditäten

Reihe herausgegeben von
Astrid M. Fellner, Saarbrücken, Deutschland
Olaf Kühne, Tübingen, Deutschland
Florian Weber, Saarbrücken, Deutschland

Im Kontext des Aufbrechens von Eindeutigkeiten durch kulturelle und soziale Hybridisierungen, durch die partielle Verschmelzung und Neuordnung von lokal, regional, national und global verlieren Grenzen wie auch räumliche Bezüge an Klarheit und Verbindlichkeit. Supranationalstaatlich einzuordnende Migrationsströme wirken bis in lokale Räume. Die Metropolisierung der Welt folgt globalen Mustern und manifestiert sich zugleich lokal sehr unterschiedlich. Und auch Kulturalität, Diversität und Gender entziehen sich einer einfach verortbaren Betrachtungsebene. Übergreifend gehen mit unterschiedlich gearteten Umbrüchen vielfältige und differenzierte In- und Exklusionsprozesse einher. Neue Grenzen werden gezogen, in Frage gestellt und verändert – physisch, kulturell, sozial, politisch, mental etc. –, wobei gleichzeitig ehemals eindeutig scheinende Unterscheidungsmuster unscharf werden. Es entstehen Felder eines *in-betweens* und sowohl-als-auchs, in dem Hybridisierungen stattfinden. Diese Uneindeutigkeiten lösen mitunter Angst aus und führen wiederum zu einem Gefühl der Sehnsucht nach Eindeutigkeit. Mit der Reihe „Räume – Grenzen – Hybriditäten" im Verlag Springer VS wird ein inter- und transdisziplinäres Forum geboten, das sich an Soziologie, Kultur- und Literaturwissenschaften, Geographie, Border Studies und weitere inhaltlich tangierte Disziplinen richtet. Ziel ist es, komplexe Veränderungsprozesse in aktueller ebenso wie in historischer Perspektive zu fokussieren sowie Grenzziehungen und gleichzeitig Hybridisierungen zu konzeptionalisieren. Die übergreifende Klammer bildet ein konstruktivistischer Zugang, mit dem die ‚Gemachtheit' und Wandelbarkeit von Räumen, Grenzen, Kulturen betont und analysiert wird.

Spaces – Borders – Hybridities Within the context of the breakdown of unequivocality through cultural and social hybridizations, through the partial merging and reorganization of the local, regional, national, and global, borders as well as spatial references are losing their clarity and binding character. Supranational migration flows also have an impact on local areas. The metropolization of the world follows global patterns and manifests itself very differently on a local level. And culturality, diversity, and gender also elude an analysis level which can be located easily. Overall, diverse and differentiated inclusion and exclusion processes go hand in hand with different types of upheavals. New borders are drawn, questioned, and changed – physically, culturally, socially, politically, mentally, etc. – while at the same time, patterns of distinction that once appeared to be clear, become blurred. Fields of in-betweens and both/ands arise, in which hybridizations take place. These ambiguities sometimes trigger fear and, in turn, lead to a feeling of longing for unequivocality.
The series "Spaces – Borders – Hybridities" from Springer VS offers an interdisciplinary and transdisciplinary forum aimed at sociology, cultural and literary studies, geography, border studies and other related disciplines. The aim is to focus on complex processes of change from a contemporary as well as historical perspective and to conceptualize borderings and hybridizations. The overarching theme is a constructivist approach, in which the "fabrication" and changeability of spaces, borders, and cultures is emphasized and analyzed.

Weitere Bände in der Reihe http://www.springer.com/series/16329

Florian Weber · Roland Theis ·
Karl Terrolion
(Hrsg.)

Grenzerfahrungen | Expériences transfrontalières

COVID-19 und die deutsch-französischen Beziehungen | Les relations franco-allemandes à l'heure de la COVID-19

Hrsg.
Florian Weber
Fachrichtung Geographie | Europastudien
Universität des Saarlandes
Saarbrücken, Deutschland

Roland Theis
Illingen, Deutschland

Karl Terrolion
Versailles, Frankreich

Mit freundlicher Unterstützung der Union Stiftung, Saarbrücken, www.unionstiftung.de.

ISSN 2662-1932   ISSN 2662-1940 (electronic)
Räume – Grenzen – Hybriditäten
Social Sciences
ISBN 978-3-658-33317-1   ISBN 978-3-658-33318-8 (eBook)
https://doi.org/10.1007/978-3-658-33318-8

Die Deutsche Nationalbibliothek verzeichnet diese Publikation in der Deutschen Nationalbibliografie; detaillierte bibliografische Daten sind im Internet über http://dnb.d-nb.de abrufbar.

© Der/die Herausgeber bzw. der/die Autor(en), exklusiv lizenziert durch Springer Fachmedien Wiesbaden GmbH, ein Teil von Springer Nature 2021
Das Werk einschließlich aller seiner Teile ist urheberrechtlich geschützt. Jede Verwertung, die nicht ausdrücklich vom Urheberrechtsgesetz zugelassen ist, bedarf der vorherigen Zustimmung der Verlage. Das gilt insbesondere für Vervielfältigungen, Bearbeitungen, Übersetzungen, Mikroverfilmungen und die Einspeicherung und Verarbeitung in elektronischen Systemen.
Die Wiedergabe von allgemein beschreibenden Bezeichnungen, Marken, Unternehmensnamen etc. in diesem Werk bedeutet nicht, dass diese frei durch jedermann benutzt werden dürfen. Die Berechtigung zur Benutzung unterliegt, auch ohne gesonderten Hinweis hierzu, den Regeln des Markenrechts. Die Rechte des jeweiligen Zeicheninhabers sind zu beachten.
Der Verlag, die Autoren und die Herausgeber gehen davon aus, dass die Angaben und Informationen in diesem Werk zum Zeitpunkt der Veröffentlichung vollständig und korrekt sind. Weder der Verlag, noch die Autoren oder die Herausgeber übernehmen, ausdrücklich oder implizit, Gewähr für den Inhalt des Werkes, etwaige Fehler oder Äußerungen. Der Verlag bleibt im Hinblick auf geografische Zuordnungen und Gebietsbezeichnungen in veröffentlichten Karten und Institutionsadressen neutral.

Titelbild: Coronavirus - Kleinblittersdorf © Oliver Dietze/dpa/picture alliance

Planung/Lektorat: Cori A. Mackrodt
Springer VS ist ein Imprint der eingetragenen Gesellschaft Springer Fachmedien Wiesbaden GmbH und ist ein Teil von Springer Nature.
Die Anschrift der Gesellschaft ist: Abraham-Lincoln-Str. 46, 65189 Wiesbaden, Germany

INHALT

**Die Rückkehr europäischer Binnengrenzen?!
Die COVID-19-Pandemie als Zäsur für Verflechtungsräume | Le retour des frontières internes dans l'espace européen ?!
La pandémie de COVID-19, une césure pour l'espace transfrontalier**

Florian Weber, Roland Theis und Karl Terrollion
Neue Herausforderungen, alte Grenzen?
Wie die COVID-19-Pandemie das deutsch-französische Verhältnis aufwirbelt   3

Florian Weber, Roland Theis et Karl Terrollion
Nouveaux défis, vieilles frontières ?
La pandémie de COVID-19 chahute les relations franco-allemandes   19

Berlin-Paris: Politische Perspektiven auf die Turbulenzen im Frühjahr 2020 | Berlin-Paris : Perspectives politiques sur les turbulences du printemps 2020

Michael Roth
Ein Schritt zurück, zwei nach vorne.
Wie die Coronakrise uns lehrte, mit Mut die grenzüberschreitende Zusammenarbeit voranzubringen   37

Markus Kerber
Für eine krisenfeste Zusammenarbeit
in der deutsch-französischen Grenzregion!
Erfahrungen und Schlussfolgerungen aus der »ersten Welle«
der COVID-19-Pandemie 45

Bruno Le Maire
France-Allemagne : une union à la hauteur des enjeux 55

Ronan Le Gleut
COVID-19 : quel impact sur le travail parlementaire
et le moteur franco-allemand pour l'Europe ? 59

Florian Weber échange avec Catherine Robinet
Comment la crise de la COVID-19 a-t-elle été vécue
par le consulat général de France en Sarre ? 71

Andreas Jung und Christophe Arend
Gemeinsam Grenzen überwinden.
Die Deutsch-Französische Parlamentarische Versammlung
in der Corona-Krise 77

Christophe Arend et Andreas Jung
Surmonter des frontières ensemble.
L'Assemblée parlementaire franco-allemande
dans la crise de la COVID-19 93

Franziska Brantner
Grenzen in Europa gemeinsam überschreiten 109

**Corona- und Grenzkrise vor Ort: Das Handeln der Politik
im regionalen und lokalen Kontext | COVID-19 et situation
de crise aux frontières : l'action politique au niveau régional
et local**

Florian Weber im Gespräch mit Tobias Hans
Gemeinsam vorangehen! 123

Florian Weber im Gespräch mit Anke Rehlinger
COVID-19 im Saarland: »Konkrete Hilfe leisten,
wo immer wir können.«   133

Jean Rottner
La COVID-19 à l'aune de l'humilité, du pragmatisme
et de la solidarité européenne   141

Patrick Weiten
« C'est la nuit qu'il est beau de croire à la lumière »
(Edmond Rostand) – la Moselle face à la COVID-19   149

Mathieu Klein
Écueils et chances de la crise sanitaire liée à la COVID-19 :
les collectivités territoriales en première ligne   163

Florian Weber im Gespräch mit Dominik Jochum
Eng verschlungen über die Grenze hinweg   173

Gérard Mittelberger
S'Coronaland Frankreich !   185

Einblicke in das deutsch-französische Krisenmanagement | Aperçus du management de crise franco-allemand

Hanno Thewes
Flatterband und Barrikaden: Grenzschließungen in der Pandemie   195

Gilbert Schuh
Chronique d'une année COVID   201

Florian Weber im Gespräch mit Christian Braun
Beherztes Handeln auf dem Winterberg: ALLE FÜR ALLE   207

Patrick Brandmaier
Deutsch-französische Wirtschaftsbeziehungen
im Zeichen der Pandemie   217

VIII   Inhalt

Florian Weber échange avec Frédéric Berner
Transformer la crise en chance pour les territoires transfrontaliers   237

**Von Grenzblockaden und Grenzüberschreitungen:
Kultur – Medien – Bevölkerung | Du retour des frontières
à la libre circulation : culture – médias – citoyens**

Florian Weber échange avec Valérie Deshoulières
Corona 2020. Du sentiment d'exil en Allemagne
à un nouveau souffle pour l'Europe ?   247

Florian Weber échange avec Marcel Adam
Juste une feuille à la frontière – mauvaise communication
et autres difficultés au quotidien   255

Carolin Dylla
Drei Monate »Grenzerfahrungen«: Was bleibt?
Betrachtungen aus der Medienperspektive   261

Thomas Wieder
France/Allemagne : deux cultures politiques face à la COVID-19   285

Susanne Freitag-Carteron
Deutschland, Frankreich, COVID-19 –
das Virus und die Grenzregion   295

Hélène Maillasson
Freundschaft mit Hindernissen   309

Florian Weber échange avec Janine Loock
« Là, je suis bloquée ! »
Stupéfaction face à la frontière fermée et l'appel
à garder les frontières ouvertes dans le futur   317

Philip Maria Albert Hoffmann
200 Kilometer für Schengen.
Zwei Saarländer setzen Zeichen für offene Grenzen   323

Die COVID-19-Pandemie und Grenzreflexe: Stimmen aus der Wissenschaft | Pandémie de COVID-19 et réflexes nationaux : témoignages du monde universitaire

Florian Weber im Gespräch mit Manfred Schmitt
Hochschulen in Zeiten der Corona-Pandemie.
Herausforderungen, Krisenmanagement und Chancen — 343

Florian Weber échange avec Manfred Schmitt
L'enseignement supérieur au temps de la COVID-19 :
défis, gestion de crise et opportunités — 355

Tetyana Albers, Valerie Köbele-Ennaji, Jacob Ross und Veit Wolfart
Nationale Reflexe im Angesicht einer europäischen Krise.
Die Kontrollen an der deutsch-französischen Binnengrenze
während der ersten Welle der COVID-19-Epidemie — 367

Christian Wille
The return of borders.
Ein Kommentar zur Grenzraumforschung
in Zeiten der Vergrenzungen — 379

Claudia Polzin-Haumann
Geschlossene Grenzen – offene Sprachen?
Beobachtungen zum Sprachgebrauch in Deutschland
und Frankreich in Zeiten von COVID-19 — 391

Nora Crossey
COVID-19 als mögliche Chance.
Gemeinden, grenzüberschreitende Beziehungen
und die Frankreichstrategie des Saarlandes — 401

Nicolas Bouzou
Les crises et le nécessaire renforcement
du couple franco-allemand — 417

Und nun? Lehren aus der Krise |
Et maintenant ? Quelles leçons tirer de la crise ?

Roland Theis
Viel mehr als »*plus jamais!*«
Welche Lehren wir aus der Krise ziehen –
die Chance auf einen neuen Aufbruch
für die deutsch-französische Grenzregion! 427

Roland Theis
Bien plus qu'un « plus jamais ! »
Quelles leçons nous pouvons tirer de la crise –
la chance d'une nouvelle dynamique
pour la région frontalière franco-allemande ! 449

**Die Rückkehr europäischer Binnengrenzen?!
Die COVID-19-Pandemie als Zäsur
für Verflechtungsräume**

**Le retour des frontières internes
dans l'espace européen ?!
La pandémie de COVID-19, une césure
pour l'espace transfrontalier**

―――――――――――――――――

NEUE HERAUSFORDERUNGEN, ALTE GRENZEN?

Wie die COVID-19-Pandemie das deutsch-französische Verhältnis aufwirbelt

Florian Weber (Universität des Saarlandes), Roland Theis und Karl Terrollion (Ministerium für Finanzen und Europa des Saarlandes)

2020 – DAS JAHR EINER MARKANTEN ZÄSUR

Das Jahr 2020 wird wohl als ein besonderes Jahr in die Geschichte eingehen – aber nicht gerade in ausgesprochen guter Erinnerung bleiben, hat doch die COVID-19-Pandemie viele Leben über den ganzen Globus hinweg gekostet, viele liebgewonnene Gewohnheiten in Frage gestellt und unser Zusammenleben zumindest zeitweise verändert. Dabei begann das Jahr für das Saarland verheißungsvoll, neue Dynamiken sollten entfacht werden! Der nach dem Ersten Weltkrieg geschlossene Versailler Vertrag hatte bestimmt, dass das »Saargebiet« mit dem Inkrafttreten des Vertrages am 10. Januar 1920 unter Regierung des Völkerbundes gestellt wurde – und so fand sich zum ersten Mal ein eigenständiges räumliches Gebilde auf der Landkarte, was den Vorläufer zum heutigen Saarland markierte (die nördlichen Teile des heutigen Bundeslandes gehörten damals noch nicht dazu – gut sichtbar im Logo zum Saarhundert, vgl. Abbildung 1). Für das Saarland stand das Jahr 2020 also eigentlich im Zeichen eines positiven Jubiläums,

Abbildung 1 Das Logo zum Saarhundert. Quelle: Website der Staatskanzlei des Saarlandes.

in dem zahlreiche Veranstaltungen, Gedenken und Feierlichkeiten gerade mit den französischen und europäischen Nachbarn geplant waren. Denn nicht zuletzt lässt sich dieser Schritt im Jahre 1920 auch als ein erster europäisch ausgerichteter Entscheidungsprozess deuten[1] und ist damit ein wesentlicher Ursprung der europäischen »DNA« des Saarlandes, das folgerichtig bereits 1986 als erstes Bundesland die Förderung der europäischen Integration zum Verfassungsziel erhob.

Nach stürmischen Zeiten und einer wechselvollen Geschichte wurde das Saarland am 1. Januar 1957 als jüngstes westdeutsches Bundesland in die Bundesrepublik Deutschland eingegliedert. Beziehungen zu den direkten Nachbarn Frankreich und Luxemburg sind dabei eng geblieben, letztlich gerade auch historisch bedingt, da die Region über Kohle und Stahl verflochten war[2]. Und in den letzten Jahrzehnten ist der Austausch über Landesgrenzen hinweg immer umfangreicher geworden: seit 1995 finden – um einen Mosaikbaustein herauszugreifen – über den »Gipfel der Großregion« Abstimmungsprozesse und Zusammenarbeit zwischen dem Saarland, Rheinland-Pfalz, Lothringen, Luxemburg und Teilen Belgiens statt[3]. Hier wird Europa im Regionalen mit Leben gefüllt. Dass der saarländische Ministerpräsident Tobias Hans am 10. Januar 2020 entsprechend die »Geburtsurkunde des Saarlandes« mit einem Festakt in der Saarbrücker Congresshalle feierte, muss nicht verwundern – verbunden mit dem Verweis auf die gelebte deutsch-französische Aussöhnung und eine besondere Stellung des Saarlandes in Europa[4]. Es sollte eine der letzten großen Feierlichkeiten des Jahres 2020 bleiben.

Damals schien Corona noch weit weg bzw. war noch gar nicht richtig zum Thema geworden! Ende Dezember 2019/Anfang 2020 waren Fälle einer neuartigen Lungenkrankheit in Wuhan, der Hauptstadt der chinesischen Provinz Hubei, bekannt geworden, die aber die Autoritäten in China zunächst herunterspielten und die uns nicht weiter zu tangieren schien. Dann aber ging alles ganz schnell: Chinesische Medien meldeten in der ersten Januarhälfte die ersten offiziellen Todesfälle. Am 23. Januar 2020 wurde Wuhan unter Quarantäne gestellt – verbunden mit dem Stopp von Ein- und Ausreisemöglichkeiten[5]. Die Berichte in den Medien machten deutlich, dass sich ein Virus ausbreitete, das nicht mit einer einfachen Erkältung vergleichbar war, sondern hochgradig ansteckend und tödlich. Durch die Globalisierung mit weltweitem Warentransfer und rasantem Personenaustausch konnte COVID-19 nicht mehr in Wuhan unter Kontrolle gebracht werden, sondern verteilte sich in die Welt. Die *ministre des solidarités et de la Santé* bestätigte die ersten Fälle in Frankreich am 24. Januar 2020. In Deutschland berichtete am 27. Januar 2020 der bayerische

Landkreis Starnberg vom ersten, zumindest offiziell in Deutschland erfassten Fall. Am 30. Januar 2020 rief die Weltgesundheitsorganisation einen globalen Gesundheitsnotstand aus. Aus Wuhan nach Deutschland Zurückkehrende mussten sich Anfang Februar im pfälzischen Germersheim in Quarantäne begeben. In den Nachbarländern Italien und Frankreich entwickelten sich Corona-»Hotspots«. Immer stärker wurde über die Ausbreitung des Coronavirus berichtet – dramatische Szenen aus überlasteten Krankenhäusern und unfassbar steigende Todesfälle in Wuhan, Norditalien, dem französischen Elsass oder New York – um einige Regionen herauszugreifen –, dürften den meisten aus der medialen Berichterstattung in Erinnerung geblieben sein. Was vielen wahrscheinlich in diesem Zuge bereits klar geworden war, machte die Weltgesundheitsorganisation WHO am 11. März 2020 amtlich: sie erklärte die Ausbreitung zur globalen Pandemie[6].

Kurze Zeit später ereilte uns dann ein weiterer, tiefgreifender Schock, der eine Zäsur markiert: Grenzkontrollen und Grenzschließungen innerhalb Europas! Was noch bis gerade weit entfernt erschien, war plötzlich mitten unter uns. Nicht nur als eine abstrakte Ansteckungsgefahr, sondern als Momentum, das den Alltag, das tägliche Leben hier bei uns vor Ort bestimmte, im Griff hielt und Gewissheiten außer Kraft setzte. Genau hier setzt unser Buch an – mit einem Blick auf das deutsch-französische Verhältnis in Zeiten der Pandemie, das durch die Reaktivierung »alter Grenzen« durcheinandergewirbelt wurde. Als Herausgeber sind wir alle drei eng deutsch-französisch verwurzelt, wir leben den grenzüberschreitenden und gerade deutsch-französischen Austausch. Und entsprechend rückt auch genau dieses Verhältnis mit einem Schwerpunkt auf das Saarland und seine Nachbarregion Grand Est in den Mittelpunkt.

GRENZEN! WIESO GRENZEN?

Mit der Ausbreitung des Coronavirus im Frühjahr 2020 auch innerhalb Europas wurde der mediale, medizinische, politische, wirtschaftliche, soziale Blick zum einen auf bestimmte Regionen, wie beispielsweise die Lombardei, den Landkreis Heinsberg oder das Elsass, zum anderen auf die Territorien einzelner Nationalstaaten gerichtet. Als sich in der zweiten Februarhälfte, ausgehend von einem religiösen Treffen, COVID-19-Fälle rund um Mulhouse (Région Grand Est, Département Haut-Rhin) häuften, nahmen Entscheidungsträger*innen dies auch in Deutschland mit Sorge wahr. Am 7./8. März 2020 titelte dann die Saarbrücker Zeitung: »Corona kommt von Frankreich ins Saarland« – ein in St. Ingbert tätiger SAP-Mitarbeiter hatte sich vermutlich im Elsass infiziert[7]. Das Robert Koch-Institut erklärte am 11. März die Région Grand Est zum »Risikogebiet«, womit plötzlich räumlich betrachtet die Bedrohung an der saarländischen Landesgrenze vor der Tür stand – auch wenn das angrenzende Département Moselle als Teil von Grand Est noch längst kein Corona-Hotspot war. Nationale Denkmuster gewannen in der Krise zeitweise die Oberhand – politische Renationalisierungsreflexe machten sich breit. So schlossen zunächst Dänemark, Tschechien und Polen am 14. bzw. 15. März ihre Grenzen zu Deutschland. Chaos an den Grenzen mit kilometerlangen Staus hätten eigentlich schon vor Augen führen können, wie wenig praktikabel heutzutage Grenzsicherungen und Grenzschließungen sind, doch das deutsche Bundesinnenministerium zog nach: Am 16. März wurden an den Binnengrenzen zu Österreich, der Schweiz, Frankreich, Luxemburg und Dänemark von Deutschland ausgehend Grenzkontrollen eingeführt, drei Tage später waren plötzlich Grenzübertritte nur noch an bestimmten Grenzübergangsstellen möglich – die anderen wurden in Teilen mit Absperrungen blockiert bzw. teilweise auch nur mit Flatterbändern abgesichert (Abbildung 2). Ein Schock! Ein Schock für Ältere, die den Prozess hin zu offenen und ohne Kontrollen passierbare Grenzen erlebt haben – und vielleicht sogar ein noch größerer Schock für Jüngere, die unpassierbare Grenzen in ihrer Heimat nie gekannt haben! Neben der emotionalen Dimension wurde die intensive Verflechtung der Region gerade im Großraum Saarbrücken deutlich. Pendelverkehre in die Unternehmen, Einkaufsströme in die Innenstädte und großen Supermärkte, die Zusammenarbeit der Hochschulen durch Austausch von Lehrenden und Studierenden, Warenverkehre, das grenzüberschreitende Freizeitverhalten der Menschen und nicht zuletzt der Kontakt der zahlreichen deutsch-französischen Familien und Freundschaften waren schwer beeinträchtigt oder kamen gar von einem auf den anderen Tag zum Erliegen.

Was war da passiert? Wie konnte es dazu kommen? Infektionsschutz fällt in nationale Zuständigkeit, nicht in die der Europäischen Union. Deshalb traf jedes Land zunächst einmal Maßnahmen für sich. Zwar einigten sich die Mitgliedsstaaten Mitte März auf den Vorschlag der Kommissionspräsidentin Ursula von der Leyen, einen Einreisestopp in die EU für zunächst 30 Tage zu verhängen, doch konkrete Maßnahmen zum Gesundheitsschutz blieben »Ländersache« – nationalstaatlich oder sogar regional geregelt. So ordnete beispielsweise das saarländische Gesundheitsministerium schon am 14. März unter anderem die Schließung von Schwimm-

Abbildung 2 Grenzsicherungen zwischen dem Saarland und dem Département Moselle im März 2020. Quelle: Aufnahmen Peter Dörrenbächer 2020.

bädern, Discos, Bars und Clubs an, bevor Tobias Hans und Anke Rehlinger nach Abstimmung mit dem Bund am 20. März gemeinsam in der saarländischen Staatskanzlei vor den Kameras standen, um weitreichende Einschränkungen mit Ausgangsbeschränkungen zu verkünden[8]. In einer Fernsehansprache verkündete Präsident Emmanuel Macron, Frankreich sei »im Krieg« gegen das Virus, was ein striktes *Confinement* ab 17. März zur Folge hatte[9]. Auch Frankreich schottete sich zunehmend ab.

Für Verstimmung auf französischer Seite führte Mitte März, dass nicht alle Entscheidungsträger*innen über den Schritt der Grenzkontrollen informiert worden waren bzw. sie die notwendigen Informationen nicht zeitnah erreichten. Berlin ist ja auch von der Grenze weit weg – aber in Baden-Württemberg, Rheinland-Pfalz und dem Saarland schlugen die unmittelbaren Folgen auf. Berichte von Ressentiments bei den Grenzkontrollen, kilometerlange Staus und lange Umwege, durch die Grenze getrennte Familien, individuelle Schicksale nicht anerkannter »triftiger Gründe« zum Passieren der Grenze – hiervon zeugen im Detail auch viele in diesem Buch versammelte Beiträge. Mit Dankbarkeit wurde auch von der Politik gleichzeitig aufgenommen, dass deutsche Krankenhäuser französische COVID-Intensivpatient*innen behandelten. Es sind mehrere Seiten der gleichen Medaille. Nach einer anfänglichen Schockstarre wuchs allerdings schnell die Kritik an den Grenzkontrollen/-schließungen[10]. Am 2. April veröffentlichten saarländische Bürgermeister*innen eine Solidaritätsbekundung an ihre französischen Partnergemeinden als YouTube-Video[11], am gleichen Tag konnte zumindest die erneute Öffnung des Grenzübergangs Großrosseln – Petite-Rosselle verzeichnet werden, nachdem Saar-Politiker*innen bei Bundesinnenminister Horst Seehofer darauf gedrängt hatten. In einer gemeinsamen Erklärung, in Deutschland und Frankreich veröffentlicht, bestärkten der saarländische Ministerpräsident Tobias Hans und der Präsident des *conseil régional* der Région Grand Est Jean Rottner Mitte April das Band der deutsch-französischen Freundschaft und benannten die Grenzkontrollen als einen nur zeitweisen Umstand[12]. Ein Spruchband an der Freundschaftsbrücke zwischen dem deutschen Kleinblittersdorf und dem französischen Grosbliederstroff, betitelt mit »La Sarre ou la Lorraine. Aidez-vous les uns les autres et restez forts!« (»Saarland oder Lothringen. Helft Euch untereinander und bleibt stark!«, Abbildung 3), unterstreicht, dass für viele Bewohner*innen der saarländisch-lothringischen Grenzregion und darüber hinaus der Zustand von geschlossenen Grenzen grenzüberschreitenden Lebenswirklichkeiten nicht mehr gerecht werden kann.

Die Landesregierungen von Baden-Württemberg, Rheinland-Pfalz und dem Saarland hatten letztlich schnell erkannt, dass das Virus nicht an der

Abbildung 3 Die Freundschaftsbrücke zwischen Kleinblittersdorf und Grosbliederstroff. Quelle: Aufnahme Eva Nossem 2020.

Grenze Halt macht[13], doch half dies zunächst nichts. Erst Mitte Mai wurden die Grenzkontrollen zu Luxemburg beendet, nachdem insbesondere der luxemburgische Außenminister Jean Asselborn die faktischen Grenzschließungen lautstark kritisiert hatte. Noch länger mussten die Menschen in der Grenzregion auf die vollständige Öffnung der deutsch-französischen Grenze warten. Dem voraus ging zunächst ein wochenlanges Ringen um die Wiederöffnung von gänzlich gesperrten Grenzübergängen. Von den über 30 Übergängen waren, da die Bundespolizei nicht genügend Personal zur Kontrolle aufbringen konnte (Abbildung 4), einige mit Straßensperren verbarrikadiert worden, damit sie mit dem PKW nicht mehr passiert werden konnten. Dies hatte zu Umwegen für Pendler*innen, Ärger bei Anwohner*innen und Bildern geführt, die niemand noch Wochen zuvor für möglich gehalten hätte. Während die Landesregierung um die Wiederöffnung möglichst vieler Grenzübergänge in Berlin vorsprach, mehrten sich die Signale grenzüberschreitender Solidarität in der Region. Während Berlin gerade aus französischer Sicht einseitig geschlossen hatte, beharrte nun Paris auf einem gemeinsamen Termin der Öffnung, der dann erst im Juni kommen sollte.

Es ist geradezu eine Ironie der Geschichte, dass ausgerechnet 2020 »alte Grenzen« wieder da waren – 35 Jahre nach der Unterzeichnung des Schengener Abkommens und 25 Jahre nach dessen Inkrafttreten[14]. Letztlich nur einen »Steinwurf« vom Winzerort Schengen an der deutsch-luxemburgischen Grenze entfernt, der für offene Binnengrenzen in der Europäischen

Abbildung 4 Roland Theis im Austausch mit der Bundespolizei. Quelle: Aufnahme David Quack 2020.

Union steht, wurde das Rad gefühlt zurückgedreht – begründet über die Nachverfolgbarkeit von Infektionsketten und den Bevölkerungsschutz. Die »gesicherten Grenzen«, die mit anfänglicher Zustimmung beispielsweise vom saarländischen Innenminister Klaus Bouillon goutiert wurden, waren zum Schreckgespenst geworden, das nicht so schnell wieder verschwinden wollte! Die europäische Idee hat hier gelitten, auch das deutsch-französische Verhältnis hat Kratzer abbekommen – ob nur kurzfristig oder längerfristig, wird die Geschichte zeigen müssen. In der »zweiten Welle« im Herbst/Winter 2020 wurde von deutschen und französischen Politiker*innen wiederholt, man habe aus dem Frühjahr gelernt und Grenzen würden nicht erneut geschlossen – ein positives Ergebnis vieler gemeinsamer Gespräche der Verantwortlichen dies- und jenseits der Grenze. Diese Erkenntnis muss sich für die Zukunft verfestigen! Viele hatten befürchtet, dass mit der Quarantänepflicht bei Einreise aus Risikogebieten es wieder faktisch in der Region zu Grenzkontrollen kommen werde. Der Bund – für die Quarantäneverordnung im deutschen Föderalismus nicht zuständig – legte dazu im Herbst eine Musterquarantäne-Verordnung für die Länder vor. Saarländischer Initiative ist es zu verdanken, dass es in allen Bundesländern entlang der deutsch-französischen Grenze zu einer Ausnahme für den kleinen Grenzverkehr im Rahmen der sog. 24-Stunden-Regelung kam. Doch nicht nur der Verzicht auf Grenzschließungen und Grenzkontrollen prägte die zweite Hälfte des Jahres 2020. In zentralen Feldern der grenzüberschreitenden Zusammenarbeit wurde nachgebessert. An einem grenzüberschreitenden Pandemieplan für die Großregion wird gearbeitet, französische COVID-Patient*innen wurden bereits erneut in deutschen Krankenhäusern aufgenommen. Die grenzüberschreitende Kontaktnachverfolgung durch die Gesundheitsbehörden auf beiden Seiten der Grenze wurde ermöglicht. Die Zusammenarbeit der Sicherheitskräfte konnte – teilweise deutlich sichtbar durch binationale Streifen in den Innenstädten der Region – intensiviert werden. Und die Impfstrategien in Bezug auf Pendler*innen wurden im gegenseitigen Einvernehmen abgestimmt, so dass medizinisches Personal unabhängig von seinem Wohnort am Arbeitsplatz geimpft wird.

PERSPEKTIVEN DIESES BUCHES

Viele Lebens- und Arbeitsbereiche wurden im deutsch-französischen Verhältnis durch die COVID-19-Pandemie und die Entscheidungen rund um die Grenzsicherungen beeinflusst. Wie in einem Brennglas hat sich gleichzeitig dadurch gezeigt, wie eng verbunden Grenzregionen innerhalb Europas sind – ja, geradezu eng verwoben. Ohne die Grenzgänger*innen funktioniert die Arbeitswelt in der Großregion mit rund 250 000 über Grenzen pendelnde Arbeitnehmer*innen nicht mehr, ob in der Industrie oder im Gesundheitsbereich. Der Einzelhandel setzt fest auf Kund*innen aus dem Nachbarland – so kaufen bspw. in Frankreich oder Luxemburg Wohnende gerne bei saarländischen Discountern oder Drogeriemärkten ein, für in Deutschland Lebende ist unter anderem der Supermarkt Cora geradezu eine zentrale Institution.

Es wurde seit dem Frühjahr 2020 viel getan, um die Schließung von Grenzübergängen für die Zukunft auszuschließen. Doch war das genug? Der weitere Verlauf der Pandemie – beispielsweise mit dem Auftreten noch ansteckenderer Mutationen – hat gezeigt, dass es keine Gewissheiten gibt, auf die man sich verlassen könnte. Ende Februar/Anfang März 2021 folgten nach erneuten Kontrollen an den Grenzen von Sachsen und Bayern in Richtung Tschechien und Österreich auch wieder Verschärfungen an der deutsch-französischen Grenze, was zu hörbaren Verstimmungen und neuerlichen Verunsicherungen für Bewohner*innen führte[15] (dazu weiterführend Textbox 1). Die deutsch-französischen Beziehungen haben sich im Laufe der Geschichte, trotz gewisser Herausforderungen, immer wieder als ein Anker der Stabilität und Solidarität in Europa erwiesen. Es erscheint uns daher mit einem gewissen Abstand zum Frühjahr 2020 der richtige Zeitpunkt zu sein, eine erste Bewertung der deutsch-französischen Beziehungen im Lichte der COVID-19-Pandemie vorzunehmen und Perspektiven für die Zukunft auszuloten. Wie konnte es dazu kommen, dass eine Kontrolle innereuropäischer Grenzen opportun erschien? In welchen Bereichen funktionierte die grenzüberschreitende Abstimmung und wo lief es zumindest zu Beginn schief? Wie wurden die kritischen Momente der Krise in unterschiedlichen Bereichen von den Akteuren erlebt? Wie erfolgte die Zusammenarbeit in Sicherheit, Gesundheit und Wirtschaft? Und was können wir daraus lernen, um gestärkt und gewappnet aus der Krise zu kommen?

Um diese Fragen zu diskutieren, haben wir Persönlichkeiten aus verschiedenen Kontexten versammelt und lassen sie zu Wort kommen – mit eigenen Beiträgen oder über geführte Interviews. Wie Sie sehen werden, bringen wir deutsche und französische Stimmen zusammen, von der nationalen bis zur lokalen Ebene. Politiker*innen erhalten, quasi automatisch, eine wichtige Rolle. Doch hier wollten wir nicht stehenbleiben – ganz im Gegenteil. Die Krise und ihre Auswirkungen sind vielfältig, sie bedürfen einer vielschichtigen Einordnung. Daher erzählen auch Akteure aus der Wirtschaft, dem Kulturbereich, dem Gesundheitssektor, den Medien, der Wissenschaft und der Zivilgesellschaft, wie sie das wechselvolle Jahr 2020 erlebt haben, wie sie mit »Grenzen« umgegangen sind und welche Lehren sie aus der Krise ziehen. So entsteht in der Gesamtschau ein vielgestaltiges Mosaik, das COVID-19, Grenzen und das deutsch-französische Verhältnis greifbarer werden lässt – in Teilen geradezu plastisch.

Was langfristig in den Köpfen und Herzen der Menschen in der Region als Erinnerung an das Jahr 2020 bleibt, entscheidet sich erst im Rückblick auf das, was danach geschehen wird. Bleibt der Schock als negativer Einschlag in liebgewonnene Gewissheiten? Bleibt die Enttäuschung über tatsächliche oder nur empfundene Verletzungen? Oder dienen die Ereignisse des Frühjahrs 2020 als heilsamer Weckruf, damit die deutlich gewordenen Schwachstellen der grenzüberschreitenden Zusammenarbeit behoben werden und aus der Erkenntnis der gegenseitigen Abhängigkeit neue Projekte, neue Ideen und eine neue Dynamik im deutsch-französischen Verhältnis entsteht?

Wir haben das Buch so aufgebaut, dass Sie als Leser*innen zwar eine gewisse Struktur und Orientierung erhalten, gleichzeitig aber problemlos die Beiträge auswählen und in der Reihenfolge lesen können, wie Sie möchten. Die Artikel und Interviews sind entweder auf Deutsch oder Französisch verfasst, werden aber durch ausführliche Zusammenfassungen in der jeweils anderen Sprache zugänglich gemacht. Wir wünschen Ihnen eine spannende Lektüre und viele vertiefende Einblicke, die den Wert des grenzüberschreitenden Austauschs eindrücklich machen. Es lohnt, sich gemeinsam für diesen zu engagieren und ihn nicht einfach als gegeben zu betrachten!

Textbox 1: Grenzschließung 2.0 – Wirklich nichts dazugelernt?
Nachdem sich im Laufe des Jahres 2020 nach der Wiederöffnung der Grenze im Juni deutsche und französische Politiker*innen der von den Belastungen des Frühjahrs noch gezeichneten Bevölkerung der Grenzregion das Versprechen gegeben hatten, dass sich so etwas nicht wiederholen werde, war die Grenze in den Köpfen mit der Angst vor den Virusvarianten im Frühjahr 2021 plötzlich wieder da.

Durch die zu Beginn wenig beachtete »Verordnung zum Schutz vor einreisebedingten Infektionsgefahren in Bezug auf das Coronavirus SARS-CoV-2 nach Feststellung einer epidemischen Lage von nationaler Tragweite durch den Deutschen Bundestag« des Bundesministeriums der Gesundheit war die Idee zurück, die Grenzen als Schutz vor Corona »zu nutzen«. Was zu Beginn für Reiserückkehrer*innen und die Einreise aus Großbritannien, Südafrika oder Brasilien gedacht war, rückte mit der weiteren Verbreitung von Virusvarianten auch an den Binnengrenzen der Europäischen Union näher. Zugleich entstand zwischen zahlreichen Mitgliedsstaaten eine neue Grenze – dieses Mal keine zwischen nationalen Territorien, sondern eine Grenze der unterschiedlichen Strategien im Umgang mit der Pandemie. Sehr vereinfacht gesprochen stand sich im Winter 2020/Frühjahr 2021 die deutsche Strategie mit dem Ziel »Zero COVID« der französischen Perspektive gegenüber, die auf das »mit dem Virus leben lernen« abzielt, weniger auf die Inzidenzen konzentriert ist und vor allem die Zahl der stationär in Krankenhäusern behandelten Patient*innen in den Blick nimmt.

Man würde der Debatte nicht nur keinen Gefallen tun, sondern auch falsch liegen, wenn die unterschiedlichen Strategien mit den Stereotypen des preußisch rigiden Deutschen und des französischen Laissez-Faire gleichgesetzt würden. Zu dem Zeitpunkt, zu dem diese Zeilen Anfang März geschrieben wurden, können auch wir nur Vermutungen darüber anstellen, welche Strategie am Ende zielführender sein wird. Aber hinter der unterschiedlichen Strategie stand auch eine nicht harmonisierte Testpolitik in Deutschland und Frankreich. Während Frankreich massiv die Bevölkerung testen ließ und gerade in den Gebieten mit besonderem Infektionsgeschehen – und eben auch im Département Moselle – diese Testanstrengungen noch verstärkte, hinkten die deutschen Testungen weit hinter den französischen Zahlen her. Auf dem Höhepunkt der Inzidenzen der Moselle Ende Februar 2021 veröffentlichte die *Agence régionale de santé* (ARS) die Zahl von 6 000 Tests pro 100 000 Einwohner*innen in der Woche in der Moselle, während das Saarland gerade einmal ungefähr 1 600 pro 100 000 Einwohner*innen erreichte. Daher waren selbst die Inzidenzen zum relevanten Zeitpunkt nie wirklich vergleichbar, denn die Positivitätsrate unter diesen Tests war einigermaßen gleich.

An dieser »Strategiegrenze« lagen daher zu Beginn des Jahres 2021 die Moselle und das Saarland, als im französischen Département eine besorgniserregend hohe Zahl an positiven Fällen mit der südafrikanischen Variante gemeldet wurde. Die anschließende Diskussion zwischen Berlin und Paris, zwischen der Region und der Bundesregierung und nicht zuletzt innerhalb der Bundesregierung muss mit größerem zeitlichem Abstand beschrieben und beurteilt werden. Öffentliche Aufmerksamkeit erhielten diese Debatten bereits in einem großen deutschen Nachrichtenmagazin. Es wird sich ein Zeitpunkt finden, an der auch dieses Kapitel der deutsch-französischen Zusammenarbeit kritisch gewürdigt werden kann.

Nicht unterbleiben sollte jedoch die Darstellung der regionalen Kooperation, die sich diametral von der der ersten Tage der Pandemie unterscheiden konnte, weil die politischen Akteure auf beiden Seiten der deutsch-französischen Grenze gänzlich andere Wege einschlugen als in den angsterfüllten Tagen des März 2020. Denn auf Basis des regelmäßigen und intensiven Austauschs konnten sich die Länder und die regionalen französischen Vertreter*innen gemeinsam auf das Szenario der Einstufung der Moselle erst gedanklich und dann ganz praktisch vorbereiten. Ergebnis waren zahlreiche Initiativen, die noch vor der Einstufung ins Werk gesetzt wurden. Zum einen erfolgte dies, um gegenüber Berlin zu zeigen, dass es auch ohne die starren Vorgaben der Einreiseverordnung des Bundes möglich ist, mehr Sicherheit durch mehr Testungen zu erreichen. Zum anderen wurden diese Anstrengungen unternommen, um auf das Szenario bestmöglich vorbereitet zu sein, das von einer Einstufung ausging.

Vor allem das Saarland und die Stadt Saarbrücken, die aufgrund ihrer geographischen Nähe, ihrer ökonomischen Verwobenheit und nicht zuletzt politischen Verbundenheit mit der Moselle besonders betroffen waren, wurden aktiv. Und wieder zeigte sich – ähnlich wie bei der ersten Welle am Beispiel des MOSAR-Abkommens – dass institutionelle Strukturen im Falle der unmittelbaren Notwendigkeit schneller zum Laufen kommen konnten als in der Not gebastelte Improvisationen. So war es in diesem Falle der Eurodistrict SaarMoselle unter seinem Präsidenten Gilbert Schuh und seinem ersten Vizepräsidenten Uwe Conradt, der den Rahmen für eine viel beachtete Initiative bot, mit der die Grenzregion Handlungsfähigkeit beweisen konnte: Denn das binnen weniger Tage aus dem Boden gestampfte deutsch-französische Testzentrum an der Goldenen Bremm – keine 20 Meter von der eigentlichen Grenze entfernt – erfuhr nicht nur große mediale Aufmerksamkeit. Es war auch das starke Signal nach Berlin und Paris, dass die grenzüberschreitende Zusammenarbeit zwischen dem Saarland und der Moselle pragmatisch und schnell »liefern« konnte. Die Aussage, dass man durch Kooperation mehr gemeinsamen Gesundheitsschutz auf beiden Seiten der Grenze erreichen kann als durch Abschottung und Grenzkontrollen, wurde damit in ein funktionierendes Projekt gegossen. Denn binnen weniger Tage hatte die saarländische Landesregierung unter der Projektleitung eines Landesunternehmens, der LEG Service, mit tatkräftiger Unterstützung der Saarbrücker Feuerwehr und den Sapeurs Pompiers der Moselle sowie des THW unter dem Dach des Eurodistrict SaarMoselle ein Testzentrum aufgebaut, das vom ersten Tag an über 10 000 Tests pro Woche durchführen konnte. Durch diese Einrichtung, die eben nicht nur Pendler*innen aus Frankreich, sondern auch Pendler*innen aus dem Saarland offenstand, wurde deutlich gemacht, dass man mit dieser Maßnahme nicht die Saarländer*innen vor den Moselaner*innen schützen wollte, sondern die Menschen gemeinsam vor dem gefährlichen Virus.

Mit einer weiteren – eng mit den französischen Partner*innen kommunizierten und abgestimmten – Maßnahme konnten die Auswirkungen der Einstufung auf die Region abgefedert werden. Durch eine einmalige logistische Leistung der Industrie- und Handelskammer des Saarlandes gelang es, den mehr als 2 000 Unternehmen im Land, die Pendler*innen beschäftigen, insgesamt binnen weniger Tage 150 000 Schnelltests zur Verfügung zu stellen, mit denen die grenzüberschreitende Mobilität der Pendler*innen sichergestellt werden konnte. Auf Basis einer Vereinbarung zwischen der Landesregierung und der IHK sowie der Vereinigung Saarländischer Unternehmensverbände (VSU) sowie mit Unterstützung der Handwerkskammer sorgte das Land so für den Zugang zu Testkapazitäten für die von den französischen Pendler*innenströmen abhängigen saarländischen Unternehmen. Auch dies wurde im weiteren Verlauf der Pandemie zum Vorbild für andere Regionen in Deutschland.

Die grenzüberschreitende Kooperation in der Region wurde also durch die Einstufung der Moselle durch die Bundesregierung zwar vor eine schwer lösbare Herausforderung gestellt. Für den Zusammenhalt der Akteure, für die Effizienz des gemeinsamen Handelns und für die Sichtbarkeit des Selbstbewusstseins der regionalen Vertreter*innen war die Einstufung aber ein weiterer möglicher Katalysator. Zumindest auf der regionalen Ebene wurde deutlich, wie steil die Lernkurve der vergangenen zwölf Monate war.

ANMERKUNGEN

1   Kipp, M. (2020). *Das Saargebiet. Eine Reise zu den Anfängen des Saarlandes.* Saarbrücken: Geistkirch.
2   Dörrenbächer, H. P., Kühne, O. & Wagner, J. M. (Hrsg.). (2007). *50 Jahre Saarland im Wandel* (Veröffentlichungen des Instituts für Landeskunde im Saarland, Bd. 44). Saarbrücken: Selbstverlag.
3   Lorig, W. H., Regolot, S. & Henn, S. (Hrsg.). (2016). *Die Großregion SaarLorLux. Anspruch, Wirklichkeiten, Perspektiven.* Wiesbaden: Springer VS.
4   Saarländischer Rundfunk. (2020). Hans sieht Sonderrolle für Saarländer. https://www.sr.de/sr/home/nachrichten/politik_wirtschaft/saarhundert_festakt_saarbruecken_100.html. Zugegriffen: 24. November 2020.
5   Tian, H., Liu, Y., Li, Y., Wu, C.-H., Chen, B., Kraemer, M. U. G., Li, B., Cai, J., Xu, B., Yang, Q., Wang, B., Yang, P., Cui, Y., Song, Y., Zheng, P., Wang, Q., Bjornstad, O. N., Yang, R., Grenfell, B. T., Pybus, O. G. & Dye, C. (2020). An investigation of transmission control measures during the first 50 days of the COVID-19 epidemic in China. *Science* (online first), 1–8. doi:10.1126/science.abb6105
6   World Health Organization. (2020). WHO Director-General's opening remarks at the media briefing on COVID-19 – 11 March 2020. https://www.who.int/director-general/speeches/detail/who-director-general-s-opening-remarks-at-the-media-briefing-on-covid-19---11-march-2020. Zugegriffen: 24. November 2020.

7   Maillasson, H. & Prommersberger, T. (2020). Corona kommt von Frankreich ins Saarland. Corona-Fälle an der Grenze. https://www.saarbruecker-zeitung.de/saarland/blickzumnachbarn/mehr-als-80-corona-faelle-in-grenzregion-grandest_aid-49419595. Zugegriffen: 24. November 2020.
8   Landesregierung des Saarlandes. (2020). Corona im Saarland: Chronologie. https://corona.saarland.de/DE/service/chronologie-corona/chronologie-corona_node.html. Zugegriffen: 24. November 2020.
9   Gouvernement de la République française. (2020). Les actions du Gouvernement. https://www.gouvernement.fr/info-coronavirus/les-actions-du-gouvernement. Zugegriffen: 24. November 2020.
10   unter anderem Kirch, D. (2020). Erste Rufe nach Ende der Grenzschließung, Saarbrücker Zeitung. https://rp-sz-epaper.s4p-iapps.com/artikel/918279/16334487. Zugegriffen: 31. März 2020.
11   Clivot, M. (2020). Solidaritätserklärung der saarländischen Bürgermeisterinnen und Bürgermeister nach Frankreich. 02. April 2020. http://youtu.be/kgaUYwPbWqA. Zugegriffen: 20. Mai 2020.
12   Hans, T. & Rottner, J. (2020, 15. April). Die Grenze wird nicht bleiben. *Frankfurter Allgemeine Zeitung*. https://zeitung.faz.net/faz/politik/2020-04-15/93d76424a39c94cb5e28f4c788ae55ee?GEPC=s5. Zugegriffen: 15. April 2020.
13   dazu auch Wille, C. & Kanesu, R. (Hrsg.). (2020). *Bordering in Pandemic Times: Insights into the COVID-19 Lockdown* (UniGR-CBS Thematic Issue, Bd. 4). Luxemburg: UniGR-Center for Border Studies.
14   Weber, F. & Wille, C. (2020). Grenzgeographien der COVID-19-Pandemie. In F. Weber, C. Wille, B. Caesar & J. Hollstegge (Hrsg.), *Geographien der Grenzen. Räume – Ordnungen – Verflechtungen* (S. 191–223). Wiesbaden: Springer VS.
15   ZDF heute (2021). RKI erklärt Moselle als Virusvarianten-Gebiet. https://www.zdf.de/nachrichten/panorama/corona-moselle-grenzregion-frankreich-virusvariante-100.html. Zugegriffen: 01. März 2021.

Jun.-Prof. Dr. habil. **Florian Weber** *forscht und lehrt in der Fachrichtung Gesellschaftswissenschaftliche Europaforschung an der Universität des Saarlandes. Er ist Mitglied im UniGR-Center for Border Studies, in dem grenzüberschreitende Fragestellungen gemeinsam mit Partner*innen aus der Großregion bearbeitet werden. Aufgewachsen im saarländischen Merzig in unmittelbarer Nähe zum Nachbarland Frankreich hat er noch vor dem Inkrafttreten des Schengener Abkommens Grenzkontrollen miterlebt, später dann mit einem Studium in Mainz und Paris von den europäischen Errungenschaften der Freizügigkeit und offener Binnengrenzen profitieren können.*

Roland Theis *ist Staatsekretär der Justiz und für Europa in der saarländischen Landesregierung sowie Europa-Bevollmächtigter des Saarlandes. Der gebürtige Saarländer ist deutscher und französischer Staatsbürger und hat Rechts- und Politikwissenschaft in Saarbrücken und Aix-en-Provence studiert. Nach dem Studium arbeitete Theis als Unternehmensjurist in einer deutsch-französischen Mittelstandsbank. Vor seinem Eintritt in die Landesregierung 2017 war Theis von 2009 an Mitglied des Saarländischen Landtags. Heute unterrichtet er an der Université de Lorraine sowie an der Université Paris Panthéon-Assas deutsches öffentliches Recht.*

Karl Terrollion *ist Leiter des Büros des Saarlandes in Paris. Er absolvierte den deutsch-französischen Masterstudiengang Governance und öffentliche Verwaltung und Sciences Po Paris und studierte öffentliches Recht und Politikwissenschaft. Als Mitglied der Koordinierungsstelle COVID-19, die zwischen den Verwaltungen der drei Grenzländer sowie denen des französischen Staates und der Gebietskörperschaften der Region Grand Est eingerichtet wurde, begleitete er die Akteure vor Ort während dieser Krise.*

NOUVEAUX DÉFIS, VIEILLES FRONTIÈRES ?

La pandémie de COVID-19 chahute les relations franco-allemandes

Florian Weber (Université de la Sarre), Roland Theis et Karl Terrollion (Ministère des Finances et des Affaires européennes de la Sarre)

2020 – UNE ANNÉE CHARNIÈRE

L'année 2020 entrera dans les annales comme une année bien particulière – mais plutôt de triste mémoire. En effet, la pandémie de COVID-19 a coûté d'innombrables vies dans le monde entier, remis en cause bien des habitudes familières et changé, pour un temps du moins, nos modes d'interaction et de vivre-ensemble. Et pourtant, l'année avait commencé de façon prometteuse pour le Land de Sarre et de nouvelles impulsions devaient être données ! On y célébrait le centenaire du traité de Versailles, conclu à l'issue de la première guerre mondiale et qui stipulait que le 10 janvier 1920, à son entrée en vigueur, le territoire du bassin de la Sarre ou « Saargebiet » serait placé sous la tutelle de la Société des Nations. C'est ainsi qu'apparaissait pour la première fois sur la carte un espace géographique bien précis qui était le précurseur de l'actuel Land de Sarre (les zones qui se trouvent de nos jours au Nord de la Sarre n'en faisaient alors pas encore partie, ce qui se voit dans le logo « Saarhundert », conçu pour célébrer

Figure 1 Le logo du « Saarhundert », le centenaire de la Sarre. Source : Site Internet de la Chancellerie d'Etat de la Sarre.

ce centenaire, cf. figure 1). Au début de 2020, la Sarre s'apprêtait donc à célébrer un moment faste de son histoire et de nombreuses cérémonies et festivités étaient prévues avec ses voisins français et européens. En effet, cette avancée de 1920 peut être vue comme un premier processus de décision à visée européenne[1] et elle a grandement contribué à doter d'un « ADN européen » le Land de Sarre qui, dans le droit fil de ses origines, a été le premier Land d'Allemagne à inscrire dès 1986 le soutien de l'intégration européenne parmi les objectifs ancrés dans sa constitution.

Après des temps mouvementés et les vicissitudes de l'histoire que l'on connaît, la Sarre a rejoint la République fédérale d'Allemagne (« Bundesrepublik Deutschland ») le 1er janvier 1957, ce qui en fait le plus jeune des Länder de l'Ouest. Pour des raisons historiques, elle a conservé des liens étroits avec ses voisins directs, la France et le Luxembourg, du fait de la forte intégration des industries charbonnière et sidérurgique dans la région[2]. Et au cours des dernières décennies, les échanges par-delà les frontières se sont renforcés en permanence : pour ne citer qu'un élément de cette mosaïque, nous mentionnerons le processus de concertation qui est en cours depuis 1995 entre la Sarre, la Rhénanie-Palatinat, la Lorraine, le Luxembourg et une partie des territoires belges au sein du « Sommet de la Grande Région »[3]. L'idée européenne y est mise en pratique à l'échelle régionale. Le fait que le Ministre-Président sarrois Tobias Hans ait célébré « l'acte de naissance de la Sarre » lors d'une cérémonie au Palais des congrès de Sarrebruck le 10 janvier 2020 n'a donc rien d'étonnant, et ce d'autant moins qu'il y a vanté la réconciliation franco-allemande vécue au quotidien et la place particulière de la Sarre en Europe[4]. Cette cérémonie devait être l'une des dernières grandes festivités de l'année 2020.

A l'époque, le SARS-CoV-2 semblait bien loin, pour autant que l'on fût au courant de son existence. Fin décembre 2019 – début 2020, de premiers cas d'une pneumopathie d'un genre nouveau avaient été signalés à Wuhan, la capitale de la province chinoise du Hubei. Mais les autorités chinoises en avaient d'abord minimisé l'importance et cela ne semblait nullement devoir nous affecter. Et soudain, tout s'est emballé : le 23 janvier 2020, Wuhan a été mise en quarantaine et il a été interdit d'y entrer ou d'en sortir[5]. Les reportages ont montré que le virus qui se propageait n'avait rien à voir avec un rhume habituel, mais qu'il était hautement contagieux et mortel. Avec la mondialisation, les échanges de marchandises à l'échelle planétaire et les déplacements incessants de voyageurs, il n'a plus été possible de contenir la COVID-19 dans l'enceinte de Wuhan et le virus s'est répandu dans le monde. La ministre des Solidarités et de la Santé a confirmé les premiers cas en France le 24 janvier 2020. En Allemagne, le *Landkreis* de

Starnberg en Bavière a signalé le premier cas du pays (du moins officiellement constaté). Début février, des voyageurs au retour de Wuhan ont dû se mettre en quarantaine à Germersheim dans le Palatinat. Dans les pays voisins que sont l'Italie et la France, des foyers de contagion sont apparus. La propagation du SARS-CoV-2 a pris de plus en plus de place dans les médias et les scènes dramatiques montrant des hôpitaux débordés et une mortalité galopante à Wuhan, dans le Nord de l'Italie, en Alsace ou à New-York, pour ne citer que quelques régions, resteront gravées dans la mémoire de nombreux parmi nous. Ce que d'aucuns avaient probablement déjà compris fut annoncé officiellement par l'OMS le 11 mars 2020 : il s'agissait d'une pandémie[6].

Peu après, nous devions subir un autre choc qui nous marquerait profondément et qui a constitué une véritable rupture : des contrôles aux frontières intérieures de l'Europe et même des fermetures ! Ce qui semblait encore bien loin nous a pris de court. Ce n'était plus seulement un risque de contagion somme toute abstrait, mais un tourbillon qui a retourné notre vie quotidienne ici, chez nous, nous tenant en haleine et remettant en cause toutes nos certitudes. Ce moment constitue le point de départ du présent ouvrage, qui traite des relations franco-allemandes en temps de pandémie, chahutées par la réactivation des « vieilles frontières ». Nous qui en sommes les responsables de publication, nous avons tous trois un profond ancrage franco-allemand. Nous vivons au quotidien l'échange transfrontalier et notamment franco-allemand. Ce sont donc les relations franco-allemandes, surtout à l'exemple des liens entre la Sarre et la région voisine du Grand Est, qui sont au cœur de cet ouvrage.

DES FRONTIÈRES ! POURQUOI DES FRONTIÈRES ?

Lorsque le coronavirus s'est propagé au sein de l'Europe au printemps 2020, l'attention des médias, des milieux médicaux, politiques, économiques et de la société dans son ensemble s'est tournée d'une part vers certaines régions, par exemple la Lombardie, le *Landkreis* de Heinsberg ou l'Alsace, et d'autre part vers les territoires de certains états nationaux. Au cours de la deuxième moitié de février, lorsque les cas se sont multipliés autour de Mulhouse (Département du Haut-Rhin, Région Grand Est) suite à un rassemblement religieux, la situation a fortement préoccupé les décideurs en Allemagne. Dans son édition du 7-8 mars, le quotidien *Saarbrücker Zeitung* titrait : « Le coronavirus est arrivé en Sarre depuis la France », un membre du personnel de SAP à Sankt Ingbert avait probablement été contaminé en Alsace[7]. Le 11 mars, l'institut Robert Koch classait la Région Grand Est en « zone à risque », de sorte que la menace se trouvait subitement aux portes de la Sarre – même si le département limitrophe, la Moselle, bien que faisant partie de la Région Grand Est, était encore bien loin d'être un foyer de contagion. Pendant la crise, les schémas de pensée nationaux ont pris momentanément le dessus et des réflexes politiques de renationalisation sont apparus de plus en plus nombreux. Ainsi, ce furent d'abord le Danemark, la Tchéquie et la Pologne qui fermèrent leurs frontières avec l'Allemagne les 14 et 15 mars. La situation chaotique aux frontières avec des embouteillages sur des kilomètres aurait déjà dû montrer à quel point les fermetures de frontières sont peu praticables de nos jours, et pourtant ... Le 16 mars, le ministère allemand de l'Intérieur suivait l'exemple des autres pays et instaurait des contrôles à ses frontières intra-européennes avec l'Autriche, la Suisse, la France, le Luxembourg et le Danemark. Trois jours plus tard, le passage des frontières n'était plus possible qu'à des points de passage précis, la fermeture des autres étant matérialisée par des barrières, voire dans certains cas par un simple ruban de plastique (Figure 2). Ce fut un véritable choc ! Pour les plus âgés, qui avaient vécu le processus qui avait abouti à l'ouverture des frontières et la fin des contrôles ... et peut-être un choc plus grand encore pour les plus jeunes, qui n'avaient jamais connu de frontières infranchissables dans leur pays ! Outre la dimension affective, ce qui est ressorti clairement était le caractère indissociable de nos territoires et l'étroitesse des liens qui les unissent, notamment dans la conurbation de Sarrebruck où les liens sont inextricables. Les déplacements des travailleurs frontaliers vers leurs entreprises, les déplacements pour faire les courses dans les hypermarchés et dans les centres villes, la coopération des universités avec les échanges d'enseignants et d'étudiants, la circulation des marchandises, les déplacements de part et d'autre de la frontière pour les loisirs et, élément non négligeable, les contacts au sein des nombreuses familles franco-allemandes ainsi que les liens d'amitié entre ressortissants des deux pays ont été fortement perturbés, voire stoppés net du jour au lendemain.

Que s'était-il passé ? Comment avait-on pu en arriver là ? La lutte contre les maladies infectieuses relève de la compétence des états nationaux et non de l'Union européenne. C'est pourquoi dans un premier temps, chaque pays a pris les mesures qui lui semblaient s'imposer. Certes, les états membres de l'Union européenne se sont mis d'accord sur une proposition d'Ursula von der Leyen, la Présidente de la Commission, proposition qui consistait à interdire l'entrée dans l'Union Européenne pour 30 jours

Figure 2 Fermeture de la frontière entre la Sarre et le département de la Moselle en mars 2020. Source : Photographies de Peter Dörrenbächer, 2020.

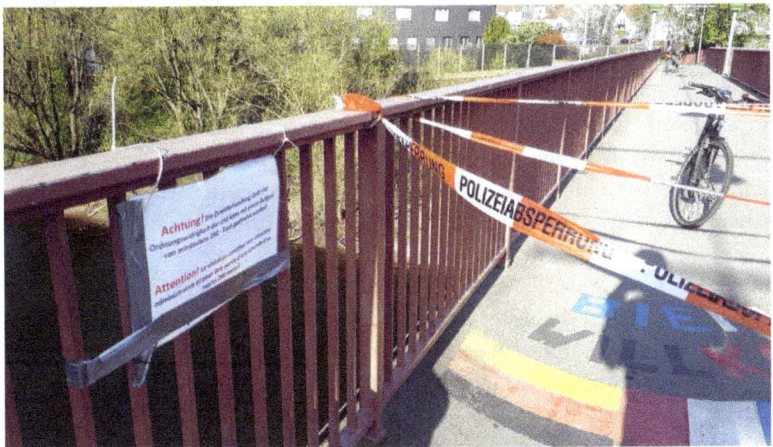

dans un premier temps. Mais les mesures concrètes de lutte contre la maladie restaient du ressort des états, voire des régions. C'est ainsi que le ministère sarrois de la Santé avait décrété dès le 14 mars la fermeture des piscines, des discothèques, des bars et des clubs, entre autres établissements, avant que Tobias Hans et Anke Rehlinger ne se retrouvent devant les caméras le 20 mars à la Chancellerie d'Etat de la Sarre, après concertation avec les instances fédérales, pour annoncer des restrictions de grande ampleur avec une limitation des sorties[8]. Dans une allocution télévisée, le président français annonçait quant à lui que le pays se trouvait « en guerre » contre le virus, ce qui eut pour conséquence un confinement strict à partir du 17 mars[9]. La France s'isolait elle aussi de plus en plus.

A la mi-mars, le fait que les responsables politiques locaux n'aient pas été informés de l'intention d'instaurer des contrôles aux frontières a causé bien du mécontentement du côté français. Berlin étant loin de la frontière française, c'est dans les Länder de Bade-Wurtemberg, de Rhénanie-Palatinat et de Sarre que les conséquences se sont fait directement ressentir. Il y a de nombreux témoignages sur les ressentiments suscités par les contrôles aux frontières, les bouchons de plusieurs kilomètres et les longs détours nécessaires pour arriver à un point de passage ouvert, les familles séparées par la frontière, les destins individuels de celles et ceux qui n'avaient pas de raisons reconnues « valables » de passer la frontière. Bon nombre d'articles rassemblés dans cet ouvrage en font état en détail. Mais en même temps, les milieux politiques voyaient d'un œil reconnaissant l'accueil de patients COVID français en soins intensifs dans les hôpitaux allemands. Il y a toujours de bons et de mauvais côtés. Une fois passé l'état de choc initial, les critiques se sont vite élevées contre les fermetures de frontières et les contrôles[10]. Le 2 avril, des maires sarrois postaient sur YouTube[11] un message vidéo de solidarité à l'intention de leurs communes jumelées en France et le jour même, on a pu se réjouir de la réouverture de la frontière entre Großrosseln et Petite-Rosselle, suite aux protestations énergiques des représentants politiques sarrois auprès de Horst Seehofer, le ministre allemand de l'Intérieur. Dans une déclaration conjointe publiée en Allemagne et en France, le Ministre-Président sarrois Tobias Hans et le Président du Conseil de la Région Grand Est Jean Rottner réaffirmaient les liens d'amitié qui unissent les deux pays et déclaraient que les contrôles aux frontières étaient seulement de nature passagère[12]. Une banderole sur le Pont de l'amitié entre la commune allemande de Kleinblittersdorf et la commune française de Grosbliederstroff, sur laquelle il était écrit « La Sarre ou la Lorraine. Aidez-vous les uns les autres et restez forts ! », montre que pour de nombreux habitants de la région frontalière sarro-lorraine et au-delà, cet état de fermeture des frontières n'est plus compatible avec les modes de vie transfrontaliers actuels (Figure 3).

En fin de compte, les gouvernements des Länder de Bade-Wurtemberg, de Rhénanie-Palatinat et de Sarre avaient bien vite compris que le virus ne s'arrêtait pas aux frontières[13], mais dans un premier temps, ils n'en ont pas tiré les conclusions qui s'imposaient. Ce n'est qu'à la mi-mai que les contrôles allemands à la frontière luxembourgeoise ont pris fin, après que

Figure 3 Le Pont de l'amitié entre Kleinblittersdorf et Grosbliederstroff.
Source : Photographies d'Eva Nossem et d'Heiko Lehmann, 2020.

le ministre luxembourgeois des Affaires étrangères, Jean Asselborn, a critiqué avec véhémence ce qui revenait *de facto* à une fermeture des frontières. Les populations ont dû attendre encore plus longtemps la réouverture complète de la frontière franco-allemande, qui avait été précédée par une lutte acharnée, des semaines durant, pour la réouverture de points de passage complètement fermés. En effet, sur la bonne trentaine de points de passage qui bordent la frontière, certains avaient été barricadés pour empêcher le passage des voitures car la police fédérale n'avait pas assez de ressources en personnel pour y assurer les contrôles. Ceci avait obligé les frontaliers à faire de longs détours pour se rendre au travail et provoqué la colère des riverains, donnant lieu à des scènes que personne n'aurait pu imaginer ne serait-ce que quelques semaines plus tôt. Tandis que le gouvernement sarrois s'employait à Berlin pour obtenir la réouverture d'un maximum de points de passage, les signes de solidarité transfrontalière se multipliaient dans la région. Alors que Berlin, vu de France, avait fermé la frontière dans un geste unilatéral, Paris insistait sur une date commune pour sa réouverture, qui ne devait intervenir qu'en juin.

Ironie du sort, c'est justement en 2020 qu'ont ressurgi les « vieilles frontières », soit 35 ans après la signature de l'accord de Schengen et 25 ans après son entrée en vigueur[14]. A un jet de pierre seulement de ce village viticole de Schengen, situé à la frontière germano-luxembourgeoise et qui incarne l'ouverture des frontières intérieures de l'Union européenne, on est véritablement revenu en arrière de plusieurs décennies, et ce pour des raisons de traçabilité des chaînes de contamination et de protection des populations. Les frontières ainsi « sécurisées », qui avaient d'abord été du goût de certains, dont Klaus Bouillon, le ministre sarrois de l'Intérieur, étaient devenues un véritable cauchemar qui ne semblait pas devoir prendre fin de sitôt ! L'idée européenne en a pâti, le couple franco-allemand a pris quelques égratignures ... et l'histoire nous dira si ces effets seront durables ou pas. Lors de la « deuxième vague » à l'automne-hiver 2020, les politiques franco-allemands ont répété que l'on avait tiré les leçons des événements du printemps et que les frontières ne seraient pas fermées à nouveau. Ceci peut être vu comme le résultat positif des nombreux entretiens entre les responsables de part et d'autre de la frontière. Il faut à présent que cet état d'esprit perdure face à ce que l'avenir nous réserve ! Nombreux ont été ceux qui craignaient qu'avec l'instauration de la quarantaine obligatoire pour les personnes au retour de zones à risque, on se retrouve *de facto* avec des contrôles aux frontières dans la région. L'Etat allemand, qui selon le système fédéral n'est pas compétent pour décréter l'obligation de mise en quarantaine, a publié à l'automne un modèle de décret sur la quarantaine qu'il souhaitait voir repris et promulgué par les Länder. C'est à l'initiative sarroise que l'on doit la mise en place d'une dérogation générale pour les déplacements transfrontaliers à petite échelle dans tous les Länder limitrophes de la France, la fameuse « règle des 24 heures ».

Mais le second semestre 2020 n'a pas été uniquement marqué par la volonté de renoncer aux fermetures et aux contrôles aux frontières. Des éléments essentiels de la coopération transfrontalière ont été revus et améliorés. On travaille sur un plan de pandémie commun pour la Grande Région et des malades français de la COVID ont de nouveau été admis dans des hôpitaux allemands. Le suivi transfrontalier des contacts par les autorités de santé des deux côtés a été rendu possible. La coopération des forces de l'ordre a été intensifiée, ce qui se manifeste notamment par les patrouilles binationales dans les centres-villes de la région. En outre, il y a eu une concertation pour harmoniser les stratégies de vaccination concernant les travailleurs frontaliers, qui a abouti par exemple à ce que le personnel médical puisse être vacciné sur son lieu de travail, quel que soit son lieu de domicile.

LES ANGLES DE VUE DU PRÉSENT OUVRAGE

De nombreux aspects des relations franco-allemandes, qu'ils relèvent de la vie courante ou de différents domaines de travail, ont été affectés par la pandémie de COVID-19 et par les décisions qui ont été prises autour de la « sécurisation » des frontières. Tout cela a fait ressortir comme sous un verre grossissant le degré d'interdépendance, voire d'imbrication qui règne dans les régions frontalières à l'intérieur de l'Europe. Sans les travailleurs frontaliers, le monde du travail ne fonctionnerait plus dans la Grande Région, qui en compte environ 250 000 dans des secteurs qui vont de l'industrie à la santé. Les commerces y vivent de la clientèle des pays voisins : ainsi, les habitants de la France et du Luxembourg ont-ils coutume de faire leurs courses dans les magasins discount ou dans les drogueries en Sarre et pour les habitants de l'Allemagne, certains magasins dont l'hypermarché Cora sont devenus une véritable institution.

Depuis ce printemps 2020, beaucoup a été fait pour éviter une nouvelle fermeture des frontières. Mais cela suffira-t-il ? La progression de la pandémie, notamment avec l'apparition de mutations encore plus contagieuses, a montré qu'on ne pouvait se fier à aucune certitude. A la fin du mois de février et au début du mois de mars 2021, le retour des contrôles aux frontières de la Saxe et de la Bavière avec la République tchèque et l'Autriche a été suivi d'un durcissement des règles de passage de la frontière franco-allemande, source d'un mécontentement sensible et de nouvelles inquiétudes pour les populations locales[15] (voir aussi encadré 1). Au fil de l'histoire récente, les relations franco-allemandes ont toujours constitué un garant de la stabilité et de la solidarité en Europe. Avec le recul qui est maintenant le nôtre par rapport au printemps 2020, le moment nous semble venu de dresser un premier bilan des relations franco-allemandes au regard de la pandémie de COVID-19 et de mener une réflexion sur leur avenir potentiel. Comment a-t-on pu en arriver à ce que des contrôles aux frontières intérieures de l'Union européenne puissent sembler justifiés ? Dans quels domaines la concertation transfrontalière a-t-elle bien fonctionné et où a-t-elle échoué, du moins dans ses débuts ? Comment les acteurs ont-ils vécu les moments critiques de la crise dans leurs domaines respectifs ? Comment s'est passée la coopération en matière de sécurité, de santé et d'économie ? Et quelles leçons pouvons-nous en tirer pour ressortir plus forts et mieux armés de cette crise ?

Pour discuter de ces questions, nous avons rassemblé des personnalités de différents horizons et nous leur avons donné la parole. Certaines ont rédigé leur propre contribution à cet ouvrage et pour les autres, nous restituons l'entretien que nous avons eu avec elles. Comme vous le verrez, nous avons donné une tribune à des personnalités françaises et allemandes, des responsables nationaux jusqu'aux responsables locaux. Presqu'automatiquement, les acteurs politiques se sont retrouvés en bonne place, mais nous ne voulions pas nous limiter à ce domaine, bien au contraire. La crise et ses effets sont très divers et requièrent d'être interprétés sous des angles variés et à plusieurs niveaux. C'est pourquoi nous avons donné la parole à des acteurs des milieux économiques, de la culture, de la santé, des médias, de la science et de la société civile pour leur permettre de raconter comment ils ont vécu cette année 2020 si mouvementée, quelle a été leur manière d'appréhender les « frontières » dans tous les sens du terme et quelles leçons ils ont tirées de la crise. L'ensemble ainsi composé constitue une mosaïque aux multiples facettes, qui permet d'appréhender de manière tangible et « en prise directe » la pandémie, les frontières et les relations franco-allemandes.

Ce que les populations régionales retiendront à long terme de cette année 2020, dans leur tête et dans leur cœur, ne se décidera que de manière rétrospective, en fonction de ce qui se passera après. Le choc restera-t-il ancré dans les mémoires comme une remise en cause négative de certitudes dont on se berçait ? Est-ce la déception par rapport à des vexations réelles ou imaginaires qui subsistera ? Ou bien les événements du printemps 2020 auront-ils servi de coup de semonce, d'avertissement salutaire, afin que l'on puisse remédier aux faiblesses qui se sont révélées dans la coopération transfrontalière ? La prise de conscience de nos dépendances réciproques suscitera-t-elle l'émergence de projets nouveaux, d'idées nouvelles et aboutira-t-elle à une redynamisation des relations franco-allemandes ?

Nous avons construit cet ouvrage de telle façon que nos lectrices et nos lecteurs puissent y trouver une certaine structuration et une orientation, tout en restant libres de sélectionner les contributions à leur gré et de les lire dans l'ordre qui leur convient. Les articles et entretiens sont soit en allemand, soit en français, mais ils sont accompagnés de résumés assez complets dans l'autre langue. Nous espérons que vous passerez de bons moments à lire cet ouvrage, qu'il saura vous captiver et vous donner une vision approfondie des choses, et aussi vous montrer à quel point les échanges transfrontaliers sont précieux. C'est une cause à laquelle il vaut la peine de se dévouer et que nous ne devrions jamais considérer comme allant de soi.

Encadré 1 : Fermeture des frontières 2.0 – Vraiment rien appris ?
Alors qu'après la réouverture de la frontière en juin 2020, les responsables politiques allemands et français avaient promis à la population de la région frontalière, encore marquée par les difficultés du début d'année, qu'une telle situation ne se reproduirait plus, la frontière est soudain revenue dans les esprits avec la crainte des variants du virus au printemps 2021.

En raison de l' « ordonnance relative à la protection contre les risques d'infection liés au coronavirus SARS-CoV-2 suite à la constatation d'une situation épidémique de portée nationale par le Bundestag allemand », texte du ministère fédéral de la santé passé initialement quasi inaperçu, l'idée d'utiliser les frontières pour la protection contre la COVID-19 est soudainement réapparue. Ce qui était prévu au départ pour les voyageurs revenant de Grande-Bretagne, d'Afrique du Sud ou du Brésil gagnait, devant la propagation de variants du virus, les frontières intérieures de l'Union européenne. Dans le même temps, une nouvelle frontière est apparue entre de nombreux États membres : cette fois, non entre les territoires nationaux, mais entre les stratégies différentes de lutte contre la pandémie. Pour simplifier à grands traits, disons qu'à l'hiver 2020 / printemps 2021, la stratégie allemande visant le « zéro COVID » s'est opposée à la perspective française, qui choisit d' « apprendre à vivre avec le virus », donc de moins se focaliser sur le taux d'incidence pour considérer principalement le nombre de patients hospitalisés.

Non seulement on ne rendrait pas service au débat, mais on aurait également tort d'assimiler les différentes stratégies aux stéréotypes du « rigide allemand prussien » et du « laissez-faire français ». Au moment où ces lignes sont rédigées, début mars, nous ne pouvons guère que formuler des suppositions sur la stratégie qui s'avérera finalement la plus efficace. Mais derrière ces stratégies différentes se trouve aussi une politique de tests non harmonisée entre Allemagne et France. Alors que la France a fait tester la population à grande échelle et a renforcé ses efforts de dépistage sur les régions les plus touchées, comme le département de la Moselle, le dépistage allemand reste loin derrière les chiffres français. Au pic du taux d'incidence en Moselle, fin février 2021, l'Agence régionale de santé (ARS) a publié le chiffre de 6 000 tests pour 100 000 habitants par semaine en Moselle, alors que la Sarre atteignait à peine environ 1 600 pour 100 000 habitants. Par conséquent, même les taux d'incidence n'ont jamais été vraiment comparables à la même époque ; du reste les taux de positivité entre ces tests étaient sensiblement identiques.

La Moselle et la Sarre se trouvaient donc sur cette « frontière stratégique » au début de 2021, lorsqu'un nombre inquiétant de cas positifs au variant sud-africain fut signalé dans le département français. La discussion qui s'ensuivit entre Berlin et Paris, entre le land et le gouvernement fédéral, et surtout au sein du gouvernement fédéral, doit être décrite et appréciée avec plus de recul temporel. Ces débats ont déjà été portés à l'attention du public dans un grand magazine d'information allemand. Il se trouvera sans nul doute un autre lieu pour apprécier ce chapitre de la coopération franco-allemande.

On se saurait cependant se dispenser de souligner combien la coopération régionale a été diamétralement opposée à celle des premiers jours de la pandémie. En effet, les acteurs politiques de part et d'autre de la frontière franco-allemande ont adopté une approche complètement différente de celle des jours angoissants de mars 2020. Grâce à des échanges réguliers et intensifs, les Länder et les représentants régionaux français ont pu se préparer ensemble, d'abord en théorie puis en pratique, au scénario du classement de la Moselle. De nombreuses initiatives ont ainsi été engagées avant même le classement. D'une part, cela a permis de démontrer à Berlin qu'il est possible de parvenir à une plus grande sécurité en multipliant les tests, même sans les exigences rigides de l'ordonnance fédérale d'entrée sur le territoire. D'autre part, ces efforts ont été accomplis afin d'être aussi bien préparé que possible au scénario que poserait une nouvelle classification. La Moselle a fait l'objet le 28 février 2021 d'un classement par les autorités fédérales en « territoire de circulation de variants de virus », 3e et dernière catégorie de classification.

La Sarre et la ville de Sarrebruck, particulièrement touchées en raison de leur forte proximité géographique, de leur interconnexion économique et, surtout, de leurs liens politiques avec la Moselle, ne sont pas restées inactives. Et une fois de plus, il est apparu – comme lors de la première vague avec l'exemple de la convention MOSAR – que les structures institutionnelles étaient plus rapidement mobilisables en cas de nécessité immédiate que les improvisations produites dans l'urgence. Ainsi, c'est l'Eurodistrict SaarMoselle, sous la direction de son président Gilbert Schuh et de son premier vice-président Uwe Conradt, qui a formé le cadre d'une initiative très remarquée, grâce à laquelle la région frontalière a pu démontrer sa capacité d'action. Car le centre de tests franco-allemand de la Brême d'Or, situé à moins de 20 mètres de la frontière et construit en quelques jours, n'a pas seulement reçu une grande attention médiatique. Il a également adressé un signal fort à Berlin et à Paris : la coopération transfrontalière entre la Sarre et la Moselle peut « donner des résultats » de manière pragmatique et rapide. L'assertion selon laquelle une protection sanitaire plus forte au bénéfice mutuel des deux côtés de la frontière peut être obtenue par la coopération, plutôt que par l'isolement et les contrôles aux frontières, a ainsi pris forme dans un projet concret. En quelques jours seulement, le gouvernement du Land de Sarre, sous la conduite opérationnelle d'une entreprise du Land, la LEG Service, avec le soutien actif des pompiers de Sarrebruck et de Moselle ainsi que de la THW, a mis en place un centre de tests sous l'égide de l'Eurodistrict Sarre-Moselle. Il a pu effectuer plus de 10 000 tests par semaine dès le premier jour. Au travers de cette installation, ouverte aux travailleurs frontaliers français comme aux Sarrois, il apparaît clairement que le but de cette mesure n'est pas de protéger les Sarrois des Mosellans, mais bien de protéger les gens, ensemble, contre ce dangereux virus.

Une autre mesure – communiquée et coordonnée étroitement avec les partenaires français – a permis d'amortir les effets du classement sur la région. Grâce à une opération logistique remarquable de la Chambre de commerce et d'industrie de la Sarre, il a été possible de fournir en quelques jours aux plus de 2 000 entreprises du Land qui emploient des navetteurs un total de 150 000 tests antigéniques, grâce auxquels la mobilité transfrontalière de ces salariés a pu être assurée. Sur la base d'un accord entre le gouvernement du Land, la Chambre de commerce et d'industrie et la Fédération des associations d'employeurs sarroises (VSU), soutenue par la Chambre des métiers, la Sarre a insi assuré l'accès des entreprises sarroises dépendantes des flux de travailleurs frontaliers français à des capacités de tests suffisantes. C'est d'ailleurs devenu un modèle à suivre pour d'autres régions d'Allemagne dans la suite de la pandémie.

> La coopération transfrontalière dans la région s'est donc trouvée face à un défi difficile à relever avec le classement de la Moselle par le gouvernement fédéral. Mais pour la cohésion des acteurs, pour l'efficacité de l'action commune et pour la visibilité de la détermination des représentants régionaux, ce classement s'est avéré un nouveau catalyseur possible. Au moins au niveau régional, il est apparu clairement que la courbe d'apprentissage des douze derniers mois est très raide.

NOTES

1   Kipp, M. (2020). *Das Saargebiet. Eine Reise zu den Anfängen des Saarlandes*. Sarrebruck : Geistkirch.
2   Dörrenbächer, H. P., Kühne, O. & Wagner, J. M. (éditeurs). (2007). *50 Jahre Saarland im Wandel* (« Veröffentlichungen des Instituts für Landeskunde im Saarland », vol. 44). Sarrebruck : auto-édition.
3   Lorig, W. H., Regolot, S. & Henn, S. (éditeurs). (2016). *Die Großregion SaarLorLux. Anspruch, Wirklichkeiten, Perspektiven*. Wiesbaden : Springer VS.
4   Saarländischer Rundfunk. (2020). Hans sieht Sonderrolle für Saarländer. https://www.sr.de/sr/home/nachrichten/politik_wirtschaft/saarhundert_festakt_saarbruecken_100.html. Consulté le 24 novembre 2020.
5   Tian, H., Liu, Y., Li, Y., Wu, C.-H., Chen, B., Kraemer, M. U. G., Li, B., Cai, J., Xu, B., Yang, Q., Wang, B., Yang, P., Cui, Y., Song, Y., Zheng, P., Wang, Q., Bjornstad, O. N., Yang, R., Grenfell, B. T., Pybus, O. G. & Dye, C. (2020). An investigation of transmission control measures during the first 50 days of the COVID-19 epidemic in China. *Science* (online first), 1–8. doi:10.1126/science.abb6105
6   World Health Organization. (2020). WHO Director-General's opening remarks at the media briefing on COVID-19 – 11 March 2020. https://www.who.int/director-general/speeches/detail/who-director-general-s-opening-remarks-at-the-media-briefing-on-covid-19---11-march-2020. Consulté le 24 novembre 2020.
7   Maillasson, H. & Prommersberger, T. (2020). Corona kommt von Frankreich ins Saarland. Corona-Fälle an der Grenze. https://www.saarbruecker-zeitung.de/saarland/blickzumnachbarn/mehr-als-80-corona-faelle-in-grenzregion-grand-est_aid-49419595. Consulté le 24 novembre 2020.
8   Landesregierung des Saarlandes. (2020). Corona im Saarland : Chronologie. https://corona.saarland.de/DE/service/chronologie-corona/chronologie-corona_node.html. Consulté le 24 novembre 2020.

9   Gouvernement de la République française. (2020). Les actions du Gouvernement. https://www.gouvernement.fr/info-coronavirus/les-actions-du-gouvernement. Consulté le 24 novembre 2020.
10   voir entre autres Kirch, D. (2020). Erste Rufe nach Ende der Grenzschließung, Saarbrücker Zeitung. https://rp-sz-epaper.s4p-iapps.com/artikel/918279/16334487. Consulté le 31 mars 2020.
11   Clivot, M. (2020). Solidaritätserklärung der saarländischen Bürgermeisterinnen und Bürgermeister nach Frankreich. 02. April 2020. http://youtu.be/kgaUYwPbWqA. Consulté le 20 mai 2020.
12   Hans, T. & Rottner, J. (2020). Die Grenze wird nicht bleiben. *Frankfurter Allgemeine Zeitung*. https://zeitung.faz.net/faz/politik/2020-04-15/93d76424a39c-94cb5e28f4c788ae55ee?GEPC=s5. Consulté le 15 avril 2020.
13   Voir également à ce sujet Wille, C. & Kanesu, R. (éditeurs). (2020). *Bordering in Pandemic Times : Insights into the COVID-19 Lockdown* (UniGR-CBS Thematic Issue, vol. 4). Luxemburg : UniGR-Center for Border Studies.
14   Weber, F. & Wille, C. (2020). Grenzgeographien der COVID-19-Pandemie. In F. Weber, C. Wille, B. Caesar & J. Hollstegge (éditeurs), *Geographien der Grenzen. Räume – Ordnungen – Verflechtungen* (p. 191–223). Wiesbaden : Springer VS.
15   ZDF heute (2021). RKI erklärt Moselle als Virusvarianten-Gebiet. https://www.zdf.de/nachrichten/panorama/corona-moselle-grenzregion-frankreich-virus-variante-100.html. Consulté le 01 mars 2021.

---

*Le Professeur junior **Florian Weber** travaille comme chercheur et enseignant au Département d'Etudes sociales européennes de l'Université de la Sarre. Il est membre de l'UniGR-Center for Border Studies, un centre de compétences où différents partenaires travaillent sur les questions transfrontalières au sein de la Grande Région. Ayant grandi à Merzig en Sarre, tout près de la France voisine, il a encore connu les contrôles aux frontières avant l'entrée en vigueur de l'accord de Schengen. Plus tard, lors de ses études à Mayence et à Paris, il a pu jouir des acquis européens que constituent la libre circulation des personnes et l'ouverture des frontières intérieures de l'Union.*

***Roland Theis** est Secrétaire d'Etat à la Justice et aux Affaires européennes et plénipotentiaire pour l'Europe du Land de Sarre. Ce Sarrois de naissance a maintenant la double nationalité française et allemande. Après des études de droit et de sciences politiques à Sarrebruck et à Aix-en-Provence, Roland Theis a travaillé comme juriste d'entreprise dans une banque franco-allemande spécialisée dans le financement des PME. Il était député au parlement sarrois depuis 2009 lorsqu'il est entré au gouverne-*

ment sarrois en 2017. Actuellement, il enseigne le droit public allemand à l'Université de Lorraine ainsi qu'à l'Université Paris 2 Panthéon-Assas.

Karl Terrollion *dirige le Bureau du Land de Sarre à Paris. Titulaire d'un master franco-allemand de Gouvernance et d'Administration et diplômé de Sciences Po Paris, il a également suivi des études de droit public et de sciences politiques. En tant que membre de la cellule de coordination COVID-19 regroupant les administrations des trois Länder allemands limitrophes et les services de l'Etat français ainsi que les collectivités territoriales du Grand Est, il a accompagné les acteurs sur le terrain pendant la crise sanitaire.*

**Berlin-Paris: Politische Perspektiven
auf die Turbulenzen im Frühjahr 2020**

**Berlin-Paris : Perspectives politiques
sur les turbulences du printemps 2020**

EIN SCHRITT ZURÜCK, ZWEI NACH VORNE

Wie die Coronakrise uns lehrte, mit Mut die grenzüberschreitende Zusammenarbeit voranzubringen

Michael Roth (Auswärtiges Amt)

Résumé L'histoire nous enseigne que l'intégration européenne ne progresse pas de manière linéaire mais par bonds, par sauts intégrateurs, bien souvent en réaction à une période de crise qui a mis à jour des lacunes. Au printemps 2020, nous avons dû réagir dans un délai très court à une situation qui était inimaginable quelques semaines auparavant. Dans tous les Etats de l'UE, selon des modalités diverses, des restrictions à la mobilité ont été instaurées, aussi bien à l'intérieur de nos pays qu'entre eux. L'introduction temporaire de contrôles frontaliers entre la France et l'Allemagne a été une épreuve difficile, particulièrement pour les personnes qui vivent à la frontière et dont le quotidien se vit à l'échelle de cet espace commun qu'est la région frontalière. Ce fut sans doute perçu comme un triste retour en arrière. Mais cette étape n'a pas été le signe de divergences entre la France et l'Allemagne, mais plutôt d'une volonté partagée de maîtriser la pandémie. Il est apparu rapidement que des années de travail en partenariat dans la zone frontalière avaient créé non seulement une très grande disposition à la coopération mais aussi une confiance et une connaissance mutuelle qui ont porté leurs fruits dans la crise. L'engagement, la créativité et la rapidité de réaction des personnes sur le terrain ont été très impressionnants. Grâce à cet engagement, rapidement et de manière pragmatique, des obstacles ont été levés et des solutions ont été trouvées, par exemple dans le secteur de la santé. En 2019, nous avons signé le traité d'Aix-la-Chapelle dans le but d'approfondir nos relations bilatérales – et notamment pour ce qui relève de la coopération transfrontalière. Ce traité avait été négocié et signé bien avant la pandémie de COVID-19. Mais celle-ci nous aura montré à quel point cette ambition est essentielle et combien il est indispensable de continuer à développer la coopération et à approfondir l'intégration. Nous voulons porter ensemble, France et Allemagne, l'ambition d'une Europe plus intégrée, plus résiliente, plus forte. Il est de notre responsabilité de faire tout ce qui est en notre pouvoir pour surmonter les épreuves du temps, et, à un pas en arrière, sous le coup de la crise, doivent succéder deux pas en avant.

IN DER KRISE RASCH DIE NOTWENDIGEN MASSNAHMEN ERGRIFFEN

Die europäische Integration wird gelegentlich mit der Echternacher Springprozession verglichen – zwei Schritte vor, einen zurück. Aber der Verlauf der europäischen Integration hat bewiesen, dass sie in Krisenzeiten häufig erstmal einen Schritt zurück macht, den sie dann durch große Fortschritte wieder wettmacht. Die Krise als Chance nutzen – das gilt auch für unsere Erfahrungen aus dem Frühjahr 2020.

Echternach ist ein kleiner Ort in Luxemburg, direkt an der Grenze zu Deutschland gelegen. Die Menschen in den Grenzregionen waren im Frühjahr 2020 ganz unmittelbar von der Corona-Pandemie betroffen. Denn erstmals seit dem Inkrafttreten des Schengener Abkommens wurden zwischen Deutschland und seinen Nachbarländern vorübergehend wieder Grenzkontrollen eingeführt und Personen ohne triftigen Reisegrund der Grenzübergang verweigert. Das war eine historische, schmerzhafte Zäsur, die noch ein paar Wochen zuvor niemand für möglich gehalten hatte.

Fast schien es so, als sei ein Virus imstande, quasi über nach Nacht wesentliche Errungenschaften der europäischen Einigungen zurückzudrehen. Rückschläge sind glücklicherweise gerade im Herzen des vereinten Europas – zwischen Frankreich, Deutschland, Luxemburg, Belgien und den Niederlanden – seit vielen Jahrzehnten eher die Ausnahme als die Regel. Es gibt wohl kaum eine Region in Europa, in der das Zusammenleben und Zusammenwachsen über die Jahre die Existenz von Grenzen so sehr vergessen gemacht hat. Über 40 000 Pendler*innen fahren täglich zwischen Mulhouse im Süden und Sarreguemines im Norden über die deutsch-französische Grenze. Nach Luxemburg pendeln täglich 20 000 Menschen allein aus Rheinland-Pfalz und dem Saarland ein. In diesen grenzübergreifenden Lebensgebieten – die Französ*innen haben das schöne Wort »bassin de vie« geprägt – war die Wiedereinführung von Grenzkontrollen oder gar Schließung einzelner Grenzübergänge schier unvorstellbar. Zu eng waren die Grenzregionen politisch, wirtschaftlich und gesellschaftlich zusammengewachsen.

Die gesamte Situation, in der diese Entscheidungen damals gefällt wurden, war ein gesundheitlicher Ausnahmezustand – für Wissenschaft und Politik, aber vor allem für die Bürger*innen. Niemand hatte einen Masterplan in der Tasche, wie man eine grenzüberschreitende Pandemie und ihre dramatischen Folgen für das Gesundheitswesen und die Wirtschaft wirksam bekämpft. Noch im Februar 2020 gab es praktisch kein Bewusstsein für das mit der Pandemie verbundene Risiko. Die Gefahr für die Bevölkerung wurde auch von Fachleuten noch bis Ende Februar als »gering bis mäßig« bewertet.

Diese Wahrnehmung wandelte sich in den darauffolgenden Tagen und Wochen rapide. Schon am 25. März 2020 stellte der Bundestag eine »epidemischen Lage von nationaler Tragweite« fest und beschloss mit dem Gesetz zum Schutz der Bevölkerung die Grundlage für weitreichende Maßnahmen zur Bekämpfung der Pandemie. In Frankreich verlief die Entwicklung ähnlich: Ende Februar 2020 befasste sich das Kabinett unter Leitung von Staatspräsident Macron erstmals ausführlich mit dem Virus. Es folgte in schneller Reihenfolge die schrittweise Einführung des »confinements« – mit einschneidenden Kontakt- und Bewegungseinschränkungen.

Innerhalb kürzester Zeit mussten wir auf eine Situation reagieren, die nur wenige Wochen zuvor noch schlicht unvorstellbar war. Zugleich konnte niemand vorhersehen, wie schnell und unerbittlich sich der Virus weiterverbreiten würde. Allgemeine oder partielle Ausgangsbeschränkungen und auch die Einschränkung der Mobilität, sowohl inner- als auch zwischenstaatlich, waren Schritte, die in allen Staaten der EU in unterschiedlichen Ausformungen umgesetzt wurden.

Angesichts des rasant steigenden Infektionsgeschehens in den östlichen Landesteilen Frankreichs mit einer deutlichen Differenz zu den benachbarten deutschen Bundesländern war die Reduzierung der grenzüberschreitenden Mobilität eine naheliegende Option, die rechtlich im Rahmen des Schengener Grenzkodexes auch zulässig und somit als Notfallmaßnahme EU-konform war.

Die Einstufung der französischen Region Grand Est als Risikogebiet durch den Krisenstab der Bundesregierung am 11. März bildete die Grundlage für die Entscheidung zur vorübergehenden Wiedereinführung von Grenzkontrollen – im Einvernehmen mit den betroffenen Bundesländern. Durch die Einschränkung der Grenzübertritte auf die Personen mit triftigem Grund sollten Infektionsketten von der einen Seite der Grenze auf die andere reduziert werden. Der grenzüberschreitende Warenverkehr sowie Einreisen von Berufspendler*innen blieben in jedem Fall möglich. Die Auslegung der Formulierung »triftiger Grund« sollte vor Ort erfolgen, um im Einzelfall angemessen entscheiden zu können.

Es ging bei der Entscheidung nicht darum, sich zu verbarrikadieren oder abzuschotten. Es ging darum, in einer Phase großer Unsicherheit das epidemiologisch Notwendige zu tun, um Menschenleben auf beiden Seiten der Grenze zu retten. Es war klar, dass dies eine gemeinsame europäische Bewährungsprobe war, die kein Mitgliedstaat alleine meistern können würde.

AUCH ANGST UND RESSENTIMENTS – ABER VOR ALLEM SOLIDARITÄT

Auch wenn die Einschränkung der grenzüberschreitenden Mobilität zu diesem Zeitpunkt notwendig war, um die Verbreitung des Virus zu stoppen, ist mir sehr bewusst, wie schmerzhaft die vorübergehende Einführung von Grenzkontrollen war. Ich bin selbst unweit der früheren innerdeutschen Grenze in Nordosthessen aufgewachsen – das hat mich auch politisch stark geprägt. Seit ich Politik mache, kämpfe ich für ein Europa der Grenzenlosigkeit, Offenheit und Freiheit. Ich kann mir gut vorstellen, wie absurd und willkürlich es den Menschen in den Grenzregionen vorkommen musste, wenn nach langen Jahrzehnten der Nachbarschaft und des Miteinanders plötzlich Grenzen wieder sichtbar wurden.

Dabei beunruhigte mich vor allem, wie schnell nationalistische und fremdenfeindliche Ressentiments in dieser Stresssituation zutage traten und mit welcher Aggressivität diese sich bisweilen manifestierten. Wir erlebten zwar auch Ressentiments zwischen stärker und schwächer vom Virus betroffenen Regionen innerhalb Deutschlands. Aber hier wurden auf beiden Seiten der Grenze überwunden geglaubte, böse Stereotype plötzlich wieder wach. Das widersprach dem Bild der Grenzregion als Ort der Versöhnung und Überwindung alter Feindseligkeiten. Sicherlich darf man diese Zwischenfälle nicht überbewerten, denn sie blieben glücklicherweise die Ausnahme. Aber zugleich offenbarten sie die unterschwellige Anspannung, die durch das Wiederauftreten der Grenze provoziert wurde – das Gefühl der Abgrenzung, der künstlichen Differenzierung.

Wir hatten vielleicht zu Anfang unterschätzt, wie dicht das deutsch-französische gesellschaftliche und wirtschaftliche Geflecht ist und wie schädlich sich jede Störung dieses Geflechts auf die Stimmung vor Ort auswirken kann. Das ist uns durch diese Krise sehr klar vor Augen getreten. Deshalb haben wir rasch begonnen, konkrete Lösungen zu erarbeiten, um Tag für Tag das vielschichtige Alltagsleben im Grenzgebiet besser zu berücksichtigen und zur Normalität vollständig offener Grenzen zwischen unseren beiden Ländern zurückzukehren. Denn Fakt ist doch: Corona hat keinen Pass und schert sich nicht um nationale Grenzen. Überhaupt war das Krisenmanagement in den EU-Staaten zu Beginn viel zu stark national geprägt. Aber wir haben in der EU den Schalter dann doch zügig umgelegt: Mit enger Abstimmung, gegenseitiger Unterstützung und Teamspiel.

Bestes Beispiel ist zweifellos das gemeinsame Engagement der DRF-Luftrettung und der Luxemburg Air Rescue, die unter schwierigen Umständen mit großer Professionalität und starkem persönlichen Einsatz den Großteil der Hubschraubertransporte französischer Patient*innen in deutsche Krankenhäuser und wieder zurück übernahmen. Völlig zurecht wurde dieses Engagement durch die Auszeichnung mit dem Adenauer-de Gaulle-Preis gewürdigt. Die beiden Luftrettungsorganisationen haben damit ein starkes Zeichen für europäische Solidarität und grenzüberschreitende Kooperation gesetzt. Sie haben Menschenleben gerettet, einen wichtigen Beitrag zur Bewältigung der Gesundheitskrise und Festigung der deutsch-französischen Freundschaft geleistet.

MEHR DENN JE: GEMEINSAM NACH VORN SCHAUEN

In der Krise gab es viele praktische Fragen und eine kritische Lage in den Krankenhäusern auf der französischen Seite der Grenze. Viele Menschen, die an der Grenze leben, standen infolge der Einführung von Grenzkontrollen und der Schließung einzelner Grenzübergänge vor komplexen, ja teilweise bedrohlichen Problemen, etwa Dialysepatient*innen, deren Behandlung jenseits der Grenze erfolgen sollte.

So wie die Verantwortlichen in den Krankenhäusern und Rettungsdiensten in dieser Situation auf beiden Seiten der Grenze durch Pragmatismus und Engagement halfen, so zeigte sich auch bei den Behörden die Bereitschaft, neue Wege zu gehen. Kommunale und regionale Institutionen dies- und jenseits der Grenze bildeten neue Koordinierungsgremien, um praktische Fragen zu klären. Auf Ebene der deutschen Landesverwaltungen und auf französischer Seite der Präfektur, der Région und der Départements etablierten sich regelmäßige Telefonkonferenzen, an denen auch Vertreter*innen des Auswärtigen Amts, des Bundesinnenministeriums und des Bundesgesundheitsministeriums teilnahmen.

Schnell wurde deutlich, dass Jahre der routinierten Zusammenarbeit in den Gremien der Großregion[1] und der Oberrheinkonferenz[2] eine enorme Vertrautheit und enge Kenntnis der jeweils anderen Seite geschaffen hatten, was sich nun in der Krise auszahlte. Der Einsatz, die Kreativität und die schnelle Reaktion der Verantwortlichen vor Ort waren sehr beeindruckend. Dank dieses Engagements konnten im Gesundheitsbereich schnell und pragmatisch Lösungen gefunden werden. Die zahlreichen Patient*innentransfers, von denen viele von DRF-Luftrettung und der Luxemburg Air Rescue durchgeführt wurden, aus überlasteten französischen, belgischen und niederländischen Krankenhäusern in nahe gelegene Krankenhäuser auf der deutschen Seite mit ausreichend Kapazitäten, wären ohne entsprechendes Engagement der Krankenhausverwaltungen und Behörden nicht möglich gewesen.

Auf Bundesebene konnte ich diese Dynamik durch eine enge Abstimmung mit meiner damaligen Amtskollegin im Quai d'Orsay, Amélie de Montchalin mit voranbringen. Während die Länder und Eurodistrikte sich mit den Behörden der Region und der Départements abstimmten, pflegte ich in einem regelmäßigen Austausch den direkten Draht nach Paris. Es gehört aufgrund der unterschiedlichen Staatsstruktur zweifellos zu den klassischen Mustern der deutsch-französischen Zusammenarbeit, dass die Zusammenarbeit auf der gesamtstaatlichen und regionalen Ebene Hand in Hand gehen muss, damit sich sowohl der deutsche Bundesstaat als auch der französische Zentralstaat darin wiederfinden.

Mit dem deutsch-französischen Ausschuss für Grenzüberschreitende Zusammenarbeit hat der Vertrag von Aachen im Januar 2019 ein weiteres, in Europa bislang einzigartiges Instrument ermöglicht. Der Ausschuss führt alle für die grenzüberschreitende Zusammenarbeit maßgeblichen Verantwortungsträger*innen zusammen – von den bi- oder trinationalen Eurodistrikten über die deutschen Länder, die französischen Départements bis zu den nationalen Ministerien und Abgeordneten beider Seiten. Dieses neue Gremium bewährte sich in der Krise als Forum für einen grenzüberschreitenden und alle Ebenen einschließenden politischen Dialog. Das erste von drei Treffen im Kontext der Krise, die wir als Videokonferenz durchführten, fand am 23. April 2020 statt. Die zweite Sitzung am 10. Juni widmete sich den dann anlaufenden Strategien, um zur grenzüberschreitenden Normalität zurückzukehren. Ein weiteres Treffen am 6. Oktober brachte das klare Bekenntnis aller Beteiligten zur Wahrung des ungehinderten Grenzverkehrs in der Grenzregion als oberste Priorität, auch für den Fall einer Einstufung der Region Grand Est als Risikogebiet. Die französische und die deutsche Regierung bekräftigten daraufhin ihren Willen, eine Wiederholung der Situation im Frühjahr zu vermeiden.

Der Vertrag von Aachen war mit dem Ziel geschlossen worden, unsere bilateralen Beziehungen zukunftsgerichtet und europäisch zu vertiefen – und als einen wichtigen Aspekt die grenzüberschreitende Zusammenarbeit weiter auszubauen und zu stärken. Dieser Vertrag war in Zeiten verhandelt worden, in denen uns eine solche Krise nicht in den Sinn kam. Aber die COVID-19-Pandemie zeigt uns heute umso mehr, wie wichtig Kooperation und Integration gerade in Krisenzeiten sind.

Die vorübergehende Einführung der Grenzkontrollen im Frühjahr war zweifellos eine große Belastung für die Menschen, die im Alltag an der Grenze leben und die Grenzregion als gemeinsame Heimat erleben. Sie war ein trauriger Schritt zurück, um das Bild der Echternacher Springprozession noch einmal aufzugreifen. Aber dieser Schritt war kein Zeichen von deutsch-französischen Differenzen. Vielmehr war es der Ausdruck des gemeinsamen Willens, die Pandemie unter Kontrolle zu bringen. Trotz aller Schwierigkeiten haben wir den Dialog in dieser Phase noch enger und intensiver gestaltet als zuvor, gerade in der Grenzregion. Neben den schwierigen Entscheidungen bleibt mir deshalb vor allem der starke Wille in Erinnerung, gemeinsam zu arbeiten, aufzutreten, Mut zu machen und voranzukommen.

In den vergangenen Monaten haben wir versucht, weitestgehend die grenzüberschreitende Mobilität aufrechtzuerhalten, ohne im Kampf gegen die Pandemie nachzulassen. Das ist der erste Schritt nach vorne – wir haben diese wichtige Lehre aus der ersten Welle der Pandemie gelernt.

Die Pandemie hat uns außerdem gezeigt, dass wir in der grenzüberschreitenden Zusammenarbeit noch weiterkommen müssen. Und dazu besteht nun die Chance. Der Ausschuss für Grenzüberschreitende Zusammenarbeit, der im vergangenen Jahr nur im Krisenmodus tagen konnte, soll Lösungen für all jene Bewährungsproben und Hürden finden, für die in den bestehenden Gremien bislang der entscheidende Durchbruch nicht erreicht werden konnte. Dazu wird es einer großen Portion Pragmatismus und guten Willens bedürfen, der die Zusammenarbeit in der Pandemie geprägt hat. Die Krise hat die Kraft der deutsch-französischen Zusammenarbeit gezeigt. Unsere Länder, unsere Gesellschaften und unsere Wirtschaft sind eng miteinander verbunden und hängen voneinander ab. Diese gegenseitige Verflechtung und Solidarität, die im Geist von Bürger*innen im Alltag besonders in unseren Grenzregionen verankert sind, müssen wir jetzt nutzen – auch für Europa und als Vorreiter für mehr Integration und ein noch besseres Zusammenleben in Europa. Das ist der zweite Schritt nach vorne in dieser europäischen Springprozession.

Während der deutschen Ratspräsidentschaft konnten wir mit dem Europäischen Wiederaufbaufonds ein noch nie da gewesenes Instrument der Solidarität zwischen den Mitgliedstaaten und der Investition für unser gemeinsames Europa ins Leben rufen. Zugleich haben wir mit dem deutsch-französischen Bürgerfonds und dem deutsch-französischen Zukunftswerk auf der Grundlage des Vertrags von Aachen wichtige Möglichkeiten geschaffen, um das wichtigste Fundament unserer bilateralen Zusammenarbeit zu stärken – das Engagement der Bürger*innen in Deutschland und Frankreich für das Zusammenleben und den Austausch unserer Gesellschaften.

Wir wollen gemeinsam in Europa mit Mut und Zuversicht vorangehen.

Es ist unsere Verantwortung, alles zu tun, um an den Bewährungsproben zu wachsen. Um auf jeden Schritt zurück mit einem Sprung nach vorne zu reagieren, eine immer stärkere Integration für ein besseres tägliches Leben der Europäer*innen zu schaffen.

ANMERKUNGEN

1 Der »Großregion« gehören das Saarland, Rheinland-Pfalz, die französischen Départments Moselle, Meuse, Meurthe-et-Moselle (Ardennes und Vosges als Beobachter), das Großherzogtum Luxemburg und in Belgien die Region Wallonien sowie die französischsprachige und deutschsprachige Gemeinschaft an. Die Großregion umfasst insgesamt 11,5 Mio. Einwohner*innen.

2 Die Oberrheinkonferenz ist das Kooperationsgremium der Regierungs- und Verwaltungsbehörden auf regionaler Ebene am Oberrhein. Das Gebiet der Oberrheinkooperation umfasst die gesamte Région Grand Est, die Südwestpfalz in Rheinland-Pfalz, die Regierungsbezirke Karlsruhe und Freiburg in Baden-Württemberg und die Schweizer Kantone Jura, Basel, Basel-Landschaft, Solothurn, Aargau. In ihrem Einzugsgebiet leben ca. 5,9 Mio. Einwohner*innen.

Michael Roth ist Staatsminister für Europa im Auswärtigen Amt seit 2013 und Beauftragter der Bundesregierung für die deutsch-französische Zusammenarbeit. Michael Roth wurde 1998 erstmals als Bundestagsabgeordneter direkt gewählt. Von 2010 bis 2013 war er europapolitischer Sprecher der SPD-Bundestagsfraktion und von 2009 bis Februar 2014 Generalsekretär der SPD in Hessen. Seit 2017 ist Michael Roth Mitglied des SPD-Bundesvorstands.

FÜR EINE KRISENFESTE ZUSAMMENARBEIT IN DER DEUTSCH-FRANZÖSISCHEN GRENZREGION!

Erfahrungen und Schlussfolgerungen aus der »ersten Welle« der COVID-19-Pandemie

Markus Kerber (Bundesministerium des Innern, für Bau und Heimat)

Résumé   La « première vague » de la pandémie de COVID-19 a mis la région frontalière franco-allemande à rude épreuve. Les restrictions nécessaires pour endiguer la propagation de la maladie nous ont de nouveau montré à quel point les territoires de part et d'autre du Rhin étaient étroitement imbriqués et associés. Dans la controverse sur le caractère justifié ou non de la réintroduction provisoire des contrôles sur notre frontière intérieure commune au sein de l'espace Schengen au printemps 2020, il ne faut pas ignorer que toutes les parties prenantes poursuivaient un objectif commun et ultime qui était d'endiguer la pandémie, comme le montre Markus Kerber dans sa contribution. Les réflexions doivent par conséquent se concentrer sur la question de savoir comment cet objectif peut être atteint au moyen d'une coopération transfrontalière efficace. Les éléments les plus importants de cette dernière sont les actions au titre de l'aide mutuelle, une communication étroite et marquée par une confiance réciproque à tous les niveaux politiques, administratifs et sociétaux ainsi que des approches pragmatiques pour trouver des solutions dans lesquelles seront impliquées toutes les parties prenantes et concernées.

EINFÜHRUNG

Die Grenzregionen sind der Kitt, der die europäischen Nachbarn zusammenhält. Gerade in der deutsch-französischen Grenzregion arbeiten die Menschen, die Politik und die Behörden seit vielen Jahrzehnten an der Schaffung einer gemeinsamen Region, in der Grenzen eher virtuell sind. Oftmals erst viel später wird diese vor Ort gelebte Kooperation Gegenstand von Verträgen auf der staatlichen Ebene. In dieser Region manifestiert sich der Geist der deutsch-französischen Freundschaft – hier leisten die Menschen einen entscheidenden Beitrag für den europäischen Gedanken.

Umso größer war die Herausforderung, die die gemeinsame Grenzregion Deutschlands und Frankreichs in der »ersten Welle« der COVID-19-Pandemie im Frühjahr und Frühsommer 2020 zu bewältigen hatte. Neben den Beschränkungsmaßnahmen, die in ähnlicher Form in ganz Deutschland zur Eindämmung der Infektion und zur Unterbrechung von Infektionsketten verhängt wurden, war die deutsch-französische Grenzregion mit besonders hohen Infektionszahlen und, letztlich dadurch bedingt, durch Beschränkungen im Grenzverkehr besonders belastet.

WIDER EIN LAGERDENKEN »GRENZSCHÜTZER« VERSUS »EUROPÄER«!

Kern der Beschränkungen im deutsch-französischen Grenzverkehr waren die auf deutscher Seite vorübergehend wieder eingeführten grenzpolizeilichen Kontrollen. Die Möglichkeit zum Grenzübertritt war an Voraussetzungen geknüpft, um die Ausbreitung des SARS-CoV-2-Virus zu bremsen. Neben anderen Beschränkungsmaßnahmen waren vor allem diese Kontrollen und Voraussetzungen für den Grenzübertritt in der politischen Diskussion, insbesondere vor Ort in der Region, stark umstritten. Wer von der Erforderlichkeit der Kontrollen überzeugt war, stand vermeintlich unversöhnlich denjenigen gegenüber, die nicht nur die gewachsenen, alltäglichen Verbindungen, sondern auch die unbestrittenen europapolitischen Errungenschaften des Schengener Übereinkommens in Gefahr sahen.

Entwicklung der COVID-19-Krise in der Grenzregion aus Perspektive des Bundes

Bei Ausbruch der Pandemie in Europa waren die Infektionszahlen in Frankreich, besonders in der Région Grand Est und ausgehend von einer Veranstaltung in Mulhouse, etwas früher und mit größerer Intensität als auf deutscher Seite der Grenze angestiegen. Die Lage im Gesundheitssystem spitzte sich zu, zumal damals kaum Erfahrungen mit der Behandlung von an COVID-19 Erkrankten verfügbar waren. Daher war es konsequent, dass Frankreich früher sowie strengere Beschränkungsmaßnahmen erlassen hat als die Bundesregierung und die Landesregierungen in Deutschland. Dies hat aber eine kurzzeitige Zunahme des grenzüberschreitenden Verkehrs bewirkt. Manche Einkäufe und Aktivitäten waren in dieser Zwischenzeit in Deutschland noch möglich, während in Frankreich entsprechende Einrichtungen bereits geschlossen waren. Diese Zunahme des grenzüberschreitenden Verkehrs hat in der Grenzregion auf deutscher Seite die nachvollziehbare Sorge begründet, dass das Virus verstärkt nach Deutschland eingetragen wird – und dies in einer Lage, in der sich das Infektionsgeschehen auch in Deutschland zuspitzte. Ergänzend zu den Überlegungen, die die Bundesregierung angesichts der allgemeinen Entwicklung zur Eindämmung der Pandemie bereits diskutierte, äußerten manche Länder die Bitte, sehr rasch vorübergehende Kontrollen an einzelnen Abschnitten der Landesgrenze Deutschlands wiedereinzuführen. Diese Bitte betraf in besonderer Weise die Grenze zu Frankreich.

Die Folgen dieser grenzpolizeilichen Kontrollen, die Bundesminister Horst Seehofer zuvor mit seinem französischen Amtskollegen abgestimmt hatte, waren in den Grenzregionen beträchtlich. Mit der Verringerung des Grenzverkehrs gingen die Infektionszahlen tatsächlich zurück. Zugleich blieb allen der Weg nach Deutschland versagt, die nicht als Grenzpendlerinnen und -pendler, zur Aufrechterhaltung von Lieferketten oder aus anderen triftigen Gründen einreisen wollten. Wer einreisen durfte, musste teils längere Wartezeiten an den Grenzübergängen in Kauf nehmen und unterlag mitunter weiterreichenden Verhaltensbeschränkungen als die Wohnbevölkerung vor Ort. Die Auswirkungen für die Betroffenen waren damit teils erheblich. Dies verstärkte die pandemiebedingte Anspannung in der Region beiderseits der Grenze weiter.

Gemeinsame Aufgabe: Bekämpfung der Pandemie

Die Vorbehalte und auch die kritischen Reaktionen vieler Betroffenen vor Ort, dies- und jenseits der Grenze, waren verständlich. Wie sehr haben wir uns an ein Reisen ohne Grenzkontrollen im Schengenraum gewöhnt! Gerade in den Grenzregionen haben viele ihren Alltag in der Annahme organisiert, auf dem Weg zur Arbeit, zur Ausbildungsstelle oder in die Schule keinen entfernten Grenzübergang anfahren zu müssen, um dort eine Kontrolle zu durchlaufen, bei der ein Ausnahmegrund geprüft wird. Zu Recht steht das kontrollfreie Reisen pars pro toto für das Viele, das wir in der europäischen Einigung erreicht haben. Der Unmut über wieder spürbare Grenzen in einem eigentlich vereinten Europa wurde sehr laut. Er zeigte, wie sehr die Menschen das geeinte Europa schätzen.

Zugleich ist es eine Binsenweisheit, dass es nicht ausreicht, Erreichtes zu bewahren. Die europäische Einigung ist nicht abgeschlossen. Sie muss sich an immer neuen Herausforderungen bewähren und beweisen. Im Jahr 2020 ist die Bewältigung der COVID-19-Pandemie die herausragende Aufgabe der Europäischen Union – und mit ihr der Ratspräsidentschaft Deutschlands. Dabei ist es legitim, auch kritisch zu hinterfragen, ob Beschränkungen im Grenzverkehr einen geeigneten, erforderlichen und angemessenen, also verhältnismäßigen Beitrag zur Pandemiebekämpfung leisten. Diese Diskussion hat am 23. April 2020 auch der deutsch-französische Ausschuss für grenzüberschreitende Zusammenarbeit geführt, den wir mit dem Vertrag von Aachen eingerichtet haben. Wer aber einen vermeintlichen Gegensatz zwischen »Grenzschützer« und »Europäer« aufbaut, irrt. Soweit Beschränkungen im Grenzverkehr bei der COVID-19-Bekämpfung helfen und Infektionsketten zwischen Regionen, auch denen in Deutschland und Frankreich, unterbrechen, dient dies zu einem gegenseitigen, grenzüberschreitenden Schutz, der gegenseitigen Solidarität und damit einem zutiefst europäischen Motiv.

GEMEINSAME KRISENBEWÄLTIGUNG IM VERFLECHTUNGSRAUM VON DEUTSCHLAND UND FRANKREICH

Daher gilt es, die COVID-19-Krise im engen Schulterschluss von Deutschland und Frankreich zu bewältigen. Im Zuge der europäischen Einigung haben die Grenzen zu den Nachbarstaaten Deutschlands immer mehr ihren trennenden Charakter verloren. Die Grenzregionen sind wieder zu dem geworden, was sie über Jahrhunderte hinweg waren: Verflechtungsräume. Viel prägender als die Grenzlinie sind die ganz vielfältigen gesellschaftlichen, wirtschaftlichen, kulturellen, verkehrlichen und auch privaten Verbindungen am Oberrhein. Gleiches gilt für die Großregion von Rheinland-Pfalz, dem Saarland, Frankreich, Luxemburg und Belgien. Eine reflexhafte Reaktion, einander in der Krise den Rücken zuzuwenden und das SARS-CoV-2-Virus mit Blick ins jeweilige Inland zu bekämpfen, würde tatsächlich die Axt an die Wurzel des gegenseitigen Vertrauens legen, das wir über Jahrzehnte hinweg aufgebaut haben.

Umso wichtiger war und ist die enge grenzüberschreitende Kooperation und Kommunikation, die sich in der ersten Welle der COVID-19-Pandemie rasch etabliert hat und bis heute fortgeführt wird. An erster Stelle ist die gegenseitige Übernahme von Patientinnen und Patienten zu nennen, wenn Behandlungskapazitäten knapp werden. Hier hat sich die deutschfranzösische Zusammenarbeit im Frühjahr 2020 ausgezeichnet bewährt. Krankenhäuser in Deutschland konnten zahlreiche, schwer erkrankte Patientinnen und Patienten aus Frankreich übernehmen, weil diesseits der Grenze glücklicherweise Behandlungsbetten, -geräte und vor allem das unerlässliche Fachpersonal im erforderlichen Umfang zur Verfügung standen. Die Kosten der Behandlungen hat Deutschland getragen. Gleichzeitig wissen wir: Unter umgekehrten Vorzeichen können wir uns jederzeit darauf verlassen, dass uns unsere französischen Freunde ebenso unter die Arme greifen werden. Grenzüberschreitende Zusammenarbeit ist keine Einbahnstraße.

Operative Kooperationsformate

Beim schwierigen Thema der vorübergehenden Wiedereinführung von Binnengrenzkontrollen und Einreisebeschränkungen hat sich erwiesen, wie wichtig es ist, auf diplomatischem Weg, auf politischer Ebene, aber auch und besonders in der Öffentlichkeitsarbeit so sorgfältig und frühzeitig wie möglich zu kommunizieren. Überraschungseffekte und ein damit einhergehendes, grenzüberschreitendes Unverständnis lassen sich so vermeiden. Besonders wertvoll waren daher regelmäßige telefonische Koordinierungsrunden der Fachbeamtinnen und -beamten, die sich nach Ausbruch des Infektionsgeschehens sehr rasch etabliert haben. Hier haben sich die zahlreichen unterschiedlichen Akteure aus den Ländern, dem Bund und aus dem Grand Est mitunter mehrmals wöchentlich an einem virtuellen Tisch versammelt. Im Sinne einer Informationsdrehscheibe hatten alle Teilnehmerinnen und Teilnehmer die Möglichkeit, die bei ihnen benötigten Informationen effizient abzufragen. So erfuhren beispielsweise die Grenzpolizeien die Bedarfe der Grenzpendlerinnen und -pendler und konnten die Kontrollen so gestalten, dass die Beeinträchtigungen für letztere möglichst gering blieben. Gleichzeitig blieb die operative Bewältigung der Krise Aufgabe der Fachbehörden. Ein gutes Beispiel für erfolgreiche Zusammenarbeit in der Pandemie bietet die gemeinsame deutsch-französische Grenzpendlerbescheinigung. Diese hat als einheitliches Dokument trotz unterschiedlicher Einreisevoraussetzungen in Deutschland und Frankreich den Verkehr der Grenzgängerinnen und Grenzgänger stark vereinfacht.

Für den Fall zukünftiger Krisen sollten daher die Akteure in der grenzüberschreitenden Zusammenarbeit eine Liste ihrer jeweiligen Partnerinstitutionen vorhalten und regelmäßig aktualisieren. Das gestattet es, dieses bewährte Format bei Bedarf schnell aufzurufen. Abhängig vom Gegenstand der Krise ist die Runde um die jeweils zuständigen Fachbehörden beiderseits der Grenze zu ergänzen, damit ein umfassender Informationsaustausch zur Krisenbewältigung in der gemeinsamen Region möglich wird. In der COVID-19-Krise war besonders die Teilnahme von Vertreterinnen und Vertretern der Gesundheits- sowie der Grenzpolizeibehörden sinnvoll. In anderen Krisenszenarien mag es erforderlich werden, beispielsweise die Feuerwehren oder die Katastrophenschutzbehörden einzubinden. Die Meldewege zum Austausch von Fachinformationen bleiben dabei unberührt. Ein weiteres Schlüsselinstrument zur Etablierung gemeinsamer grenzüberschreitender Maßnahmen können grenzüberschreitende Gebietskörperschaften bzw. deren Zusammenschlüsse sein.

Ausschuss für grenzüberschreitende Zusammenarbeit

Institutionell hat sich in der COVID-19-Krise in der deutsch-französischen Grenzregion daneben der Ausschuss für grenzüberschreitende Zusammenarbeit etabliert. Dieser ist schon in seiner Mitgliederstruktur breit angelegt und umfasst alle Interessenträger in der grenzüberschreitenden Zusammenarbeit. Nationale, regionale und lokale Gebietskörperschaften sind hier ebenso vertreten wie Parlamente, grenzüberschreitende Einheiten wie Eurodistrikte sowie, falls erforderlich, die betroffenen Euroregionen. Aufgaben dieses Ausschusses sind u.a. der Entwurf einer gemeinsamen Strategie zur Ermittlung von Schwerpunktvorhaben, die fortlaufende Feststellung der in Grenzregionen bestehenden Schwierigkeiten sowie die Erarbeitung von Vorschlägen für den Umgang mit ihnen. Der Ausschuss berichtet an den deutsch-französischen Ministerrat. Seine Geschichte ist noch jung: Der Ausschuss wurde mit Artikel 14 des Vertrags von Aachen eingerichtet und hat sich am 22. Januar 2020, dem Jahrestag der Vertragsunterzeichnung, in einer feierlichen Auftaktsitzung auf dem Hambacher Schloss konstituiert. Da das Gremium als Arbeitsausschuss konzipiert ist, ist im Grundsatz nur eine Sitzung im Jahr unter dem Vorsitz der beiden Beauftragten für die deutsch-französische Zusammenarbeit beabsichtigt. Die übrigen Sitzungen finden auf hochrangiger Beamtenebene statt. Die COVID-19-Krise hat diese Konzeption geradezu überrollt. Während pandemiebedingt über Monate nicht daran zu denken war, das reguläre Arbeitsprogramm für das Jahr 2020 umzusetzen, haben nach dessen Konstituierung bereits drei weitere Sitzungen unter dem Vorsitz von Staatsminister Michael Roth (Auswärtiges Amt) und Ministerin Amélie de Montchalin bzw. Minister Clément Beaune (Ministère de l'Europe et des Affaires étrangères) stattgefunden. Die bereits erwähnte Sitzung am 23. April 2020 stand noch ganz unter dem Eindruck der Grenzkontrollen. Demgegenüber war die Ausgangslage vor den beiden weiteren Terminen am 10. Juni sowie am 6. Oktober eine andere. Hier bestand Gelegenheit, auf politischer Ebene über eine koordinierte Lockerung von Beschränkungsmaßnahmen dies- und jenseits der Grenze zu beraten sowie eine Zwischenbilanz der Krise in der Grenzregion zu ziehen. Der Ausschuss hat sich so binnen kurzer Zeit in zentraler Position innerhalb der deutsch-französischen Gremienstruktur etabliert und sich in einer politischen Scharnierfunktion zwischen der Grenzregion und den Akteuren auf den jeweiligen nationalen Ebenen bewährt.

Gemeinsame öffentliche Kommunikation

Mit jeder Krise geht ein erhebliches öffentliches Informationsbedürfnis einher. Dieses Bedürfnis ist in den Grenzregionen besonders ausgeprägt, weil deren Bewohnerinnen und Bewohner mit unterschiedlichen Regelungen und Gegebenheiten dies- und jenseits der Grenze umgehen und vielfach Sprachbarrieren überwinden müssen. In der COVID-19-Krise hat sich insofern der mehrsprachige Internetauftritt der Großregion bewährt. Alle Partner haben hier die Möglichkeit, ihre zur Veröffentlichung bestimmten Informationen einzustellen, etwa zu Verhaltens- und Quarantäneregeln, Einreisevoraussetzungen und Mustern für Bescheinigungen. Ziel muss es sein, den Bürgerinnen und Bürgern in der Grenzregion alle einschlägigen Informationen auf einer Seite in ihrer jeweiligen Sprache zur Verfügung zu stellen. Für zukünftige Krisenfälle empfiehlt es sich daher, entsprechende Seiten schon jetzt technisch vorzubereiten, damit die erforderlichen Informationen im Ereignisfall rasch eingepflegt und veröffentlicht werden können.

PERSPEKTIVE

Dieser Beitrag entsteht im Winter 2020 in einer Zeit, in der die Zahl der SARS-CoV-2-Infektionen auch in der gemeinsamen Grenzregion wieder stark angestiegen sind. Schon jetzt zeigt sich, dass wir alle aus den Erfahrungen im Frühjahr 2020, mitunter auch mühsam und schmerzlich, gelernt haben: Dank des medizinischen Fortschritts kennen wir heute das SARS-CoV-2-Virus besser, können die aktuelle Entwicklung besser bewerten und daher differenzierter sowie zielgenauer reagieren. Ein breiter Ansatz, der den Grenzverkehr insgesamt stark reduziert, ist daher zum gegenwärtigen Zeitpunkt weder in der Sache erforderlich noch politisch gewollt. Ein starkes grenzüberschreitendes Signal können wir stattdessen beispielsweise mit gemeinsamen polizeilichen Einsätzen setzen, etwa um auf eine bessere Einhaltung von Beschränkungsmaßnahmen hinzuwirken. Dies kann die Verpflichtung zum Tragen von Mund-Nase-Bedeckungen in den öffentlichen Verkehrsmitteln ebenso betreffen wie Restriktionen bei öffentlichen Ansammlungen. Wenn deutsche und französische Ordnungskräfte hier gemeinsam tätig werden, nimmt dies der Diskussion über Verantwortlichkeiten die Schärfe und entzieht Schuldzuweisungen den Boden. Die nötigen rechtlichen Grundlagen stehen dafür schon seit langem zur Verfügung.

Unter dem Eindruck der stark angestiegenen Infektionszahlen haben wir auch die Abstimmungsgespräche der Fachbeamtinnen und Fachbeamten rasch wieder intensiviert. Ergänzend findet auf Einladung der Regionalpräfektin von Grand Est eine wöchentliche Videokonferenz mit ihren Ansprechpartnerinnen und Ansprechpartnern in Bund und Ländern sowie der französischen Gesundheitsbehörde ARS statt. Übrigens ist nun auch, ganz im Sinne des Verflechtungsraums am Oberrhein, die schweizerische Seite in das Format eingebunden. So ist nicht nur ein enger Informationsaustausch auf allen Ebenen über die weitere Entwicklung des Infektionsgeschehens gewährleistet, sondern auch eine vertrauensvolle Abstimmung, welche Beschränkungsmaßnahmen geboten sind. Dies ermöglicht ein harmonisiertes Vorgehen. Letztlich wirken wir so einem Eintrag der Infektion über die Grenze hinweg entgegen.

Schließlich wird es gelten, die gemeinsamen Krisenerfahrungen auszuwerten, wenn die Pandemie hoffentlich bald überwunden ist. Auch diese Auswertung sollte die Bewohnerinnen und Bewohner der Grenzregion eng einbeziehen. Das Land Baden-Württemberg hat gute Erfahrungen mit grenzüberschreitenden Bürgerdialogen zwischen staatlichen Verantwortungsträgerinnen und -trägern sowie ausgewählten Bürgerinnen und Bürgern von dies- und jenseits der Grenze gesammelt. Dabei erhalten die Bürgerinnen und Bürger Gelegenheit, ihre Krisenerfahrungen und Vorschläge für zukünftige, vergleichbare Situationen vorzutragen. Ein solches Format kann zugleich hilfreich sein, um in der Krise grenzüberschreitend entstandene Missverständnisse oder Konflikte anzusprechen und auszuräumen. Ein Zwischenergebnis lässt sich aber heute schon vor einer solchen Auswertung festhalten: Die COVID-19-Pandemie hat uns eindrücklich in Erinnerung gerufen, wie eng und scheinbar selbstverständlich Deutschland und Frankreich an der gemeinsamen Grenze verflochten sind – so eng und so selbstverständlich, dass sich viele dessen vor der Krise nicht mehr vollständig bewusst waren.

Dr. Markus Kerber ist Staatssekretär im Bundesministerium des Innern, für Bau und Heimat. Zu seinem Aufgabenbereich zählt die Heimatpolitik der Bundesregierung, die auch die grenzüberschreitende regionale Zusammenarbeit umfasst. Markus Kerber hat Wirtschaftswissenschaften an der Universität Hohenheim sowie an der University of California, Los Angeles, studiert und wurde durch die Universität Hohenheim in Sozialwissenschaften promoviert. Er verfügt über langjährige Erfahrungen aus Führungsfunktionen sowohl in der Wirtschaft als auch in der Bundesverwaltung. Vor seiner Ernennung zum Staatssekretär am 28. März 2018 war Kerber Hauptgeschäftsführer und Mitglied des Präsidiums des Bundesverbandes der Deutschen Industrie.

FRANCE-ALLEMAGNE : UNE UNION À LA HAUTEUR DES ENJEUX

Bruno Le Maire (Ministère de l'Économie, des Finances et de la Relance)

Zusammenfassung Zu allen Zeiten des europäischen Integrationsprozesses war auf die Stärke der deutsch-französischen Partnerschaft Verlass, so der französische Wirtschafts- und Finanzminister Bruno Le Maire. Und dies galt und gilt auch in einer Phase, die von weitreichenden Herausforderungen bestimmt wurde. Seit Beginn der COVID-19-Pandemie im Frühjahr 2020 haben Frankreich und Deutschland ein hohes Verantwortungsbewusstsein gezeigt, das den vielfältigen Herausforderungen Rechnung getragen hat. Beide Länder stellen die treibende Kraft zugunsten einer unermüdlichen europäischen Solidarität in wirtschaftlicher, finanzieller und gesundheitlicher Hinsicht dar. Für die Zeit nach der Pandemie treiben Frankreich und Deutschland zukünftige Projekte in mehreren strategischen Sektoren voran und unterstützen sie, zum Wohle der Bürger*innen und der europäischen Ambition. Bruno Le Maire zeigt sich in seinem Beitrag überzeugt davon, dass Europa die Coronakrise erfolgreich und gemeinsam überwinden wird. Die Bündelung aller Kräfte war schon immer von Vorteil und ist heute noch wichtiger geworden, ausgehend vom deutschfranzösischen Tandem.

FRANCE ET ALLEMAGNE FACE À LA PANDÉMIE

À tous les moments de son histoire, l'Union européenne a pu compter sur la force du couple franco-allemand pour s'élever. Nous savons que l'année 2020 restera à maints égards une année historique pour l'Europe en général et pour la relation franco-allemande en particulier. Aujourd'hui, nos pays sont confrontés à un ennemi sans visage, aux dégâts bien réels. Parce qu'elle a déjà fait des milliers de victimes, parce qu'elle a bouleversé le cours normal des sociétés européennes, la pandémie de la COVID-19 constitue un événement exceptionnel, à la fois tragique et porteur de changement. La crise sanitaire a profondément affecté la cohésion sociale et l'économie de nos pays respectifs. Nous n'avions rien connu de tel depuis la fin de la Seconde Guerre mondiale. Face à cela, la France et Allemagne se trouvaient et se trouvent dans la nécessité de faire preuve d'une solidarité sans faille. Je veux souligner que les réponses apportées ont été à la hauteur des espérances légitimes. Le couple franco-allemand a été moteur dans la réponse européenne à cette situation sans précédent.

En 2019, le traité d'Aix-la-Chapelle instituait le Comité franco-allemand de coopération transfrontalière, afin d'apporter des réponses aux problèmes divers rencontrés par les habitants de régions frontalières. Durant la crise sanitaire, ce comité, réunissant nos ministres chargés des affaires européennes et des représentants des collectivités territoriales, a permis le transfert de patients français vers des structures hospitalières allemandes mais aussi luxembourgeoises. Je pense à ces dizaines de patients pris en charge dans des hôpitaux de Sarrebruck et Völklingen, témoignage vibrant d'une solidarité concrète.

Jean Monnet était convaincu que l'Europe se ferait à travers les crises, dans la mesure où celles-ci susciteraient autant de solutions faisant progresser la coopération. J'ai la certitude que l'histoire retiendra les efforts accomplis par la France et l'Allemagne pour apporter une réponse politique et économique à la hauteur des enjeux. Il y eut d'abord, le 18 mai 2020, un rapprochement de nos pays sur la question décisive de la mutualisation des dettes. Pour beaucoup, cela paraissait impossible. Le président de la République Emmanuel Macron et la Chancelière Angela Merkel l'ont fait. Il y eut ensuite, à l'issue d'un Conseil européen extraordinaire achevé le 21 juillet 2020, l'annonce concrète d'un plan de relance de 750 milliards d'euros. Dans l'urgence de la situation, ces événements n'ont peut-être pas encore été suffisamment appréhendés à leur juste mesure au regard de notre histoire. Ils sont le témoignage d'une relation franco-allemande puissante.

LA COOPÉRATION FRANCO-ALLEMANDE AU SERVICE DE L'EUROPE

Avec mes homologues allemands, nous avons travaillé en bonne intelligence. La France porte une véritable ambition en Europe. C'est une volonté politique, c'est un projet culturel. Cette ambition, elle ne peut la porter sans l'Allemagne. L'action concertée entre nos deux pays a été et sera encore la condition première de toute réalisation d'ampleur. Demain, nous continuerons d'agir de concert. L'avenir nous donne encore toutes les occasions de mettre en commun notre volonté politique afin d'offrir à nos concitoyens le progrès qu'ils sont en droit d'espérer.

Aujourd'hui, nous prenons les décisions qui assureront l'avenir de l'Europe. Je me réjouis que nous ayons réussi, dans le cadre européen, à instituer de grands projets stratégiques. Grâce aux projets importants d'intérêt européen commun, nous pouvons joindre nos forces afin de relever les défis économiques et technologiques majeurs de notre temps. Sur l'hydrogène, sur le Cloud, sur la microélectronique, nous n'avons pas d'autre choix que de mutualiser nos énergies.

C'est dès maintenant que nous devons agir pour nous préparer à relever les défis économiques et politiques de notre siècle. La question de la santé devra maintenant avoir une place centrale. L'Europe surmontera cette crise, j'en ai la conviction. La France et l'Allemagne sauront déployer toute leur énergie, et mettre leurs atouts au service de la réussite de ce projet qui nous amine depuis tant d'années. L'union de nos forces a toujours été profitable, elle est aujourd'hui encore plus indispensable.

Bruno Le Maire est l'actuel ministre de l'Economie, des Finances et de la Relance dans le gouvernement Jean Castex sous la présidence d'Emmanuel Macron. Normalien, agrégé de lettres modernes, diplômé de Sciences Po Paris et ancien élève de l'ENA, Bruno Le Maire commence sa carrière comme conseiller des affaires étrangères au Quai d'Orsay. En juin 2007, il est élu député de la première circonscription de l'Eure. Il devient en décembre 2008 secrétaire d'Etat aux Affaires européennes dans le gouvernement de François Fillon puis est nommé en juin 2009 ministre de l'Agriculture et de la Pêche, poste qu'il occupe jusqu'en mai 2012. Il est réélu député de l'Eure en 2012. Il démissionne de la haute fonction publique (corps des conseillers des affaires étrangères) en octobre 2012. Il est candidat à la présidence de l'UMP en novembre 2014 puis à la primaire de la droite et du centre en novembre 2016. Il est réélu député de l'Eure en 2017.

COVID-19 : QUEL IMPACT SUR LE TRAVAIL PARLEMENTAIRE ET LE MOTEUR FRANCO-ALLEMAND POUR L'EUROPE ?

Ronan Le Gleut (Sénat / Groupe interparlementaire d'amitié France-Allemagne)

Zusammenfassung Als Oberhaus des französischen Parlaments ist der Senat das historische parlamentarische Vertretungsorgan für die im Ausland lebenden Französ*innen. Seit der Verfassungsreform 2008 und nach der Neuaufteilung der Parlamentswahlkreise 2010 wurden elf Auslandswahlkreise geschaffen, die es den außerhalb Frankreichs lebenden Landsleuten ermöglichen, seit den Parlamentswahlen 2012 elf Abgeordnete zu wählen. Im Senat hat Ronan Le Gleut die Aufgabe inne, die Interessen der außerhalb Frankreichs lebenden Französ*innen zu vertreten – und dies in allen Bereichen: Soziales, Wirtschaft, Steuern, Kultur, Sicherheit, französische Bildung im Ausland. Die Stärkung der deutsch-französischen Zusammenarbeit auf allen Ebenen liegt ihm, wie er in seinem Beitrag verdeutlicht, besonders am Herzen. Seit dem 16. Dezember 2020 ist er Vorsitzender der Interparlamentarischen Freundschaftsgruppe Frankreich-Deutschland des Senats. Die beispiellose Situation, die wir aufgrund der COVID-19-Pandemie erleben, hat sich stark auf die verschiedenen Aspekte der Arbeit Ronan Le Gleuts ausgewirkt, sei es der Grenzverkehr, die Anpassung der Organisation der parlamentarischen Arbeit im Senat oder das Arbeitsprogramm der interparlamentarischen Freundschaftsgruppe. Im Frühjahr 2020 mussten viele schwierige Situationen gemeistert werden, darunter der Rücktransport von Landsleuten aus Ländern, in denen sich die Pandemie dramatisch ausbreitete und in denen die Krankenhausstrukturen überfordert waren. Die Senator*innen handelten dabei in ständigem Kontakt mit den Botschaften und Konsulaten, um ihren Landsleuten zu helfen. Wenn die COVID-19-Pandemie die deutsch-französischen Beziehungen durchaus auf die Probe gestellt hat, indem sie sie mit zahlreichen Herausforderungen konfrontiert hat, so wurden gleichzeitig wichtige Lehren für die Zukunft gezogen. Sowohl das europäische Konjunkturprogramm als auch der Kauf von Impfstoffen, die auf europäischer Ebene gepoolt werden, sind dank deutsch-französischer Initiativen zustande gekommen. Jenseits der Herausforderungen hat die Krise also zu einer Annäherung zwischen

Deutschland und Frankreich beigetragen – im Interesse der bilateralen Beziehungen sowie im Interesse der Europäischen Union.

INTRODUCTION

Chambre haute du Parlement français, le Sénat est l'instance historique de représentation parlementaire des Français de l'étranger. Entre 1946 et 2012, les Français établis hors de France étaient en effet exclusivement représentés par des sénateurs. Depuis la réforme constitutionnelle de 2008 et à la suite du redécoupage des circonscriptions législatives de 2010, onze circonscriptions ont été créées à l'étranger, afin de permettre aux Français établis hors de France d'élire onze députés à compter des élections législatives de 2012 (voir aussi encadré 1). Ainsi les Français expatriés ont-ils, depuis, des relais au sein des deux assemblées parlementaires lors de la « navette » législative. Alors que les députés des Français de l'étranger sont élus par scrutin direct dans une circonscription géographique déterminée, les sénateurs représentent les Français expatriés dans le monde entier et sont élus par les conseillers des Français de l'étranger, eux-mêmes élus localement par l'ensemble des Français établis dans 130 circonscriptions consulaires.

Le Sénat a tout récemment rappelé son attachement à la situation des Français de l'étranger en créant un groupe d'études intitulé « Statut, rôle et place des Français établis hors de France », ayant pour objectif de traiter tout sujet concernant les Français expatriés et d'y associer des sénateurs membres de toutes les commissions permanentes. La réunion constitutive de ce groupe d'études s'est tenue en février 2021 et j'en ai été élu Vice-président.

Au Sénat (figure), ma mission est donc de défendre avec vigueur les intérêts des Français établis hors de France, dans l'ensemble des domaines, social, économique, fiscal, culturel, sécuritaire, enseignement français à l'étranger. À titre d'exemple, j'ai déposé, en février 2020, avec plus de cinquante collègues du groupe Les Républicains, une proposition de loi visant à créer un fonds d'urgence pour les Français de l'étranger victimes de catastrophes naturelles, de menaces sanitaires graves ou d'événements politiques majeurs. Adoptée à l'unanimité par le Sénat le 30 juin 2020, cette proposition de loi a été transmise à l'Assemblée nationale pour examen en première lecture, conformément à la « navette » entre les deux chambres du Parlement français au cours de la procédure législative. Sur ce même sujet, j'ai également déposé un amendement, qui a été adopté lors de l'examen

Figure 1 Le Palais du Luxembourg, la salle des Conférences et l'hémicycle du Sénat. Source : Photographies Sénat © Sénat.

au Sénat du projet de loi de finances pour 2021. Si le ministre de l'Europe et des Affaires étrangères l'a ensuite fait supprimer à l'Assemblée nationale, il s'est cependant déclaré, lors des débats en séance plénière au Sénat, « *prêt à travailler avec [les Sénateurs] sur la mise en œuvre* » de ce fonds dans le cadre de l'examen du prochain projet de loi de finances pour 2022. Ainsi les sénateurs représentant les Français établis hors de France peuvent-ils, grâce à leur travail législatif, apporter des améliorations concrètes au quotidien des Français expatriés. Ils agissent également dans le cadre de leur mission de contrôle, notamment en interrogeant le Gouvernement sur les questions qui les concernent.

Par ailleurs, de par mon parcours et mon lieu de résidence – Berlin –, j'entretiens des liens particuliers avec la communauté française d'Allemagne. 116 000 Français sont inscrits au registre consulaire mais cette inscription n'étant pas obligatoire, on estime qu'environ 200 000 Français vivent en Allemagne. Le renforcement de la coopération franco-allemande à tous les niveaux me tient tout particulièrement à cœur. Je me réjouis donc d'avoir l'honneur de présider, depuis le 16 décembre 2020, le groupe interparlementaire d'amitié France-Allemagne du Sénat.

La situation inédite que nous connaissons, en raison de la pandémie de COVID-19, a eu un impact important sur les différents aspects de mon travail, qu'il s'agisse de la circulation aux frontières, de l'adaptation de l'organisation du travail parlementaire au Sénat, ou encore du programme de travail du groupe interparlementaire d'amitié France-Allemagne du Sénat.

LES RESTRICTIONS DE CIRCULATION AUX FRONTIÈRES ET LEUR IMPACT SUR LA MISSION SPÉCIFIQUE DES SÉNATEURS REPRÉSENTANT LES FRANÇAIS ÉTABLIS HORS DE FRANCE

En raison des restrictions de circulation aux frontières engendrées par la situation sanitaire, les sénateurs représentant les Français établis hors de France ont été régulièrement saisis par les Français expatriés de questions relatives aux possibilités de déplacement et à l'évolution des règles, au cours des différentes périodes de confinement, déconfinement, puis reconfinement. Au plus fort de la crise, au printemps 2020, il a fallu gérer de nombreuses situations difficiles nécessitant le rapatriement d'urgence de compatriotes, en particulier ceux se trouvant dans des pays où la pandémie se propageait dramatiquement et où les structures hospitalières étaient totalement débordées, les cas les plus compliqués à régler ayant été ceux d'Amérique latine. Mobilisés nuit et jour, les sénateurs ont pu, en lien permanent avec nos ambassades et consulats, œuvrer à secourir nos compatriotes.

Les déplacements des sénateurs représentant les Français établis hors de France pour rencontrer la communauté française dans différents pays ont été réduits, notamment pour les déplacements hors de l'Union européenne en raison des fermetures de frontières encore plus drastiques avec l'espace non-européen. La plupart de mes déplacements à l'étranger ont été annulés depuis un an et les rares voyages que j'ai pu faire, ont été com-

COVID-19 : quel impact 63

pliqués par la multiplication de tests PCR et des journées d'isolement. En outre, tout déplacement pour venir siéger au Sénat impliquait souvent la réalisation de tests PCR, en fonction de l'état des règlementations du pays de résidence et de la France. Néanmoins, le Sénat a fait preuve d'une grande réactivité en s'adaptant aux circonstances sanitaires, en développant rapidement le recours aux visioconférences, permettant ainsi de limiter les déplacements en période de confinement.

L'ADAPTATION DU TRAVAIL PARLEMENTAIRE AU SÉNAT, AFIN D'ASSURER LA CONTINUITÉ DE SES MISSIONS PENDANT LA CRISE SANITAIRE

Dès l'annonce du premier confinement par le Président de la République le 16 mars 2020, le Sénat a fait évoluer son mode de fonctionnement afin de continuer, dans le strict respect de la sécurité des sénateurs et des personnels, à assurer ses tâches constitutionnelles et en particulier, au vu des circonstances, sa mission de contrôle des mesures prises par le Gouvernement dans le cadre de l'urgence sanitaire.

Modalités de travail en séance plénière

L'ordre du jour des séances plénières du Sénat, comme de l'Assemblée nationale, a été modifié en urgence, afin de permettre aux deux assemblées d'examiner les textes répondant à la crise sanitaire, lors de la période de confinement du 17 mars au 11 mai 2020 (projet de loi d'urgence face à la COVID-19, projets de loi de finances rectificative, débat et vote sur la déclaration du Gouvernement relative à la stratégie nationale du plan de déconfinement, projet de loi prorogeant l'état d'urgence sanitaire, ...).

Pendant le confinement, le Sénat a également continué d'assurer sa mission de contrôle en poursuivant, chaque mercredi après-midi, ses séances de questions d'actualité au Gouvernement, dans un format réduit (une question par groupe la première semaine puis une question par groupe avec une seconde question pour les trois groupes les plus importants ensuite, régime resté en vigueur jusqu'au 3 juin inclus).

Des règles strictes ont été décidées par le Bureau du Sénat pour concilier continuité des travaux avec le respect des normes de sécurité et des gestes barrières. Outre le nettoyage de l'hémicycle après chaque séance, la désinfection des micros après chaque intervention, la mise à disposition de gel hydroalcoolique, les déplacements dans l'hémicycle ont été limités, chaque sénateur intervenant depuis sa place et non plus à la tribune. Par ailleurs, le nombre de places dans l'hémicycle a été adapté afin de garantir le respect d'une distance physique entre les présents : ainsi, lors de la première semaine suivant le confinement, 80 sénateurs (sur 348) ont pu être accueillis dans l'hémicycle et quelques dizaines dans les tribunes, soit le quart de l'effectif.

La jauge a néanmoins été réduite par la suite, suivant les conseils donnés in situ par un professeur épidémiologiste. Elle fut alors portée à 48 sénateurs pour les séances portant sur les textes législatifs, en plus des présidents de groupes politiques, les places étant réparties entre les groupes proportionnellement à leur effectif. S'agissant des séances de questions d'actualité au Gouvernement, la jauge a été portée à environ 20 sénateurs, seuls les auteurs de questions, les présidents des groupes et le Président du Sénat étant alors autorisés à accéder à l'hémicycle.

Le Conseil constitutionnel a validé les aménagements de leur mode de fonctionnement décidés par les deux chambres du Parlement que sont l'Assemblée nationale et le Sénat, dans sa décision relative au projet de loi prorogeant l'état d'urgence, sous réserve que les parlementaires ne se voient pas refuser l'accès physique aux lieux de délibération « pour participer au débat, défendre leurs amendements ou prendre part aux votes ».

Dans le cadre de cette adaptation de l'organisation du travail parlementaire, les présidents de groupes politiques ont joué un rôle central afin de garantir l'équilibre délicat entre respect des règles sanitaires, d'une part, et des prérogatives des parlementaires, d'autre part. Ils ont en effet dû veiller à organiser les roulements afin d'assurer à tous ceux qui souhaitaient s'exprimer une présence dans l'hémicycle chaque fois que nécessaire. En outre, une souplesse a été introduite afin que certains amendements puissent être présentés en séance par des sénateurs qui n'en étaient pas signataires, s'ils étaient du même groupe que les auteurs. Le Sénat a ainsi pu pleinement poursuivre son travail de législateur.

Après le « déconfinement » du 11 mai 2020, les modalités du travail en séance ont été adaptées progressivement en suivant les différentes « phases de déconfinement » énoncées par le Gouvernement : jauge de 77 sénateurs dans l'hémicycle en plus des présidents de groupe à compter du 2 juin, puis retour au principe de l'accès libre après le 22 juin, sous réserve du respect des gestes barrières et du port du masque.

Les nouvelles restrictions intervenues à l'automne, avec le second confinement, ont conduit au rétablissement d'une jauge maximale de fréquentation de l'hémicycle à un siège sur deux, afin de garantir le respect d'une distance de sécurité d'un mètre, en plus de l'obligation de port du masque. Toujours en vigueur, cette mesure est susceptible d'être réévaluée en raison du caractère évolutif de la situation.

Modalités de travail des commissions, délégations et des groupes politiques

Si le Sénat a ainsi adapté les modalités du travail en séance plénière aux circonstances et à l'évolution de la situation sanitaire, il a également mis en place des règles spécifiques pour l'ensemble des réunions de ses instances et des groupes politiques.

Ainsi, dès le début de la phase de confinement, les commissions et les délégations, ainsi que les groupes politiques, ont eu massivement recours aux techniques de visioconférence. Dans une première phase, eu égard au caractère soudain du passage d'un mode de travail normal à un confinement strict, chaque instance a « tâtonné » en ayant recours aux moyens techniques dont elle pouvait disposer. Grâce à un accompagnement permanent des utilisateurs par la Direction des Systèmes d'information très réactive, les structures concernées ont été rapidement orientées vers les solutions les plus sécurisées permettant de garantir la protection des données.

Le principal défi à relever pour les commissions, dans le cadre des réunions en visioconférence, fut de trouver une solution pour les situations particulières où elles étaient conduites à prendre une délibération. Le Règlement du Sénat exige en effet la « présence » des membres de la commission pour la validité des votes et il est encore matériellement impossible de disposer d'un système parfaitement sécurisé et fiable de vote à distance. En conséquence, seuls les sénateurs physiquement présents en commission pouvaient exprimer leur vote : les présidents de commission et de groupes politiques ont ainsi dû s'assurer d'une représentation équilibrée de chaque sensibilité au sein des salles de réunion, eu égard à la jauge fixée pour la fréquentation des salles. Le recours aux délégations de vote a été utilisé lorsque cela était possible et l'utilisation des salles dotées des plus grandes capacités ont été privilégiées.

Les commissions et délégations ont également eu recours aux formats de réunion en « mixte », avec visioconférence (distanciel) et présentiel, afin de concilier contrainte sanitaire et continuité des travaux. Temporairement levé en septembre, le recours à la visioconférence a été réintroduit avec la nouvelle dégradation de la situation sanitaire à l'automne et demeure toujours possible, dans le cadre de réunions « hybrides » lorsque la jauge maximale d'occupation des salles de réunion est atteinte.

Cette adaptation des modes de travail aux contraintes sanitaires a permis aux commissions et délégations de procéder à de très nombreuses réunions et auditions : sur la période de fin mars à fin mai 2020, le nombre de leurs réunions a connu une progression de plus de 60 % par rapport à la même période en 2019, ce qui démontre que le Sénat a pleinement rempli sa mission de contrôle des mesures prises dans le cadre de l'état d'urgence sanitaire, malgré les défis considérables posés par la pandémie de COVID-19.

L'IMPACT DE LA CRISE SANITAIRE SUR LE PROGRAMME DE TRAVAIL POUR 2020 DU GROUPE INTERPARLEMENTAIRE D'AMITIÉ FRANCE-ALLEMAGNE

Le groupe interparlementaire d'amitié France-Allemagne est l'un des 81 groupes interparlementaires d'amitié liant le Sénat aux institutions politiques et parlementaires de 190 États dans le monde. Instruments privilégiés de la coopération bilatérale entre les Parlements, les groupes interparlementaires d'amitié sont devenus des acteurs essentiels de la diplomatie parlementaire, qui n'entre naturellement pas en concurrence avec l'action diplomatique de l'exécutif, mais y apporte une précieuse et efficace complémentarité.

Constitué, à ce jour, de 61 sénateurs issus de l'ensemble des groupes politiques du Sénat, le groupe interparlementaire d'amitié France-Allemagne du Sénat, créé en 1961, est depuis le renouvellement de fin 2020 l'un des trois groupes d'amitié du Sénat composés de plus de 60 membres. Depuis 1997, les rencontres annuelles, alternativement en France et en Allemagne, de notre groupe d'amitié avec le groupe d'amitié Allemagne-France du Bundesrat allemand, présidé par M. Tobias Hans, ministre-président de la Sarre, constituent un temps fort de l'activité du groupe.

Structurées autour de plusieurs thèmes d'actualité, ces sessions de travail annuelles portent sur des sujets très divers et permettent d'échanger sur l'état du droit et les bonnes pratiques des deux pays sur des sujets d'intérêt commun, tels les enjeux du changement climatique, la lutte contre la radicalisation islamiste, la question de l'intégration, l'organisation territoriale, la politique de la ville, le développement du numérique, mais également sur des sujets bilatéraux comme la mise en œuvre du Traité d'Aix-la-Chapelle et l'enseignement de la langue du partenaire dans les deux pays.

À l'invitation de M. Tobias Hans, une délégation du groupe interparlementaire d'amitié France-Allemagne du Sénat devait se rendre à Berlin en avril 2020 pour la 21e rencontre des groupes d'amitié du Sénat et du Bundesrat. Dès l'annonce du confinement en France, le 16 mars 2020, ce déplacement a dû être reporté et les mesures sanitaires en vigueur dans les deux pays n'ont pas permis, depuis lors, la réalisation de ce projet.

Nous espérons que la situation sanitaire connaîtra une évolution favorable qui nous permettra de tenir une réunion en présentiel à Berlin entre nos deux groupes au cours de l'année 2021, afin de réduire autant que possible l'impact de la pandémie sur le travail de notre groupe interparlementaire d'amitié et sur sa contribution à la relation franco-allemande. À défaut, le développement des modes de travail en visioconférence nous a permis d'acquérir une bonne maîtrise des outils et nous pourrions à minima envisager d'y recourir temporairement pour garantir la tenue des prochains travaux.

Si la visioconférence, qui connaît un essor soudain dans ce contexte sanitaire, restera un mode de travail complémentaire permettant d'organiser des entretiens de manière efficace et spontanée en dépit des distances géographiques, il est primordial que le retour à une situation sanitaire normale s'accompagne aussi d'un retour au principe des réunions en présentiel.

Dans les relations franco-allemandes comme dans toute enceinte où il est essentiel de mieux se connaître afin de bien se comprendre, la communication demeure plus fluide sans écrans interposés ! Une meilleure connaissance et compréhension mutuelle est en effet gage d'efficacité des actions menées en commun par la France et l'Allemagne.

Si la pandémie de COVID-19 a mis la relation franco-allemande à rude épreuve en la confrontant à de nombreux défis – gestion de crise dans l'urgence, problématique des restrictions de circulation aux frontières face à la propagation du virus, ... –, des leçons ont été tirées pour l'avenir. Tant le plan de relance européen que les achats de vaccins mutualisés au niveau européen, ont vu le jour grâce à des initiatives franco-allemandes. Au-delà des défis, la crise a ainsi conduit à un rapprochement entre nos deux pays, dans l'intérêt de la relation bilatérale, mais également de l'Union européenne.

Encadré 1 : le Sénat

Le Sénat est l'une des deux chambres du Parlement français qui, en application de l'article 24 de la Constitution, « comprend l'Assemblée nationale et le Sénat ». Renouvelé par moitié tous les trois ans, le Sénat est composé de 348 Sénateurs, élus pour un mandat de six ans, au suffrage universel indirect, par 162 000 grands électeurs, représentant notamment les élus municipaux (95 % des électeurs), départementaux et régionaux. Le Sénat a en effet la vocation spécifique, conférée par la Constitution, de représenter les collectivités territoriales.

Si les sénateurs disposent des mêmes prérogatives que les députés, le Gouvernement a toutefois la faculté de donner le « dernier mot » à l'Assemblée nationale, en cas de désaccord sur un texte qui subsisterait, malgré la réunion de la commission mixte paritaire et une nouvelle lecture du texte dans les deux chambres. L'Assemblée nationale a ainsi eu le « dernier mot » pour 25 % des textes votés en moyenne sur les trois dernières années parlementaires.

Une autre particularité du Sénat réside dans le statut du Président, qui assure l'intérim de la Présidence de la République en cas de vacance ou d'empêchement du Président. Cette prérogative lui vaut d'être, dans l'ordre protocolaire, le deuxième personnage de l'Etat.

Chaque sénateur est membre de l'une des sept commissions permanentes législatives du Sénat et peut être membre, en outre, de la commission des Affaires européennes qui a pour mission principale de suivre les travaux menés au sein des institutions de l'Union européenne pour contribuer au contrôle de la politique européenne du Gouvernement et dialoguer avec la Commission européenne et le Parlement européen.

En matière législative, le Gouvernement a la faculté de choisir de déposer un projet de loi en premier lieu à l'Assemblée nationale ou au Sénat. La seule obligation qui lui incombe, en application de l'article 39 de la Constitution, est de déposer les projets de loi de finances et de financement de la sécurité sociale en premier lieu à l'Assemblée nationale, et de soumettre les projets de loi ayant pour principal objet l'organisation des collectivités territoriales en premier lieu au Sénat. Les sénateurs disposent, comme les députés, du droit d'initiative et peuvent ainsi être auteurs de propositions de loi. Ils exercent, par ailleurs, leur droit d'amendement sur les textes en discussion.

La commission saisie au fond désigne un rapporteur qui analyse le texte et fait des propositions de modification, notamment après avoir auditionné des experts dans le domaine concerné. D'autres commissions peuvent également se saisir pour avis. C'est ensuite le texte adopté par la commission qui est examiné en séance publique.

Lors de l'année parlementaire 2018-2019, 2 189 amendements ont été adoptés en commission et que 2 404 ont été adoptés en séance. En moyenne, 55 % des amendements votés au Sénat se retrouvent dans la loi définitivement adoptée. Ce travail d'amendement du Sénat a donc une réelle influence sur la rédaction finale des textes de loi.

Le contrôle de l'action du Gouvernement et l'évaluation des politiques publiques fait également partie des missions du Sénat, grâce : aux travaux de contrôle des commissions et délégations, aux travaux de missions d'information et commissions d'enquête, aux débats de contrôle en séance plénière, aux questions au Gouvernement en séance plénière : questions orales posées le mardi matin deux fois par mois et questions d'actualité au Gouvernement chaque mercredi, aux questions écrites posées au Gouvernement (5 405 au cours de l'année parlementaire 2018-2019).

Ronan Le Gleut est ingénieur diplômé de Mines-Télécom Lille-Douai, il devient examinateur à l'Office européen des Brevets. Marié à une Berlinoise, père de deux enfants franco-allemands, il vit en Allemagne depuis plus de vingt ans, successivement à Munich et à Berlin. Président de l'Union des Français de l'Etranger-Berlin, Conseiller consulaire pour la première circonscription d'Allemagne et élu à l'Assemblée des Français de l'étranger pour la circonscription Allemagne-Autriche-Slovaquie-Slovénie-Suisse de 2014 à 2018, il est élu sénateur le 24 septembre 2017 et représente, avec onze autres collègues, les 3,5 millions de Français établis hors de France, ce qui l'amène à se déplacer à la rencontre de ses compatriotes. Membre de la Commission des Affaires étrangères, de la Défense et des Forces armées du Sénat et de l'Office Parlementaire des Choix Scientifiques et Technologiques, il est coauteur de différents rapports, notamment sur la Défense européenne. En 2020, il est élu Président du groupe interparlementaire d'amitié France-Allemagne. Il est également Secrétaire général adjoint du parti « Les Républicains » en charge des relations avec les partis politiques étrangers.

COMMENT LA CRISE DE LA COVID-19 A-T-ELLE ÉTÉ VÉCUE PAR LE CONSULAT GÉNÉRAL DE FRANCE EN SARRE ?

Florian Weber (Université de la Sarre) échange avec Catherine Robinet (Consule générale, 2016–2020)

Zusammenfassung Catherine Robinet hat die französische Republik über vier Jahre im Saarland als Generalkonsulin vertreten und Kontakte gepflegt. Dabei war ihr die Grenzregion der Großregion keineswegs unbekannt: Aufgewachsen ist sie im lothringischen Forbach, letztlich nur einen »Steinwurf« von der saarländischen Grenze entfernt. Damit weiß sie genau, wie es sich anfühlte, bis zur Umsetzung des Schengener Abkommens nicht einfach ohne Ausweis die Grenze zum unmittelbaren Nachbarland passieren zu können. Kurz vor dem Ende ihrer Amtszeit an der Saar führte die COVID-19-Pandemie zu neuen Herausforderungen, die viel Einsatz und Durchhaltevermögen verlangten – im Dienste ihrer französischen Mitbürger*innen. Im März 2020 wurden innerhalb weniger Tage die etablierten Vorstellungen offener Grenzen über den Haufen geworfen. Grenzgänger*innen wurden plötzlich an der Grenze zu Deutschland von der Bundespolizei kontrolliert, in Teilen wurde ihnen der Grenzübertritt verwehrt. Catherine Robinet fungierte hier als eine zentrale Anlaufstelle für Französ*innen, die plötzlich im Lebensalltag des Grenzpassierens mit unüberwindbar scheinenden Hindernissen konfrontiert wurden, zudem für solche, die zurück nach Frankreich wollten, aber nicht wussten, wie sie in der Hochphase des Lockdowns heimkommen sollten. Vielfach im engen Austausch und Zusammenspiel mit dem saarländischen Ministerium für Finanzen und Europa wurde für besonders problematische Fälle nach Lösungen gesucht, bei vielen anderen konnte sie zumindest beruhigen und um Verständnis bitten. Denn für sie waren die Grenzschließungen ein Zeichen für den Willen einzelner Länder, ihre Bewohner*innen zu schützen – und damit nachvollziehbar. Gleichzeitig hätte es eigentlich einer europäischen Antwort auf die Krise bedurft. Zudem schildert Catherine Robinet im Gespräch eindrücklich, wie der Fokus auf »die Franzosen« im Alltag zu Stigmatisierungen und Ausgrenzungen führte – und dabei am eigentlichen Thema der Grenzgänger*innen verschiedenster Nationalitäten vorbeiging. Für die Zukunft wird es daher umso entscheidender, Kommunikation zu verbessern und Pläne für krisenhafte Situationen auszubauen, die nicht auf nationaler oder regionaler politischer Ebene verharren, sondern ganz im Gegenteil ebenenübergreifend bis ins Lokale hineinreichen. Nur so können künftige Krisen gemeistert werden.

Florian Weber Pendant quatre ans, vous avez travaillé comme Consule générale de France en Sarre. Pourriez-vous d'abord expliquer un peu aux lecteurs votre rôle, vos fonctions et activités pendant cette période.

Catherine Robinet Depuis 2005, le consulat général de France en Sarre est un consulat à gestion simplifiée. Cela signifie que je n'avais pas en charge l'administration de la communauté française vivant en Sarre. Ainsi, je ne délivrais pas de documents français tels que les actes d'état-civil, les cartes nationales d'identité ou les passeports. A l'égard des Français, ma mission se limitait à la protection consulaire de mes compatriotes, de passage ou vivant dans la circonscription, ou encore à l'organisation des élections (présidentielle, législatives et européennes).

Pendant mes quatre années à Sarrebruck, j'ai joué le rôle de relais de l'ambassade de France à Berlin et de représentante de la France en Sarre, en nouant des contacts étroits avec les autorités locales et les acteurs économiques, scientifiques et culturels. Mon rôle était également celui de facilitatrice et de mise en contact.

Florian Weber La crise de la COVID-19 a bouleversé la fin de votre affectation. Qu'est-ce qui vous a préoccupée le plus pendant ces temps-là ? Qu'est-ce qui vous a bloquée le plus ?

Catherine Robinet Le 11 mars, lorsque j'ai pris connaissance du classement de la région Grand-Est en « Risikogebiet » par le Robert Koch Institut, j'ai immédiatement compris que les conséquences pour les relations transfrontalières allaient être sérieuses. Mais je ne m'attendais pas à ce que dès le 12 mars des contrôles drastiques soient instaurés aux frontières. La prise de température des conducteurs des voitures venant de France ou encore les questions qui leur étaient posées sur leur état de santé ont occasionné des bouchons énormes sur l'autoroute. C'est à partir de ce moment-là que je me suis retrouvée immergée dans une situation tendue qui ne devait s'achever que le 15 juin avec la réouverture des frontières.

Pour le consulat, cela s'est traduit par une avalanche d'appels téléphoniques de toutes sortes : les touristes, allemands ou français, qui voulaient connaître les conditions de retour chez eux ; les Français d'Allemagne ou les Allemands de France qui voulaient rendre visite à leurs familles ou leurs amis établis dans leur pays d'origine ; les étudiants allemands et français dont les universités étaient fermées et qui voulaient rentrer dans leurs familles, les Allemands d'Allemagne qui voulaient rejoindre leurs résidences secondaires en France pour des congés ou des week-ends …

Pour tous ces cas, mon rôle se limitait à les informer de la réglementation en vigueur. Certains me faisaient des reproches et manifestaient leur énervement, mais dans la grande majorité, les gens étaient fatalistes et prenaient acte de la réponse.

Le plus difficile pour moi a été les appels des frontaliers qui m'appelaient pour résoudre une situation inextricable dans laquelle ils se trouvaient. C'était une minorité, mais ce sont ces appels qui marquent le plus car certaines personnes étaient en pleine détresse : une ambulance qui débarque son patient français à la frontière à 2 km de son domicile, un Français travaillant au Luxembourg qui ne peut pas traverser la Sarre alors même qu'il ne sort pas de son véhicule, un parent divorcé qui ne peut pas aller voir son enfant de l'autre côté de la frontière – au bout de quelques semaines, ce cas a heureusement été pris en compte par les autorités nationales des deux pays – sont quelques exemples de situations que j'ai le plus fréquemment rencontrées.

Pour régler ces situations difficiles, j'ai pu compter sur le soutien rapide et efficace de mes collègues du ministère des finances et de l'Europe de la Sarre. Nous étions en contact quasi-quotidien et j'en profite pour les remercier de tout cœur. Dès que je leur faisais part de situations de blocage, ils prenaient contact avec la Bundespolizei et la plupart du temps le problème trouvait une issue favorable.

Je sais que ce même esprit de coopération et de volonté de trouver des solutions s'est retrouvé au plus haut niveau entre le ministre des Finances et de l'Europe et le Secrétaire d'Etat aux Affaires européennes de la Sarre d'un côté et les représentants de la région Grand-Est de l'autre.

Florian Weber   Le retour des contrôles aux frontières et la fermeture de plusieurs points de passage étaient un choc. A quel point auriez-vous cru qu'on revienne à une telle situation ?

Catherine Robinet   C'est le genre de choses que personne ne pouvait prévoir. Qui pouvait penser qu'en 2020 un virus allait provoquer la panique dans le monde et que les frontières allaient se refermer les unes après les autres et que les liaisons internationales allaient être interrompues ?

On ne peut pas en vouloir à des dirigeants qui ont en charge le bien-être, la santé et la sécurité de leur population de vouloir la protéger. En revanche, ce qui m'a déçue c'est le manque de coordination au sein de l'Union européenne et le fait que la proposition formulée par le président de la République française dès la mi-février de trouver une solution commune à l'intérieur de l' Union européenne n'ait pas eu d'écho parmi les Etats membres.

Pour ce qui concerne plus particulièrement la Sarre, il est certain qu'une concertation préalable avec les autorités françaises aurait été souhaitable, mais je peux comprendre que les autorités aient été effrayées par le classement du Grand-Est en zone à risque – même si au départ la situation n'était sérieuse que dans le sud de l'Alsace et non en Moselle – et qu'elles aient voulu prendre des mesures rapides et radicales pour empêcher la propagation du virus sur leur territoire.

Le plus décevant n'a pas été la fermeture de la frontière, mais les conséquences qu'elle a eues dans une partie (infime heureusement) de la population. Du jour au lendemain, l'Autre est apparu comme un danger et certaines paroles et certains gestes ont été regrettables. Ce rejet de l'Autre, renvoyant aux peurs ancestrales du virus de la peste ou du choléra, s'est vu partout : entre régions d'un même pays, entre résidents de zones frontalières... c'était irrationnel et heureusement ce furent des cas minoritaires.

De ce que j'ai vécu personnellement, le plus désagréable a été d'entendre ou de lire – dans la presse ou dans d'autres cercles – le mot « Français » et non celui de « Frontaliers ». Or, il aurait fallu insister sur le fait que de nombreux Français vivent en Sarre et de nombreux Allemands en Moselle. Cela aurait peut-être évité à certaines personnes de ne pas être capables de distinguer entre la nationalité et le lieu de résidence. C'est ce qui a été le plus pénible pour moi.

Florian Weber C'était aussi une question de communication. Vous n'étiez pas informée de la réintroduction des contrôles aux frontières. Qu'est-ce que vous en pensez aujourd'hui ?

Catherine Robinet Comme je l'ai déjà dit, la crainte était si grande de voir le virus se propager rapidement et de façon incontrôlée que les dirigeants politiques – quel que soit leur pays – ont voulu mettre en œuvre le plus vite possible et le plus efficacement possible des mesures de protection pour leur population. Dans un espace de vie commun comme la Sarre et la Moselle, où certaines communes sont sarroises d'un côté de la rue et françaises de l'autre, il est certain que l'absence de communication en amont de la décision de rétablir les contrôles aux frontières le 12 mars a été un raté, on ne peut pas le nier. Si j'avais été avertie le 11 mars au soir de la mise en œuvre des contrôles dès le lendemain, j'aurais pu en un seul mail prévenir à la fois mes autorités centrales et l'ambassade, mais aussi les autorités locales françaises, ce qui aurait peut-être permis à la préfecture de Metz de prévenir les Français et ainsi d'éviter les énormes bouchons qui ont pris les gens par surprise. Mais ce qu'il faut bien voir, c'est que cette situation de flottement n'a duré que très peu de temps. Dès le dimanche 15 mars au soir, le Ministre-Président Tobias Hans m'a téléphoné pour me prévenir de la fermeture complète de la quasi-totalité de la frontière le lendemain. Et à partir de ce jour, les contacts entre la France et l'Allemagne ont été très étroits et quasi-quotidiens à tous les échelons, en Sarre, mais aussi entre Paris et Berlin.

Florian Weber De quoi êtes-vous fière dans ce que vous avez fait pendant cette crise ?

Catherine Robinet Il n'y a aucune raison d'être fière de quoi que ce soit. C'est le rôle-même d'un consul de porter assistance à ses compatriotes.

Florian Weber Pour finir : Quelles leçons devraient être tirées de la crise à votre avis ?

Catherine Robinet Les leçons ont déjà été tirées pendant la crise avec la création d'une « task force Corona » au niveau des autorités sarroises et celles de la région Grand-Est. Et il ne faut pas oublier l'incroyable générosité dont ont fait preuve les autorités sarroises, et plus généralement allemandes, pour accueillir des patients français dans leurs hôpitaux. Cet élan de solidarité a largement contribué à atténuer les désagréments causés par la fermeture de la frontière. Je pense cependant qu'il n'est pas suffisant d'avoir des contacts et un dialogue au plus haut niveau. Il faudrait à mon avis imaginer un plan de crise qui descende jusqu'au niveau local et à tous les échelons des administrations des deux côtés de la frontière, ainsi qu'au niveau des communes, en particulier au sein de l'Eurodistrict. Avec la création d'un véritable réseau, au maillage le plus serré possible, la communication sera plus facile et la réactivité mieux coordonnée entre voisins.

Florian Weber Un grand merci, Madame Robinet.

Catherine Robinet Je vous en prie, c'était un plaisir de me replonger dans l'ambiance sarroise. La Sarre me manque beaucoup.

Originaire de Moselle, ayant grandi à Forbach, **Catherine Robinet** *est entrée au ministère des Affaires étrangères en 1991 après des études à l'Université Nancy II et à l'Institut régional d'Administration de Metz. Depuis, outre des postes à l'administration centrale, sa carrière diplomatique l'a menée en Allemagne, en Suisse, en Turquie et en Bosnie-Herzégovine. Après son mandat de consule générale de France en Sarre (2016–2020), elle a rejoint l'administration centrale du ministère des Affaires étrangères à Paris le 1er septembre 2020.*

GEMEINSAM GRENZEN ÜBERWINDEN

Die Deutsch-Französische Parlamentarische Versammlung in der Corona-Krise

Andreas Jung (Deutscher Bundestag) und Christophe Arend (Assemblée nationale)

Zusammenfassung Der Deutsche Bundestag und die Assemblée nationale haben sich in den letzten Jahren zu maßgeblichen Akteuren in den deutsch-französischen Beziehungen entwickelt. Durch die Schaffung der Deutsch-Französischen Parlamentarischen Versammlung (DFPV) mit dem deutsch-französischen Parlamentsabkommen wurde diese ausgeprägte parlamentarische Dimension der Freundschaft weiter gestärkt und institutionalisiert. Als im Rahmen der Pandemiebekämpfung im Frühjahr 2020 die deutsche und die französische Regierung auch auf Einreisebeschränkungen und Grenzmaßnahmen setzten, gab die DFPV der kontroversen Debatte hierzu einen parlamentarischen Rahmen. Das noch junge Gremium konnte dabei seine Rolle als parlamentarische Versammlung vollends ausfüllen und erfüllte klassische Parlamentsfunktionen. Als gewählte Vertretung nehmen die Mitglieder der DFPV die Rolle eines Bindeglieds zwischen den Bevölkerungen und den Regierungen ein. Zum einen äußert sich das in der Information durch Kommunikation über die bestehenden Regelungen. Zudem artikulieren sie als Sprachrohr der Bevölkerung deren Interessen und Belange. Schließlich gehört die gemeinsame Kontrolle der Regierungszusammenarbeit zu den Kernaufgaben der Versammlung. Insgesamt hat sich die DFPV in der Krise bewährt und als parlamentarische Herzkammer der deutsch-französischen Freundschaft etabliert. Daran gilt es auch in Zukunft anzuknüpfen. Mit Blick auf die vielfältigen Herausforderungen in und um Europa besteht auch zukünftig dringender Bedarf nach einer engen Zusammenarbeit zwischen Berlin und Paris. Deutschland und Frankreich sind wieder als Impulsgeber für Europa gefragt. Dazu wird die DFPV weiterhin einen engagierten Beitrag leisten.

EINLEITUNG

»Das Herz der deutsch-französischen Freundschaft schlägt im Parlament«, schrieben die Präsidenten des Deutschen Bundestages und der Assemblée Nationale im Januar 2018.[1] Die Partnerschaft zwischen Deutschland und Frankreich ist heute viel mehr als ein Regierungsvertrag, nämlich im Kern die Freundschaft zwischen den Menschen in unseren beiden Ländern. Ausdruck dieser besonderen Tiefe ist die starke parlamentarische Dimension. Mit dem Vertrag von Aachen haben Deutschland und Frankreich ihre Freundschaft auf eine neue Stufe gehoben. Gleichzeitig haben die Parlamente ihre Zusammenarbeit mit einem Parlamentsabkommen ausgebaut. Kernstück dieses Abkommens ist die DFPV (vgl. Textbox 1), die sich als bilaterale parlamentarische Kammer aus Abgeordneten beider Parlamente zusammensetzt. Knapp ein Jahr nach ihrer Gründung sah sich das weltweit einzigartige Gremium durch die Corona-Pandemie und ihre Auswirkungen mit einer ersten Bewährungsprobe konfrontiert.

Textbox 1: Die DFPV
Die *Deutsch-Französische Parlamentarische Versammlung (DFPV)* wurde mit dem deutsch-französischen Parlamentsabkommen zwischen dem Deutschen Bundestag und der Assemblée nationale im März 2019 ins Leben gerufen. Der DFPV gehören je 50 Mitglieder aus allen Fraktionen beider Parlamente an. Sie tagt mindestens zweimal im Jahr abwechselnd in Deutschland und Frankreich unter Leitung der beiden Parlamentspräsidenten. Die Vorsitzenden des Vorstands sind Andreas Jung (CDU/CSU) und Christophe Arend (LREM).

Die erste Welle der Pandemie stellte uns im Frühjahr 2020 vor so noch nicht gekannte Herausforderungen. Zum Schutz der Bevölkerung waren harte Maßnahmen mit einschneidenden Konsequenzen für alle notwendig. In Europa waren wir gemeinsam nicht ausreichend vorbereitet. Da Konzepte zur grenzüberschreitenden Pandemiebekämpfung fehlten, endete der Kampf gegen die Pandemie an nationalen Grenzen. Konfrontiert mit dem tödlichen Virus beschränkten sich viele Staaten mit ihren Maßnahmen zunächst auf einen nationalen Handlungsrahmen. Zwar gab es von Anfang an auch starke Signale gelebter Solidarität, wie zum Beispiel bei der Verlegung und Versorgung intensiv-medizinisch betreuter

Personen, jedoch dauerte es einige Zeit, bis die europäische Zusammenarbeit an Fahrt aufnahm. Von diesem anfänglichen nationalen Reflex wurden besonders die Grenzregionen hart getroffen. Angesichts heterogener Infektionsgeschehen und einer unzureichenden grenzüberschreitenden Zusammenarbeit griff die Mehrzahl der europäischen Staaten auch auf Grenzmaßnahmen zurück. So wurden gerade da, wo sich unsere Länder am nächsten sind, Schlagbäume heruntergelassen und rechtliche Barrieren aufgebaut. 35 Jahre nach der Schaffung des grenzenlosen Europas durch das Schengener Abkommen wurde der Grenzübertritt in der Krise von der Regel zur Ausnahme.

Die Unzulänglichkeit der europäischen Zusammenarbeit in dieser frühen Phase, Strategien zur gemeinsamen Pandemiebekämpfung umzusetzen, offenbarte den anfänglichen Mangel an gemeinsamer Abstimmung. Die DFPV konnte daher konkret ihren Mehrwert als gemeinsame parlamentarische Kammer unter Beweis stellen. In der »Stunde der Exekutive« gelang es ihr, der Debatte um Grenzmaßnahmen einen parlamentarischen Rahmen zu geben und darüber hinaus wichtige Impulse für die Zusammenarbeit in der Pandemiebekämpfung zu setzen. Die verschiedenen Aktivitäten der DFPV lassen sich dabei anhand wichtiger parlamentarischer Funktionen in drei Bereiche untergliedern. Als gewählte Abgeordnete nehmen die Mitglieder der DFPV die Rolle eines Bindeglieds zwischen den Bevölkerungen und den Regierungen ein. Zum einen äußert sich das in der Information durch Kommunikation über die bestehenden Regelungen. Zum anderen artikulieren sie als Sprachrohr der Bevölkerung deren Interessen und Belange. Schließlich gehört die gemeinsame Kontrolle der Regierungszusammenarbeit zu den Kernaufgaben der Versammlung. Insgesamt hat sich die DFPV bewährt und als parlamentarische Herzkammer der deutsch-französischen Freundschaft etabliert.

DIE DFPV ALS SPRACHROHR DER GRENZREGIONEN

Als gewählte Mitglieder der Volksvertretung sind Abgeordnete lokal verwurzelte Verantwortliche mit nationalen Zuständigkeiten. Es ist diese Funktion als Vertretung auf nationaler Ebene, die sie zu ebenso gefragten Kontaktpersonen macht wie andere lokale Verantwortliche. Darüber hinaus ist die Informationsvermittlung eine der Kernaufgaben von Abgeordneten, sowohl horizontal zwischen Regierung und Bevölkerung wie auch vertikal zwischen verschiedenen staatlichen Stellen und Akteuren auf den unterschiedlichen Ebenen. So können Abgeordnete zu einem besseren Verständnis von Entscheidungen beitragen.

Die 50 französischen und 50 deutschen Mitglieder der DFPV haben überdies eine Doppelfunktion: Sie vertreten nicht nur die Menschen in ihren Wahlkreisen auf nationaler Ebene, sondern sind auch Sprachrohr für deren Belange und Interessen in der DFPV als Forum für deutsch-französischen Austausch und Dialog. Die parlamentarische Arbeit in einer bilateralen Kammer erweitert also die parlamentarische Repräsentationsfunktion über den nationalen Rahmen hinaus und bietet eine weitere Projektionsfläche für die Artikulation der Interessen und Belange der Bevölkerung in den bilateralen Beziehungen. Die Mitglieder der DFPV arbeiten gemeinsam an konkreten Themen und begleiten zugleich kritisch und konstruktiv die Zusammenarbeit der Regierungen. Sie geben der deutsch-französischen Freundschaft eigene Impulse und geben den Menschen in beiden Ländern eine Stimme in den zwischenstaatlichen Beziehungen. Die DFPV trägt so zu einem besseren gegenseitigen Verständnis und damit auch zu einer Stärkung der Freundschaft zwischen unseren beiden Ländern bei. Da die einzigartige Institutionalisierung der parlamentarischen Zusammenarbeit zwischen der Assemblée nationale und dem Deutschen Bundestag eine Annäherung ihrer jeweiligen Arbeitsweisen ermöglicht, trägt die Versammlung auch zur Weiterentwicklung der europäischen Integration bei.

Seit Beginn der Coronakrise wurde die deutsch-französische Zusammenarbeit auf eine harte Probe gestellt. Die gesundheitlichen und wirtschaftlichen Herausforderungen sowie die unzureichende Kommunikation und Abstimmung zwischen Paris und Berlin waren in den Grenzregionen besonders stark zu spüren. Während der ersten Welle der Pandemie führten die Grenzmaßnahmen zu vielen praktischen Schwierigkeiten vor Ort, die die Regierungen so nicht vorhergesehen hatten: Geschlossene Grenzübergänge zwangen viele, die auf der einen Seite der Grenze leben, aber der anderen Seite arbeiten, zu kilometerlangen Umwegen, der Waren- und Güterverkehr wurde beeinträchtigt und der ansonsten grenzüberschreitende Alltag zahlreicher Menschen in der Grenzregion war massiv eingeschränkt (Abbildung 1), ob beim Besuch des Lebenspartners, der Kinder oder pflegebedürftiger Angehöriger. Zudem wurde die besondere Situation von Personen, die diesseits der Grenze wohnen, aber jenseits davon arbeiten und ihre ungleiche Besteuerung im Vergleich zu im Wohnsitzland beschäftigten Personen, in der Krise besonders deutlich. Generell gab es angesichts asymmetrischer und nicht ausreichend abgestimmter Maßnahmen zur Pandemiebekämpfung dies- und jenseits der Grenze während der ersten Welle einen Mangel an Koordination hinsichtlich der Kon-

Abbildung 1 Grenzkontrollen zwischen Schweigen-Rechtenbach (Rheinland-Pfalz) und Wissembourg (Bas-Rhin). Quelle: Aufnahme Florian Weber 2020.

taktbeschränkungen und Ausgangssperren in den Grenzregionen. Das Ausbleiben gemeinsamer Regeln in den Grenzregionen führte zu Unverständnis und vereinzelt auch zum Aufleben überwunden geglaubter Ressentiments. Darüber hinaus kam es zu einzelnen Beleidigungen, so zum Beispiel beim Einkauf von Waren des täglichen Bedarfs und von Lebensmitteln, auch wenn es für einige Menschen näher ist, auf der jeweils anderen Seite der Grenze einzukaufen. Ebenfalls wurde über zerkratzte Autos und geworfene Eier berichtet.

Gerade in diesem Kontext hat sich die DFPV als Sprachrohr für die Anliegen und Belange der Menschen der Grenzregionen gegenüber der französischen und der deutschen Regierung erwiesen. Bei mehreren Gelegenheiten und durch gemeinsame Erklärungen der Präsidenten Richard Ferrand und Wolfgang Schäuble sowie der Vorstandsvorsitzenden Christophe Arend und Andreas Jung und zahlreicher Präsidiumsmitglieder hat sich die DFPV mit spezifischen Problemen aus der Grenzregion befasst, die als erstes und stärkstes von den Beschränkungen betroffen war. Indem sie den Menschen dieser Region eine Stimme gab und ihre Belange in die gemeinsame parlamentarische Arbeit einbrachte, konnte die DFPV eine treibende Kraft für deutsch-französische Initiativen im Kampf gegen das Coronavirus sein. Der Erfolg der Arbeit der DFPV zeigte sich besonders im Laufe der zweiten Infektionswelle im Herbst 2020: statt einer harten Grenzschließung, wie sie im Frühjahr umgesetzt wurde, wurden die Besonderheiten der Grenzregionen berücksichtigt und von vorneherein Ausnahmeregelungen für die Grenzregion umgesetzt.

Dabei beschränkte sich die DFPV nicht auf eine simple Bestandsaufnahme der Anliegen der Menschen vor Ort, sondern legte konkrete Vorschläge für eine engere deutsch-französische Zusammenarbeit in Krisenzeiten, insbesondere in den Bereichen Gesundheit, Forschung, Wirtschaft und digitale Technologien, vor. Darüber hinaus hat sie Impulse für ein solidarischeres und souveränes Europa gegeben, das besser in der Lage sein soll, auf bevorstehende Herausforderungen zu reagieren. So begleitete die DFPV maßgeblich die deutsch-französische Initiative, die am 18. Mai 2020 vom französischen Staatspräsidenten Emmanuel Macron und der deutschen Bundeskanzlerin Angela Merkel vorgelegt wurde und den Grundstein für den Europäischen Wiederaufbaufonds darstellt.

Über die gemeinsamen Erklärungen hinaus wurden diese Anliegen aus der Grenzregion in gemeinsame Beschlüsse gegossen, die innerhalb der DFPV erarbeitet und verabschiedet wurden. Das Parlamentsabkommen und Absatz 6 der Geschäftsordnung der DFPV (GO DFPV) sehen vor, dass die Versammlung Beschlüsse fasst und dem Deutschen Bundestag und der Assemblée nationale gemeinsame Entschließungen vorschlägt. So hat die DFPV am 22. September 2020 den gemeinsamen Beschluss »Gemeinsam gegen die Corona-Pandemie – die deutsch-französische Zusammenarbeit in der Pandemiebekämpfung auf dem Weg zu einer europäischen Gesundheitsunion stärken« ausgearbeitet. Darin enthalten ist die Aufforderung an die Regierungen der Französischen Republik und der Bundesrepublik Deutschland, »gemeinsame Strategien und abgestimmte Mechanismen« zu entwickeln, »um eine vollständige Grenzschließung zu verhindern und dabei das Gleichgewicht zwischen Schutz der Freiheiten und Gesundheitsschutz aufrechtzuerhalten und dabei für die Bürgerinnen und Bürger transparent und nachvollziehbar zu handeln.«[2]

Im Rahmen ihrer Sitzung am 22. Januar 2021 hat die DFPV dies bekräftigt und in einem weiteren Beschluss weitere konkrete Vorschläge zum Ausbau der deutsch-französischen und europäischen Zusammenarbeit in der Pandemiebekämpfung vorgelegt. Darin heißt es: »Auch weiterhin müssen wir auf gemeinsame Strategien setzen statt auf harte Grenzschließungen, um die Pandemie effektiv zu bekämpfen. Der Alltag vieler Menschen ist grenzüberschreitend, deshalb müssen das auch die Maßnahmen sein!«[3]

Schließlich hat der Ausschuss für grenzüberschreitende Zusammenarbeit (AGZ, auch als GRÜZ bezeichnet), der sich auf den Tag genau ein Jahr nach der Unterzeichnung des Aachener Vertrags konstituierte, die Arbeit der DFPV als Sprachrohr der Grenzregionen ergänzt. Seine Aufgabe ist es, die deutsch-französische Abstimmung in den Grenzregionen zu erleichtern und Lösungen für praktische Probleme entlang der Grenze zu erarbeiten. Der Ausschuss setzt sich aus deutschen und französischen Verantwortliche der kommunalen, regionalen und nationalen Ebene zusammen und bietet ein gemeinsames Forum zur Abstimmung der Maßnahmen zwischen beiden Ländern sowie in der Grenzregion. Die drei Sitzungen, die im Laufe des Jahres auf Initiative der beiden Vorstandsvorsitzenden einberufen wurden, boten Gelegenheit zu einer Bestandsaufnahme und den Rahmen zu Diskussionen der Probleme, die die Grenzmaßnahmen mit sich brachten. Dabei wurde über die praktischen Vorkehrungen zur Erleichterung des Grenzübertritts für die Betroffenen beraten. In Übereinstimmung mit den Beschlüssen der DFPV bemüht sich der AGZ (Textbox 2) um eine Harmonisierung der Maßnahmen zwischen Frankreich und Deutschland, aber auch zwischen den drei grenznahen Bundesländern. Wie auch die DFPV hat sich der AGZ als noch junges Gremium in der Krise bewährt und seinen Mehrwert unter Beweis gestellt. Als zentrales Forum des Austauschs aller Akteure der grenzüberschreitenden Zusammenarbeit schafft es der Ausschuss, Informationen und konkrete Problemstellungen als Stimme der Grenzregionen an die Verantwortlichen in Berlin und Paris heranzutragen und so ein spezifisches Problembewusstsein zu schaffen. Letztlich liegt es an den Regierungen, die Vorschläge aufzugreifen.

Textbox 2: Der AGZ
Der *deutsch-französische Ausschuss für grenzüberschreitende Zusammenarbeit (AGZ)* wurde durch den Vertrag von Aachen geschaffen und konstituierte sich am 22. Januar 2020 auf dem Hambacher Schloss. Er bringt alle relevanten Verantwortliche der unterschiedlichen Ebenen, die in der grenzüberschreitenden Zusammenarbeit tätig sind, unter dem Vorsitz der beiden Beauftragten für die deutsch-französische Zusammenarbeit zusammen. Der Ausschuss soll Problematiken in den Grenzregionen feststellen, konkrete Lösungsvorschläge erarbeiten und die Auswirkungen neuer Rechtsvorschriften auf Grenzregionen analysieren. Sitz des Ausschusssekretariats ist in Kehl. Vor Kurzem haben auch die zwei Generalsekretäre des AGZ ihre Arbeit aufgenommen. Künftig werden Cathrin Gräber aus Deutschland und Vincent Muller aus Frankreich die Arbeit des Ausschusses koordinieren und vorbereiten.

INFORMATION UND KOMMUNIKATION ALS PARLAMENTARISCHE KERNAUFGABEN

Kommunikation und Information stellen eine weitere parlamentarische Kernfunktion dar. Hier geht es um die Weitergabe von Informationen sowie um die Erklärung der Arbeit von Abgeordneten, was die getroffenen Entscheidungen und den Austausch zwischen Legislative und Exekutive angeht. Als gewählte Volksvertretung sind Abgeordnete jederzeit direkte Kontaktpersonen für die Menschen vor Ort. Um die demokratische Legitimität von Entscheidungen zu erhöhen und ihre Umsetzung zu ermöglichen, muss die Bevölkerung über diese angemessen informiert werden. Zur Aufgabe von Abgeordneten gehört es daher auch, die Regierungspolitik zu erklären und entsprechende Informationen zu kommunizieren.

Entsprechend sieht Art. 32 GO DFPV vor, dass »die Sitzungen öffentlich sind.« Zudem ist gemäß Art. 33 GO DFPV von jeder Sitzung ein Protokoll in deutscher und französischer Sprache anzufertigen, das anschließend veröffentlicht und verteilt wird. Somit liegt es im Verantwortungsbereich jedes Abgeordneten, über seine jeweiligen Kommunikationskanäle über seine Arbeit in der DFPV zu informieren. Alle 100 Mitglieder der Versammlung sind damit Multiplikatoren der Arbeit der DFPV.[4] Im Zusammenhang mit dieser Aufgabe der Kommunikation und Information spielen die Mitglieder der bilateralen Versammlung im Laufe der Corona-Krise auch eine wichtige Rolle bei der Weitergabe von Informationen und der Vermittlung bestehender Regeln in den beiden Ländern und insbesondere in der Grenzregion.

In dieser Hinsicht waren die Pressemitteilungen der beiden Ko-Vorsitzenden des Vorstands der DFPV ein probates Mittel. Entweder gemeinsam oder in Eigenverantwortung veröffentlicht, hatten sie zum Anspruch, die aktuell geltenden Regelungen zum Grenzübertritt hinsichtlich Einreisebeschränkungen, Ausnahmen, beispielsweise für Familien und nicht verheiratete Paare, und Grenzkontrollen zu erklären. Als im Verlauf der Pandemie für die Grenzregionen Ausnahmen bei der Einreise-Quarantäne und Testungspflicht eingerichtet wurden, haben die Mitglieder der DFPV entsprechend über diese Bestimmungen informiert. Wichtig war hier zudem die reibungslose Weitergabe von Informationen zwischen den beiden Vorstandsvorsitzenden und den verschiedenen Verantwortlichen vor Ort.

Zudem haben sich in dieser Zeit der Krise auch digitale Informations- und Kommunikationsformate weiter etabliert und verbreitet: Videokonferenzen, digitale runde Tische und öffentliche Debatten auf Einladung von Akteuren aus der Zivilgesellschaft, wie zum Beispiel von Vereinigungen und Medienschaffenden. Im Verlauf der Krise ist das öffentliche Interesse an der Grenzfrage enorm gestiegen. Einschränkungen der Freizügigkeit als wichtige Grundwerte der Europäischen Union betreffen nämlich potentiell die gesamte Bevökerung, auch über die Grenzregionen hinaus. Die beiden Vorstandsvorsitzenden waren daher jederzeit dazu bereit, oft im Tandem, sich den verschiedenen Fragen zu aktuellen Fragen der deutsch-französischen Beziehungen zu stellen.

Durch all diese Instrumente kann seit Beginn der Pandemie ein umfassendes Informationsangebot gewährleistet werden. Wichtig waren hierbei vor allem Informationen hinsichtlich erlaubter Grenzübertritte, bestehender Einschränkungen und der geltenden Bestimmungen dies- und jenseits der Grenze.

EINE GEMEINSAME PARLAMENTARISCHE KONTROLLINSTANZ

Schließlich gehört auch die Kontrolle der Regierungsarbeit zu den wichtigsten parlamentarischen Aufgaben. Da Regierungen ihre demokratische Legitimation grundsätzlich aus dem Parlament erhalten, sind sie ihm gegenüber verantwortlich. Es geht also darum, die Regierung parlamentarisch zu kontrollieren. Ihr Kontrollrecht können Abgeordnete gezielt durch verschiedene verfassungsrechtlich verbriefte Instrumente ausüben. Hierzu zählt klassischerweise das parlamentarische Fragerecht, also schriftliche Fragen oder Anhörungen von Regierungsmitgliedern. Überdies bestehen auch informellere, d.h. nicht notwendigerweise rechtlich kodifizierte Möglichkeiten, Kontrolle auszuüben. Dies kann beispielsweise über politische Kanäle oder durch gezielte Kontaktaufnahme erfolgen. Wesentliche Voraussetzung zur Ausübung des Kontrollrechts ist, dass das Parlament umfassend über die Regierungsarbeit informiert wird und durch gezielte Nachfragen darüberhinausgehende Erklärungen erhalten kann.

In der DFPV können die Versammlungsmitglieder zusätzlich zu den im Rahmen ihrer nationalen Abgeordnetenmandate vorgesehenen Möglichkeiten die Zusammenarbeit der deutschen und französischen Regierung auch gemeinsam kontrollieren. Die Versammlung ist also eine gemeinsame Kontrollinstanz, die die Regierungszusammenarbeit kritisch-konstruktiv begleiten soll und damit ein Gegengewicht zur Zusammenarbeit der Exekutiven bilden kann.

Entsprechend sieht das deutsch-französische Parlamentsabkommen als Gründungsakt der DFPV eine umfassende Kontrollfunktion vor. In Art. 6 heißt es, die Versammlung wache über die Anwendung der Bestimmungen des Élysée-Vertrags und des Vertrags von Aachen sowie über die Umsetzung und Evaluierung der auf diesen Verträgen beruhenden Projekte und begleite die Deutsch-Französischen Ministerräte. Auch die Arbeit des Deutsch-Französischen Sicherheits- und Verteidigungsrates soll die Versammlung verfolgen. Schließlich heißt es eher allgemein, dass sie die gemeinsame europäische Außen-, Sicherheits- und Verteidigungspolitik begleitet. Explizit schreibt das Abkommen auch umfassende Unterrichtungspflichten vor. So werden die beiden Regierungen aufgefordert, umfassend und frühzeitig über die Ministerräte sowie über den Stand der Umsetzung der bei diesen Räten gefassten Beschlüsse zu unterrichten.

Daran anknüpfend ist die Ausgestaltung der Geschäftsordnung der Versammlung, die den Fortgang ihrer Arbeiten und Ablauf ihrer Sitzungen *en détail* regelt, zu betrachten. Zur gemeinsamen Ausübung ihrer Kontrollrechte lässt sie den Abgeordneten genügend Spielraum, um beispielsweise Anhörungen von Regierungsmitgliedern und gemeinsame Befragungen vor der Versammlung durchzuführen. Zudem können nach Art. 5 GO DFPV zur Beratung spezifischer Themenkomplexe Arbeitsgruppen eingerichtet werden.

Als die Regierungen im Frühjahr 2020 im Rahmen der Pandemiebekämpfung auch auf Grenzmaßnahmen setzten, kam der parlamentarischen Kontrollfunktion eine besondere Bedeutung zu. War es unmittelbar nach Einführung der Maßnahmen wichtig, die Perspektive der Grenzregionen in die Debatte einzubringen und auf entsprechende Ausnahmeregelungen zu drängen, ging es nun darum, die beiden Regierungen unter zunehmenden öffentlichen Rechtfertigungsdruck zu bringen. Das Ziel dabei war, dass die Regierungen ihre Maßnahmen erklären und eine Handlungsperspektive geben sollten. So wurden im Verlauf der Pandemie drei Sondersitzungen des deutsch-französischen Ausschusses für grenzüberschreitende Zusammenarbeit auf unsere Initiative hin einberufen. In den Videokonferenzen des ebenfalls noch jungen Gremiums, dem Delegierte aller relevanten staatlichen Ebenen angehören, wurden die Innenministerien beider Länder mit kritischen Fragen aus den Grenzregionen konfrontiert.

Am 28. Mai 2020 bot schließlich eine Sondersitzung der DFPV die Möglichkeit, die beiden Regierungen gemeinsam zu befragen. Auf der Tagesordnung stand eine Anhörung des Bundesinnenministers Horst Seehofer (CSU) und seines damaligen französischen Amtskollegen Christophe

Castaner (LREM). In mehreren Fragerunden forderten deutsche wie französische Abgeordnete fraktionsübergreifend die schnellstmögliche Beendigung der Grenzmaßnahmen.

Auch konkrete Fortschritte konnten in der Sitzung erreicht werden. In der Befragung sagten beide Minister zu, im Falle weiterer Infektionswellen und zukünftiger Pandemien von vorneherein ein abgestimmtes Vorgehen anzustreben und erneute Grenzbeschränkungen vermeiden zu wollen. »Dank der Verfolgungsinstrumente und all unserer Systeme werden wir im Falle eines neuen Höchststandes oder einer potenziellen Krise reaktionsfähiger sein, wir werden in der Lage sein, Mikroregionen einzugrenzen, und wir werden daher keine Grenzen mehr schließen müssen«, sagte der französische Innenminister Christophe Castaner.[5] Auch Bundesinnenminister Seehofer führte an, dass eine der wichtigsten Schlussfolgerungen sei, dass es bei zukünftigen Pandemien »europäische Lösungen gibt, bei denen Grenzen keine Rolle spielen.«[6] Zudem haben sich die beiden Minister in der Sitzung auf ein gemeinsames Formular zum Grenzübertritt verständigt.

DIE DFPV: PARLAMENTARISCHE HERZKAMMER DER DEUTSCH-FRANZÖSISCHEN FREUNDSCHAFT

Auch wenn das plötzliche Auftreten einer so noch nie da gewesenen Krise zunächst Probleme in der Abstimmung zwischen den beiden Ländern zu Tage förderte, wurde auch deutlich, dass die deutsch-französische Freundschaft über die nötigen Handlungs- und Dialogforen verfügten, um sich auf lokaler, nationaler und europäischer Ebene abzustimmen und gemeinsam auf dynamische Situationen zu reagieren.

Nach der Gründung der DFPV im Frühjahr 2019 war 2020 das Jahr der Feuerprobe und der Emanzipation dieses jungen Gremiums. Als weltweit einzigartige bilaterale parlamentarische Kammer konnte die Versammlung durch ihre Impulse und konkreten Vorschläge in einem außergewöhnlichen Kontext deutlich an Format gewinnen. Die DFPV hat der deutsch-französischen Debatte rund um das Thema Corona, insbesondere bei der Frage der Grenzmaßnahmen, einen parlamentarischen Rahmen gegeben.

Überdies gelang es der Versammlung, in der öffentlichen Diskussion eine gewisse Sensibilität für Grenzregionen und ein spezifisches Problembewusstsein für die durch die Grenzmaßnahmen ausgelösten Probleme zu schaffen. In ihren Beschlüssen zog die DFPV Lehren aus diesen Erfahrungen und machte zahlreiche Vorschläge zur Verbesserung der Zusammenarbeit. Auch dank dieser Arbeit der Versammlung kam es im Rahmen der zweiten Pandemiewelle nicht zu einer erneuten harten Grenzschließung. Bei dennoch beschlossenen Einreisebeschränkungen wurden von Anfang an wichtige Ausnahmen umgesetzt und so der Verflochtenheit der Grenzregionen Rechnung getragen. Das zeigt, dass konsequenter Gesundheitsschutz und das grenzüberschreitende Miteinander in den Grenzregionen vereinbar sind.

Gerade in der Krise hat sich der Mehrwert der Versammlung gezeigt (vgl. dazu auch Textbox 3). Seit Beginn der Pandemie gingen immer wieder konkrete Initiativen für eine bessere deutsch-französische und europäische Zusammenarbeit von der DFPV aus. Auch dank der Unterstützung der beiden Parlamentspräsidenten, Wolfgang Schäuble und Richard Ferrand, konnte sich die Versammlung so als parlamentarische Herzkammer der deutsch-französischen Freundschaft etablieren. Im Januar 2021 wurde die Versammlung in der Presse gar als »Antriebswelle des deutsch-französischen Motors«[7] bezeichnet. Daran gilt es, auch in Zukunft anzuknüpfen. Mit Blick auf die vielfältigen Herausforderungen in und um Europa besteht auch zukünftig dringender Bedarf nach einer engen Zusammenarbeit zwischen Berlin und Paris. Deutschland und Frankreich sind wieder als Impulsgeber für Europa gefragt. Dazu wird die DFPV weiterhin einen engagierten Beitrag leisten.

Textbox 3: Chronologie: Aktivitäten der DFPV in der Corona-Krise
Januar 2020: Corona erreicht Europa: erste Fälle auch in Deutschland und Frankreich

März
- **16. März:** Beginn der Grenzmaßnahmen (Kontrollen und Einreisebeschränkungen) an den Binnengrenzen im Schengen-Raum, auch an der deutsch-französischen Grenze
- **17. März:** Schließung der Schengen-Außengrenzen

April
- **6. April:** Erklärung von Christophe Arend und Andreas Jung »Gemeinsam gegen Corona – eine deutsch-französische Initiative für Europa« und gemeinsame Erklärung der beiden Parlamentspräsidenten, Wolfgang Schäuble und Richard Ferrand

- 8. April: Erklärung von Vorstandsmitgliedern der DFPV »Einigt euch, es geht um Europa!«
- 23. April: Sitzung des AGZ

Mai
- 5. Mai: Erklärung von Andreas Jung und weiteren Abgeordneten »Keine Schlagbäume im Herzen Europas!«
- 13. Mai: Erste Lockerungen an den Binnengrenzen
- 26. Mai: Gemeinsame Erklärung der beiden Parlamentspräsidenten, Wolfgang Schäuble und Richard Ferrand »Deutschland und Frankreich – In der Corona-Krise gemeinsam zu neuer Dynamik«
- 28. Mai: Sondersitzung der DFPV (Videokonferenz) mit Befragung der beiden Innenminister Horst Seehofer und Christophe Castaner

Juni
- 10. Juni: Sitzung des AGZ
- 15. Juni: Ende der Grenzkontrollen und Einreisebeschränkungen an den Binnengrenzen und gemeinsame Erklärung von Christophe Arend und Andreas Jung
- 17. Juni: Sondersitzung der DFPV (Videokonferenz) mit Befragung der beiden Finanzminister Olaf Scholz und Bruno Le Maire

August
- 20. August: Staatspräsident Emmanuel Macron und Bundeskanzlerin Angela Merkel sprechen sich gegen erneute Grenzschließungen aus
- 27. August: Bundeskanzlerin Angela Merkel betont erneut, dass neuerliche Grenzschließungen nicht in Betracht gezogen werden

September
- 21. und 22. September: Vierte Sitzung der DFPV (Videokonferenz) mit Beschlüssen zur Verbesserung der grenzüberschreitenden und europäischen Zusammenarbeit in der Pandemiebekämpfung und zur Weiterentwicklung der Wirtschafts- und Währungsunion (WWU)

Oktober
- 6. Oktober: Sitzung des AGZ
- 9. Oktober: Bundeskanzlerin Angela Merkel spricht sich erneut gegen erneute Grenzschließungen aus

- 17. Oktober: Erklärung von Andreas Jung und Christophe Arend »Gemeinsam gegen Corona: Keine Grenzschließung – Ausnahmen für die Grenzregion«

November
- 24. November: EU-Parlament spricht sich mit einer Entschließung gegen harte und unkoordinierte Grenzschließungen aus

Januar 2021: Fünfte Sitzung der DFPV (Videokonferenz) mit Beschlüssen zur Verbesserung der grenzüberschreitenden und europäischen Zusammenarbeit in der Pandemiebekämpfung und im Bereich Künstliche Intelligenz.

ANMERKUNGEN

1 Schäuble, W. & Rugy, F. de (2018). Das Herz unserer Freundschaft schlägt im Parlament, Gastbeitrag in deutschen und französischen Medien, 21. Januar 2018.

2 Gemeinsam gegen die Corona-Pandemie – die deutsch-französische Zusammenarbeit in der Pandemiebekämpfung auf dem Weg zu einer europäischen Gesundheitsunion stärken. Beschluss der Deutsch-Französischen Parlamentarischen Versammlung vom 22. September 2020, 2.

3 Gemeinsam stärker aus der Corona-Krise – Deutsch-Französische Impulse zur Stärkung Europas auf dem Weg aus der Pandemie. Beschluss der Deutsch-Französischen Parlamentarischen Versammlung vom 22. Januar 2021, 1.

4 Auch die Presseabteilungen der beiden Parlamente leisten neben der Öffentlichkeitsarbeit der einzelnen Abgeordneten einen großen Beitrag zur Außenwirkung der DFPV. Alle Informationen hierzu finden sich unter www.bundestag.de/dfpv und https://www2.assemblee-nationale.fr/europe-et-international/activites-parlementaires-internationales/les-relations-parlementaires-franco-allemandes/assemblee-parlementaire-franco-allemande.

5 Stenografisches Protokoll der Sondersitzung der Deutsch-Französischen Parlamentarischen Versammlung vom 28. Mai 2020, 20.

6 Stenografisches Protokoll der Sondersitzung der Deutsch-Französischen Parlamentarischen Versammlung vom 28. Mai 2020, 39.

7 Wiegel, M. (2021). Französische Erbfreunde, Frankfurter Allgemeine Sonntagszeitung, 24. Januar 2021, 8.

Andreas Jung *(CDU) ist seit 2005 direkt gewähltes Mitglied des Bundestages für den Wahlkreis Konstanz. Seit 2018 ist er stellvertretender Vorsitzender der CDU/ CSU-Bundestagsfraktion für die Bereiche Haushalt, Finanzen und Kommunalpolitik und Mitglied des Vermittlungsausschusses. Der studierte Volljurist ist seit 2016 Vorsitzender der CDU-Landesgruppe Baden-Württemberg im Deutschen Bundestag und seit 2019 Ko-Vorsitzender des Vorstands der Deutsch-Französischen Parlamentarischen Versammlung (DFPV). Als Mitglied der deutsch-französischen Arbeitsgruppe von Bundestag und Assemblée nationale hat er an der Erarbeitung des deutsch-französischen Parlamentsabkommens und der Gründung der DFPV mitgewirkt. Zuvor war er Vorsitzender des Parlamentarischen Beirats für Nachhaltige Entwicklung sowie der Deutsch-Französischen Parlamentariergruppe des Deutschen Bundestages.*

Christophe Arend *(LREM) ist seit 2017 Mitglied der Nationalversammlung für den Wahlkreis 6 im Département Moselle. In der Nationalversammlung ist er Mitglied im Ausschuss für nachhaltige Entwicklung und Raumplanung. Ausgebildet als Zahnchirurg begann er seine politische Karriere als Stadtrat in seinem Heimatort Petite-Rosselle, wo er einer der ersten politischen Akteure war, der sich der LREM-Bewegung anschloss. Nach seiner Ernennung zum Vorsitzenden der deutsch-französischen Freundschaftsgruppe der Assemblée nationale, war er einer der neun französischen Abgeordneten, die gemeinsam mit neun Bundestagsabgeordneten in einer Arbeitsgruppe ein deutsch-französisches Parlamentsabkommen zum 56. Jubiläum des Elysée-Vertrags vorbereiteten. Nach der Gründung der Deutsch-Französischen Parlamentarischen Versammlung wurde Christophe Arend zum Vorsitzenden der LREM-Gruppe in der DFPV ernannt und am 5. Februar 2020 zum Ko-Vorsitzenden des Vorstands der Versammlung gewählt. Christophe Arend sitzt auch im deutsch-französischen Ausschuss für grenzüberschreitende Zusammenarbeit und hilft, die Alltagshürden im deutsch-französischen grenzüberschreitenden Lebensraum durch konkrete Projekte zu beseitigen.*

SURMONTER DES FRONTIÈRES ENSEMBLE

L'Assemblée parlementaire franco-allemande dans la crise de la COVID-19

Christophe Arend (Assemblée nationale) et Andreas Jung (Deutscher Bundestag)

Résumé Au cours des dernières années, l'Assemblée nationale et le Bundestag sont devenus des acteurs incontournables des relations franco-allemandes. La création de l'Assemblée parlementaire franco-allemande (APFA) à la suite de l'accord parlementaire franco-allemand a renforcé et institutionnalisé la dimension parlementaire particulière de cette amitié. Lorsque, dans le cadre de la lutte contre la pandémie, les gouvernements français et allemand ont eu recours à des restrictions d'entrée sur leurs territoires et des contrôles aux frontières, l'APFA a élevé dans un cadre parlementaire le débat sur les mesures aux frontières. En tant que représentants élus, les membres de l'APFA assument le rôle de lien entre les citoyens et les gouvernements. D'une part, par la mise à disposition d'informations par le vecteur de la communication sur les réglementations existantes ; d'autre part en se faisant le porte-parole des intérêts et des préoccupations de la population. Enfin, la mission conjointe de contrôle des gouvernements est l'une des tâches essentielles de l'Assemblée. D'une manière générale, l'APFA a fait ses preuves dans la crise et s'est imposée comme la référence parlementaire de l'amitié franco-allemande. Nous devons continuer à construire sur cette base à l'avenir. Compte tenu des nombreux défis qui se posent au sein et aux abords de l'Europe, il est essentiel que Paris et Berlin poursuivent également leur étroite collaboration. La France et l'Allemagne sont, une fois de plus, appelées à donner des impulsions à l'Europe. En tant que parlementaires de l'APFA, nous continuerons à y apporter notre contribution.

INTRODUCTION

« Le cœur de l'amitié franco-allemande bat au Parlement », ont écrit les présidents du Bundestag allemand et de l'Assemblée nationale en janvier 2018.[1] Aujourd'hui, le partenariat entre la France et l'Allemagne est bien plus qu'un traité intergouvernemental, il est le cœur battant de l'amitié entre les peuples de nos deux pays. L'expression de cette profondeur particulière est la forte dimension parlementaire. Avec le Traité d'Aix-la-Chapelle, la France et l'Allemagne ont porté leur amitié à un autre niveau. Dans le même temps, les parlements ont renforcé leur coopération grâce à un accord parlementaire. Au cœur de cet accord se trouve l'Assemblée parlementaire franco-allemande (APFA, encadré 1), une chambre parlementaire bilatérale composée de membres des deux parlements. Moins d'un an après sa mise en place, cette assemblée unique au monde a été confrontée à son premier défi dans le contexte de la pandémie liée à la COVID-19 et ses conséquences.

> **Encadré 1 : l'APFA**
> L'Assemblée parlementaire franco-allemande (APFA) a été créée par l'accord parlementaire franco-allemand conclu entre l'Assemblée nationale et le Bundestag en mars 2019. L'APFA compte 100 membres représentant tous les groupes parlementaires des deux parlements. Elle se réunit au moins deux fois par an, alternativement en France et en Allemagne sous la direction des deux présidents des parlements. Les présidents du bureau exécutif de l'APFA sont Christophe Arend (LREM) et Andreas Jung (CDU/CSU).

Au printemps 2020, la première vague de la pandémie nous a contraint à relever des défis sans précédent. Des mesures radicales aux conséquences sévères pour tous se sont imposées pour protéger la population. En Europe, nous étions tous collectivement insuffisamment préparés. En l'absence de réponse transfrontalière concertée dans la lutte contre la pandémie, ce combat contre la pandémie mondiale s'est arrêté aux frontières nationales. Face au virus mortel, de nombreux pays ont dans un premier temps limité leurs mesures à un cadre strictement national. Bien qu'il y ait eu des signaux forts de solidarité dès le début, par exemple dans le transfert de patients en soins intensifs, il a fallu un certain temps pour que la coopération européenne prenne de l'ampleur. Les régions frontalières ont été particulièrement touchées par ce premier réflexe national. Confrontés à des schémas de circulation du virus hétérogènes et à une coopération transfrontalière insuffisante, la majorité des pays européens ont également eu recours à des mesures frontalières. Ainsi, précisément là où nos pays sont les plus proches les uns des autres, des barrières physiques ont été réintroduites et des barrières juridiques ont été érigées. Trente-cinq ans après la création d'une Europe sans frontières grâce à l'accord de Schengen, le franchissement des frontières est passé de la règle à l'exception dans le contexte de la crise sanitaire.

Les déficiences de la coopération européenne dans la mise en œuvre de stratégies de réponse commune à la pandémie pendant la première vague ont révélé le manque initial de coordination. L'APFA a donc pu démontrer concrètement sa valeur ajoutée en tant que chambre parlementaire commune. Dans un contexte de crise relevant essentiellement de l'exécutif, elle a réussi à fournir un cadre parlementaire au débat sur les mesures aux frontières et, en outre, à donner des impulsions importantes à la coopération dans la lutte contre la pandémie. Les différents champs d'action de l'APFA peuvent être divisés en trois domaines basés sur des missions parlementaires essentielles. En tant que représentants élus, les membres de l'APFA ont un rôle de courroie de transmission entre les citoyens et les gouvernements. D'une part, par la mise à disposition d'informations par le vecteur de la communication sur les réglementations existantes ; d'autre part, ils se font le porte-parole des intérêts et des préoccupations de la population. Enfin, la mission conjointe de contrôle des gouvernements est l'une des tâches essentielles de l'Assemblée. D'une manière générale, l'APFA a fait ses preuves et s'est imposée comme la référence parlementaire de l'amitié franco-allemande.

L'APFA COMME PORTE-VOIX DES CITOYENS DE NOS BASSINS DE VIE TRANSFRONTALIERS

Le député est aux yeux de ses électeurs avant tout un élu local, doté d'attributions nationales. C'est d'ailleurs sa dimension nationale qui fait de lui un interlocuteur privilégié des habitants de la circonscription tout autant que les autres élus locaux. Ensuite, il est un relais d'informations aussi bien ascendantes que descendantes entre les ministères et les territoires, et contribue ainsi à une meilleure compréhension entre les parties concernées et les besoins de ces dernières.

Les 50 députés français et les 50 députés allemands de l'APFA ont de ce fait une double casquette : ils représentent non seulement leurs électeurs locaux à l'échelle nationale, mais sont aussi les porte-paroles de leurs besoins et de leurs intérêts au sein d'un forum de dialogue franco-allemand, qui est l'APFA. Le travail parlementaire au sein d'une chambre binationale élargit ainsi la représentativité des citoyens, en dépassant le cadre national et en offrant un nouvel espace pour l'articulation des intérêts des électeurs. En effet, les députés qui siègent au sein de l'APFA travaillent ensemble sur des questions concrètes et accompagnent de manière à la fois critique et constructive la coopération entre les gouvernements. Ils donnent des propres impulsions au partenariat franco-allemand et portent la voix de nos concitoyens, pour œuvrer à une meilleure compréhension mutuelle et pour renforcer à terme l'amitié entre nos deux pays. Puisque l'institutionnalisation de la coopération parlementaire bilatérale entre l'Assemblée nationale et le Bundestag, unique en son genre, permet de rapprocher les méthodes de travail des deux parties, elle a de ce fait aussi vocation à renforcer l'intégration européenne.

Pourtant, dès le début de la crise de la COVID-19, la coopération franco-allemande a été mise à rude épreuve. Les difficultés sanitaires, économiques, mais aussi de communication et de coordination entre Paris et Berlin, ont en effet été ressenties de manière amplifiée à l'échelle binationale, et plus particulièrement dans les bassins de vie transfrontaliers. Lors de la première vague de la COVID-19, les décisions de restrictions aux frontières ont entraîné de nombreuses difficultés locales que les exécutifs nationaux n'avaient pas anticipées. En effet, le manque de coordination quant aux restrictions de sortie et de confinement dans les bassins de vie transfrontaliers a généré des décisions asymétriques entre les autorités françaises et allemandes. Par conséquent, les complications dans les régions frontalières étaient multiples : les travailleurs frontaliers étaient bloqués aux postes frontières et obligés de faire des détours de plusieurs dizaines de kilomètres pour rejoindre leur lieu de travail, le transport des marchandises était entravé et de nombreux citoyens étaient massivement perturbés dans leur vie quotidienne transfrontalière, par exemple lorsqu'ils rendaient visite à leur partenaire, à leurs enfants ou à des personnes nécessitant des soins de part et d'autre de la frontière (figure 1). D'ailleurs, le statut exceptionnel des travailleurs frontaliers et leur imposition différente ont été particulièrement ressentis pendant cette crise. En outre, l'absence de règles communes dans un même bassin de vie a créé des tensions au sein de la population. Ainsi, il y a eu des incidents de confrontation occasionnels entre les citoyens, par exemple lors des achats de première nécessité,

Figure 1 Le retour des frontières. Source : Photographie de Peter Dörrenbächer, 2020.

alors que pour les habitants de certaines municipalités frontalières il est plus facile et plus proche de faire ses achats de l'autre côté de la frontière. Il y a également eu quelques incidents malencontreux, heureusement isolés (insultes, jets d'œufs, égratignures délibérées sur des véhicules).

C'est précisément dans ce contexte que le rôle de l'APFA en tant que porte-parole des préoccupations et intérêts des citoyens de nos bassins de vie transfrontaliers auprès des exécutifs français et allemand (bottom-up) s'est avéré comme un levier efficace à bien des égards. A plusieurs reprises, l'APFA s'est ainsi saisie des problèmes que rencontraient les citoyens en zone transfrontalière, premiers perdants de ces restrictions, et ce par le biais de déclarations communes des présidents, Richard Ferrand et Wolfgang Schäuble, et des co-présidents, Christophe Arend et Andreas Jung, et de certains membres du bureau. En relayant leur voix, en portant leurs préoccupations au sein du travail parlementaire commun, l'APFA a su être force de proposition pour des initiatives franco-allemandes face à la COVID-19. Le succès des efforts de l'APFA pour soutenir les citoyens des régions frontalières s'est avéré notamment lors de la deuxième vague d'infections en automne : au lieu d'une fermeture brutale de la frontière telle que mise en place en printemps, Paris et Berlin ont veillé à assurer la libre circulation dans le bassin de vie transfrontalier, notamment avec la mise en place d'un régime de dérogations pour les travailleurs frontaliers et les personnes franchissant la frontière pour motifs familiaux ou sociaux.

Qui plus est, l'APFA ne s'est pas contentée de dresser un simple bilan des préoccupations des citoyens, mais au contraire, elle est allée plus loin en proposant des idées concrètes pour une meilleure coopération franco-allemande en temps de crises, notamment dans les domaines de la santé, de la recherche, de l'économie et du numérique, et en donnant des impulsions pour une Europe plus solidaire et souveraine, qui saura mieux répondre aux défis auxquels elle est confrontée. De ce fait, l'Assemblée binationale a largement inspiré les réflexions du Plan de relance européen, présenté par le Président français Emmanuel Macron et la Chancelière allemande Angela Merkel le 18 mai 2020.

Au-delà des déclarations communes, les besoins des citoyens ont été directement traduits par des propositions de résolutions communes, élaborées et adoptées au sein de l'APFA. L'accord parlementaire et le règlement intérieur dans son paragraphe 6 de l'APFA prévoient que l'APFA « adopte des délibérations et soumet à l'Assemblée nationale et au Bundestag des propositions de résolution commune ». Ainsi, le 22 septembre 2020, l'APFA a adopté la proposition de résolution commune « Ensemble contre la pandémie de coronavirus – Renforcer la coopération franco-allemande dans la lutte contre la pandémie pour tracer la voie d'une Union européenne de la santé », traduisant les préoccupations des concitoyens en propositions communes et invitant les gouvernements de la République française et de la République fédérale d'Allemagne à « développer des stratégies communes et mécanismes concertés pour éviter d'en arriver à une fermeture totale des frontières, tout en maintenant l'équilibre entre préservation des libertés et protection de la santé, et ce, de manière transparente et compréhensible par les citoyens. »[2]

Lors de sa réunion du 22 janvier 2021, l'APFA a réaffirmé ceci et a présenté dans une autre résolution commune des propositions concrètes pour étendre la coopération franco-allemande et européenne dans la lutte contre la pandémie. Dans ce texte on peut lire : « Nous devons continuer à nous appuyer sur des stratégies communes plutôt que sur des fermetures brutales des frontières afin de lutter efficacement contre la pandémie. La vie quotidienne de nombreuses personnes est transfrontalière, donc les mesures doivent l'être également. »[3]

Enfin, le comité de coopération transfrontalière (CCT, encadré 2), créé jour pour jour un an après la signature du traité d'Aix-la-Chapelle, a complété le travail de l'APFA en tant que porte-parole des besoins des citoyens. Il a vocation à faciliter la coordination franco-allemande à l'endroit des territoires frontaliers et à apporter des solutions aux problèmes pratiques qui se posent le long de la frontière. Le CCT comprend des membres français et allemands représentatifs de tous les niveaux institutionnels et politiques veillant à harmoniser les mesures entre les deux pays, mais également entre les trois Länder voisins de la France. Les trois réunions organisées à la suite de l'initiative des deux co-présidents de l'APFA pendant l'année 2020 ont permis de faire un point de la situation et d'échanger sur la problématique des contrôles aux frontières et des aménagements pratiques pour faciliter les passages pour les concernés. En cohérence avec les conclusions de l'APFA, le CCT, instance jeune lui aussi, a fait ses preuves pendant la crise et a démontré sa valeur ajoutée en tant que forum d'échange réunissant les acteurs de la coopération transfrontalière. Enfin, si le CCT parvient à faire remonter des informations et des problématiques concrètes rencontrées dans nos bassins de vie transfrontaliers plus rapidement à Paris et à Berlin, essentiellement là où sont prises les décisions, et à créer ainsi une prise de conscience, il reste néanmoins dépendant des capacités des administrations à s'accorder.

Encadré 2 : Informations concernant le CCT
Comité de Coopération Transfrontalière (CCT – émanation du Traité d'Aix-la-Chapelle) installé par Amélie de Montchalin, secrétaire d'État aux Affaires européennes, le 22 janvier 2020, en sa qualité de Secrétaire générale du CCT au Château de Hambach, en Allemagne. Le CCT a vocation à faciliter la coordination franco-allemande à l'endroit des territoires frontaliers, à apporter des solutions aux problèmes pratiques qui se posent le long de la frontière et d'analyser l'impact des nouvelles règles applicables en zone transfrontalière. Le siège du CCT se situe à Kehl.

Plus récemment, le CCT a recruté deux secrétaires généraux chargés de l'animation et de la coordination du comité : Cathrin Gräber pour l'Allemagne et Vincent Muller pour la France.

INFORMATION ET COMMUNICATION COMME DEVOIR PARLEMENTAIRE ESSENTIEL

La communication et l'information est un autre volet d'activité important du parlement. On parle ici des informations top-down, de la transparence de l'activité du parlement et plus particulièrement des députés quant aux décisions prises et des échanges qui ont lieu au sein de et entre le volet exécutif et le volet législatif. Pour que les députés en tant que représentants du peuple et les décisions qu'ils prennent soient légitimes d'un point de vue démocratique, ils doivent pouvoir rendre compte de leur activité à tout moment et répondre au besoin du citoyen d'être informé et de pouvoir observer les décisions prises.

Ainsi, le règlement intérieur de l'APFA prévoit en son article 32 que « les réunions de l'Assemblée sont publiques ». De plus, conformément au paragraphe 33 dudit règlement, « un procès-verbal de chaque séance est établi en français et allemand » et est ensuite « communiqué aux membres de l'Assemblée », qui veillent à transmettre par le biais de leurs réseaux sociaux et contacts presse les informations à relayer auprès des citoyens. Chacun des 100 députés est de ce fait un multiplicateur des informations de l'activité de l'APFA.[4] En cohérence avec cette volonté de transparence et de communication, ce parlement binational qu'est l'APFA joue également pleinement le rôle de relai d'information sur les mesures et règles en vigueur dans nos deux pays, et plus particulièrement en zone frontalière, tant que dure la pandémie de la COVID-19.

Les communiqués de presse des co-présidents du bureau de l'APFA ont été un outil efficace à cet égard. Soit communs, soit rédigés à titre individuel, ils portaient sur les ouvertures des postes de frontières et les règles pour les passages aux frontières, ainsi que sur la communication concernant les exceptions en vigueur, par exemple celles permettant aux familles recomposées et aux couples non mariés ou pacsés franco-allemands de se retrouver. Lors de la mise en place des dérogations pour la région transfrontalière cet automne, l'APFA a également informé les citoyens sur les règles de quarantaine et de voyage ou séjour dans les zones transfrontalières. Les équipes des co-présidents du bureau de l'APFA travaillent ainsi en tant que cellule de crise, relayant eux aussi les informations qui leur parviennent de différents acteurs locaux (préfets, gouvernements régionaux, etc.)

D'autre part, dans cette situation de crise, un nouveau mode d'information et de communication s'est rapidement propagé avec la multiplication de visioconférences, de tables rondes digitales et de débats organisés à la demande des acteurs de la société civile, par des associations et des journalistes. Tout au long de la crise, l'intérêt pour la question des frontières a été croissant. En effet, il s'agit d'un sujet qui touche tous les citoyens français et allemands et porte atteinte à la libre circulation, valeur européenne primordiale. Les co-présidents de l'APFA se sont prêtés à l'exercice de répondre, souvent en binôme, aux différentes demandes concernant l'actualité de la situation entre la France et l'Allemagne. Par tous ces moyens, et tout au long de la crise, une information complète a été et est encore proposée à nos citoyens en zone transfrontalière concernant les déplacements autorisés, les restrictions en cours et les règles à respecter de part et d'autre de la frontière.

UNE INSTANCE DE CONTRÔLE PARLEMENTAIRE COMMUNE

Enfin, le contrôle du travail du gouvernement figure parmi les missions parlementaires les plus importantes. Découlant de la responsabilité du gouvernement devant les députés en tant que représentants du peuple, le contrôle parlementaire consiste donc à demander au gouvernement de rendre compte de son travail et à exercer un contrôle parlementaire sur celui-ci. Les parlementaires peuvent exercer leur droit de contrôle de manière ciblée par le biais de divers instruments inscrits dans le droit constitutionnel. Il s'agit classiquement du droit de questionner le gouvernement, par le biais de questions écrites ou lors d'auditions de représentants du gouvernement. En outre, il existe également des moyens plus informels d'exercer un contrôle, notamment par des canaux politiques ou en établissant des contacts spécifiques. Une condition préalable essentielle à l'exercice du droit de contrôle est que le parlement soit informé de manière exhaustive sur le travail du gouvernement et puisse obtenir des explications complémentaires sur celui-ci par le biais d'enquêtes ciblées.

Au-delà des possibilités de contrôle prévues dans le cadre de leurs mandats parlementaires nationaux, les députés membres de l'APFA peuvent contrôler conjointement la coopération des gouvernements allemand et français. Ainsi, l'Assemblée joue le rôle d'un organe de contrôle commun qui accompagne la coopération intergouvernementale de manière critique et constructive et peut ainsi faire contrepoids à la coopération de l'exécutif.

L'accord parlementaire franco-allemand, en tant qu'acte fondateur de l'APFA, fixe les détails du champ d'application de la fonction de contrôle de l'Assemblée. L'article 6 stipule qu'elle contrôle l'application des dispositions du Traité de l'Élysée et du Traité d'Aix-la-Chapelle, ainsi que la mise en œuvre et l'évaluation des projets fondés sur ces traités, et accompagne les Conseils des ministres franco-allemands. L'Assemblée doit également suivre les travaux du Conseil franco-allemand de sécurité et de défense, et de façon plus générale la politique étrangère de sécurité et de défense européenne commune. Afin d'assurer que l'APFA puisse bien remplir son importante fonction de contrôle, l'accord parlementaire franco-allemand explicite aussi les obligations d'information qui incombent aux deux gouvernements. Ainsi, les gouvernements français et allemand sont appelés à fournir des informations complètes et en temps utile sur les conseils des ministres ainsi que sur l'état de mise en œuvre des décisions prises lors de ces conseils.

Le règlement intérieur de l'APFA, qui régit en détail l'avancement de ses travaux et le déroulement de ses réunions, détaille plus concrètement les moyens à disposition des députés membres de l'Assemblée dans l'exercice conjoint de leurs droits de contrôle. Ainsi, les membres peuvent entre autres procéder à des auditions de représentants des gouvernements et à des auditions conjointes devant l'Assemblée ; en outre l'article 5 permet la création de groupes de travail thématiques pour examiner des sujets particuliers.

Lorsque, au printemps 2020, les gouvernements ont appliqué des mesures restrictives aux frontières dans le cadre de la réponse à la pandémie, cette fonction de contrôle parlementaire a pris une importance toute particulière. En exerçant pleinement son rôle de contrôle et d'interpellation des deux gouvernements, les obligeant à justifier publiquement leurs actions, l'APFA a réussi à introduire dans le débat la perspective des régions frontalières et a mis l'accent sur l'importance de la mise en place de règlements d'exemption correspondant à leur interconnexion particulière. Ce travail a été complété par les efforts du Comité de coopération transfrontalière. Ainsi, depuis le début de la pandémie, trois réunions spéciales du CCT ont été convoquées à l'initiative des deux co-présidents du bureau de l'APFA. Lors des visioconférences de cette instance, les représentants des deux ministères de l'Intérieur ont été exposés aux critiques ciblées des régions frontalières.

Enfin, le 28 mai 2020, une réunion extraordinaire de l'APFA a permis d'interroger conjointement les deux gouvernements en binôme. A : à l'ordre du jour, une audition du ministre fédéral de l'Intérieur Horst Seehofer (CSU) et de son homologue français de l'époque Christophe Castaner (LREM). Lors de plusieurs tours de questions, les députés français et allemands ont demandé l'arrêt des mesures restrictives aux frontières le plus rapidement possible.

Des progrès concrets ont également pu être réalisés lors de cette audition : Lors de l'audition, les deux ministres se sont engagés à rechercher une approche coordonnée dès le départ en cas de nouvelles vagues d'infection et de futures crises pandémiques, et à éviter de nouvelles restrictions aux frontières. « Grâce aux outils de traçage et à tous les systèmes mis en place, nous serons plus réactifs en cas de nouveau pic ou de crise potentielle, nous pourrons confiner des micro-régions et nous n'aurons donc plus à fermer les frontières », a déclaré le ministre français de l'Intérieur, Christophe Castaner.[5] Le ministre fédéral allemand de l'Intérieur, M. Seehofer, a également déclaré que l'une des principales conclusions est que dans le cas de futures pandémies « il y aura des solutions européennes dans lesquelles les frontières n'auront pas d'importance ».[6] En outre, les deux ministres sont convenus lors de la réunion d'un formulaire commun pour le passage de la frontière.

L'APFA : LE CŒUR PARLEMENTAIRE DE L'AMITIÉ FRANCO-ALLEMANDE

Si la survenue impromptue d'une situation de crise sans précédent a fait apparaître dans un premier temps certaines fragilités dans la coordination entre nos deux pays, cette expérience a également montré qu'ils sont dotés des instances d'action et de dialogue nécessaires au sein desquelles nous avons su, aussi bien sur une échelle locale, nationale qu'européenne, nous coordonner pour répondre efficacement à la situation actuelle.

Après l'année 2019, qui aura été l'année de l'instauration de l'APFA, l'année 2020 aura été celle du baptême du feu ou même de l'émancipation de cette instance jeune en tant que chambre binationale par sa force de proposition et d'action dans un contexte que l'on peut sans doute qualifier d'hors norme.

L'APFA a fourni un cadre parlementaire au débat franco-allemand autour de la question de la COVID-19, notamment au sujet des mesures aux frontières (voir aussi encadré 3).

En outre, l'Assemblée a réussi à tirer les leçons de cette première expérience dans le débat public et à créer une certaine sensibilité aux questions frontalières, ainsi qu'une prise de conscience des problèmes spécifiques aux régions frontalières.

Un important travail parlementaire bilatéral a su naître à profit de l'expérience de la première vague et si les frontières ne se sont pas refermées lors de la seconde vague, c'est bien grâce aux propositions concrètes de l'APFA visant à améliorer la coopération. Dans le cas des restrictions d'entrée sur le territoire qui ont néanmoins été adoptées, des exceptions importantes ont été mises en œuvre dès le départ, tenant ainsi compte de l'interconnexion des régions frontalières. Cela montre qu'une protection sanitaire cohérente et une coopération transfrontalière sont possibles dans les régions frontalières. Cette expérience a aussi été le témoin de l'interconnectivité entre les parlements et les acteurs politiques à tous les niveaux, sur une échelle locale, régionale, nationale et diplomatique.

C'est donc précisément pendant la crise que la valeur ajoutée de l'Assemblée est apparue. Depuis le début de la pandémie, des initiatives concrètes pour une meilleure coopération franco-allemande et européenne ont été prises à plusieurs reprises par l'APFA. Grâce également au soutien des deux présidents des parlements, Richard Ferrand et Wolfgang Schäuble, l'Assemblée a ainsi pu s'imposer comme le cœur parlementaire de l'amitié franco-allemande.

En janvier 2021, le rôle de l'Assemblée a même été décrit dans la presse comme étant « l'arbre de transmission du moteur franco-allemand ».[7]

Il est important de s'appuyer sur cette base dans la période à venir. Compte tenu des nombreux défis qui se posent au sein et aux abords de l'Europe, il est essentiel que Berlin et Paris poursuivent et resserrent leur coopération à l'avenir. L'Allemagne et la France sont une fois de plus appelées à donner des impulsions à l'Europe. Les parlementaires de l'APFA continueront à y apporter leur contribution.

Encadré 3 : Chronologie : l'activité de l'APFA pendant la crise de la COVID-19

Janvier 2020 : la COVID-19 arrive en Europe, premiers cas aussi en France et en Allemagne

Mars
- **16 mars :** Début des mesures aux frontières (contrôles et restrictions de voyage) aux frontières intérieures de l'UE (Schengen) et à la frontière franco-allemande
- **17 mars :** Fermeture des frontières extérieures de l'UE

April
- **6 avril :** Déclaration commune Christophe Arend et Andreas Jung « Ensemble contre le Coronavirus – une initiative franco-allemande pour l'Europe » et déclaration commune des deux présidents des parlements, Richard Ferrand et Wolfgang Schäuble
- **8 avril :** Déclaration de certains membres du bureau de l'APFA « Entendez vous, il s'agit de l'Europe ! »

- 23 avril : réunion du CCT

Mai
- 5 mai : Déclaration d'Andreas Jung et d'autres parlementaires « Pas de barrières au coeur de l'Europe ! »
- 13 mai : Premiers assouplissements des restrictions aux frontières intérieures
- 26 mai : Déclaration commune des présidents des parlements Richard Ferrand et Wolfgang Schäuble « La France et l'Allemagne, ensemble dans la crise du Coronavirus pour une nouvelle dynamique en Europe »
- 28 mai : Réunion extraordinaire de l'APFA en visioconférence et audition des deux ministres de l'Intérieur Christophe Castaner et Horst Seehofer

Juin
- 10 juin : Réunion du CCT
- 15 juin : Fin des contrôles et restrictions de voyage aux frontières intérieures et déclaration commune de Christophe Arend et Andreas Jung
- 17 juin : Réunion extraordinaire de l'APFA en visioconférence et audition des ministres des Finances Bruno Le Maire et Olaf Scholz

Août
- 20 août : le Président Emmanuel Macron et la Chancelière Angela Merkel s'opposent à de nouvelles fermetures des frontières
- 27 août : la Chancelière Angela Merkel souligne à nouveau que de nouvelles fermetures aux frontières ne seront pas envisagées

Septembre
- 21/22 septembre : Quatrième session ordinaire de l'APFA en visioconférence, propositions de résolution commune sur l'amélioration de la collaboration transfrontalière européenne, la lutte contre la pandémie et le développement d'une Union économique et monétaire

Octobre
- 6 octobre : Réunion du CCT
- 9 octobre : la Chancelière Angela Merkel confirme son opposition à de nouvelles fermetures des frontières

- 17 octobre : Déclaration commune de Christophe Arend et Andreas Jung « Ensemble contre la COVID : Pas de nouvelles fermetures aux frontières – exceptions pour les bassins de vie transfrontaliers »

Novembre
- 24 novembre : Le Parlement européen s'oppose à de nouvelles fermetures des frontières (résolution)

Janvier 2021 : Cinquième session plénière de l'APFA en visioconférence, propositions de résolutions communes sur l'amélioration de la coopération européenne et transfrontalière dans la lutte contre la pandémie et sur le développement de la coopération en matière d'innovation de rupture et d'intelligence artificielle.

NOTES

1   Schäuble, W. & Rugy, F. de (2018). Le cœur de notre amitié bat au Parlement, article dans les médias allemands et français, 21 janvier 2018.
2   Ensemble contre la pandémie de coronavirus – Renforcer la coopération franco-allemande dans la lutte contre la pandémie pour tracer la voie d'une Union européenne de la santé, Proposition de resolution commune de l'Assemblée parlementaire franco-allemande du 22 septembre 2020, 2.
3   Plus forts ensemble pour sortir de la crise du coronavirus – Impulsions franco-allemandes pour renforcer l'Europe au sortir de la pandémie, Proposition de résolution commune de l'Assemblée parlementaire franco-allemande du 22 janvier 2021, 1.
4   En complément du travail de relations publiques des députés, les services de presse des deux parlements apportent également une contribution importante à l'image publique de l'APFA. Toutes les informations à ce sujet se trouvent sur les sites suivants : www.bundestag.de/dfpv et https://www2.assemblee-nationale.fr/europe-et-international/activites-parlementaires-internationales/les-relations-parlementaires-franco-allemandes/assemblee-parlementaire-franco-allemande.
5   Compte rendu sténographique de la session spéciale de l'Assemblée parlementaire franco-allemande du 28 mai 2020, 20.
6   Compte rendu sténographique de la session spéciale de l'Assemblée parlementaire franco-allemande du 28 mai 2020, 39.

7 Wiegel, M. (2021). Französische Erbfreunde. Frankfurter Allgemeine Sonntagszeitung, 24 janvier 2021, 8.

Christophe Arend (LREM) est député à l'Assemblée nationale de la 6ième circonscription de la Moselle depuis 2017. A l'Assemblée nationale il siège à la commission du Développement durable et de l'Aménagement du territoire. Chirurgien-dentiste de formation, il a débuté sa carrière politique en tant que conseiller municipal dans sa ville natale, Petite-Rosselle, lorsqu'il a rejoint parmi les premiers acteurs politiques le mouvement LREM. D'abord nommé président du groupe d'amitié parlementaire France-Allemagne, il a ensuite été désigné pour faire partie des 9 députés français du groupe de travail franco-allemand chargé de préparer un accord parlementaire avec 9 Députés du Bundestag à l'occasion du 56ème anniversaire du traité de l'Élysée. A la suite de la création de l'Assemblée parlementaire franco-allemande, Christophe Arend a été nommé Whip, puis a été élu co-président du Bureau de cette même Assemblée le 5 février 2020. Christophe Arend siège également au Comité de coopération transfrontalière contribuant à la levée des irritants du quotidien dans le bassin de vie transfrontalier franco-allemand par la mise en oeuvre de projets concrets.

Andreas Jung (CDU) est député du Bundestag élu au suffrage direct pour la circonscription de Constance depuis 2005. Depuis 2018, il est vice-président du groupe CDU/CSU du Bundestag en charge du budget, des finances et de la politique municipale et membre de la commission de médiation. Avocat de formation, il est président du groupe régional de la CDU du Bade-Wurtemberg au Bundestag et, depuis 2019, coprésident du bureau de l'Assemblée parlementaire franco-allemande (APFA). En tant que membre du groupe de travail franco-allemand du Bundestag et de l'Assemblée nationale il a contribué à la rédaction de l'accord parlementaire franco-allemand et à la création de l'APFA. Auparavant, il a été président du Conseil consultatif parlementaire sur le développement durable et président du groupe d'amitié parlementaire France-Allemagne du Bundestag.

GRENZEN IN EUROPA GEMEINSAM ÜBERSCHREITEN

Franziska Brantner (Deutscher Bundestag, Bündnis 90/Die Grünen)

Résumé Les restrictions massives imposées à cause de la pandémie de COVID-19 ont porté précisément sur des choses qui allaient de soi pour la jeune génération : tout à coup, celle-ci s'est vue confrontée aux contrôles aux frontières entre la France et l'Allemagne alors que les frontières intérieures de l'Union se fermaient et que le long du Rhin, les territoires frontaliers se retrouvaient au point mort. Les travailleurs frontaliers avaient des difficultés pour se rendre à leur travail, des couples ne pouvaient plus se voir, il était impossible de rendre visite à ses amis et bien des étudiants ont dû renoncer à leur semestre Erasmus. Le cœur de l'Europe s'est mis à battre au ralenti et une lourde menace a pesé sur la construction européenne. Mais malgré la flambée de certains égoïsmes nationaux, qu'elle soit due à l'opiniâtreté ou à de simples réflexes, il faut espérer que l'Europe se retrouvera de nouveau unie dans la solidarité afin de conserver sa liberté. Force a été de constater que dans l'Union européenne, les frontières nationales ne pouvaient pas offrir de protection contre un virus mondialisé, que la crise nous concernait tous et que nous ne pourrions en sortir qu'ensemble. Forts de cette constatation, nous devons donc renforcer les relations franco-allemandes en tant que moteur du projet européen et pour une nouvelle souveraineté européenne.

AUFGEWACHSEN IN DER GRENZREGION

Die Europäische Union leidet häufig darunter, dass sie nicht konkret im Alltag spürbar ist. Die Möglichkeit, innerhalb der EU frei zu reisen, zu arbeiten, zu lieben, gehört zu den konkret erfahrbaren Errungenschaften der EU. Die Freizügigkeit von Personen und Waren und die Nichtdiskriminierung sind nicht nur deshalb ein hohes Gut. Ein funktionierender

Warenverkehr innerhalb des Binnenmarktes ist unerlässlich für unsere Versorgungssicherheit und das Funktionieren der deutschen Wirtschaft. Besonders relevant ist das in den Grenzregionen. Sie sind gesellschaftlich und wirtschaftlich eng verflochten und über eine Million Europäer*innen leben in grenzüberschreitenden Familienzusammenhängen.

Ich bin im südbadischen Lörrach in einer Grenzregion geboren und in Neuenburg am Rhein direkt an der französischen Grenze aufgewachsen. Neuenburg hat das gleiche Schicksal wie so viele Grenzstädte: sie kennen Zerstörung, Feindschaft, aber auch eine gemeinsame Geschichte und erfolgreiche Kooperation und Austausch. Ich erinnere mich sehr gut an unsere samstägliche Einkaufsfahrt ins benachbarte Chalampé und den dortigen Supermarché. Die leckeren Früchte, Honigmelonen, der Käse und Baguette und für meine Eltern der Wein. Im Gegenzug kamen viele auf unsere Seite des Rheins zum Einkaufen im Aldi für die zumindest damals wesentlich günstigeren Haushaltsgrundausstattungen. Genau erinnere ich mich daran, als wir nicht mehr daran denken mussten, einen Ausweis zum Einkaufen mitzunehmen, an den Abbau der Grenzeinrichtungen. An der Grenze wohnen bedeutete aber auch in direkter Nähe von 15 Kilometern des alten Kernkraftwerks Fessenheim aufzuwachsen, das direkt an der Grenze gebaut wurde. Nach dem Tschernobyl-Unglück 1986 wurde Fessenheim zur präsenten Gefahr. Mein ökologisches Engagement war daher von Anfang an davon geprägt, dass nur grenzübergreifend und gemeinsam diese Gefahr zu beseitigen sei. Mein Abitur absolvierte ich am deutsch-französischen Gymnasium in Freiburg. Meine Erfahrungen im Dreiländer-Eck machten mich frühzeitig zu einer überzeugten Europäerin. Mein Doppeldiplomstudium habe ich unter anderem an der Sciences Po in Paris absolviert. Ich weiß, dass es ein starkes Europa nur mit starken deutsch-französischen Beziehungen gibt. Ich habe Schengen mit offenen Grenzen zwischen Deutschland und Frankreich gefeiert und davon persönlich stark profitieren können. Umso erschütterter war ich, als im März 2020 ein Virus diese Gewissheit in Frage stellte.

NATIONALE GRENZEN GEGEN EIN GLOBALES VIRUS

Das Corona-Virus hat zu Beginn des Jahres 2020 fatale nationale Reflexe wiederbelebt und uns aufgezeigt, wie fragil die europäische Integration ist und wie weit der Weg zu einer wirklich gemeinsamen Europäischen Union noch ist. In ihrer Unwissenheit, dem Mangel an Vorbereitung und Koordination wussten sich alle europäischen Regierungen nicht anders zu helfen, als reflexhaft ihre Grenzen zu kontrollieren und häufig ganz zu schließen. Da eine flächendeckende Kontrolle mit dem bestehenden Personal nicht möglich ist, wurden viele Grenzübergänge geschlossen. Unionsbürger*innen sowie Drittstaatsangehörige durften nur bei Vorliegen eines triftigen Grundes nach Deutschland einreisen, andernfalls war ihnen die Einreise zu verweigern. Erlaubt waren Grenzübertritte demnach nur, um Waren zu transportieren oder um für seinen Beruf zu pendeln. Das Pendeln war aber dadurch erschwert, dass die deutsche Seite sehr viele Grenzübergänge de facto geschlossen hatte und deswegen weite Umwege gefahren werden mussten. Außerdem trafen die Pendler*innen zu Beginn in den drei angrenzenden Bundesländern und länger noch in Baden-Württemberg harte Beschränkungen: sie durften nur Tanken und Arbeiten, ansonsten nichts, kein Einkaufen, kein Mittagsessen kaufen in der Mittagspause. Darüber berichteten mir französische Arbeitnehmer*innen besonders, es verletzte sie zutiefst: zum Arbeiten waren sie gut genug, als Arbeitskraft war ihr Risiko nicht zu groß – aber als Menschen schon.

Familien in den Grenzregionen brauchten später, als die Einrichtungen wieder öffneten, eine deutsch-französische »Bescheinigung der Bildungseinrichtung«, »Bescheinigung der Kinderbetreuungseinrichtung«. Der Trauschein wurde auf einmal zum Passierschein, langjährige Beziehungen über die Grenzen hinweg galten nichts. Dies zermürbte nicht nur die Betroffenen, es war auch kaum rational zu erklären, warum Ehepartner*innen sich sehen durften, aber langjährige Lebenspartner*innen nicht. Der Bundesinnenminister lockerte die Regelungen dafür zum Muttertag: Besuche der Mutter zum Muttertag über die Grenze hinweg waren auf einmal erlaubt. Das war vielleicht gut gemeint, zeigte gleichzeitig aber recht eindeutig, wie willkürlich die Grenzkontrollen letztlich zumindest zu diesem Zeitpunkt waren. Und vor allem: Auf einmal war man wieder im Deutschland der 1950er Jahre angelangt mit Ehe und Muttertag. Auch die Errungenschaften der Frauenbewegung waren in kürzester Zeit in Frage gestellt. Corona wurde zum reaktionären Coup.

Die teilweise tägliche Änderung der Regelungen, etwa zum Zweck des Besuchs von Lebenspartner*innen sowie minderjähriger Kinder, verwirrte und frustrierte Betroffene wie Polizist*innen in den Grenzregionen. Hinzu kam eine völlig unklare Kommunikation der geltenden Regelungen zum Grenzübertritt seitens der jeweils beteiligen Nachbarländer. Meine Kleine Anfrage an die Bundesregierung belegte, dass die Informationen auf der Website der Bundespolizei zwischen dem 17. März und dem 20. Mai 2020 33 Mal geändert wurden.[1] Es war ein Flickenteppich von Grenz-Maßnahmen entstanden. Außerdem waren diese oft schlecht begründet. Denn eigentlich hätte klar sein sollen, dass ein so schwerer Eingriff in die europäischen Grundfreiheiten nur rechtfertigbar ist, wenn die Maßnahmen zeitlich eng befristet, auf das notwendige Minimum begrenzt, nicht diskriminierend, verhältnismäßig und strikt virologisch begründet sind. Außerdem müssen alle Maßnahmen zum Infektionsschutz entsprechend des Diskriminierungsverbotes unabhängig von Herkunft und Nationalität durchgeführt werden, zum Beispiel bei der Einschränkung des Rechtes auf Einreise und Aufenthalt. Die Maßnahmen von Deutschland und Frankreich und vielen anderen Mitgliedsstaaten erfüllten diese Kriterien nicht, sie waren zumindest widersprüchlich, wenn nicht willkürlich. Die Grenzen zu einigen Nachbarstaaten wurden kontrolliert, zu anderen nicht, ohne dass dies irgendeiner nachvollziehbaren epidemiologischen Begründung folgen würde. Je 40 000 Saisonarbeitskräfte für die Landwirtschaft wurden im April und Mai unter unverantwortlichen Bedingungen eingeflogen, aber für Menschen, die aus familiären Gründen einreisen wollen, blieben die Grenzen zu. Und dies alles 70 Jahre nach der Schumann-Erklärung und zum 35. Geburtstag von Schengen.

Zum Glück forderten immer mehr Politiker*innen, Bürgermeister*innen und Bürgerinitiativen aus der deutsch-französischen Grenzregionen die Öffnung der Grenzen, weil sie deren epidemiologische Zweckmäßigkeit grundsätzlich in Frage stellten oder zumindest mit der Abschwächung der Pandemie in Europa die Gebotenheit und Verhältnismäßigkeit der Maßnahmen anzweifelten. Tausende unverheiratete Paare kämpften unter dem Hashtag #loveisnottourism darum, sich endlich sehen zu dürfen.

In einem offenen Brief an Bundesinnenminister Horst Seehofer forderte ich zusammen mit Grünen aus den betroffenen Bundesländern, umgehend gemeinsam mit den Bundesländern und angrenzenden Staaten für jede Grenzregion eine Taskforce einzurichten, damit mit Blick auf den Infektionsschutz für jede Grenzregion die jeweils bestmögliche Lösung gefunden werden kann, und die Grenzen wieder zu öffnen.[2] In einem Antrag meiner Fraktion forderten wir die Bundesregierung im Mai zudem, schnellstmöglich alle aktuellen mit Blick auf die Infektionslage nicht zwingend notwendigen Einschränkungen im Hinblick auf den Personenverkehr in Grenzregionen zurückzunehmen. Sie solle sich gemeinsam für ein einheitliches Vorgehen innerhalb der Europäischen Union und des Schengen-Raums bemühen, das sich nicht diskriminierend auf EU-Bürger*innen anderer Mitgliedstaaten auswirkt und sich für im Schengen-Raum angeglichene Regelungen einsetzen, die in einem ersten Schritt insbesondere den Bewohner*innen der Grenzregionen, auch nicht verheirateten oder eingetragenen Lebenspartner*innen, Grenzpendler*innen sowie Studierenden aus dem Ausland oder auch Au-pairs den Übertritt grundsätzlich wieder gestatten. Bis dahin sei eine klare Kommunikation der Regelungen zum Grenzübertritt sicherzustellen und die teilweise täglichen Änderungen der Regelungen zu beenden.[3]

Im Vorstand der Deutsch-Französischen Parlamentarischen Versammlung (DFPV) drangen wir Anfang Mai in einem gemeinsamen Appel auf umgehende Grenzöffnungen, da wegen der sinkenden Zahl von Infektionen beiderseits der Grenze die Beschränkungen nicht mehr mit Gesundheitsschutz begründet werden könnten. In einer digitalen Sondersitzung der DFPV mit Bundesinnenminister Horst Seehofer und dem französischen Innenminister Christophe Castaner am 28. Mai wurden beide mit der Situation in den Grenzregionen konfrontiert. Es war wichtig, dass die beiden Parlamentspräsidenten Wolfgang Schäuble und Richard Ferrand sich in einer gemeinsamen Erklärung dafür aussprachen, dass sich Deutschland und Frankreich im Sinne ihrer besonderen Verantwortung für Europa dafür einsetzen sollten, die Freizügigkeit im Schengen-Raum umgehend wiederherzustellen. Trotzdem hielten die Innenminister am Zeitplan der Grenzöffnung zum 15. Juni fest.

DEUTSCH-FRANZÖSISCHE SOLIDARITÄT

Nachbarschaftliche Solidarität zeigt sich, indem man sich auch in schweren Zeiten aushilft. Je dramatischer die Viruskrise und ihre Folgen verliefen, desto wichtiger wurde der Zusammenhalt der EU-Staaten für die Bewältigung der Krise. Ende März spielten sich dramatische Szenen in elsässischen Krankenhäusern ab: Mediziner*innen an der Universitätsklinik Straßburg arbeiteten auch dann weiter mit Corona-Patient*innen, wenn sie selbst infiziert waren. Das Elsass war Frankreichs Epizentrum der Krise. Staatsrätin Gisela Erler, Gesundheitsminister Manne Lucha und Forschungsministerin Theresia Bauer reagierten schnell und sagten die Unterstützung Baden-Württembergs zu. Die Universitätsklinika in Freiburg, Heidelberg, Mannheim und Ulm nahmen schwerkranke Corona-Patient*innen aus dem Grand Est auf, die dringend auf Beatmung angewiesen waren. Damit sendete Baden-Württemberg ein Zeichen der Solidarität an unsere französischen Nachbar*innen. Gleichermaßen handelten Rheinland-Pfalz und das Saarland, ebenso wie weitere Bundesländer.

Langsam fand ein Umdenken bei den nationalen Regierungen statt, dass wir nur gemeinsam aus dieser Krise kommen und uns in Europa gegenseitig helfen müssen: medizinisch und in der Forschung, um die Pandemie schnell einzudämmen, und finanziell, um die Folgen für die Menschen und die Wirtschaft abzumildern, um ein Auseinanderdriften der Mitgliedstaaten zu verhindern und den Aufschwung zu einer krisenfesteren, zukunftsfähigen Wirtschaft gemeinsam zu meistern. Es musste uns gelingen, dass die jahrzehntelangen Integrationsbemühungen und das erfolgreiche Friedensprojekt Europa jetzt nicht scheitern.

Schließlich lag es im Interesse aller Mitgliedsländer der EU, dass alle ihre Gesundheitssysteme finanzieren, ihre Gesellschaften und Wirtschaft nachhaltig stabilisieren und wieder stärken können. Überall in Europa galt und gilt es, Arbeitsplätze, Existenzen und Unternehmen zu schützen – nicht nur in Deutschland. Andernfalls drohen Perspektivlosigkeit, wirtschaftliche Depression, Massenarbeitslosigkeit und neue soziale Ungerechtigkeiten. Kein europäisches Land kann alleine aus dieser Krise kommen. Das galt für uns in Deutschland mit Blick auf die enorme Verflechtung unserer Wirtschaft im Europäischen Binnenmarkt besonders. Alle Mitgliedstaaten mussten sich nun verschulden, um der Krise widerstehen und sie überwinden zu können. Dabei unterschieden sich die ökonomischen Vorrausetzungen der Mitgliedsländer aber stark: Es drohte ein Szenario, in dem ein Teil der Mitgliedsländer mit einer sehr umfassenden staatlichen Absicherung durch die Krise geht, ein anderer Teil jedoch nur mit einer Minimalabsicherung. Ein solch soziales und wirtschaftliches Auseinanderklaffen würde aber den Zusammenhalt in der EU gefährden, nicht nur die Wiederankurbelung der deutschen Wirtschaft erschweren, sondern auch eine gemeinsame Geldpolitik der Europäischen Zentralbank fast unmöglich machen.

Es ging in dieser Zeit aber um mehr als ökonomische Betrachtungen und Kosten-Nutzen-Rechnungen. Es ging darum, ob Europa in den Mitgliedstaaten als Teil einer solidarischen Lösung oder als Teil des Problems wahrgenommen wird. Es ging darum, ob Deutschland seiner oft eingeforderten außenpolitischen Verantwortung gerecht wird, ob wir in einer Zeit großer Not als Freund und Partner oder als Nein-Sager auftreten. So hatte die ursprüngliche Ablehnung der Bundesregierung von Corona-Bonds viel politisches Vertrauen in Europa zerstört. Die Zustimmungsraten zur europäischen Integration sanken, auch in traditionell proeuropäischen Ländern wie Italien.

Mit der Initiative »We are in this together«[4] und einem deutsch-italienischen Appell forderten Sven Giegold, Alexandra Geese und ich zusammen mit Mario Monti und vielen Menschen aus Wirtschaft, Kultur und Politik sowie über 25 000 Unterzeichner*innen[5] genau jene Corona-Bonds als einmalige Anleihen. Vor dem EU-Gipfel Ende April initiierte ich eine Aktion vor der Italienischen Botschaft, bei der Menschen unter Einhaltung der Hygienemaßnahmen auf großen Bannern ihr persönliches Zeichen der Solidarität setzen konnten. In unserem Antrag im Bundestag forderten wir die Bundesregierung auf, sich für einen »Fonds für den Wiederaufbau« (Recovery Fund) einzusetzen, der die finanzielle Last der Krise gemeinsam und auf demokratische Weise schultert.[6] Es war ein großes deutsch-französisches Bekenntnis zu ihrer gemeinsamen Verantwortung für die EU, dass dann am 18. Mai Staatspräsident Emmanuel Macron und Bundeskanzlerin Angela Merkel genau solch einen Wiederaufbaufonds mit einem Volumen von 750 Milliarden Euro vorstellten.

Am 15. Juni 2020 wurden dann endlich die Grenzkontrollen an den Binnengrenzen der EU aufgehoben. Auch die Reisewarnung des Auswärtigen Amtes für die EU, für Schengen-assoziierte Staaten und für das Vereinigte Königreich wurden aufgehoben. Millionen Menschen an der Rheinschiene konnten wieder arbeiten, einkaufen, sich besuchen. Auch ich privat nutzte die Gelegenheit und verbrachte schöne Sommerwochen in Frankreich. Diese neue Freiheit wurde jäh zerstört, als am 16. Oktober 2020 ein religiöser Fanatiker und Terrorist den Lehrer Samuel Paty in Paris auf offener Straße ermordete. Zwei Wochen später wurden zwei Frauen und ein Mann mitten in Nizza ermordet. Kurz danach gab es in Wien bei einem Terroranschlag vier Tote. Auch hier gab es eine große Welle der Solidarität mit Frankreich und Österreich. Diese verschärften wieder ihre Grenzkontrollen innerhalb des Schengen-Raumes. Präsident Emmanuel Macron und Kanzler Sebastian Kurz forderten, auch die Außengrenzen besser zu sichern. Absurderweise waren aber wenige Monate vorher, auf dem Juli-Gipfel der Staats- und Regierungschefs die Gelder für Frontex und Europol massiv gekürzt worden. Dies war die Konsequenz des Spardrucks und des Drucks Zuschüsse in Kredite umzuwandeln, die Kurz und die anderen »sparsamen« beim EU-Gipfel im Juli ausgeübt hatten. Häufig entspricht hier das Handeln nicht den Sonntagsreden. Bei der Bekämpfung des Terrorismus ist es auch wichtig, dass wir den Fokus nicht nur auf die Grenzen legen, sondern auf die Verbesserung der grenzüberschreitenden Kooperation. Dies fängt bei einer gemeinsamen Definition von Gefährder*innen an und geht über den Informationsaustausch über Gefährder*innen bis zum Austausch und zur gegenseitigen Anerkennung von Beweismitteln und Zeugenaussagen in Gerichtsprozessen und zur Schaffung einer echten europäischen Grenzkontrollbehörde mit europäischen Grenzbeamt*innen.

ZUSAMMENARBEIT NEU BELEBEN

Wir sollten auch diese Pandemie als Chance verstehen, den deutsch-französischen Motor wieder anzuwerfen und uns stärker für europäische Resilienz und Souveränität einzusetzen. Die Antwort auf eine Pandemie darf nicht mehr lauten, Grenzen zu schließen. Sie muss lauten, die grenzüberschreitende Zusammenarbeit auszubauen.

Aber wir merken auch in der zweiten Welle im Herbst und Winter 2020 den Druck, Grenzen de facto wieder zu schließen, solange Grenzregionen nicht als eine Gesundheitsregion zusammengedacht werden und entlang der Grenzen unterschiedliche Maßnahmen mit Blick auf eine Pandemie gelten. Außerdem fehlt es auch Monate nach Beginn der Krise an einem Selbstverständnis und Automatismus dafür, dass Maßnahmen, die die Grenze betreffen, nicht ohne vorherige Konsultation und rechtzeitige Vorabinformation des Partners verabschiedet und verkündet werden. Außerdem muss der Reflex nicht nur für die eigenen Unternehmen in solchen Situationen gelten, sondern grenzüberschreitend. Ein kleines Beispiel: Als die Baden-Württembergische Landesregierung vor Weihnachten neue Quarantäne-Regeln für den kleinen Grenzverkehr verhängte und Schweizer*innen nicht mehr zum Einkaufen einreisen durften, sondern nach Einreise in Baden-Württemberg in Quarantäne gemusst hätten, wurde nicht vergessen, wieviel Fleisch die Schweizer auf deutscher Seite vorbestellt hatten. Also wurde eine Ausnahme gemacht zum Fleisch abholen, sicher nicht nur aus Mitleid mit dem Fleisch. Ähnlich verhielt es sich mit deutschen Bestellungen auf französischer Seite – aber an Ausnahmen für die französischen Geschäfte wurde nicht gedacht.

Wir müssen deswegen einen größeren Schritt wagen und kulturell und politisch lernen, dass Grenzen innerhalb der EU nicht relevant sind. Wir dürfen keine Grenzregionen mehr denken mit Fokus auf die Grenze, sondern mit Fokus auf die Region. Grenzregionen brauchen gemeinsame Regeln und entsprechende Beschränkungen in einer Pandemie, also einen gleichzeitigen und koordinierten Lock-Down zum Beispiel, ebenso wie gemeinsame Kontaktnachverfolgung, Teststrategien und eine Vernetzung der Intensivmedizinischen Kapazitäten. Ansonsten wird es immer wieder zu Grenzschließungen kommen.

In einem Autor*innenpapier[7] forderte ich deshalb, regionale Taskforces in Grenzregionen einzurichten, um Reaktionsmaßnahmen auf steigende Infektionszahlen abzustimmen und regionale Gesundheitsbehörden besser zu koordinieren bei der Pandemiebekämpfung, bei der Prävention und bei der Versorgung sowie bei der grenzüberschreitenden Kontaktverfolgung bei Infektionen. Dazu müssen auch sprachliche Barrieren abgebaut werden, indem wir in den Gesundheitsämtern Sprachkurse anbieten. Wir brauchen auch mehr gemeinsame Planung und Nutzung von medizinischen Notfallkapazitäten – vor allem in Grenzregionen. Wir sollten gemeinsame Gesundheitsregionen erschaffen, die nicht nur in Krisenzeiten gemeinsame Mehrwerte schaffen, sondern auch in normalen Zeiten. Warum sollte ich zu dem Kardiologen meines Vertrauens nur in Notsituationen gehen dürfen, weil er auf der anderen Rheinseite ist und deswegen meine Krankenkasse mir die dortigen Arztkosten nur im Notfall erstattet?

Der neu gegründete Ausschuss für grenzüberschreitende Zusammenarbeit hat hier eine wichtige Aufgabe. Er bringt nationale, regionale und lokale Gebietskörperschaften, Parlamente und grenzüberschreitende Einheiten wie Eurodistrikte in einem Gremium zusammen. Diese Einrichtung sollten wir nun nutzen, um eine echte Gesundheitsregion voranzubringen. Eine Region der Prävention, der Versorgung, aber auch der gemeinsamen Forschung, Lehre und Innovation. Dafür müssen wir die Potenziale des Aachener Vertrages endlich nutzen. Hier bleibt noch viel zu tun.

In dem Autor*innenpapier forderten wir auch gemeinsame Schritte zum Aufbau einer Pandemie-Wirtschaft, um bei medizinischen Gütern nicht mehr von einzelnen Ländern abhängig zu sein. Wir müssen gemeinsam den Fokus legen auf krisenfeste globale Produktions- und Lieferketten für notwendige medizinische Ausrüstung und relevante Arzneimittelwirkstoffe in der EU.

Wir brauchen auch mehr Austausch zwischen Deutschland und Frankreich bei der Grundlagenforschung, mehr gemeinsame Forschungs- und Innovationsprojekte im medizinischen Bereich zur Herstellung von Produkten und Arzneimitteln. Mit der Deutsch-Französischen Hochschule (DFH), dem Centre Marc Bloch (CMB) und der Deutsch-Französischen Agentur für den Austausch in der beruflichen Bildung ProTandem haben die beiden Staaten herausragende binationale Einrichtungen ins Leben gerufen, die für den Austausch in der Hochschulzusammenarbeit, der geistes- und sozialwissenschaftlichen Forschung sowie der Berufsbildung stehen. Die vier großen deutschen Forschungsorganisationen pflegen die Zusammenarbeit mit Frankreich seit Langem intensiv und haben alle ein Kooperationsabkommen mit der größten französischen Forschungseinrichtung CNRS. Diese Kapazitäten sollten wir ausbauen.

Deutschland und Frankreich müssen umso mehr die Treiber einer europäischen technologischen Souveränität sein, die unseren Wohlstand sichert und hilft, die großen gesellschaftlichen Herausforderungen wie die Klimakrise, den Gesundheitsschutz, die digitale Transformation und die

Sicherung des gesellschaftlichen Zusammenhalts zu bewältigen. Hierzu zählt auch die aktuelle Corona Krise, denn sei es in der Kontaktnachverfolgung oder bei digitalen Bildungsangeboten in den Schulen: Die COVID-19 Pandemie hat gezeigt, wie wichtig Digitalisierung, Innovationsfähigkeit und eine stark aufgestellte Forschung sowie der solidarische Zusammenhalt in Europa sind, um auf Krisen zu reagieren.

Klar ist: Deutschland und Frankreich können gemeinsam viel mehr erreichen. Klar ist auch: Nichts an der europäischen Integration ist gottgegeben, alles muss kontinuierlich verteidigt, erneuert und gestärkt werden. Damit Europa uns schützen kann, damit wir handlungsfähig und souveräner werden, müssen wir Europa vor Ort leben lassen und den europäischen Mehrwert erfahrbar machen. Dafür ist ein Neudenken unserer deutsch-französischen Grenzregion als eine Region entlang des schönen Rheins unverzichtbar. Nutzen wir die Chance, entsprechend zu handeln.

ANMERKUNGEN

1 Kleine Anfrage der Abgeordneten Dr. Franziska Brantner u. a. und der Fraktion BÜNDNIS 90/DIE GRÜNEN. Einschränkungen des Grenzverkehrs und europäische Freizügigkeit in Zeiten der Corona-Pandemie. Drucksache 19/19377, online: https://www.franziska-brantner.de/wp-content/uploads/2020/06/KA-19_19377.pdf. Zugegriffen: 30. Dezember 2020.
2 Offener Brief, online: https://www.franziska-brantner.de/wp-content/uploads/2020/05/2020-04-30_OffenerBrief.pdf. Zugegriffen: 30. Dezember 2020.
3 Antrag, Deutscher Bundestag, Aktuelle Einschränkungen des Grenzverkehrs zurücknehmen und EU-Freizügigkeit wiederherstellen. Drucksache 19/19149, online: https://dip21.bundestag.de/dip21/btd/19/191/1919149.pdf. Zugegriffen: 30. Dezember 2020.
4 European Solidarity Now! (2020). Petition to the governments of all Member States and to EU institutions. www.weareinthistogether.eu. Zugegriffen: 30. Dezember 2020.
5 Europäische Solidarität Jetzt! (2020). Gemeinsamer deutsch-italienischer Appell an die Regierungen aller Mitgliedsstaaten und an die EU-Institutionen. https://weareinthistogether.eu/de/petition/de-joint-german-italian-appeal-to-the-governments-of-all-member-states-and-to-eu-institutions/. Zugegriffen: 30. Dezember 2020.

6 Antrag der Fraktion BÜNDNIS 90/DIE GRÜNEN. Entschieden europäisch handeln gegen die Corona-Pandemie. Drucksache 19/18713, online https://dip21.bundestag.de/dip21/btd/19/187/1918713.pdf. Zugegriffen: 30. Dezember 2020.

7 Grüne Antworten auf europäische und globale Gesundheitsfragen in der Pandemie – Europäische Gesundheitsunion jetzt! https://www.franziska-brantner.de/wp-content/uploads/2020/10/AutorInnenpapier-Gesundheitsunion.pdf. Zugegriffen: 30. Dezember 2020.

---

*Dr. **Franziska Brantner** ist europapolitische Sprecherin und Parlamentarische Geschäftsführerin der Bundestagsfraktion von Bündnis 90/Die Grünen, Mitglied im Ausschuss für die Angelegenheiten der Europäischen Union und stellvertretendes Mitglied im Auswärtigen Ausschuss, von Dezember 2013 bis September 2017 Sprecherin für Kinder- und Familienpolitik. Von 2009 bis 2013 war sie Mitglied des Europäischen Parlaments. Davor arbeitete sie für die Bertelsmann-Stiftung Brüssel und die UN-Frauenrechtsorganisation (UNIFEM).*

Corona- und Grenzkrise vor Ort: Das Handeln der Politik im regionalen und lokalen Kontext

COVID-19 et situation de crise aux frontières : l'action politique au niveau régional et local

GEMEINSAM VORANGEHEN!

Florian Weber (Universität des Saarlandes) im Gespräch mit Tobias Hans (Ministerpräsident des Saarlandes)

Résumé Après l'annonce du premier cas de COVID-19 début mars en Sarre et devant la croissance du nombre de cas, le pire était à craindre indique M. le Ministre-Président du Land de Sarre, Tobias Hans, au cours de cet entretien. Pour enrayer la propagation du virus, des mesures parfois dures ont été prises. Face à cette situation exceptionnelle, il était déterminant pour le gouvernement du Land d'aider au plus vite l'économie et l'emploi. La situation à laquelle tous étaient confrontés en mars 2020 représentait un défi immense et absolument inédit. Pour protéger la santé et la vie des citoyens, des mesures limitatives des droits fondamentaux étaient et sont encore nécessaires. Il est d'autant plus important d'informer les citoyens de chaque étape dans la lutte contre la pandémie et de justifier de manière détaillée les mesures prises en Sarre. Tobias Hans témoigne combien, dès le début, le comportement très responsable d'une grande partie de la population l'a impressionné. Sans aucun doute, l'Europe de la libre circulation a été soumise à rude épreuve lors de la pandémie de la COVID-19, poursuit le Ministre-Président. Des mesures comme les contrôles aux frontières ordonnés par le ministère fédéral de l'Intérieur étaient, d'une certaine manière, un acte d'impuissance. L'objectif du gouvernement du Land n'a jamais été la fermeture des frontières, mais seulement de limiter la mobilité pour enrayer la propagation du virus. Malheureusement cette situation a mis en difficulté les travailleurs frontaliers notamment. Pour le futur, il convient de tout mettre en œuvre pour éviter, dans la mesure du possible, de nouveaux contrôles aux frontières. Au contraire du printemps 2020, les décideurs sont allés bien plus loin dans la lutte transfrontalière contre la pandémie et travaillent en étroite coopération avec les autorités fédérales, la France et le Luxembourg pour préserver une position d'équilibre. Des progrès sont accomplis, ensemble, en établissant de nouvelles instances de gouvernance au plan politique et administratif pour mieux coordonner les mesures au service de la population et des entreprises. Les « affinités françaises » et la francophilie font partie de l'identité sarroise. Elles représentent une caractéristique importante du Land de Sarre. La stratégie France en est le garant, précise Tobias Hans. Les prochains efforts à accomplir doivent viser au démantèlement des obstacles administratifs et juridiques qui entravent pour partie la coopération entre la France et l'Allemagne, en particulier dans la région frontalière.

Florian Weber Sehr geehrter Herr Hans, wir danken Ihnen sehr herzlich, dass Sie uns für ein Gespräch zur Verfügung stehen, um einen Rückblick und einen Ausblick auf die COVID-19-Pandemie und unsere Grenzregion zu wagen. Herr Ministerpräsident, Ende Januar 2020 wurde – soweit rückverfolgbar – der erste Sars CoV-2-Patient im bayerischen Landshut isoliert und behandelt, doch zu diesem Zeitpunkt war das nahende Ausmaß der COVID-19-Pandemie noch nicht absehbar. Wann haben Sie begonnen, sich mit dem Coronavirus auseinanderzusetzen und was waren die ersten unternommenen Schritte?

Tobias Hans Nachdem Anfang März die erste COVID-19-Infektion im Saarland bekannt wurde und danach die Fallzahlen täglich in die Höhe schnellten, mussten wir das Schlimmste befürchten. Und das Schlimmste konnten wir andernorts beobachten, vor allem in der italienischen Stadt Bergamo. Wir sahen überlastete Krankenstationen mit Erkrankten auf den Fluren – Erkrankten, die nicht mehr behandelt werden konnten. Wir sahen ärztliches Personal, das verzweifelt über Leben und Tod entscheiden musste. Militärfahrzeuge transportierten Särge in die Krematorien benachbarter Regionen, weil auch diese Kapazitäten vor Ort überlastet waren. Es waren schreckliche Bilder, wie wir sie in unserem hochindustrialisierten und hochzivilisierten Europa niemals für möglich gehalten hätten. Und niemand konnte garantieren, dass diese Bilder nicht auch bei uns schon wenige Wochen später zur Realität werden. Die Landesregierung musste alles tun, um ähnliche Situationen zu vermeiden.

Das Infektionsgeschehen im Saarland war im März mit täglichen Steigerungsraten von um die fünfzig Prozent sehr viel dynamischer als im Bundesschnitt. Bei der Entscheidung über die Maßnahmen haben wir uns unter Hinzuziehung von Expertise aus der Wissenschaft immer an mehreren Faktoren orientiert: dem R-Wert, der Zahl der Neuinfektionen, der Zahl aktiver Infektionen, der Intensiv- und Beatmungsplatzbelegung ebenso wie der Infektionszahlen in Einrichtungen. Um die Verbreitung des Virus einzudämmen, haben wir viele zum Teil auch harte Maßnahmen ergriffen. Ich hätte mir vorher niemals vorstellen können, dass wir als Landesregierung in die Situation kommen, solche schwierigen Entscheidungen treffen und umsetzen zu müssen. In dieser Ausnahmesituation war es uns mit Blick auf Wirtschaft und Arbeitsplätze wichtig, sofort zu helfen. Schon zwei Wochen nach Auftreten des ersten Pandemiefalls im Saarland und nur einen Tag nach Beginn des Lockdowns hatte die Landesregierung bereits ein erstes kurzfristiges und wirksames Hilfspaket auf den Weg gebracht. Damit haben wir für viele Selbständige, kleine und mittelständische Betriebe und auch größere Unternehmen aus vielen verschiedenen Branchen Brücken gebaut – Brücken über die erste Zeit der coronabedingten Einschränkungen.

Die Situation, mit der wir im März 2020 konfrontiert waren, war eine nie dagewesene und riesige Herausforderung. Um die Gesundheit und das Leben der Bürger*innen zu schützen, waren und sind noch immer grundrechtseinschränkende Maßnahmen nötig. Es war entscheidend, die Verbreitung des Virus zu verlangsamen. Diese Maßnahmen schränken nicht nur unser demokratisches Gemeinwesen ein, sondern sie haben auch schwerwiegende wirtschaftliche und soziale Auswirkungen. In einer solchen Krisensituation gibt es leider keine perfekte Lösung.

Florian Weber Am 14. März ordnete das saarländische Gesundheitsministerium unter anderem die Schließung von Schwimmbädern, Discos, Bars und Clubs an. Am 20. März standen Sie dann in der Staatskanzlei vor den Kameras, um weitreichende Einschränkungen zu verkünden. Wie haben Sie die damalige Entscheidungsfindung erlebt und wie haben Sie sich vorbereitet, um die Saarländer*innen von dem von ihnen geforderten Verzicht zu überzeugen?

Tobias Hans Wir waren im März zu der festen Überzeugung gelangt: Wir müssen, um der Pandemie Herr zu werden, harte und für uns alle einschneidende Maßnahmen ergreifen. Natürlich ist es wichtig, unsere Entscheidungen in einer so komplexen Lage gut zu begründen und sie den Menschen auch so zu erklären, dass sie verständlich sind. Wir haben die Menschen im Saarland über jeden Schritt der Pandemiebekämpfung informiert und all unsere Maßnahmen detailliert begründet. Dazu haben wir eine Hotline und einen Newsroom eingerichtet, die Mitarbeitenden dort haben zum Teil im Drei-Schicht-Betrieb sieben Tage die Woche Fragen beantwortet. Es braucht transparente Informationen, um das Vertrauen zu stärken. Es hat mich von Anfang an beeindruckt, wie verantwortungsvoll die überwiegende Mehrheit der Bevölkerung mit der Situation umgegangen ist – ihrem umsichtigen Handeln ist es zu verdanken, dass wir gemeinsam vergleichsweise gut durch die erste Phase gekommen sind.

Florian Weber In den Zeiten der Pandemie werden gewisse Grundrechte durch Verordnungen der Landesregierung eingeschränkt, um die weitere Ausbreitung des Coronavirus zu verhindern. Dabei lässt sich wiederum beobachten, dass einige den Klageweg beschreiten und auch Recht bekommen, wie im November 2020 Tattoo-Studios, die wieder öffnen durften. Wie werden Entscheidungen zugunsten der Verordnungen vorbereitet und wie wird im nächsten Schritt mit Gerichtsentscheidungen umgegangen?

Tobias Hans Meine Haltung dazu ist klar: Als Staat, als Regierung stehen wir in der Pflicht, beiden Anforderungen – Schutz der Gesundheit und Schutz der Grundrechte – gleichzeitig gerecht zu werden und je nach Lage mehr in die eine oder mehr in die andere Richtung zu tendieren. Je stärker ein großer Teil der Menschen in seiner Gesundheit gefährdet ist, desto mehr müssen wir auch Grundrechte einschränken, soweit dies in Bezug auf die Gefahrenabwehr verhältnismäßig ist. Und je mehr diese Gefährdung abnimmt, desto eher müssen wir auch die Einschränkungen wieder zurücknehmen. Die Mitwirkung der Justiz in den letzten Monaten der Pandemiebekämpfung ist für uns Zeugnis einer funktionierenden Gewaltenteilung und eines funktionierenden Rechtsstaates. Wir als Exekutive legen größten Wert darauf, stets rechts- und verfassungskonform zu handeln. Insofern ist eine Rechtsprechung, die unser Handeln in dem einen oder anderen Punk korrigiert, für uns eine willkommene Klarstellung. Dies umso mehr, als der weitaus größte Teil unserer Maßnahmen eben nicht von der Justiz außer Kraft gesetzt wird.

Florian Weber Bereits vor den beschlossenen Ausgangsbeschränkungen wurden auf Bundesebene Entscheidungen mit weitreichenden Folgen für Grenzregionen getroffen: Am 16. März wurden Grenzkontrollen zu mehreren Nachbarländern angeordnet, seit 19. März waren Grenzübertritte u.a. von Frankreich aus in die Bundesrepublik nur noch an bestimmten Grenzübergangsstellen möglich – und dies ausgerechnet 25 Jahre nach dem Inkrafttreten des Schengener Abkommens. Am Anfang wurden diese Maßnahmen auf Ebene der saarländischen Landesregierung zur Eindämmung des Infektionsgeschehens mitgetragen. Wie beurteilen Sie diese in der Rückschau?

Tobias Hans Ganz ohne Zweifel wurde das Europa der offenen Grenzen im Zuge der Corona-Pandemie auf eine harte Probe gestellt. Maßnahmen wie die vom Bundesinnenministerium angeordneten Grenzkontrollen waren ein Akt der Hilflosigkeit. Ziel der Landesregierung war nie die Grenzschließung, sondern lediglich die Einschränkung der Mobilität, um die Ausbreitung des Virus einzudämmen. Leider hat diese Situation aber vor allem die Grenzpendler*innen in Schwierigkeiten gebracht. Für mich waren die de facto geschlossenen Grenzübergänge schmerzhaft. Ich bin in dieser europäischen Region groß geworden, deren kultureller Reichtum gerade von der Grenzenlosigkeit zu unseren Nachbarn lebt. Wir setzen alles daran, erneute Grenzkontrollen so es irgend geht in der Zukunft zu vermeiden. Wir sind heute viel weiter in der grenzüberschreitenden Pandemiebekämpfung und arbeiten eng mit den föderalen Behörden, mit Frankreich und Luxemburg zusammen, um eine gleichgewichtige Position zu wahren.

Florian Weber Das Saarland wird gerne als das französischste aller Bundesländer beschrieben. Wie lässt sich erklären, dass die französischen Partner*innen nicht alle umgehend über die Grenzkontrollen informiert wurden? Ist dies der extremen Beschleunigung der Dinge im März geschuldet?

Tobias Hans Wir leben in Nationalstaaten. Im Falle einer ernsten Krise ist der erste Reflex der des nationalen Managements. Die zuständigen Bundesbehörden haben nach den mir vorliegenden Informationen ihre Amtskolleg*innen in Paris damals informiert. Aber in der unübersichtlichen Lage des März 2020 war es sicher nicht leicht, sich über die sehr schnell zu treffenden nationalen Entscheidungen auf dem Laufenden zu halten. Wir haben hier auf der regionalen Ebene alle uns zur Verfügung stehenden Informationen mit unseren Partner*innen in Frankreich und Luxemburg immer unmittelbar ausgetauscht. Darüber ist im Übrigen eine vertrauensvolle Zusammenarbeit gewachsen, die uns sehr geholfen hat und hilft, gemeinsam durch diese Krise zu kommen.

Darauf bauen wir auf. Unsere Zusammenarbeit in Gesundheitsfragen basiert auf dem 2019 unterzeichneten MOSAR-Abkommen. Wir arbeiten daran, sie mit den Behörden in Grand Est zu stärken. Im November 2020 haben wir außerdem einen Beistandspakt mit Grand Est und den Bundesländern Baden-Württemberg und Rheinland-Pfalz unterzeichnet. Wir machen gemeinsam Fortschritte und schaffen neue grenzüberschreitende Governance-Strukturen sowohl auf politischer als auch auf administra-

Abbildung 1 Gipfel der Großregion online – neue Wege der Zusammenarbeit. Quelle: Aufnahme Birgit Pfeifer 2020.

tiver Ebene, um unsere Maßnahmen im Dienste der Bevölkerung und der Unternehmen besser zu koordinieren (dazu auch Abbildung 1).

Florian Weber Auf der einen Seite wurde in den Medien von Ressentiments gegenüber Französ*innen berichtet. Auf der anderen Seite wurden französische COVID-19-Patent*innen im Saarland behandelt. Wie fügen sich diese unterschiedlichen Facetten zusammen?

Tobias Hans Für uns war es selbstverständlich, französische COVID-19-Patient*innen medizinisch zu betreuen – es war eine natürliche Geste der Freundschaft und Solidarität. Freunde helfen sich gegenseitig, wie ich auch im Austausch mit Staatssekretärin Amélie de Montchalin bei ihrem Besuch im Juni 2020 in Saarbrücken betont habe (Abbildung 2). Präsident Macron hat mir persönlich in einem Brief gedankt, was mich einerseits natürlich gefreut hat, andererseits aber nicht nötig gewesen wäre. Denn ich bin sicher, dass Frankreich uns im umgekehrten Fall genauso geholfen hätte. Moselaner*innen und Saarländer*innen leben schon seit Jahrzehnten zusammen. Unsere Krankenhäuser und Unternehmen haben binationale Teams.

Abbildung 2 Tobias Hans im Austausch mit Amélie de Montchalin bei ihrem Besuch in der saarländischen Staatskanzlei und gemeinsam im Gespräch mit Mediziner*innen am Klinikum Saarbrücken, Juni 2020. Quelle: Aufnahmen Birgit Pfeifer 2020.

Auch die wenigen, völlig inakzeptablen Anfeindungen gegenüber den in Frankreich lebenden Grenzpendler*innen können das außergewöhnliche Vertrauensverhältnis zwischen Saarland und Mosel in keiner Weise gefährden. Die Frankreichaffinität und die Frankophilie gehören zur Identität unseres Bundeslandes. Sie stellen ein wichtiges Merkmal des Saarlandes dar. Dafür steht auch unsere Frankreichstrategie. Die Tatsache, dass wir am 3. Februar 2021 in der Nationalversammlung in Anwesenheit des Präsidenten Richard Ferrand und drei französischen Regierungsmitgliedern eine Auszeichnung für die Frankreichstrategie und ihre neue Mitmachplattform erhalten haben, zeigt die Stärke der außergewöhnlichen Verbindungen, die uns auch in diesen schwierigen Zeiten vereinen.

Florian Weber Im November 2020 wiederholte sich ein Stück weit Geschichte mit einem deutlichen Neuanstieg des Infektionsgeschehens. Wo liegt aus Ihrer Sicht der Unterschied zum Frühjahr? Und welche Erkenntnisse der Zwischenzeit konnten in Ihr Handeln bereits einfließen?

Tobias Hans Wir haben aus dieser Krise gelernt und lernen immer noch. Dies sage ich in aller Bescheidenheit. Es vergeht keine Woche ohne Kontakt mit den französischen und luxemburgischen Behörden. Im März haben unsere Teams eine Koordinierungsstelle eingerichtet, die den täglichen Informationsaustausch in völliger Transparenz ermöglicht. Auf der politischen Ebene haben wir noch nie so eng mit den französischen Behörden zusammengearbeitet: Der Staat, die Region und das Département stehen im Mittelpunkt unserer Beratungen.

Florian Weber Welche Lehren sind aus Ihrer Sicht aus der Krise zu ziehen, speziell für unsere Grenzregion der Großregion?

Tobias Hans Mehr denn je müssen wir die rechtlichen und administrativen Hindernisse beseitigen, die die Zusammenarbeit zwischen Frankreich und Deutschland zum Teil behindern, insbesondere in unserer Grenzregion. Der Vertrag von Aachen, der am 22. Januar 2020 in Kraft getreten ist, schafft einen grenzüberschreitenden Ausschuss, in dem die Länder und die französischen Gebietskörperschaften vertreten sind. Artikel 13 dieses Vertrages sieht die Möglichkeit vor, von den nationalen Vorschriften abzuweichen, um spezifische gemeinsame Regeln auf unserem Grenzgebiet festzulegen – das ist ein sehr wertvolles Instrument für uns, um das Alltagsleben der Menschen und Unternehmen zu erleichtern. Nach der Gesundheitskrise werden wir gemeinsam die Wirtschaftskrise überwinden müssen. In diesem Zusammenhang ist es umso wichtiger, bürokratische Hindernisse zu beseitigen. Dies stellt eine unverzichtbare Aufgabe im Jahr 2021 dar.

Florian Weber Herzlichen Dank für das Gespräch und Ihnen alles Gute!

Tobias Hans ist 43 Jahre alt und seit März 2018 Ministerpräsident des Saarlandes. Nach dem Abitur studierte er Informationswissenschaft, Wirtschaftsinformatik und Anglistik und war wissenschaftlicher Mitarbeiter der CDU-Fraktion im saarländischen Landtag und später Persönlicher Referent des Ministers im Ministerium für Justiz, Arbeit, Gesundheit und Soziales. Im Jahr 2009 wurde er in den Landtag des Saarlandes gewählt, war dort ab 2012 Parlamentarischer Geschäftsführer und ab 2015 Fraktionsvorsitzender. Im Oktober 2018 wurde er zum Landesvorsitzenden der CDU Saar gewählt.

COVID-19 IM SAARLAND: »KONKRETE HILFE LEISTEN, WO IMMER WIR KÖNNEN.«

Florian Weber (Universität des Saarlandes) im Gespräch mit Anke Rehlinger (Ministerium für Wirtschaft, Arbeit, Energie und Verkehr)

Résumé Dans un entretien avec Florian Weber, la ministre sarroise de l'économie Anke Rehlinger décrit les événements dramatiques du printemps 2020, où le gouvernement du Land a dû réagir dans l'immédiat alors que la pandémie de COVID-19 éclatait en Sarre. Dans cette situation inédite où il était impossible à quiconque de se référer à une expérience antérieure, la ministre, son secrétaire d'état Jürgen Barke et le personnel de son ministère ont tous été mis à rude épreuve. Il leur a fallu organiser la mise en place d'aides parfaitement adaptées car ce n'étaient pas des notions économiques abstraites qui étaient en jeu, mais des êtres humains, leurs familles et leur destin. Pour Anke Rehlinger, les décisions du gouvernement sarrois concernant les mesures et les décrets destinés à endiguer la pandémie ont été les « plus difficiles de toute sa vie politique ». Il a fallu en peser soigneusement les conséquences économiques. En Sarre, un Land où la sidérurgie et l'industrie automobile tiennent traditionnellement une grande place, les mutations structurelles se font ressentir avec une intensité décuplée. Certes, les bouleversements qu'a connus l'industrie n'ont pas étés causés au départ par la pandémie, mais celle-ci les a rendus encore plus brutaux. D'un autre côté, il y a eu de nouvelles implantations d'entreprises, des investissements porteurs et des réussites en matière de recherche, par exemple dans le domaine de l'hydrogène énergie, de la cybersécurité et de la recherche pharmaceutique. Concernant les contrôles renforcés aux frontières au mois de mars, la ministre fait observer qu'ils n'étaient assurément pas compatibles avec l'esprit européen de la Grande Région. Les relations avec les voisins français et luxembourgeois en ont été affectées – mais heureusement pas de manière durable, du moins à en croire les sondages. En tant qu'Européenne convaincue, Anke Rehlinger a vécu la réouverture des frontières et l'élimination des barrières comme une grande libération. Une Europe aux frontières intérieures ouvertes n'est pas une chose qui va de soi, mais une mission permanente dont la ministre se sent à présent plus que jamais responsable et une cause pour laquelle elle souhaite s'engager de toutes ses forces, y compris dans les années à venir.

Florian Weber Liebe Frau Rehlinger, herzlichen Dank, dass Sie mit mir auf die COVID-19-Pandemie zurückblicken und auch einen Blick in die Zukunft unserer Grenzregion wagen wollen. Anfang März erreichte das Coronavirus auch das Saarland – unter anderem mit einem erkrankten SAP-Mitarbeiter. Das Unternehmen hat daraufhin den Standort in St. Ingbert geschlossen, enge Kolleg*innen wurden in häusliche Quarantäne geschickt. Inwieweit deutete sich damals für Sie an, welche Auswirkungen die Ausbreitung von COVID-19 für Wirtschaft und Alltagsleben entfalten könnte?

Anke Rehlinger Diese Tage im März haben schlagartig alles verändert. Man darf nicht vergessen, wir konnten auf keinerlei Erfahrungswerte zurückgreifen. Niemand bundesweit oder in Europa konnte das. Von daher war so gut wie alles ein Lernprozess für die Gesellschaft, für jeden Einzelnen und eben auch für die Politik. Zu den Mitarbeiterinnen und Mitarbeitern meines Ministeriums habe ich damals gesagt: »Wir sind jetzt gefordert wie nie! Konkrete Hilfe, wo immer wir können.« Das hieß dann Soforthilfeprogramme, Kreditprogramme, Informationsangebote, eine Hotline, FAQs und alles in kürzester Zeit aus dem Boden zu stampfen, den ÖPNV umorganisieren, Flughafen – alles plötzlich anders. Denn ich gebe auch zu, dass auch ich nicht immer in die Glaskugel schauen kann. Aber mir war damals sofort klar, dass es dramatische Konsequenzen hat, das gesellschaftliche und wirtschaftliche Leben größtenteils anzuhalten. Deshalb habe ich auch direkt auf umfassende Wirtschaftshilfen gedrängt und selbst im Land auf den Weg gebracht.

Florian Weber Welche konkreten Folgen haben sich zu Beginn für Sie abgezeichnet, wo bestand erster Handlungsbedarf – vermutlich ja sowohl auf der Ebene der Landesregierung als auch im konkreten Zuständigkeitsbereich Ihres Ministeriums?

Anke Rehlinger Mein Kompass war und ist: Nicht hier die Bilder zulassen, die damals aus Italien kamen: Menschen, die auf Krankenhausfluren liegen. Verzweifelte Ärzte, die nicht mehr weiterwissen. Und die Entscheidung, wer beatmet wird und wer nicht, weil nicht genug Kapazitäten da sind. Der Gesundheitsschutz der Bevölkerung hatte damals wie heute oberste Priorität. Um diesen gewährleisten zu können, mussten wir zuallererst Klarheit herstellen: Welche Maßnahmen helfen, um das Infektionsgeschehen einzudämmen? Auch da gab es ja durchaus ein Vortasten und Lerneffekte. Für uns im Wirtschaftsministerium ging es dann immer sehr schnell um die Frage, wie wir die wirtschaftlichen Auswirkungen abfedern können. Denn da geht es nicht um eine abstrakte »Wirtschaft«, sondern um konkrete Menschen, um Schicksale, um ihre Familien. Die Soforthilfen des Bundes ließen auf sich warten, also mussten wir im Saarland vorangehen und in Vorleistung treten. Das taten wir dann auch mit verschiedenen Landesprogrammen und Antragsverfahren, die weit, weit über das hinausgehen, was die Landesverwaltung bislang kannte. Bis zu 100 Mitarbeiter*innen haben sich in der Zeit mit Bewilligungen beschäftigt, auch am Wochenende.

Florian Weber Am 14. März ordnete das saarländische Gesundheitsministerium unter anderem die Schließung von Schwimmbädern, Discos, Bars und Clubs an. Am 20. März standen Sie dann zusammen mit Tobias Hans in der Staatskanzlei vor den Kameras, um weitreichende Einschränkungen zu verkünden. Ich hatte mir Ihre Ausführungen »live« angehört und habe Sie als sehr besonnen, gleichzeitig als überzeugt von der Notwendigkeit des schnellen Handelns wahrgenommen. Wie haben Sie die Entscheidungsfindung und Ihren Appell an die saarländische Bevölkerung damals erlebt?

Anke Rehlinger Das war sicher eine der schwersten Entscheidungen meines politischen Lebens. Die Maßnahmen, die wir gezwungen waren zu ergreifen, waren und sind gravierende Einschnitte, auch in die Grund- und Freiheitsrechte der Bürger*innen. Und ich kann für mich sagen, dass ich »in die Politik gegangen« bin, um für mehr Freiheit, für mehr Gerechtigkeit zu kämpfen. Letztlich war dies aber der Weg, um Menschenleben zu retten. Erfreulicherweise waren die allermeisten Menschen auch vernünftig und solidarisch und haben sich diszipliniert an die Schutzmaßnahmen gehalten. Dafür bin ich den Saarländer*innen sehr dankbar. Um das Vertrauen dieser Menschen auf Dauer zu erhalten, sind gerade in einer solchen Lage besonnene, aber eben auch entschiedene Schritte der Regierung wichtig. Ich habe aber immer versucht, die Maßnahmen und was uns dazu bewogen hat, auch zu erklären. Und im Zweifel auch ehrlich zu benennen, wo Ungerechtigkeiten liegen, wenn sie denn schon unvermeidbar sind.

Florian Weber Das Saarland befindet sich in einem starken Strukturwandel, verbunden mit verschiedensten Herausforderungen, aber auch Chancen. Gerade im Frühjahr, nun aber auch noch mal im Herbst und Winter 2020 tun sich mit den weitreichenden Einschränkungen einschließlich Shutdown zum Jahresende schwere Zeiten für die Wirtschaft auf, die über staatliches Handeln abgefedert werden sollen. Wie gelingt hier eine passende Balance und wie sieht die Lage aus Ihrer Sicht als Wirtschaftsministerin aus?

Anke Rehlinger Der ohnehin stattfindende Strukturwandel hat sich durch die Corona-Pandemie noch einmal erheblich verstärkt und rapide beschleunigt. Umso besser, dass wir bereits vor der Krise im Rahmen der Strukturwandelinitiative Saar alle Wirtschaftsakteure an einem Tisch versammelt haben, um gemeinsam nach Lösungen zu suchen. Mein Ziel ist: Unternehmen und Beschäftigte stützen und stabilisieren, den Veränderungen konstruktiv begegnen und die Chancen beim Schopfe ergreifen. Damit sich die saarländischen Unternehmen die notwendigen Investitionen leisten können, haben wir einen Beteiligungsfonds aufgelegt und eine Transformationsgesellschaft ins Leben gerufen. Wir setzen auf Wasserstoff als Zukunftstechnologie, investieren in ein CISPA Innovation Campus, damit aus IT-Exzellenz auch Arbeitsplätze entstehen. Die Ansiedlung des Batterieherstellers SVOLT, der 2 000 Arbeitsplätze im Saarland schaffen will, zeigt auch, dass wir ein Industriestandort mit Zukunft sind.

Florian Weber Ein großes Thema für unsere Region stellte und stellt der Umgang mit dem Thema Grenzen dar. Ab Mitte März waren Grenzübertritte u. a. von Frankreich aus in die Bundesrepublik nur noch an bestimmten Grenzübergangsstellen möglich. Wie beurteilen Sie die Grenzkontrollen und die teilweise Schließung von Grenzübergangsstellen in der Rückschau?

Anke Rehlinger Diese Maßnahme, vor allem wie sie von manchen genutzt wurde für martialische Bilder und Töne, hat ganz sicher nicht dem europäischen Geist unserer Region entsprochen. Flatterband zur Absperrung auf der symbolträchtigen Freundschaftsbrücke zwischen Deutschland und Frankreich waren Bilder, die die Krise geprägt haben, die ich gerne vermieden hätte.

Florian Weber Es ist geradezu eine Ironie der Geschichte, dass 35 Jahre nach der Unterzeichnung des Schengener Abkommens 1985 bei uns die sichtbaren Grenzen zurück waren. Sie haben den Wegfall der Grenzkontrollen 1995 miterlebt – das Saarland ist immer enger mit seinen Nachbarn verflochten. Welche konkreten Herausforderungen durch die Grenzkontrollen und Grenzschließungen wurden für Sie am markantesten sichtbar?

Anke Rehlinger Für mich ist heute am wichtigsten, dass Gott sei Dank wohl eher kein langfristiger Schaden entstanden ist: Einer Umfrage zufolge, sieht eine Mehrheit der Franzosen und Deutschen in dieser unrühmlichen Episode keine ernsthafte Belastung für die Freundschaft und mit Luxemburg ist das nicht anders. Aber ich fand es schon erschreckend, dass wir plötzlich über Ressentiments dies und jenseits der Grenze reden mussten, es gab Anfeindungen. Neben dem politischen Schaden waren natürlich auch die wirtschaftlichen Auswirkungen belastend, die sich mit den langen Fahrzeugschlangen an den Grenzen für jeden anschaulich gezeigt haben. Nicht nur der grenzüberschreitende Warenverkehr, auch die Grenzpendler*innen sind ein wichtiger Bestandteil der saarländischen Wirtschaft und des Gesundheitssystems. Viele Franzosen arbeiten als Pfleger*innen in saarländischen Krankenhäusern.

Florian Weber Sie haben aktiv »mitangepackt«, als die Grenzsicherungen wieder abgebaut wurden. Die entsprechende Berichterstattung im Saarländischen Rundfunk und in der Saarbrücker Zeitung ist mir noch sehr präsent. Wie haben Sie die Situation erlebt?

Anke Rehlinger Ich wollte Bildern von der Grenzschließung ganz bewusst Bilder entgegensetzen, dass wir die Grenzen mit Europafahne wieder aufmachen. Auch, wenn ich nie gedacht hätte, dass ich in meinem Leben mal Grenzen öffnen muss. In dem Moment überwog vor allem das Gefühl der Erleichterung, dass diese Dinger endlich wieder weggekommen sind. Sie sind leider zum rot-weißen Symbol geworden, das unsere Freundschaft mit Frankreich und Luxemburg in dieser Krise belastet hat. Sie wegzuräumen hatte etwas absolut Befreiendes (dazu Abbildung 1).

Florian Weber Auf der einen Seite wurde in den Medien von Ressentiments gegenüber Franzosen berichtet, für die Sie sich, liebe Frau Rehlinger, öffentlich entschuldigt haben. Auf der anderen Seite wurden französische COVID-19-Patent*innen im Saarland behandelt. Wie fügen sich diese unterschiedlichen Facetten zusammen?

Anke Rehlinger Ich glaube schon, dass das ein Hinweis auf Spaltungen in unserer Gesellschaft ist. Insofern bringen Krisen wie diese eben auch

Abbildung 1 Grenzöffnung: Wirtschaftsministerin Anke Rehlinger und Werner Nauerz, Leiter des Landesbetriebs für Straßenbau (LfS), räumen mit einem Mitarbeiter des LfS die Barrikade am Grenzübergang Schöneck weg (oben); Anke Rehlinger im Austausch mit der Presse (unten) (Quelle: Aufnahmen Oliver Dietze 2020).

manches ans Licht und nicht nur Gutes. Vor allem aber gab es zahlreiche schöne Geschichten, wie die des »Grenzanglers« Hartmut Fey aus Lauterbach. Er wollte nicht auf seine geliebten Baguettes aus Carling verzichten und hat sie sich mit einer Rute rüber geangelt. Nachdem die Grenzen wieder offen waren, hat er sich von einem der drei Bäcker in Carling ein zwei Meter langes »Grenzbaguette« backen lassen und stückchenweise an der Grenze verteilt. Dazu sagte er: »Ich will zeigen, dass wir hier keine Grenzen mehr brauchen. Europa ist wieder da, und wir müssen daran arbeiten, dass das auch so bleibt.« Großartig!

Florian Weber Am 27. November wurde der »Beistandspakt für eine verstärkte grenzüberschreitende Kooperation und Koordination« durch Baden-Württemberg, Rheinland-Pfalz und das Saarland zusammen mit der Région Grand Est unterzeichnet. In der Zwischenzeit ist auf politischer Ebene damit Positives zu verzeichnen. Wie bewerten Sie dies?

Anke Rehlinger: Mit der Corona-Pandemie hat die grenzüberschreitende Zusammenarbeit eine neue rasante Dynamik entwickelt. Wir haben hier eine gemeinsame Verantwortung in unserer Grenzregion, aber auch in ganz Europa. Der Beistandspakt ist daher ein wichtiges Signal, der die bereits geleistete Adhoc-Hilfe während der ersten und zweiten Welle beispielsweise in Form der Bereitstellung von Krankenhausbetten manifestiert – auch für eine langfristige Zusammenarbeit im Gesundheitsbereich. Daneben gibt es Fortschritte beim grenzüberschreitenden Verkehr: Wir bekräftigen die gemeinsame Absicht, bessere Anbindungen zu schaffen und attraktive Angebote für die Mobilität von morgen zu ermöglichen.

Florian Weber Welche Lehren sind aus Ihrer Sicht aus der Krise zu ziehen, speziell für unsere Grenzregion der Großregion?

Anke Rehlinger Solche Krisen wie die Corona-Pandemie lassen sich nur gemeinsam bewältigen. Dieser einfache Satz ist aber im hektischen täglichen Handeln nicht immer einfach mit Leben zu erfüllen. Das hat mir vor Augen geführt, dass ein Europa mit offenen Grenzen keine Selbstverständlichkeit, sondern eine Daueraufgabe ist, für die ich mich auch in den kommenden Jahren weiter mit voller Kraft einsetzen werde.

Florian Weber Herzlichen Dank für das Gespräch und Ihnen weiterhin viel Erfolg!

Anke Rehlinger ist saarländische Ministerin für Wirtschaft, Arbeit, Energie und Verkehr. Als gebürtige Saarländerin hat sie den europäischen Integrationsprozess hautnah miterlebt und genießt heute die Vorzüge der Nähe zu Frankreich und Luxemburg. Gerade in ihrer Arbeit als Ministerin lernt sie jeden Tag, dass die Aufgaben und Herausforderungen unserer Zeit nur durch ein geeintes europäisches Handeln gemeistert werden können.

LA COVID-19 À L'AUNE DE L'HUMILITÉ, DU PRAGMATISME ET DE LA SOLIDARITÉ EUROPÉENNE

Jean Rottner (Région Grand Est)

Zusammenfassung Die Ankunft eines »viralen Ungetüms« im März 2020, das die Région Grand Est früher und härter als den Rest des Landes traf, hat uns mit der Tatsache konfrontiert, dass wir damals nicht auf eine solche Situation vorbereitet waren , so Jean Rottner. Dies gilt es zuzugeben, da erst mit der Krise daran gearbeitet werden konnte, mit ihr umzugehen. Angesichts der Notlage mussten wir informieren und beraten, um die notwendigen Entscheidungen zu treffen. Die ungleichmäßige Verbreitung des Virus innerhalb Frankreichs während der ersten Welle führte schnell zu einer unglaublichen Solidarität anderer Regionen uns gegenüber. Diese beispiellose Krise warf auch die Frage nach dem Management der grenzüberschreitenden Zusammenarbeit und der Kooperation auf, die innerhalb der Région Grand Est so wichtig ist. Nach einer Phase der Verwunderung stand mit unseren Partner*innen auf der anderen Seite des Rheins das gleiche Schlüsselwort im Zentrum des Austauschs: Solidarität. Dieser Wert hat das Handeln all unserer Gesprächspartner*innen immer wieder geleitet und so die Rettung vieler Leben ermöglicht. Die gesundheitliche, wirtschaftliche und soziale Krise war auch eine Gelegenheit, die Unzulänglichkeiten und Mängel unserer territorialen Organisation aufzudecken, die unsere Reaktion auf die Notlage verlangsamten oder erschwerten. Diese Beobachtung muss uns nun in die Lage versetzen, verschiedene Überlegungen zu diesem Thema zu entwickeln, um in Zukunft in solchen Situationen zu *agieren* anstatt zu *reagieren*. Die Phase der COVID-19-Pandemie ist, jenseits von ihrem dramatischen und beispiellosen Charakter, insbesondere im Gesundheitsbereich, eine Quelle der Innovation, vor allem in Bezug auf die Zusammenarbeit sowohl auf innerstaatlicher als auch auf grenzüberschreitender Ebene. Diese Umbrüche und die rettende Solidarität dienen als Inspiration, um über die Zukunft der Beziehungen zwischen diesen verschiedenen Einheiten nachzudenken.

LA COVID-19 – UN « ROULEAU COMPRESSEUR VIRAL »

Au début du mois de mars 2020, arrivait à Mulhouse, la ville où je vis et suis élu, et sur le département du Haut-Rhin ce que j'appelle un « rouleau compresseur viral ». Du jour au lendemain, les appels à la régulation ont explosé, les urgences ont été saturées, les lits de réanimation occupés à 100 %. Nous étions dans l'œil d'un cyclone dont personne ne pouvait mesurer la force. C'était inouï.

J'ai toujours gardé des liens très forts avec le Groupement Hospitalier de Mulhouse-Sud Alsace. J'y ai exercé comme chef du service des Urgences. Cela m'a permis d'être immédiatement informé de ce qui se passait. J'ai moi-même assuré quelques gardes à la régulation début mars et vécu personnellement la vague qui nous tombait littéralement dessus. Nous n'étions pas prêts. Il faut l'admettre simplement et surtout humblement. Aux pénuries s'ajoutaient la sidération et le traumatisme des soignants, même des plus chevronnés. La COVID-19 a littéralement fauché certaines vies en quelques heures. Il y en a eu tellement. Trop.

De nombreux besoins sont apparus, plus urgents les uns que les autres. J'ai personnellement alerté le Président de la République, par message, et le Premier Ministre de ce qui se passait ici, en Grand Est, sur le territoire alsacien. Des décisions sont arrivées très vite pour fermer les écoles, confiner localement. Quand les lits de réanimation sont venus à manquer et que le risque d'une perte de chance pour de nombreux patients se faisait de plus en plus présente, j'ai là aussi alerté directement le Gouvernement et le Chef de l'Etat. Mulhouse a pu bénéficier de l'hôpital de campagne de l'Armée en renfort. De nombreuses vies ont été sauvées …

Mes collègues Présidents de Région ont très vite pris la mesure de l'urgence vitale que vivait le Grand Est. Une solidarité incroyable s'est alors manifestée avec le transfert de patients par avions militaires, par hélicoptères ou par TGV sanitaires vers les autres régions de France moins touchées. Je les en remercie encore de tout cœur.

LA COVID-19 ET LE TRANSFRONTALIER

Mais au-delà de l'enjeu sanitaire régional, nous avons été rapidement confrontés à des difficultés de coordination avec nos partenaires frontaliers. Le 11 mars dernier, le Robert Koch Institut identifiait la Région Grand Est comme « région à risque » d'un point de vue sanitaire, remettant ainsi en question le quotidien de milliers de citoyens franchissant chaque jour la frontière.

Le 11 mars, tard dans la soirée, je m'entretenais avec les trois Ministres-Présidents allemands des Länder frontaliers, Tobias Hans, Malu Dreyer et Winfried Kretschmann pour limiter autant que possible les conséquences d'une telle décision pour les frontaliers concernés. Malgré ces échanges étroits, nous avons été confrontés à des décisions fédérales qui ont été prises très rapidement et de manière unilatérale du fait de l'urgence. Ainsi, du jour au lendemain, les frontières se refermaient … comme un retour de plus de trente ans en arrière, avant la création de l'espace Schengen et de la libre circulation des biens et des personnes. Des instincts protectionnistes sont apparus, remettant en question la solidarité européenne.

S'en est donc suivi un exercice inédit de travail de discussion et de communication pour réduire autant que possible les irritants quotidiens pour les citoyens français et allemands qui subissaient de plein fouet cette fermeture, tant sur le plan professionnel que personnel. Un véritable travail de pédagogie, d'explication et d'adoucissement de restrictions s'est engagé avec les partenaires allemands et l'Etat.

Une cellule de crise transfrontalière s'est réunie quotidiennement à partir du 12 mars pour définir les points de tension et tenter de trouver des solutions, dans le cadre des compétences de chacun. Après le caractère tendu et inquiétant de la première phase de sidération face à ce contexte inédit, un véritable engagement de solidarité transfrontalière s'est rapidement mis en place. Grâce à l'extraordinaire coopération mise en œuvre avec les autorités compétentes, nos partenaires européens se sont portés au secours de la Région Grand Est en mettant à disposition des lits de réanimation pour les patients touchés par la COVID-19. Grâce à eux, plus de 150 patients issus du Grand Est ont pu être soignés et sauvés dans des lits européens, notamment dans des lits sarrois évidemment (Rhénanie Palatinat : 22 transferts ; Sarre : 23 transferts ; Bade Wurtemberg : 26 transferts).

Les transferts transfrontaliers ont été vitaux pour soulager les hôpitaux du Grand Est. Je tiens ici aussi, une nouvelle fois, à saluer la solidarité de mes homologues d'outre Rhin qui nous ont apporté une véritable bouffée d'oxygène. Les relations qu'a noué le Grand Est avec les pays voisins de ses 850 km de frontières ont été inestimables. La Région a su jouer le rôle d'intermédiaire entre les Länder allemands en capacité d'accueillir des patients français et l'ARS Grand Est. Une convention de coopération sanitaire transfrontalière (la Convention Mosar) conclue entre l'ARS Grand Est et le Land de la Sarre a fourni le cadre nécessaire à ces transferts. C'est pour moi le symbole que notre amitié et notre communauté de vie sont profondes, sans considération des frontières, et surtout que nous savons, ensemble, réagir avec pragmatisme et humanité.

Le rôle que la Région a joué dans ces transferts a principalement été celui d'un intermédiaire, d'un facilitateur. Nous avons su, de manière collective, trouver des solutions et mettre les bonnes personnes en relation. La Région Grand Est a subi de plein fouet la première vague de COVID-19 et à ce titre, les liens interpersonnels et politiques tissés dans l'écosystème frontalier franco-allemand ont été salvateurs : C'est *ensemble* que nous avons pu surmonter le risque de perte de chance.

Les transferts entre établissements hospitaliers de notre région ont aussi beaucoup compté pour faire face ! Le CHU de Nancy ou celui de Reims ont pu accueillir de nombreux patients alsaciens car il y avait toujours 1 à 2 semaines de décalage dans la propagation du virus entre le territoire alsacien et le lorrain par exemple. Cette solidarité intra-régionale a été fondamentale. Les équipes soignantes de la région se sont rapprochées, ont réussi à se connaître aussi grâce aux rapprochements qui sont nés de la création du Grand Est.

TROUVER DES SOLUTIONS CONCRÈTES

En tant que Président de Région, j'ai immédiatement compris qu'il fallait saisir tous les moyens en mon pouvoir pour trouver des solutions très concrètes. Lorsqu'il a manqué des masques et des protections pour les soignants, j'ai lancé un appel aux dons sur les réseaux sociaux qui nous a permis de recueillir 1,3 millions de masques auprès des entreprises et des lycées du Grand Est en quelques jours. Ces dons ont été stockés dans nos 12 maisons de région réparties sur tout le territoire régional puis redistribués quasi immédiatement aux structures et soignants. Puis très rapidement, j'ai mobilisé les services de la Région pour que nous envisagions de commander des masques à destination des établissements médico-sociaux du Grand Est (qui accueillent des personnes âgées ou des personnes en situation de handicap) et pour les professionnels libéraux (infirmiers et médecins libéraux) qui en manquaient cruellement. Il faut rappeler qu'en France le stock stratégique ne permettait pas de couvrir les besoins en protection individuelle pour les soignants (masques, blouses, gants, sur chaussures ...). Tout manquait. Certains hôpitaux comme celui de Mulhouse n'avaient que 48 h de stock de masques. C'était impensable.

Dès que le Gouvernement a autorisé les collectivités locales à passer des commandes de masques (autour du 20 mars), nous avons foncé. Nous avons été la 1ère région de France à passer une commande de 5 millions de masques auprès de trois importateurs différents. Nous avons été la première région de France à les réceptionner, dans la nuit du 31 mars au 1er avril. Les régions n'ont pas, en France, de compétence en matière de santé. Nous sommes allés au-delà de nos compétences. Il le fallait.

Cette crise a permis de dépasser l'organisation territoriale assez figée en France. Les collectivités locales ont su prendre toute leur place dans la gestion de la crise de la COVID-19. Souvent en dépassant certaines concurrences. C'est par un partenariat inédit avec les 10 départements du Grand Est que les 2 millions de masques chirurgicaux arrivés sur le tarmac de l'EuroAirport de Bâle Mulhouse, la nuit du 31 mars au 1er avril, ont été redistribués à tous les établissements médico-sociaux du Grand Est. Cette crise sanitaire a véritablement démontré que les collectivités locales savaient être agiles et répondre aux besoins les plus urgents de leurs populations. Dans un pays où la décentralisation et où la confiance de l'Etat dans les collectivités n'est pas la règle, il faut le souligner. Nous avons su prendre toute notre place mais rien que notre place.

La relation que nous avons su nouer avec la Préfecture de Région Grand Est a été des plus solides. Chaque jour, nous échangions avec Madame la Préfète de Région. Nous avons su, avant le déconfinement au mois de mai, conduire ensemble une démarche inédite en vue de créer les conditions de la relance économique au travers du Business Act Grand Est. Cet acte fondateur de la relance en région est une démarche unique en France et une marque de fabrique de la résilience de notre région. Mais, en France, la compétence sanitaire n'est pas confiée aux Préfets de Région. Ce sont les Agences Régionales de Santé (ARS) qui l'exercent et ce sont les ARS qui se sont vues confier la gestion de la crise sanitaire. C'est à l'image de ce qui s'est passé au niveau national où c'est le Ministère de la Santé qui était en première ligne pour établir la stratégie et les modalités de la gestion de la crise.

Une cellule de crise a été créée à l'échelle régionale. Des échanges étroits ont eu lieu. Mais les agences régionales de santé ont pour mission essentielle de gérer l'organisation territoriale de la santé et son approche budgétaire. Elles n'étaient pas, à mon sens, préparées à gérer une telle vague. La gestion de crise n'est pas dans leur ADN. Les Préfectures de Région, placées sous la tutelle du Ministère de l'Intérieur, ont généralement le rôle de pilote lors des crises. De toutes les crises. Sauf des crises sanitaires. Certaines incompréhensions et tensions viennent certainement de ce manque de préparation des Agences Territoriales de Santé à affronter la gestion d'une crise sanitaire. C'est une faille du système et pas des femmes et des hommes qui travaillent dans ces ARS. Je tiens à le dire clairement.

DES LEÇONS À TIRER DE LA CRISE

C'est un constat, une leçon que je tire de cette crise. Il nous faut, en France, repenser en profondeur le processus de gestion de crise et je milite activement, auprès du Gouvernement français, pour que les choses évoluent. Aujourd'hui, la gestion de la crise de la première vague de la COVID-19 semble si loin. Et pourtant. Seuls 9 mois se sont écoulés. Qu'en avons-nous retenu au final ? Avons-nous tiré les leçons de la crise ?

Les débats autour des dysfonctionnements sont largement et publiquement partagés en France. Des commissions d'enquête parlementaire, des missions d'information, des audits sont en cours. Des procédures judiciaires aussi.

La 2ème vague de la COVID-19 a plus épargné la Région Grand Est que d'autres régions françaises. C'est la preuve que des leçons ont été tirées sans aucun doute. Nous avons su anticiper avec nos partenaires allemands la seconde vague, permettant de prévoir des critères exceptionnels pour les habitants du bassin de vie transfrontalier et d'éviter ainsi le traumatisme qu'a engendré la fermeture des frontières lors de la première vague. Je serais tenté de le dire aujourd'hui : plus jamais ça !

Certaines difficultés de coordination en sont presque devenues risibles, montrant parfois la difficulté de compréhension entre les acteurs de part et d'autre du Rhin. A titre anecdotique, la Commission Européenne et les Gouvernements français et allemand s'étaient accordés sur une réouverture des frontières le 15 juin 2020 à minuit. Mais était-ce le 14 au soir à 23 h 59 ou bien le 15 au soir à 23 h 59 ? Telle est la question. Fort heureusement, les ministères de l'Intérieur ont pu s'accorder à temps !

Grâce à l'engagement de nos amis allemands de Sarre, de Rhénanie Palatinat et de Bade Wurtemberg, nous savons aujourd'hui que les hôpitaux français en tension peuvent compter sur la solidarité européenne. Cette solidarité effective et d'urgence n'a pas de prix, elle est aussi la consécration de relations interpersonnelles entre collectivités locales et responsables politiques. Je tiens ici à saluer la signature du Pacte d'assistance mutuelle avec les Ministres Présidents de Sarre, de Rhénanie Palatinat et du Bade Wurtemberg le 27 novembre dernier. Cette avancée officialise et sacralise notre volonté absolue de pouvoir s'apporter une aide mutuelle en cas de crise ou de nécessité aigüe. Cet engagement fort est le reflet d'une excellente coopération transfrontalière franco-allemande, dont je me réjouis profondément. Aujourd'hui, l'Europe sauve des vies !

Au-delà de tout cela, je veux par-dessus tout retenir toutes les innovations, toute la créativité et le décloisonnement qui sont nés de ce que nous avons collectivement vécu de pire depuis une cinquantaine d'années. La coopération sanitaire en matière transfrontalière fait partie de ces domaines dans lesquels la crise sanitaire de la COVID-19 a été un moteur du changement, un véritable catalyseur d'innovations.

Originaire de Mulhouse dans le Haut-Rhin, où il est né en janvier 1963, **Jean Rottner** *est avant tout un élu local. Jean Rottner se voit confier son premier mandat lors des élections municipales de 2008. Elu conseiller municipal, Jean Rottner devient aussitôt premier adjoint de Jean-Marie Bockel, réélu maire de Mulhouse. En mai 2010, après la démission de Jean Marie Bockel entré au Gouvernement, Jean Rottner est élu par le conseil municipal Maire de Mulhouse. Ce mandat est reconduit en 2014 lorsque les citoyens accordent une large confiance au maire sortant lors des élections municipales. Lors des élections régionales de 2015 au sein de la nouvelle région qui prendra, peu de temps après, le nom de Grand Est, Jean Rottner est élu conseiller régional sur la liste de Philippe Richert dont il devient le 3ème Vice-président. La démission de Philippe Richert en 2017 est suivie de l'élection de Jean Rottner à la présidence de la Région Grand Est. Jean Rottner est également 1er adjoint de la Maire de Mulhouse, Michèle Lutz.*

« C'EST LA NUIT QU'IL EST BEAU DE CROIRE À LA LUMIÈRE » (EDMOND ROSTAND) – LA MOSELLE FACE À LA COVID-19

Patrick Weiten (Département de la Moselle)

Zusammenfassung Im Frühjahr 2020 wurden dem Département Moselle und seinen Nachbarn mit der Ausbreitung des Coronavirus viele scheinbare Gewissheiten genommen. Der grenzüberschreitende Lebensraum wurde auf mehrfache Weise hart getroffen: Er sah sich nicht nur mit einem aggressiven Virus konfrontiert, sondern wurde auch in seinen Grundfesten und Werten erschüttert. Bewegungsfreiheiten wurden genommen. Die Grenze kehrte als physische Barriere zurück. Während in der Großregion, rund um Schengen, Abkommen zur Schaffung eines Raums der Freizügigkeit geschlossen und unterzeichnet worden waren, wurden in eben diesem Grenzgebiet nun physische Trennungen zeitweise reaktiviert. Die Grenze ist zu einem Instrument des Gesundheitsmanagements und -schutzes geworden. Was sich als das Herzstück des europäischen Projektes nach dem Zweiten Weltkrieg entwickelt hatte, wurde in einer noch nie dagewesenen Weise in Frage gestellt, wie Patrick Weiten in seinem Beitrag herausstellt. Dabei waren zuvor über mehr als dreißig Jahre hinweg bi- und multilaterale Beziehungen geschaffen, ausgebaut und intensiviert worden. Aus der Krise können allerdings, wie deutlich wird, auch positive Perspektiven resultieren: Die »COVID-19-Erschütterungen« werden letztlich zur Stärkung der lokalen Bindungen führen und neue Formen der Zusammenarbeit und neue Handlungsfelder bedingen. Es brennt also – metaphorisch – ein Licht, an das man glauben kann. Patrick Weiten betont die Solidarität, die von den Nachbarn, Partner*innen und Freund*innen auf vielfältige Weise an der Grenze dem Département Moselle entgegengebracht wurde. Neue Impulse und neue positive Dynamiken konnten und können im grenzüberschreitenden Austausch entstehen. Das gemeinschaftliche Handeln, die Stärkung der Beziehungen zwischen den grenzüberschreitenden Partner*innen und die Mobilisierung der Innovationsfähigkeit zur Überwindung neuer Hindernisse sind Zeichen und Gesten, die den gemeinsamen Willen zeigen, für eine stärkere Integration des grenzüberschreitenden Lebensraum einzutreten. Grenzregionen lassen sich damit zu Recht und unbestreitbar als Laboratorien des alltäglichen Europas betrachten. Sie werden zu wichtigen Quellen der Inspiration für die Vertiefung der künftigen europäischen Entwicklung.

INTRODUCTION

Notre bassin de vie transfrontalier a été plongé dans l'incertitude de l'issue de la crise sanitaire. Touché de plein fouet, il a dû faire face à des évènements sans précédents. En plus de devoir affronter un virus virulent, il a vu ses fondements et ses valeurs bousculés et fragilisés comme jamais il n'aurait pu l'imaginer. Il lui a été retiré la liberté de circulation et la frontière est réapparue physiquement. Ce qui était donc au cœur du projet des Pères de l'Europe est de manière sans précédent remis en cause.

Dans son discours du 15 juin 1953 à Strasbourg devant l'Assemblée consultative du Conseil de l'Europe, Jean Monnet a défini et développé l'objectif poursuivi par la construction européenne : « L'objet est d'éliminer les barrières entre les peuples d'Europe, il est de les réunir en une même communauté ». Les bassins de vie transfrontaliers constituent sans contestation possible des laboratoires remarquables de cette Europe rêvée, souhaitée, voulue par les pères fondateurs. C'est bien au travers de leurs expériences, réussites comme échecs, que l'Europe du quotidien et de la proximité se construit et se densifie. La coopération transfrontalière qui leur est donc inhérente est bien la traduction de ce que Robert Schuman appelait de ses vœux : une Europe par les réalisations concrètes créant une solidarité de fait.

En plus de 30 ans, les relations bi- et multilatérales se sont donc créées, développées et intensifiées. Pour la Moselle, avec ses voisins directs allemands ou luxembourgeois, mais aussi belges francophones ou germanophones. Alors même que cet espace fêtait ses 25 ans d'existence, la plus importante crise sanitaire que l'Europe a connue met à mal certains fondamentaux considérés comme intangibles. Mais ce choc conduira surtout à raffermir les liens de proximité et envisager de nouvelles formes de coopérations et de nouveaux champs d'intervention, en s'appuyant sur la spécificité de ces territoires. Il y a donc bien une lumière en qui il faut croire.

LA MOSELLE AU CŒUR D'UN ESPACE TRANSFRONTALIER REMARQUABLE

La Moselle est l'un des quatre départements français qui a une frontière commune avec deux autres Etats européens. Elle représentait les 3/4 des frontières extérieures de l'ancienne Région Lorraine. Elle a notamment sur son territoire les 4/5ème de la frontière franco-luxembourgeoise, et les 2/3 de son périmètre extérieur sont communs avec la Sarre en Allemagne. La Moselle s'insère dans un vaste ensemble européen dénommé la Grande Région. Celle-ci est composée des territoires de la Wallonie pour la Belgique, du Grand-Duché de Luxembourg, de la Rhénanie-Palatinat et de la Sarre pour l'Allemagne, et de la Lorraine pour la France. Elle compte plus de 11,5 millions d'habitants, dont 1 043 524 en Moselle.

L'Allemagne et le Luxembourg avec leurs croissances économiques en sont les poumons. Ce sont quotidiennement 100 000 Mosellans qui franchissent la frontière pour y travailler. La Moselle est donc le 2ème département français en nombre de travailleurs frontaliers. Chaque année, ce nombre à destination du Luxembourg, progresse de 5 %. Le différentiel salarial et les prestations sociales participent activement à ce phénomène. Mais cette externalité positive doit être contrebalancée par la genèse de défis sans précédents. Gestion de la mobilité, pression à la hausse sur la valeur du foncier complexifiant l'accès au logement, même pour des personnes avec des salaires élevés, en sont quelques exemples. La force d'attraction du Grand-Duché de Luxembourg est telle que même les territoires éloignés de la frontière franco-luxembourgeoise semblent irrémédiablement attirés. Ainsi, la Moselle Est, pourtant directement frontalière avec l'Allemagne, est directement touchée par le phénomène, avec une augmentation du nombre de travailleurs frontaliers de 7 % par an depuis 2014, alors qu'il chute irrémédiablement de plus de 1 % par an vers l'Allemagne.

Malgré ces tendances favorables, le développement économique dans la Grande Région va devoir faire face à des évolutions démographiques qui interféreront dans le fonctionnement du marché de l'emploi. En effet, si cet espace transfrontalier devrait enregistrer une baisse de sa population de 0,3 % à l'horizon 2050 en raison du vieillissement, ce sont les immenses disparités territoriales qui interpellent. Ainsi, alors que le Grand-Duché de Luxembourg envisage une croissance de sa population de 30 % dans la période 2018/2050, la Sarre souffrirait d'une diminution de sa population totale de plus de 20 % dans la même période. Cette tendance se retrouve également dans les territoires frontaliers de la Rhénanie-Palatinat avec la Moselle. Quant à la population en âge de travailler, les chiffres sont encore plus inquiétants. Ainsi, toujours sur la période 2018/2050, la Sarre et la Rhénanie-Palatinat perdront environ 30 % de leur population en âge de travailler, alors que le Grand-Duché de Luxembourg la verra augmenter de 20 %.

UN ESPACE SOURCE D'INNOVATIONS ET DE SOLUTIONS POUR PLUS D'INTÉGRATION AU PROFIT DE SES HABITANTS

Face à la transformation de son tissu industriel fortement marqué par l'histoire des houillères et de la sidérurgie, au regard de la croissance constante des flux de travailleurs frontaliers et compte-tenu des besoins identifiés dans un espace de vie partagé qui fait totalement abstraction de l'existence des frontières, le Département de la Moselle et ses partenaires ont identifié les opportunités générées par un tel espace. Les habitants ont pleinement intégré la liberté de circulation dans leurs vies quotidiennes, faisant le choix de se former, de consommer, de pratiquer des loisirs dans un espace qui assume pleinement son ouverture. Les responsables politiques ont fait le pari de la complémentarité de leurs territoires pour mieux résister et rayonner à l'échelle européenne.

Ainsi, le Département de la Moselle a donc impulsé une politique en faveur de l'apprentissage de la langue du voisin dès le plus jeune âge avec la Sarre et la Rhénanie-Palatinat. Il est parvenu à fédérer les six Autorités Educatives de la Grande Région au sein du projet transfrontalier SESAM GR soutenu par des fonds européens issus du programme INTERREG V-A Grande Région. Cette initiative doit permettre aux jeunes mosellans d'acquérir les compétences qui demain leur permettront de s'insérer dans un marché du travail transfrontalier, où la non-maîtrise de la langue reste le principal obstacle. Il repose sur les échanges entre jeunes pour construire un vécu ensemble et développer chez chacun d'eux des compétences interculturelles. C'est également ainsi que ce projet forme les futurs citoyens européens de demain.

Cet espace a également favorisé la coopération universitaire pour construire une véritable Université de la Grande Région. Vecteur d'excellence, elle permet aux étudiants de bénéficier d'une mobilité de proximité qui leur donne accès à des équipements et à des formations sur les versants de cet espace transfrontalier. Les partenaires de la Grande Région ont également développé à l'aide d'un dispositif de conventionnement la possibilité d'accroître l'apprentissage et la formation professionnelle transfrontalière. Enfin, tous les partenaires se sont pleinement investis dans la rédaction d'un Schéma de Développement Territorial de la Grande Région, qui constitue une nouvelle étape dans la concrétisation d'une volonté commune de construire ensemble le développement d'un territoire.

UN ESPACE TRANSFRONTALIER DANS LA TOURMENTE DE LA CRISE SANITAIRE

La crise liée à la COVID-19 a touché à des échelles différentes les territoires de la Grande Région. Considérée au début de la crise comme une maladie lointaine, peut-être même liée au niveau de développement du pays touché, l'épidémie est brutalement devenue une réalité de notre quotidien.

L'image d'une vague qui renverse tout sur son passage n'est pas usurpée, et surtout dans notre espace de coopération. Elle nous a frappés durement, emportant des amis, des proches, de membres de nos familles.

Elle a réveillé les spectres les plus sombres de notre Histoire, les pandémies les plus terribles. Alors que les Etats tentaient de comprendre le phénomène, d'évaluer la menace et d'adopter les stratégies sanitaires, nos habitants découvraient avec stupéfaction que face à ce nouveau virus, la distanciation sociale et le confinement constituaient les mesures les plus efficaces. Absence des contacts et obligation de rester à son domicile devenaient alors la norme. À cet instant, ce ne sera donc ni la science ni la technologie qui nous protégeront, mais bien des mesures déjà pratiquées dans l'Antiquité. C'est une forme de renoncement à ce qui a été construit par nos sociétés modernes, la mobilité et les relations humaines. C'est donc une remise en cause des fondamentaux de nos vies quotidiennes.

Dans notre bassin de vie transfrontalier allait s'additionner à ce choc un nouvel ébranlement, inimaginable à cette échelle : la fermeture des frontières. La date du 15 mars 2020 restera donc comme une date noire dans l'histoire de la Grande Région. C'est le jour où des mouvements naturels ancrés dans le quotidien ont été brutalement interrompus. Les frontières ont retrouvé une réalité tangible alors que les Etats et les territoires frontaliers n'ont cessé de vouloir les faire disparaître. Alors que c'est dans la Grande Région, à Schengen, que les accords portant création d'un espace de libre circulation ont été conclus et signés, c'est dans ce même espace frontalier qu'on rétablit des séparations physiques. La frontière est devenue un instrument de gestion sanitaire, de protection.

Ce sont ainsi des villages vivant en parfaite harmonie sur la frontière qui se sont réveillés avec des barrières et des objets empêchant la mobilité dans une même rue. Ce sont des travailleurs frontaliers condamnés à trouver un point de passage après avoir parcouru des dizaines de kilomètres supplémentaires. Ce sont de simples habitants qui ont le sentiment d'être considérés comme une menace pour leurs voisins et amis. La brutalité de cette décision a été d'autant plus durement ressentie qu'elle apparaissait avoir été prise sans concertation. Et cette impression allait se confirmer avec l'existence d'asymétrie dans les mesures applicables en cette période si particulière, générant leurs lots de situations ubuesques.

Le Département de la Moselle a ainsi avec son partenaire sarrois du Saarpfalzkreis dû gérer le fonctionnement du Parc Archéologique Européen de Bliesbruck-Reinheim. Alors que d'un côté de la frontière, on exigeait sa fermeture, de l'autre on pouvait maintenir l'ouverture. Mais au milieu, la frontière était fermée. Et quand, enfin, ce symbole de la coopération transfrontalière franco-allemande a pu accueillir à nouveau du public, les dates de part et d'autre de la frontière n'étaient à nouveau pas les mêmes, et il a fallu en plus trouver un protocole sanitaire tenant compte des règles sanitaires des uns et des autres. Le Département et le Saarpfalzkreis ont fait le choix de jouer la carte de la coopération et la solidarité transfrontalières avant tout. Ainsi, alors même qu'il était en droit de le faire, le Landrat Dr. Theophil Gallo a maintenu la partie allemande du Parc fermée en l'absence de réouverture de la frontière pour que Français et Allemands puissent simultanément offrir l'accès à un site véritablement transfrontalier. Ce geste l'honore et atteste de la force des coopérations que nous avons patiemment tissées et développées depuis plus de 30 ans.

Et comment ne pas oublier cette image. Devant la frontière fermée, un Sarrois a fait le choix de passer une canne à pêche au-dessus des barrières pour pouvoir récupérer les baguettes qu'il avait l'habitude d'aller chercher à l'autre bout de sa rue, en Moselle, en France. C'est un symbole de ce que nous sommes et devons être. Face à ceux qui ne comprennent pas notre essence même, le transfrontalier, nous saurons être toujours plus innovants pour toujours plus de solidarité.

FACE À LA VAGUE, LE SOUFFLE DE LA SOLIDARITÉ

Pour contrer cet ennemi invisible qui a durement meurtri nos territoires, et face à l'incompréhension de certaines mesures adoptées, déconnectées de la réalité de notre quotidien transfrontalier, un sentiment de révolte a animé beaucoup d'entre nous. Comment un espace qui a fait le choix de construire des ponts et des passerelles pour créer un sentiment d'appartenance à un bassin de vie commun pouvait se retrouver face à un « mur » ? Comment ne pas réagir à ces images qui rappellent des heures sombres dans l'histoire de l'Europe ?

La phrase du journaliste et essayiste québécois Jean Dion prend alors tout son sens : « Les petites colères sont une source incomparable de solidarité ». Une remarquable dynamique s'est alors mise en place, sans attendre que les Etats ou même les institutions européennes ne la génèrent ou ne l'encouragent. Tous nous n'avions qu'un seul objectif : unir nos forces et agir collégialement pour le bien de nos populations et de nos territoires.

Le renforcement d'une coopération transfrontalière sanitaire et médicale exemplaire

Devant l'ampleur de la vague épidémique, notre système de santé a fait face avec courage et abnégation. Il n'y a pas assez de mots pour décrire la mobilisation de tous les professionnels de santé et leur adresser notre reconnaissance.

Je ne me livrerai pas ici à une critique du système, des erreurs d'orientation et de choix qui ont laissé nos hôpitaux et ses professionnels devant l'absence de moyens adaptés en qualité et en quantité pour répondre à cette vague épidémique. Car il nous faut collectivement réfléchir, tirer les leçons de cette crise pour reconstruire une véritable politique de la santé adaptée à la réalité des territoires. L'offre de soins ne doit pas être régie uniquement sur une logique comptable, mais redevenir un enjeu dans une logique de service public et d'aménagement du territoire, comme d'ailleurs la Commission Européenne l'a indiqué à la France.

Je souhaiterais souligner ici la solidarité qui nous a été témoignée par nos voisins, partenaires et amis frontaliers. Face à la pénurie des moyens, je tiens une nouvelle fois à rappeler le don de l'entreprise Dr. Theiss Naturwaren basée à Homburg en Sarre. Informés des difficultés que nous rencontrions, les dirigeants de cette entreprise ont saisi Tobias Hans, Ministre-Président de la Sarre, pour faire un don de matériel à notre système de santé. Sur ses recommandations, ils ont pris l'attache du Département de la Moselle et ensemble nous avons pu organiser la livraison de 20 000 masques chirurgicaux et de 3 000 litres de gel hydroalcoolique destinés au CHR de Metz-Thionville. Et comment ne pas citer ici la prise de position courageuse du médecin-chef de l'hôpital de Völklingen qui a dénoncé la fermeture de la frontière en la qualifiant de mesure absurde dans les colonnes de la Saarbrücker Zeitung du 14 avril 2020.

Il me faut également citer l'initiative impulsée par le Ministre-Président de la Sarre et concrétisée par son Ministre des Finances et des Affaires Européennes, Peter Strobel. Lors d'un de nos nombreux échanges téléphoniques, j'avais indiqué à Tobias Hans la difficulté que nous éprouvions à nous fournir en masques de protection. Il avait alors pris l'engagement que si la Sarre disposait d'une filière d'approvisionnement sécurisée, il n'hésiterait pas à y associer la Moselle. C'est ainsi qu'avec le soutien du Député Christophe Arend, nous sommes parvenus à mettre en place une opération qui a permis de distribuer des masques dans des communes frontalières qui en manquaient cruellement. Et c'est Monsieur le Ministre Strobel en personne qui a effectué la livraison. C'est un geste fort de l'entraide dans un bassin de vie qui a su surmonter les obstacles.

De même, ce sont ces liens étroits avec tous les acteurs concernés qui ont permis à plus d'une centaine de patients mosellans d'être pris en charge de l'autre côté de la frontière, que ce soit en Allemagne, ou au Grand-Duché de Luxembourg. Comme j'ai pu le dire au Ministre-Président de la Sarre lorsque je l'ai reçu le 26 juin 2020, ce geste a sauvé des vies.

Agir ensemble pour l'ouverture des frontières

La solidarité est la meilleure arme pour vaincre un obstacle. J'en veux pour preuve la multiplication des attentions de nos partenaires allemands. Ainsi, la vidéo réalisée par les maires sarrois à l'attention de leurs homologues français a été un rayon de soleil dans un quotidien dominé par l'angoisse et l'urgence. Ces témoignages de soutien ont donné un élan supplémentaire à l'action conjointe que nous menions de part et d'autre de la frontière pour en obtenir la réouverture.

C'est aussi tout le sens de la tribune que nous avons cosignée, Stephan Toscani, Président du Landtag de Sarre et moi-même le 11 avril 2020 à l'occasion des fêtes de Pâques. « Là où les cellules de crise et les établissements hospitaliers, les services de police et les forces de sécurité travaillent ensemble, il y a eu des résultats concrets. Le transfert et la prise en charge des patients les plus atteints dans les services de soins intensifs et de réanimation des régions voisines, la mise à disposition réciproque de matériel médical, des mesures communes pour faciliter le travail de nos très nombreux frontaliers, c'est ainsi que l'on combat ensemble le risque de division face à la crise ».

Cette force de la solidarité des territoires frontaliers s'est exprimée dans l'enceinte du Comité de Coopération Transfrontalière instauré par le Traité d'Aix-la-Chapelle. Elus français et allemands ont adressé à chaque réunion le même message unanime à leurs capitales. La fermeture d'une frontière ne sera jamais une solution à une crise sanitaire, mais c'est bien la coopération de proximité qui peut en être une, car ses acteurs ont agi en responsabilité pour le bien commun de tout un bassin de vie transfrontalier.

Cette dynamique, je l'ai retrouvée également au sein du Sommet des Exécutifs de la Grande Région. Face à l'évolution de la situation, Tobias Hans, Ministre-Président de la Sarre et Président en exercice du Sommet, a souhaité plusieurs fois nous rassembler pour évoquer non seulement la situation sanitaire, mais envisager avec espoir la sortie de crise et la mise en place de nouveaux instruments pour prévenir et amortir une nouvelle épidémie, tant sur le plan sanitaire, qu'économique et social. Cette communion d'esprit appelle nécessairement la mise en place d'actes concrets. Force est de constater que les leçons tirées de cette crise ont permis à très court terme de mieux agir.

« LE FUTUR DÉPEND DE CE QUE NOUS FAISONS AU PRÉSENT » (GANDHI)

L'été a permis d'offrir une respiration. Après les urgences, les angoisses et les peurs, la douleur, la colère et la révolte, la vie tendait à retrouver un semblant de normalité. La visite d'Amélie de Monchalin, Secrétaire d'Etat aux Affaires Européennes, Secrétaire Générale pour la Coopération Franco-Allemande en Moselle et en Sarre le 5 juin 2020 constitue un geste fort et symbolique. C'est d'abord la reconnaissance pour un territoire et ses habitants du lourd tribut payé pendant la 1ère vague épidémique. C'est également la reconnaissance de la situation exceptionnelle et traumatisante qu'ils ont dû traverser. Enfin, c'est surtout les remerciements de tout un pays pour la solidarité transfrontalière qui s'est manifestée.

C'était aussi une lueur d'espoir pour que l'anormal cesse. La frontière doit rouvrir. La confirmation de la réouverture de la frontière a été véritablement vécue de part et d'autre de la frontière comme une libération. La privation d'une libre circulation dans un espace sans frontière touchait à sa fin, la normalité était retrouvée. Parce que le combat fut rude, parce que la lutte conduite de part et d'autre de la frontière fut intense, l'annonce de la réouverture de la frontière le 10 juin 2020 lors de la séance du Comité de Coopération Transfrontalière a été reçue avec soulagement, mais également avec vigilance.

Un espace de coopération transformé par la crise

Le 18 juin 2020, lorsque nous nous sommes retrouvés pour une nouvelle rencontre du Sommet des Exécutifs, nous parlions de l'après-crise, de la transformation de nos modes de vie, et des nouveaux projets à engager. Nous avons partagé sur la nécessité d'adapter notre action à de nouveaux phénomènes comme l'accroissement du télétravail. En effet, au-delà de permettre simplement la poursuite de l'activité à distance pour ceux qui peuvent en bénéficier, il impacte directement nos choix en matière d'aménagement, de mobilité et d'organisation de la cellule familiale.

C'est aussi plus de numérique dans le quotidien. Il permet de maintenir un lien humain à distance et sans contact. Le Département de la Moselle a veillé, à l'aide de la mise à disposition de tablettes, à participer à la lutte contre la solitude des publics les plus fragiles. Les usages numériques doivent également permettre d'entretenir des liens naissants. Ainsi, les mesures de distanciation et de restriction de déplacements ne permettent plus à nos classes de franchir les frontières, à nos jeunes de partir à la découverte de l'autre et ainsi de s'ouvrir sur l'autre. Le numérique doit nous permettre de franchir cet obstacle et de nous engager dans la création de véritable classe transfrontalière commune.

La proximité est devenue une véritable richesse et surtout un espace à découvrir ou à redécouvrir. Le secteur du tourisme en est une preuve vivante. La fréquentation des sites touristiques sur la période estivale est principalement constituée d'habitants de notre bassin de vie. Il nous faut travailler ensemble sur notre attractivité en s'appuyant sur des dénominateurs communs. La Moselle en est un.

Aller plus loin dans les coopérations sanitaires, médicales et de secours

Mais avant tout, c'est aussi une motivation supplémentaire à accélérer des processus que nous avions engagés avant la crise sanitaire. Qu'il s'agisse de la convention MOSAR, de la coopération entre services d'incendie et de secours à l'échelle de la Grande Région au travers du projet INTER'RED soutenu par l'Union Européenne au titre des crédits dédiés au transfrontalier dans le cadre du programme INTERREG, que ce soit sur la formation des personnels médicaux, il nous faut accélérer. Notre futur médical et sanitaire sera transfrontalier. Un seul chiffre résume à lui seul cette perspective : 70 % du personnel de santé au Grand-Duché de Luxembourg sont des travailleurs frontaliers.

Pour une évolution des liens entre les capitales et les territoires frontaliers

Cette crise a également interrogé nos modes d'organisation et les liens entre les capitales et leurs territoires. Faut-il tout attendre d'un niveau central ou est-il possible de faire confiance aux territoires et à leurs acteurs qui seront plus réactifs dans la prise de décision, en sachant adapter la décision à la réalité et aux potentiels de leurs territoires, fussent-ils transfrontaliers ? Ce questionnement existe sur l'ensemble des versants de notre bassin de vie transfrontalier. J'ai toujours estimé que la proximité est source de pragmatisme parce que les acteurs se connaissent et connaissent les moyens à disposition de chacun. C'est bien pour répondre à de tels enjeux que sur ma proposition, l'Assemblée Plénière du Département de la Moselle a adopté à l'unanimité un rapport revendiquant la légitime reconnaissance du Département en tant qu'Eurodépartement français. Cette reconnaissance doit s'accompagner de l'exercice de nouvelles compétences par transfert ou dans le cadre d'un partage.

La prise en compte de la réalité des bassins de vie transfrontaliers en progression

Il est intéressant de constater qu'une meilleure prise en compte de la réalité vécue par les territoires frontaliers est partiellement intervenue avec la 2ème vague épidémique. C'est ainsi que les Länder frontaliers de la France ont intégré des mesures dérogatoires dans leurs règles de quarantaines, avec notamment une tolérance de 24h pour les frontaliers, ce qui permet le maintien des flux quotidiens dans le respect des règlementations sanitaires en vigueur de part et d'autre de la frontière. Cette disposition a été reprise dans le texte fédéral, ce qui doit être considéré comme une véritable victoire.

De même, lors de la 1ère vague, la conduite des contrôles policiers par des forces de l'ordre, qui ne sont pas en prise directe au quotidien avec la réalité d'un territoire transfrontalier, a ainsi généré des incompréhensions, voire a engendré des tensions inutiles. C'est pourquoi, je ne peux que me féliciter que pour éviter la réapparition de ces écueils le développement de patrouilles mixtes est rapidement devenu une priorité de part et d'autre de la frontière. Cela doit transmettre un double message. D'abord, que les forces de l'ordre coopèrent en parfaite compréhension de l'environnement transfrontalier, ce qui doit permettre d'éviter toute velléité unilatérale de fermeture de frontières. Ensuite, face à l'asymétrie des mesures de part et d'autre de la frontière, ces patrouilles ont une fonction d'explication et de pédagogie renforcée.

S'il faut se féliciter des avancées enregistrées depuis la 1ère vague épidémique, il nous faut encore progresser au regard de la problématique de la mise en œuvre de mesures asymétriques. Ouverture de commerces, circulation, et confinement font l'objet de prises de décisions qui demeurent encore difficilement compréhensibles à l'échelle des territoires frontaliers. Pourquoi à quelques mètres de distance, les commerces peuvent continuer à accueillir leur clientèle alors que d'autres doivent fermer ? Pourquoi dans une même rue, les uns doivent rester chez eux et se soumettre à un régime d'attestation, alors que les autres peuvent circuler avec plus de souplesse ? Sans oublier les règles liées au port du masque.

L'acceptation sociale des mesures sanitaires constitue un véritable enjeu transfrontalier sur lequel nous avons encore à travailler avec l'objectif de construire de véritables plans d'actions transfrontaliers. A ce titre, je me réjouis des futurs développements opérationnels de la Convention MOSAR et du projet transfrontalier GEKO soutenu par les crédits du programme INTERREG V-A Grande Région. Cette convention de coopération sanitaire et médicale peut avoir une véritable valeur d'exemplarité qui peut être reprise sur d'autres parties de la frontière franco-allemande.

« AUCUN DE NOUS N'EST PLUS CELUI QU'IL ÉTAIT AUTREFOIS ... NE SONGEONS PLUS AU PASSÉ QUE LORSQU'IL NOUS APPORTE DU PLAISIR, ET CONTEMPLONS L'AVENIR AVEC CONFIANCE ET ESPOIR »

Cette phrase de l'écrivaine P.D. James dans son livre « La mort s'invite à Pemberley » décrit avec précision ce qui aujourd'hui profondément m'anime. Ce que nous avons vécu, ce que nous avons traversé, nous marque durablement. Nous avons modifié nos approches, nous avons modifié nos habitudes et nos relations aux autres ont été bouleversées. Mais cette période, si éprouvante et douloureuse qu'elle ait été, a aussi engendré de nouveaux élans, de nouvelles dynamiques positives.

La solidarité et le renforcement des liens avec nos partenaires transfrontaliers, la mobilisation de nos capacités à innover pour surmonter de nouveaux obstacles sont autant de signes, de gestes qui témoignent d'une volonté commune de progresser pour plus d'intégration dans notre bassin de vie transfrontalier.

Nos territoires sont reconnus de manière légitime et indiscutable comme les laboratoires de l'Europe du quotidien. Ils seront donc des sources d'inspiration pour l'approfondissement de la construction européenne.

Lors de leur rencontre du 11 décembre 2020, les acteurs institutionnels de la santé se sont engagés dans la préparation d'un plan « pandémie » qui servira de base dans l'éventualité où il nous faudrait faire face à une nouvelle crise sanitaire. L'engagement de réflexions visant à la coordination des stratégies de vaccination sur nos territoires apporte un vent d'espoir, dont nous avons collégialement la responsabilité de ne pas le faire retomber. J'ai confiance et espoir pour et dans l'avenir car je sais que je peux m'appuyer sur mes partenaires frontaliers, comme je suis de la même façon à leurs côtés.

Né à Yutz (Moselle), **Patrick Weiten** *est un ingénieur de formation. Il débute sa carrière professionnelle en tant qu'agent à la mairie de Yutz, successivement comme technicien, ingénieur du génie urbain et directeur des services techniques municipaux. Il rejoint ensuite la société anonyme d'économie mixte (SAEM) Sodevam Nord Lorraine, dont il est le directeur de 1992 à 1994 puis le président directeur général de 1995 à 2008. De 1994 à 1998, il exerce également la fonction de directeur de la société de construction de réseaux CREL. Membre de l'Union des Démocrates et Indépendants (UDI), Patrick Weiten est élu maire de Yutz en juin 1995. Il le restera jusqu'en 2011 après deux réélections en 2001 et 2008. Premier vice-président de la communauté d'agglomération Portes de France-Thionville en 2004, il en devient le président de 2008 à janvier 2016. De 2005 à 2008, il est également le président de l'Agence de Prévention et de Surveillance des Risques miniers (APSRM). Membre du Conseil général de la Moselle de 1998 à 2015, il en est le premier vice-président de 2008 à 2011. e 31 mars 2011, il est élu Président du Département de la Moselle et il est réélu le 2 avril 2015. Elu le 4 janvier 2016 premier vice-président du Conseil régional Grand Est, il abandonne son mandat régional tout en conservant son poste de Président du Dé-*

partement de la Moselle pour devenir député de la Moselle en avril 2016. Il a quitté l'Assemblée Nationale à la fin de la législature le 20 juin 2017.

ÉCUEILS ET CHANCES DE LA CRISE SANITAIRE LIÉE À LA COVID-19 : LES COLLECTIVITÉS TERRITORIALES EN PREMIÈRE LIGNE

Mathieu Klein (Ville de Nancy et Métropole du Grand Nancy)

Zusammenfassung In Krisenzeiten wenden sich die Bürger*innen, wie Mathieu Klein (Bürgermeister von Nancy und Präsident der *Métropole du Grand Nancy*) in seinem Beitrag darstellt, in besonderer Weise an ihren Bürgermeister, den gewählten Vertreter, der den Französ*innen am nächsten steht, um Antworten auf ihre Fragen und ihre Belange zu erhalten. Gerade zu Beginn der COVID-19-Pandemie, als noch wenige gesicherte Informationen zu dem neuartigen Virus vorlagen, bestanden für die Stadt vielfältige Herausforderungen, mit denen Umgangsformen gefunden werden mussten. Die gewachsene Partnerschaft und der enge Austausch zwischen Nancy und der deutschen Partnerstadt Karlsruhe im Verlauf der Krise werden im Artikel eindrücklich herausgestellt. In ständigem Kontakt konnten Erfahrungen und gute Verfahrensweisen im Krisenmanagement, in der Unterstützung von Kultur-, Wirtschafts-, Krankenhaus- und Bildungsakteuren ausgetauscht werden. So gelang es auch, ein neues Kapitel der deutsch-französischen Zusammenarbeit zu schreiben. Mathieu Klein verdeutlicht, dass jeder Erfahrungsaustausch bereichert, ermutigt und Energie schafft, um künftige Projekte aufzubauen, innovativ zu sein und den Bürger*innen in herausfordernden Situationen besondere Aufmerksamkeit zu schenken. Zur zentralen Aufgabe wird es, den grenzüberschreitenden Austausch *langfristig* mitzugestalten und gemeinsame Grundlagen zu etablieren, sei es im Gesundheitsbereich, in der Wirtschaft oder zugunsten des sozialen Zusammenhalts. Nancy hat früh begonnen, sich der Welt gegenüber zu öffnen. Städtepartnerschaften zeugen davon, darunter die mit Karlsruhe seit 1955. Die sich ständig weiterentwickelnden deutsch-französischen Beziehungen dienen letztlich, so Mathieu Klein, der weiteren innovativen Gestaltung Europas. Gerade die COVID-19-Krise hat gezeigt, wie eng die gemeinschaftlichen Bestrebungen ausfallen und dass so auch in einer Gesundheitskrise Chancen liegen können.

INTRODUCTION

En temps de crise, il est vrai, les citoyennes et les citoyens se tournent principalement vers leur maire, l'élu le plus proche des Français, pour obtenir des réponses à leurs questions et à leurs inquiétudes. Eu égard à la situation inédite et au manque d'informations scientifiquement fondées liées à la COVID-19, au tout début de la crise, la Ville de Nancy, à l'instar d'autres collectivités territoriales, a rencontré des difficultés pour répondre aux nombreuses demandes dont elle a fait l'objet, notamment en matière de mise à disposition de matériel (masques, gel désinfectant, ...).

C'est face aux épreuves que la notion d'amitié prend tout son sens. Durant les 65 ans de leur dynamique de jumelage, Nancy et Karlsruhe ont pu bâtir des relations amicales et des coopérations fructueuses. Ces liens ont permis de construire un capital confiance et un réseau de personnes ressources, seules capables d'agir rapidement et efficacement pour obtenir conjointement le matériel dédié à la lutte contre l'épidémie. En mars 2020, faut-il le rappeler, il s'agissait alors d'une course contre la montre pour mettre à disposition de la population des masques et du gel hydroalcoolique. Pour ce faire, une mobilisation forte des élus et des agents, ainsi qu'une coopération intense avec le tissu associatif, notamment avec les associations franco-chinoises, se sont très rapidement organisées. Elles ont permis à la Ville de Nancy de pouvoir se procurer des masques, grâce à la culture d'échange franco-chinois mise en place bien avant l'apparition du virus.

Le début de la crise COVID-19 a été marqué par un élan de solidarité fort et par des dons de matériel de l'Hôpital de Karlsruhe au CHRU de Nancy. Il a également mis en exergue la capacité de communication entre les maires mais aussi entre les services. Karlsruhe a ainsi pu obtenir des masques, grâce à la dynamique de dialogue opéré entre Nancy et sa ville jumelée chinoise. La crise a également souligné la concertation entre les services des deux villes pour mener à bien des projets initialement prévus en présentiel, en format virtuel, et à favorisé l'échanges constant d'expériences et de bonnes pratiques.

Les collectivités territoriales connaissent parfaitement les réalités du territoire et leurs capacités de résilience. Les villes ont pleinement assumé leur rôle de soutien aux citoyens en fournissant du matériel sanitaire ; en offrant des espaces sécurisés (Hôtel de Ville) pour la distribution de colis alimentaires aux plus précaires ; en diffusant les messages liés aux bons gestes à adopter durant cette pandémie ; en soutenant les commerçants et les acteurs culturels, en étant à l'écoute de chaque citoyenne et de chaque citoyen dans les moments de paralysie, de sidération, de bouleversement et de grande incertitude liée à cette situation de crise sans précédent.

En contact permanent, Nancy et Karlsruhe ont pu échanger expériences et bonnes pratiques en matière de gestion de crise, de soutien apporté aux acteurs culturels, économiques, hospitaliers et pédagogiques et ouvrir une nouvelle page de leur coopération. Confinement, télétravail, manque de lien social, manque d'activité physique, difficulté d'équilibrer vie privée/vie professionnelle, tous ces changements, qui ont grandement influé sur nos modes de vie et ont parfois engendré du stress, ont fait l'objet d'échanges entre Karlsruhe et Nancy. Les deux villes ont ainsi continuellement appris des éventuels écueils et des leçons tirées par la ville sœur.

En matière de communication à destination de sa population, la Ville de Nancy s'est inspirée de Karlsruhe et a mis en place des points en visio-conférence permettant au maire de rester en lien avec les citoyens nancéiens. Ces échanges réguliers ont permis de transmettre les informations et les préconisations nécessaires, de rassurer, de partager, d'impulser et de garantir ainsi un peu de stabilité dans un monde où de nombreux citoyens risquaient de perdre pied. De son côté, Karlsruhe a publié sur son site Internet l'offre culturelle de la Ville de Nancy proposée dans le cadre de l'opération « Bienvenue chez vous », donnant accès aux collections des musées, de l'Opéra et autres établissements culturels nancéiens. Nancy, dans ses publications virtuelles a invité ses habitants à découvrir de la même manière les fleurons culturels de sa ville jumelée allemande. *Voyages autorisés*, à titre gracieux, et sans quitter la maison, pour le bonheur de toutes et de tous.

Tout au long de l'évolution de la crise sanitaire et de son cortège de mesures de soutien, les deux villes ont échangé sur les aides proposées de part et d'autre. Bons d'achat bonifiés de 25 % pour les Nancéiens, service de livraison gratuit, offert en lien avec les entreprises de coursiers à vélo, pour Karlsruhe. Tant d'initiatives dont chacune des villes a pu et continue de s'inspirer.

Forte de son engagement au cœur de la crise, et de la solidarité exprimée par l'ensemble de ses 11 villes jumelées et partenaires, Nancy a pris pleinement conscience de l'importance de son action pour les citoyens et compte faire entendre sa voix dans le concert des acteurs qu'il convient de rassembler autour de la table pour partager son expertise. Nancy a pu s'appuyer sur le soutien infaillible du Consulat général de la République fédérale d'Allemagne à Strasbourg qui a suivi de près les échanges entre Nancy et Karlsruhe. Le Consulat a ainsi donné des conseils avisés quand il s'agissait de prendre des décisions concernant le maintien ou l'annulation de certaines opérations.

PERSPECTIVES

Si pour Nancy et Karlsruhe, villes jumelées avec conviction et passion, le renforcement des coopérations entre nos hôpitaux et l'intensification de l'apprentissage de la langue du voisin sont deux axes prioritaires de coopération qui découlent des difficultés rencontrées durant cette violente crise sanitaire, la première des priorités de leur action dans les prochaines années se déclinera toutefois autour de la transition écologique dont la crise sanitaire liée à la COVID-19 a rappelé l'impérieuse nécessité.

En 2021, les deux villes, avec l'appui du Land de Bade-Wurtemberg, travailleront ainsi étroitement sur l'un des aspects liés à la transition écologique : la lutte contre le gaspillage alimentaire. Elles inscriront cette coopération dans une approche globale autour de la politique de l'alimentation urbaine, avec plusieurs entrées permettant d'innover en matière de gouvernance alimentaire locale, de promotion de l'alimentation durable et saine, de l'approvisionnement et de prévention du gaspillage alimentaire. Cette coopération pourra s'élargir aux autres villes jumelées avec Nancy et Karlsruhe qui pourront mettre à profit les avancées obtenues par ces dernières pour enrichir leurs propres politiques menées en la matière. Nancy et Karlsruhe tiennent à essaimer comme à s'enrichir des expériences des autres, pour, ensemble, aller plus loin. Idéalement, cette coopération s'élargira également à l'ensemble des Objectifs de développement durable de l'Agenda 2030 (ODD) sur lesquels Nancy compte travailler étroitement avec ses partenaires allemands.

RÔLE DES RÉSEAUX DE VILLES

Les réseaux de villes tels que l'Association Française du Conseil des Communes et Régions d'Europe (AFCCRE) et son homologue allemand (RGRE) avec sa commission franco-allemande dans laquelle Nancy et Karlsruhe sont toutes deux actives, peuvent être un bon relai auprès d'autres couples franco-allemands désireux de mettre en œuvre des partenariats répondant aux enjeux et défis du quotidien de leurs populations. Les nombreux webinaires et autres rencontres zoom organisés depuis le début de la crise sanitaire témoignent de l'importance des échanges entre collectivités qui souhaitent ardemment éviter tout repli sur soi.

Pour citer un autre relai potentiel incontournable : *TANDEM*, dispositif de coopération franco-allemand pour la transition énergétique locale, qui permet aux villes partenaires d'échanger des informations sur leur travail dans ce domaine, de mieux comprendre les différentes structures et organisations, d'identifier les sujets qui pourraient faire l'objet d'un échange ciblé et de planifier ensemble un ou plusieurs projets de coopération. Le projet TANDEM est coordonné par Energy Cities and Climate Alliance et soutenu par le Ministère de l'Environnement (BMU) et l'ADEME (Agence de l'environnement et de l'énergie). Nancy et Karlsruhe, qui bénéficient de l'efficace accompagnement de TANDEM depuis 2015, entendent amplifier leurs échanges dans ce cadre et y associer leurs villes jumelées européennes.

Nancy et Karlsruhe souhaitent également s'engager conjointement autour de la déclinaison à leur échelle et avec leurs compétences des enjeux soulevés par les ODD de l'Agenda 2030. A cet égard, Nancy compte sur l'accompagnement de Cités Unies France *(CUF)* dont elle est membre et qui œuvre aux côtés des collectivités territoriales en soutien de leur action internationale. Le groupe ODD permet aux collectivités d'opérationnaliser les ODD, les incitant à l'action et à la création de nouvelles coopérations en France comme à l'international.

Nancy est membre de l'Association Internationale des maires de France *(AIMF)* qui exprime le souhait que les maires soient davantage associés aux décisions publiques et à leur mise en œuvre, notamment s'agissant du déconfinement, de la relance de l'économie, ou encore de l'organisation de la campagne de vaccination en cours, soulignant la proximité des maires à l'égard des administrés et leur connaissance du terrain qui sont des atouts indispensables pour la réussite des politiques publiques.

L'*EuRégio* dont Nancy assure la vice-présidence et qui réunit les collectivités de la Grande Région permet d'échanger expériences et bonnes pratiques et de bâtir des coopérations notamment à destination de la Jeunesse, une jeunesse touchée par la crise sanitaire dont l'impact reste à mesurer conjointement afin d'imaginer les bons outils à déployer dans notre Grande Région. Nancy est prête à dialoguer avec ses voisins de la Grande Région où elle a d'ailleurs une ville jumelée – Liège – fidèle partenaire depuis son jumelage en 1954.

Nancy a une voix au sein du Conseil d'orientation du *Fonds citoyen franco-allemand*, lancé en avril 2020, issu du Traité d'Aix-la-Chapelle signé le 22 janvier 2019, au sein duquel elle représente l'AFCCRE et peut ainsi influer sur le choix des sujets prioritaires et l'orientation thématique des subventions.

Mathieu Klein

ACTIONS MENÉES PAR LA VILLE DE NANCY, EN LIEN AVEC SA VILLE JUMELLE

Mai de l'Europe à Nancy et Journées Européennes de la Culture à Karlsruhe en 2020

Si les deux villes ont dû renoncer finalement à mettre en œuvre les nombreuses actions envisagées dans le cadre des deux festivals cités en objet, une action commune a toutefois eu lieu : le 9 mai, à l'occasion de la Journée de l'Europe, les citoyennes et citoyens des deux villes ont été invités à chanter, danser, jouer depuis fenêtres et balcons l'Hymne à la Joie, l'hymne européen. Rompus aux manifestations d'applaudissements en guise de remerciement exprimé au personnel soignant à 20h00, les citoyens de Nancy et de Karlsruhe ont été invités à partager joyeusement leur adhésion à la construction européenne et aux valeurs qui en découlent. En 2021, les opérations franco-allemandes au service de l'Europe seront reconduites et amplifiées pour toucher tous les quartiers de la ville et toutes les villes jumelées européennes.

Rencontres, conférences, échanges d'expertise

A chaque fois que cela a été possible, des échanges franco-allemands ont été organisés via zoom pour pallier l'absence de rencontres physiques, rendues impossibles en raison de la fermeture des frontières et/ou l'interdiction de se déplacer au-delà d'un périmètre de 100 km. Jamais auparavant, autant de conférences zoom, Teams, alphaview, et autres plateformes numériques n'ont rassemblé autant d'agents et élus sur l'écran. Au fur et à mesure de cette crise sanitaire, nous inventions de nouvelles façons d'interagir avec nos interlocuteurs.

Mise en suspens d'opérations lancées quand la situation l'exigeait. Ainsi, la Ville de Nancy a accueilli en son sein, pour une année scolaire, une jeune bachelière de Karlsruhe venue effectuer un volontariat franco-allemand des territoires. Année fortement chamboulée, puisque l'arrivée de la COVID l'a contrainte à retourner en Allemagne – quelques jours avant la fermeture des frontières, afin de ne pas rester isolée, dans sa chambre d'étudiant. Depuis son environnement sécurisé, accompagnée par ses parents, la jeune volontaire a ainsi pu faire du télétravail depuis son domicile allemand où elle a certainement été bien plus efficace que dans sa petite chambre nancéienne où chaque sortie demandait l'établissement d'une attestation de sortie – chose inimaginable outre Rhin.

Exemple d'une expérience concluante

Avec l'appui des Villes de Nancy et de Karlsruhe, avec le soutien du Fonds citoyen franco-allemand lancé le 16 avril 2020, des artistes des arts visuels de Nancy et de Karlsruhe, en présence des élus des deux villes, ont échangé, sur fond d'une exposition intitulée « Adaptation » autour de l'impact de la crise sanitaire liée à la COVID-19 sur leur vie d'artistes. Ensemble, ils ont fait le diagnostic de la situation des deux côtés du Rhin et ensemble, ils ont imaginé des solutions pour que les artistes soient mieux protégés. Echange édifiant entre élus et artistes et prometteur pour des projets futurs qu'il a impulsés.

OBJECTIFS POUR LA FUTURE COOPÉRATION FRANCO-ALLEMANDE : MAINTENIR ET AMPLIFIER LES CONTACTS

Si le cadre des contacts via nos écrans et claviers avec nos villes jumelées a changé pour être sobre, voire froid ou même glacial, le contenu en est tout autre, chaleureux, bienveillant, généreux, porteur d'espoir. En effet, Nancy a constamment cherché à s'inspirer des expériences et meilleures pratiques des autres, a fait profiter ses villes jumelées de ses propres initiatives, a contribué aux communications que les villes jumelées ont publiées sur leurs sites Internet respectifs. Ainsi, Karlsruhe a publié les récits des directeurs des Relations internationales de ses villes jumelées durant la pandémie : quels enjeux, quelles actions, quel ressenti, quel impact sur la journée de travail au quotidien ?

Tout partage d'expériences enrichit, encourage et donne l'énergie nécessaire pour continuer à construire des projets, faire preuve d'innovation et avoir une attention toute particulière pour les citoyens en situation de précarité. En prenant conscience des fragilités de notre société, exacerbées par la crise sanitaire, nous nous devons de co-construire les perspectives franco-allemandes dans la durée et ainsi nous donner les moyens nécessaires, que ce soit dans le domaine de la santé, des entreprises ou de la cohésion sociale.

LA COOPÉRATION AU NIVEAU DE LA GRANDE RÉGION

J'ai l'ambition de faire de notre territoire un territoire résolument bi-, voire trilingue français, anglais, allemand. La crise a démontré l'avantage de maîtriser la langue du voisin pour très rapidement entrer en contact, expliquer la situation, comprendre, agir. Nancy et Karlsruhe dont de très nombreux établissements scolaires ont de solides appariements, souhaitent toujours intensifier leurs relations, renforcer l'apprentissage de la langue du voisin dans leurs écoles maternelles et élémentaires, échanger professeurs et personnels travaillant dans les écoles.

La construction et le développement de l'identité européenne ne dépend pas que des relations entre nos Etats, mais également de la volonté des territoires à construire des passerelles, à développer nos échanges, à construire une confiance bilatérale. Les liens franco-allemands ne se limitent évidemment pas au jumelage, même si, avec près d'une centaine d'échanges par an, il est intense et prolifique. De nombreux liens solides existent au niveau de la Grande Région. La crise a pu paralyser l'activité de certains, elle a donné à voir l'importance de celle de notre ville qu'elle a galvanisée.

En ma qualité de président du conseil de surveillance du Centre hospitalier régional universitaire de Nancy, il me tient à cœur de renforcer la coopération hospitalière et de jeter les bases pour une nouvelle coopération entre le CHRU de Nancy et le Klinikum Karlsruhe portant notamment sur l'échange de personnel paramédical.

CONCLUSION

C'est très tôt que Nancy a misé sur l'ouverture au monde, au partage d'expertise et à l'internationalisation de son territoire afin de répondre aux enjeux et défis de notre monde globalisé. Après la création de jumelages avec Newcastle (Angleterre) et Liège (Belgique), Nancy a engagé un jumelage avec Karlsruhe en 1955. Nos relations franco-allemandes en constante évolution interrogent, analysent, innovent, se mettent au service de la construction européenne. Je m'inscris dans la droite ligne de ce mouvement et j'ai la ferme intention de porter ce projet plus loin, de constamment ouvrir de nouvelles perspectives de coopération pour rapprocher les peuples, contribuer à une meilleure compréhension, à la justice sociale et à la paix. Par ailleurs, le plan de relance de l'Union Européenne se reposera essentiellement sur les territoires pour sa mise en œuvre, avec notamment des projets concrets pour Nancy dans la relance verte, digitale et inclusive.

La crise sanitaire a une nouvelle fois mis en exergue que notre ville jumelée allemande partage ces ambitions, partage nos valeurs humanistes et souhaite préparer avec nous le terreau fertile pour un monde post COVID-19 marqué par une solidarité irriguant résolument l'ensemble de nos territoires et entraînant dans son sillage toutes les forces vives.

Pour conclure, je forme des vœux de bonne santé à chacune et chacun d'entre vous.

Président du Conseil Départemental de Meurthe-et-Moselle de 2014 à 2020, élu Maire de Nancy le 5 juillet 2020 et Président de la métropole du Grand Nancy le 13 juillet 2020, **Mathieu Klein** *était auparavant cadre dans une organisation mutualiste, en charge de la prévention santé et l'accès aux soins. Lorrain de naissance, engagé depuis l'adolescence, il est socialiste de toujours. Il a la passion de l'action publique et est attaché aux valeurs de justice sociale, d'égalité républicaine, ainsi qu'à l'engagement européen de la Lorraine.*

ENG VERSCHLUNGEN ÜBER DIE GRENZE HINWEG

Florian Weber (Universität des Saarlandes) im Gespräch mit Dominik Jochum (Gemeinde Großrosseln)

Résumé Großrosseln est une commune frontalière sarroise dans laquelle on accède sans problème à la France voisine en voiture par cinq points de passage de la frontière. Et pourtant, au printemps 2020, les choses ont changé brusquement. Dominik Jochum, maire de Großrosseln, évoque dans un entretien avec Florian Weber les impressions que cette crise lui a laissées, les défis auxquels elle l'a confronté et les leçons qu'il en a tirées. Ayant pris ses fonctions en septembre 2019, donc peu de temps auparavant, il s'est vu confronté dès le printemps suivant à une pandémie de nature exceptionnelle. Du fait de sa situation géographique, sa commune est étroitement liée à la France voisine, de sorte que les contrôles à la frontière, voire la fermeture des points de passage dans le cas concret de sa commune, ont été très problématiques. Au vu de la propagation incontrôlée de la maladie au printemps, Dominik Jochum estime que la fermeture de la frontière était une bonne décision, mais qu'elle a engendré des problèmes qui se sont fait nettement ressentir au fil du temps et qui apparaissent bien clairement en rétrospective. Des barrières ayant été érigées du jour au lendemain sur les routes aux points de passage de la frontière, il fallait faire de grands détours pour se rendre dans le pays voisin, chose impossible pour celles et ceux de ses administrés qui n'avaient pas de voiture ou de permis de conduire ! Quelques jours plus tard, la réouverture de certains points de passage, assortie de contrôles d'identité, est intervenue juste à temps. Großrosseln s'est d'ailleurs retrouvé involontairement en bonne place dans les médias lorsque ceux-ci ont relayé l'histoire d'un Français qui avait été insulté par un membre de la police fédérale allemande. Cependant, le maire estime que dans l'ensemble, la police fédérale a fait un très bon travail dans sa localité et que sa présence a été vue avec compréhension. Dominik Jochum a eu de nombreux échanges avec ses homologues français. Les représentants politiques se sont réunis régulièrement à la frontière. Mais l'amitié franco-allemande a subi quelques égratignures qui doivent maintenant « se cicatriser ». Il faut tous s'unir dans l'effort commun – un principe qui vaut plus que jamais en temps de pandémie.

Florian Weber Lieber Herr Jochum, Sie sind seit Ende September 2019 im Amt des Bürgermeisters der Gemeinde Großrosseln. Was macht für Sie die Besonderheiten ihrer Gemeinde aus, die im Süden des Saarlandes in unmittelbarer Grenzlage zu Frankreich liegt?

Dominik Jochum Das Besondere an uns allgemein ist die innere Gemeinschaft. Wir haben sechs Ortsteile in der Gemeinde Großrosseln und jeder Ortsteil ist an sich eigen- und selbstständig, was auch gut ist, gleichzeitig sind wir eng verbunden. Wir haben die längste Grenze zu Frankreich im gesamten Saarland. Letztlich ergibt sich daraus bereits, dass bei uns die deutsch-französische Freundschaft groß geschrieben wird. Alle Grenzorte, das heißt Naßweiler, Emmersweiler und Großrosseln, haben *jumelages*, also Partnerschaften, mit ihren französischen Nachbarkommunen.

Florian Weber Wenn Ihnen im Jahr 2019 jemand gesagt hätte, dass Ihre Amtszeit im Jahr 2020 direkt von der Pandemie eines Virus bestimmt wird, was hätten Sie dazu gesagt?

Dominik Jochum Da hätte ich wahrscheinlich, wie jeder andere auch, erst einmal gar nichts sagen können. Wir wussten zunächst nicht, was da auf uns zukommt und für die Zukunft wissen wir auch nicht, was uns noch genau erwartet. Der Beginn der Pandemie kam mit Sicherheit für die meisten sehr überraschend – und dass es dann so schnell ging und unkontrolliert wurde, das war für viele auf der ganzen Welt so nicht vorhersehbar und auch für alle Bürger*innen damit eine ganz schwierige Situation. Im Winter 2020 sind wir an einem Punkt angekommen, wo jeder sich der Gefahr bewusst ist und wo die meisten sich an die geltenden Regeln halten und versuchen, diese Pandemie einzudämmen. Im Frühjahr war COVID-19 noch gänzlich unkalkulierbar, womit die Maßnahmen drastisch ausfielen, aber aus meiner Sicht richtig waren. Nach heutigem Stand muss man gleichzeitig zurückblicken. Man muss ehrlich sagen, die Entscheidungen waren drastisch, aber ich hätte es vermutlich genauso entschieden, weil die Sicherheit der Bürger*innen einfach vorgeht. Das hat uns einen ordentlichen Sommer beschert, was gleichzeitig im Winter 2020 zur Folge hat, dass wir jetzt nochmal schauen müssen, wie wir nun klarkommen. Mit den Erkenntnissen von damals treffen wir auch angepasste Entscheidungen: Keine Grenzschließungen mehr. Die Schulen bleiben – so weit wie möglich – offen. Es gibt natürlich ein paar Sachen, über die sich diskutieren lässt, die einem normalen Bürger vielleicht auch nicht sinnig erscheinen, doch in der Gesamtschau denke ich, dass wir auf dem richtigen Weg sind.

Florian Weber   Wenn Sie einmal zurückschauen, was wäre anders zu entscheiden?

Dominik Jochum   Ich denke, die Grenzschließung war ein großes und kontroverses Thema, gerade auch hier bei uns. Wir haben fünf befahrbare Grenzübergänge in unserer Gemeinde, wo es sehr chaotisch zuging. Gerade die französischen Freunde leben von unseren Supermärkten. Mit den geschlossenen Grenzübergängen waren sie gezwungen, weite Wege auf sich zu nehmen, nach Forbach zum Beispiel. Das sind fünf bis sechs Kilometer weiter, um dort einkaufen zu gehen, obwohl sie es bei uns innerhalb von ein paar hundert Metern normalerweise tun können. Aber die Grenzen wurden nun mal geschlossen. Am Anfang – davon bin ich auch weiterhin überzeugt – war dies mit Sicherheit die richtige Entscheidung – nur vielleicht nicht mehr aus heutiger Sicht. Ich hätte das auch so gemacht, allein um die eigenen Bürger*innen erstmal zu schützen. Heißt jetzt nicht, dass die Franzosen andere Bürger*innen sind, gar kein Thema. Aber irgendwo muss angefangen werden, das Virus einzudämmen. In Frankreich waren die Zahlen extrem hoch. Klar, das Virus macht an der Grenze nicht halt, aber zu dem damaligen Zeitpunkt war auch ich der Meinung, dass es akut die richtige Entscheidung war. Gleichwohl war ich sehr froh, dass wir – so rund acht oder neun Tage später – die Grenzen kontrolliert wieder geöffnet haben.

Florian Weber   Sie haben gesagt, es gibt fünf befahrbare Grenzübergänge. Waren alle zwischenzeitlich komplett geschlossen?

Dominik Jochum   Ja, alle. In den ersten zwei bis drei Tagen war allerdings zunächst nur der große Grenzübergang in Großrosseln zu (Abbildung 1) und danach hat man gemerkt, dass wir auch mehrere Grenzübergänge haben, so dass diese natürlich auch geschlossen wurden. Allerdings wissen Sie wahrscheinlich auch, dass es viele Schleichwege gibt – die kennen wir, die kennt jeder und auch die haben wir dann baulich schließen müssen. Und zu guter Letzt haben wir eine grüne Grenze, wo uns nur ein

Abbildung 1 Geschlossener Grenzübergang zwischen Großrosseln und Petite-Rosselle. Quelle: Aufnahme Marco Kany 2020.

Grünstreifen trennt, womit dort hin- und hergefahren wurde. Da war es schlichtweg baulich nicht möglich, zu schließen.

Florian Weber Das ist ja sehr eindrücklich! Wissen Sie noch, wann Sie davon erfahren haben, dass man die Grenzen kontrolliert und in Teilen schließt? Und was war das Erste, woran Sie gedacht haben?

Dominik Jochum Wir haben es relativ spät erfahren – also wir hier direkt vor Ort. Natürlich waren wir immer in Kontakt mit dem Bundesgrenzschutz, der Polizei und auch dem saarländischen Innenministerium. Nichtsdestotrotz war das, so glaube ich, eine Entscheidung, die – wenn auch gut überlegt – schnell getroffen wurde und wo uns dann mitgeteilt wurde: »Morgen ist es so!« Innerhalb von ein paar Stunden wurde dann die Grenze zugemacht. Und auch die Polizist*innen auf französischer Seite haben im Weiteren Kontrollen begonnen. Sie können sich das tatsächlich so vorstellen: Ich habe abends einen Anruf gekriegt: »Morgen früh kommen die Autos und machen die Grenze zu«. Bei uns blieb das nicht folgenlos: Hier ist die Lage noch einmal mit Hamsterkäufen ausgeartet – man hört das ja immer nur aus der Presse, aber hier waren wir live vor Ort. Also was hier los war, bei uns in den Supermärkten, das war schon extrem! Ich glaube, das Schlimmste an der ganzen Sache war einfach die Angst, die die Menschen hatten, auf deutscher und französischer Seite, dass sie jetzt keine Nahrungsmittel mehr erhalten, dass sie nicht mehr von A nach B kommen. Es gibt viele, die kein Auto zur Verfügung haben, um 10–15 Kilometer bis ins nächste Geschäft zu fahren, sondern hier zu Fuß über die Grenze kommen, um dort ins Geschäft zu gehen. Auch war sehr, sehr schwierig, dass hier gerade bei uns an der Grenze sehr viele Elternteile durch die Grenze getrennt sind. Dass viele in Frankreich wohnen, aber die Kinder oder die Eltern in Deutschland. Und die konnten sich dann von heute auf morgen nicht mehr sehen! Ich gebe Ihnen ein konkretes Beispiel: Da war eine erwachsene Frau, deren Mutter in Frankreich wohnt und lebt. Sie geht jeden Tag über die Grenze zu ihrer Mutter und pflegt sie. Und sie konnte jetzt von heute auf morgen nicht mehr zu ihr. Und die Mutter war pflegebedürftig, hat im Bett gelegen, konnte sich nicht mehr alleine versorgen, alleine waschen. Und das war schon ein sehr, sehr schwieriges Thema. Da sind viele Tränen geflossen. Das war nicht schön – das muss man einfach so sagen.

Florian Weber   Ich glaube, da zeigen sich konkret die alltäglichen Herausforderungen!

Dominik Jochum   Ja. Die Betroffenen sind natürlich alle zu uns gekommen, was auch richtig ist. Wir sind die erste Ansprechstelle und auch dort haben wir Lösungen geschaffen und konnten helfen. Nichtsdestotrotz war das schwierig.

Florian Weber   Welche weiteren großen Herausforderungen bestanden?

Dominik Jochum   Die große Herausforderung, das waren natürlich die Berufspendler*innen, die hier bei uns in den Geschäften arbeiten. Die Supermärkte sind zu 90 Prozent zweisprachig, ganz viele Bedienstete kommen aus Frankreich. Und die einzige Möglichkeit, die die Grenzgänger*innen zu dieser Zeit hatten, bestand darin, über den Grenzübergang Goldene Bremm und damit über Saarbrücken zu fahren. Anstatt von der Grenze das Geschäft hundert Meter weiter zu haben, mussten die Beschäftigten dreißig Kilometer fahren, um zu ihrer Arbeitsstelle zu gelangen. Die Grenze war zu der Zeit geschlossen und es durfte keiner mehr durch. Aber das hat man schnell gemerkt und deshalb wurde auch nachgesteuert und man hat dann unsere Grenze, hier die große in Großrosseln, für die Berufspendler*innen kontrolliert wieder geöffnet (Abbildung 2). Ein Lerneffekt. Wir

Abbildung 2 Kontrollen der Bundespolizei an der Grenze zwischen Großrosseln und Petite-Rosselle. Quelle: Aufnahme Marco Kany 2020.

brauchen die Grenpendler*innen! Viele arbeiten im Krankenhaus, bei uns in der Altenpflege. Deshalb war ich froh, dass man es so entschieden hat, unsere Grenze auch schnellstmöglich wieder kontrolliert zu öffnen.

Florian Weber Ich glaube, es konnte sich zu dem damaligen Zeitpunkt irgendwie keiner so richtig vorstellen, was es heißt, wenn man eine Grenze wirklich komplett zumacht. Wir leben hier lang genug schon mit offenen Grenzen oder zumindest mit Grenzen, die relativ einfach passiert werden können.

Dominik Jochum Viele haben gar kein Auto. Die kommen zu Fuß her, die wohnen gerade fünf- bis sechshundert Meter weg. Ein Beispiel macht das eindrücklich: Eine Französin aus Petite-Rosselle arbeitet bei uns in Großrosseln, hat aber keinen Führerschein. Daraufhin hat ihr Mann sie über die Goldene Bremm zu ihrem Arbeitsplatz fahren wollen, aber er durfte nicht über die Grenze, weil er eben keinen Schein vom Arbeitgeber hatte – nur sie. Nichtsdestotrotz hat man das mit Sicherheit vor der Entscheidung gar nicht alles im Detail kommen sehen können. Von daher bin ich immer noch der Meinung: Die Entscheidung war richtig am Anfang, um zu schauen, wie schnell sich das Virus ausbreitet. Man hat sehr schnell gemerkt, dass es mit den Grenzschließungen so einfach gar nicht geht und es wurde nachgesteuert. Wir stehen alle doch unter einem gewissen Druck, die zentralen Entscheidungsträger*innen noch mehr. So eine Grenze zu schließen, ist mit Sicherheit nicht einfach, aber zu der Zeit, aus heutiger Sicht, sage ich auch noch, war es eine ordentliche Lösung, die dann einer Korrektur unterzogen wurde, indem die Nachbarn wieder kontrolliert zu uns kommen konnten.

Florian Weber Wie fiel damals der Austausch mit Ihren französischen Amtskollegen aus? Und wie ist dort die Grenzschließung aufgenommen worden?

Dominik Jochum Wir haben viel telefoniert zu der Zeit, wir haben uns öfter an der Grenze getroffen und haben uns unterhalten, wie die Situation ist, wie gerade die Stimmung ist. In Frankreich war es aus meiner Sicht, aus meiner persönlichen Erfahrung heraus so, dass die französischen Bürger*innen etwas schockiert waren, was im eigentlich offenen Europa passiert, das wir auch in Deutschland eigentlich immer vorleben und ihnen dann verwehren, zum nächsten Supermarkt zu kommen. In Frankreich herrschte Ausgangssperre, so dass die Menschen den schnellsten Weg zum Supermarkt nehmen mussten, wenn sie einkaufen gehen. Und das wäre normalerweise in Deutschland bei uns direkt an der Grenze gewesen, was ihnen aber verwehrt wurde. Die Stimmung war schon angespannt, sehr angespannt. Nichtsdestotrotz wurde die Sachlage immer offen und ehrlich von unserem Ministerpräsidenten, dem Innenminister, dem Europastaatssekretär kommuniziert. Alle haben sich für angepasste Lösungen eingesetzt. Unser Europaminister war hier an der Grenze, Bundestagsabgeordnete waren an der Grenze, wir haben uns alle hier an der Grenze getroffen und ein Zeichen gesetzt, auch ich. Wir haben die Fahne gehisst, um deutlich zu machen, dass wir immer noch die deutsch-französische Freundschaft leben. Ich denke, dass es heute, ein halbes Jahr später, gar nicht mehr so das Thema ist. Natürlich ist der ein oder andere vielleicht noch etwas gekränkt. Aber ich schätze, das wurde immer offen und ehrlich kommuniziert. Und von daher bin ich der Meinung, dass wir das bestmögliche daraus gemacht haben, was gleichzeitig nicht bedeutet, dass wir nicht noch viel »Aufbauarbeit« leisten müssen. Das wissen die französischen Freunde, auch mein Amtskollege aus Frankreich. Wir sind gewillt, es anzugehen. Wir haben uns gegenseitig unterstützt, als unsere Nachbarn nicht an Masken herangekommen sind, was in Frankreich zwischenzeitlich ein großes Problem darstellte. Und so haben wir auch geholfen. Der Europaminister war hier und hat Masken verteilt. Wir haben auf dem kleinen Dienstweg Masken für die grenznahen Gebiete organisiert.

An dieser Stelle möchte ich noch eine Lanze für die Bundespolizei brechen: Deutschlandweit ging durch die Presse, dass ein Bundespolizist einen französischen Bürger bei uns an der Grenze beschimpft haben soll. Dazu wurde ich angerufen, war vor Ort. Der Bundespolizist hat für mich nicht den Eindruck gemacht, als ob die Situation außer Kontrolle geraten wäre. Alle Bundespolizist*innen, die bei uns gearbeitet haben, kann ich nur lobend erwähnen. Sie waren sehr, sehr freundlich, sehr höflich und sehr zuvorkommend und kompetent. Das muss man ehrlich nochmal erwähnen. Was an der Grenze genau bei diesem Vorfall passiert ist, kann ich nicht sagen, aber die Bundespolizist*innen, die bei unserer Grenze waren – ich war oft mit ihnen im Kontakt –, verhielten sich sehr, sehr freundlich und sehr kompetent.

Florian Weber Es ist letztlich eine für alle Seiten angespannte Situation gewesen.

Dominik Jochum Ich denke, jetzt haben wir die Lage ganz gut im Griff. Jetzt läuft es auch ganz gut. Vor dem »Lockdown light« kam noch einmal ganz kurz Unruhe auf, als die französischen Freunde den Eindruck hatten, wir könnten die Grenze wieder schließen. Da war es noch einmal zwei Tage bei uns in den Geschäften sehr angespannt, doch dann haben die Grenzgänger*innen schnell gemerkt, dass es nicht so ist und dass sie hier weiter einkaufen gehen können – sich aber natürlich auch dann an die Regel halten müssen, die wir aufstellen. Das ist klar. Wir sind aktuell ganz gut aufgestellt und werden stark von der Polizei unterstützt. Dies hat allgemein damit zu tun, dass es gerade im Grenzgebiet nicht nur positive Sachen gibt. In Frankreich gibt es zum Beispiel keine Spielsalons, wo man spielen kann. Dort sind der Alkohol und die Zigaretten sehr viel teurer als bei uns. Von daher zieht die Grenzlage nicht nur ordentliche Bürger*innen an, sondern es gibt einen gewissen Spielraum zur Kriminalität. Dem sind wir momentan sehr stark dabei, nachzugehen und immer mit großen und harten Kontrollen. Anders geht es nicht. Dabei will ich betonen, dass die Grenzkriminalität nicht rein von französischer Seite ausgeht, es gibt auch in Deutschland genug Deutsche, die sich nicht an Gesetz und Ordnung halten. Nur hier an der Grenze ist es mit Drogen, Alkohol, Glückspiel schon enorm. Das Schlimme ist, dass wir als Kommune keine Handhabe haben. Dann stehen wir mit dem Rücken an der Wand und haben fast keine Möglichkeit, das zu unterbinden. Und das ist momentan nicht gut.

Florian Weber Ich bin gespannt, wie sich das weiterentwickelt. Gerne möchte ich jetzt noch einmal auf den Lockdown light im Winter 2020 zurückkommen. Wo würden Sie sagen, stehen Sie aktuell mit Ihrer Gemeinde? Worin bestehen die großen, aktuellen »Corona-Baustellen«? Welche Regelungen haben Sie getroffen?

Dominik Jochum Wir halten uns strikt an die Regeln von Bund und Land. Wir kontrollieren das. Wir sind eine kleine Kommune mit 8 000 Einwohner*innen, aber mit einer recht großen Fläche. Es ist jetzt nicht so, dass wir so viel Personal haben, aber wir geben alle unser Bestes, kontrollieren auch die Quarantäne-Fälle. Schauen, dass wir täglich nicht nur kontrollieren gehen, sondern auch die Bescheide schnellstmöglich rausschicken, sobald wir diese vom Gesundheitsamt haben. Wir wollen ja alle, dass die Zahlen im Rahmen bleiben, dass unsere Kindergärten offenbleiben können, dass die Grundschule auf bleiben kann, das ist im Prinzip momentan das Wichtigste. Wir versuchen natürlich, unseren Einzelhandel zu unterstützen, indem wir Werbung machen, indem wir auch von Verwaltungsseite handeln oder ich als Bürgermeister öfters an die Bürgerinnen und Bürger appelliere: »Bitte kaaft dahääm«, so wie man das bei uns im Saarland sagt, also »kauft zuhause« auf Hochdeutsch – das Buch richtet sich ja nicht nur an die Saarländer*innen. Also, wir haben ganz vieles gemacht. Wir haben einen Einkaufsservice für die Risikopersonen eingerichtet. Wir haben auch Hilfspakete geschnürt, gerade in der damaligen Zeit, für Familien, die nichts mehr haben, die von der Arbeit zuhause bleiben müssen, die momentan kein Einkommen mehr haben. Wir sind ganz viel angegangen. Und ich hoffe, dass wir das hier bald überstanden haben, dass es nicht mehr so lange dauert.

Florian Weber Wenn wir einen Blick in die Zukunft wagen, welche Lehren könnte und sollte man aus Ihrer Gemeindesicht aus der Krise ziehen – allgemein, aber auch letztlich für das Leben in der Grenzregion?

Dominik Jochum Ein erster Punkt besteht darin, sich vielleicht selbst die Frage zu stellen: Was ist akut wichtig für mich persönlich, was hat Vorrang? Die Gesundheit? Und ist es wirklich erforderlich, dass man unbedingt irgendetwas durchsetzen muss? Sei es das Hobby, das man unbedingt jetzt gerade in dieser Phase ausüben möchte. Dass man sich vielleicht ein bisschen selbst sensibilisiert. Das Leben wertschätzt. Man weiß, wie schnell es gehen kann. Und auch dann sieht, dass es nichts Wichtigeres gibt, als die Familie und sein eigenes Leben. Und ich denke, da hat sich jeder mal ein bisschen Gedanken gemacht und zu machen, um sich selbst und andere zu schützen. Was man momentan alles so auf sich nimmt und auf was man alles verzichten kann, wenn es darauf ankommt, stellt unser ganzes Land derzeit unter Beweis. Und ich hoffe einfach, dass wir diese Situation jetzt bestmöglich lösen können – dass so wenige Menschen wie möglich sterben müssen und auch erkranken. Und dann appelliere ich und hoffe auch immer, dass jeder so ein Stück weit Verständnis dafür hat und das auch mitträgt – diese ganzen Entscheidungen. Natürlich ist das nicht immer ganz einfach!

Auch die deutsch-französische Freundschaft, um wieder auf das Thema der Grenze zu kommen, ist ganz wichtig für die Zukunft. Ich hoffe nicht, dass die Beziehung so stark darunter gelitten hat. Wir versuchen, uns gegenseitig zu helfen. Ein gutes Beispiel ist dafür, dass wir französische Bürger*innen in unsere Krankenhäuser aufnehmen und auch dort versuchen, zu helfen. Ich denke, das ist nicht selbstverständlich. Wenn wir die Kapazitäten und die Möglichkeiten haben, dann sollten wir das auch tun. Und das machen wir und das ist genau richtig, weil es ganz konkret um Menschenleben geht – da sind Nation, Partei, Hautfarbe völlig egal. Ein Mensch ist ein Mensch und dem sollte geholfen werden, egal was passiert! Und ja, ich hoffe einfach für die Zukunft, dass wir wieder zusammen feiern können. Wir haben bei uns ein grenzüberschreitendes Dorffest mit langer Tradition. Seit über 40 Jahren wird hier zusammen am ersten Wochenende im September Dorffest gefeiert. Und das war eigentlich auch so ein bisschen das Aushängeschild unserer Freundschaft. Im Jahr 2020 ging es leider nicht, aber ich hoffe, dass wir das in den nächsten Jahren und Jahrzehnten wieder in gewohnter Art durchführen können. Da sehe ich persönlich auch keine Probleme. Mit allen Bürgermeistern hier bei uns an der Grenze verstehe ich mich sehr, sehr gut. Unsere Ortsvorsteher, unsere »Grenzgebiete« haben sehr, sehr guten Kontakt zu den französischen Nachbarn. Da besteht eine gute Freundschaft. Und ich glaube einfach nicht, dass der Schnitt oder der Riss in die Freundschaft so groß war, wie er damals in der Presse vielleicht auch ausgebreitet wurde.

Florian Weber Ich danke Ihnen sehr herzlich für das Gespräch und wünsche Ihnen alles Gute!

Dominik Jochum ist Bürgermeister der saarländischen Gemeinde Großrosseln. Die unmittelbare Grenzlage zum Département Moselle und dem Ort Petite-Rosselle stellt ein Charakteristikum dar und macht entsprechend auch eine Besonderheit seiner Arbeit aus, im engen Austausch mit den französischen Kolleg*innen.

S'CORONALAND FRANKREICH !

Gérard Mittelberger (Commune de Petite-Rosselle)

Zusammenfassung Im Januar 2019 zeichneten Emmanuel Macron und Angela Merkel den Vertrag von Aachen, der an den Élysée-Vertrag von 1963 als zentralen Beitrag zur historischen Aussöhnung zwischen Deutschland und Frankreich anknüpft. Der neue Vertrag kann als ein Bekenntnis zu einem starken und zukunftsfähigen Europa gelesen werden – doch dann kam der März 2020 mit seinen Grenzkontrollen und Grenzschließungen mitten in der Europäischen Union und zwischen Deutschland und Frankreich. Gérard Mittelberger, im Frühjahr 2020 Bürgermeister von Petite-Rosselle (Grenzgemeinde im Département Moselle in unmittelbarer Nachbarschaft zum saarländischen Großrosseln), blickt auf die krisenhaften Entwicklungen und zeigt die ganz konkreten Auswirkungen zentral verordneter Entscheidungen für den Alltag im Grenzgebiet. Menschen, die in Petite-Rosselle leben und Angehörige in Großrosseln haben, wurden voneinander getrennt. Administrative Vorgaben wurden zu nahezu unüberwindlichen Hürden. Petite-Rosselle verfügt auch über keinen Lebensmitteleinzelhandel, so dass sich Bewohner*innen in hohem Maße im benachbarten saarländischen Grenzort versorgen – normalerweise, aber eben nicht mit der geschlossenen Grenze, womit entfernter liegende Orte auf französischer Seite aufgesucht werden mussten! Individuelle Hilfsmöglichkeiten mussten gefunden werden. Grenzgänger*innen wurden blockiert. Noch gravierender sind allerdings die Spannungen, die aus den Grenzschließungen resultierten – mit überwunden schienenen Stereotypen und Ressentiments. Gleichzeitig fanden Solidaritätskundgebungen statt. Für Gérard Mittelberger ergibt sich entsprechend unter anderem, dass Kommunikation auszubauen ist, gleiche Regeln dies- und jenseits der Grenze Anwendung finden müssen, aus gemachten Fehlern zu lernen und ein abgestimmtes Handeln erforderlich ist. Dies ist direkt anzugehen, um keine Zeit zu verlieren.

INTRODUCTION

La signature le 22 janvier 2019, à Aix-la-Chapelle, par Emmanuel Macron et Angela Merkel d'un nouveau traité de coopération et d'intégration franco-allemand visait à faciliter entre nos deux pays la vie quotidienne de ses habitants et tout particulièrement des frontaliers. Cependant au soir du 16 mars 2020, à la stupéfaction des habitants de Petite-Rosselle, la frontière avec notre commune jumelée de Großrosseln (Grande-Rosselle) a été fermée de façon unilatérale, comme si cette fermeture allait bloquer le virus (figure 1).

Les premières réflexions entendues çà et là étaient de dire que le traité n'était finalement que la résultante d'une idéologie intellectuelle sans suite réelle dans la vraie vie. Était-ce cela la politique européenne cohérente ? Et puis tout s'est enchaîné. Si cette décision a été jugée, par certains, nécessaire d'un point de vue sanitaire, elle a eu des conséquences non prévues du fait des liens économiques et personnels qui lient historiquement les communes de Großrosseln en Sarre et de Petite-Rosselle en Moselle mais aussi leurs habitants. D'un coup, d'un seul, les déplacements vers l'Allemagne n'étaient plus facilités voir supprimés comme ce fut le cas dans notre localité. Voici, quelques illustrations !

Figure 1 La frontière fermée entre Großrosseln et Petite-Rosselle en mars 2020. Source : Photographie d'Anne-Claire Beining 2020.

AIDE ET SECOURS À PERSONNE

Le 26 mars 2020 : Mme X veuve, âgée de 81 ans, vivant seule et demeurant à Petite-Rosselle, a fait une chute sur la voie publique et a été prise en charge par les sapeurs-pompiers. Sa fille demeurant à Großrosseln n'a pu franchir la frontière pour rendre visite et porter assistance à sa maman.

Le même jour une autre veuve Mme Y, âgée elle de 85 ans, vivant également seule et demeurant dans notre localité, dispose de soins infirmiers les matins. Son ménage est effectué par un organisme privé mais cette prestation n'est pas réalisée en ce moment en raison du confinement. Les autres tâches quotidiennes (confection du repas, courses et couchage) sont réalisées par sa fille, demeurant à Großrosseln. Cette dernière ne peut plus franchir la frontière pour apporter son aide à sa maman. Mme Y avait envisagé de s'installer chez sa fille mais dans ce cas les soins prodigués quotidiennement par des infirmiers français ne seraient plus possibles. Par la suite et après de nombreux appels téléphoniques, une solution avec un autre membre de sa famille a été trouvée.

Certains habitants, pour diverses raisons, prennent leurs médicaments dans les pharmacies du pays voisin. A court durant la période de fermeture des frontières et des contrôles, ils n'ont pu s'approvisionner altérant ainsi leur état de santé. Des solutions ont cependant été mises en place : déplacement des pharmaciens et des clients à la frontière par rendez-vous afin de procéder à la remise des remèdes.

RELATIONS ADMINISTRATIVES ENTRE NOS PAYS

Plusieurs administrés, travailleurs frontaliers, sont venus ou ont contacté la mairie service de l'Etat Civil suite à la réception de courriers envoyés par leurs employeurs ou d'organismes allemands versant des prestations sociales (chômage partiel ou allocations familiales – Kindergeld). Il leur était demandé de faire compléter des formulaires en Mairie, de faire certifier « conforme » des copies de leur livret de famille par la Mairie (ce qui est interdit en France !) ou de fournir des attestations justifiant que leur enfant habite bien avec eux. Les délais de réponse sont parfois très courts. A titre d'exemple, une demande en date du 23 mars exigeait une réponse pour le 3 avril !

En raison du confinement, la Mairie de Petite-Rosselle a été, comme presque toutes les mairies de France, fermée au public. De plus, les déplacements doivent être limités à l'indispensable et tout le monde ne dispose pas d'une connexion internet pour nous transmettre ces demandes par mail. Enfin, La Poste fonctionne a minima (mercredis, jeudis et vendredis d'après le RL du 28 mars 2020) ce qui rend encore plus compliqué ces démarches. Le bon sens aurait voulu qu'en raison du contexte ces démarches soient suspendues et les prestations reconduites automatiquement. C'est ce qu'a d'ailleurs fait la Caisse d'Allocations Familiales en France.

Le décès le 31 mars 2020 d'un habitant de notre commune en Sarre, a montré à quel point le retard dans la transmission de l'acte de décès (réceptionné le 23 avril alors que le défunt était déjà incinéré) pouvait créer une situation stressante et problématique à la veuve. Ce document est en effet le sésame pour demander la transcription du décès au Consulat de France à Berlin mais aussi de faire ses demandes de pension de réversion.

PROBLÉMATIQUE DES AIDES SOCIALES

Depuis plusieurs années, face à certaines urgences alimentaires, le CCAS (Centre Communal d'Action Social) sollicite la Conférence Saint Vincent de Paul. Cet organisme caritatif délivre des bons permettant aux personnes les plus démunies de faire leurs courses au magasin REWE situé à Großrosseln. Les bénévoles se rendent ensuite sur place pour régler le supermarché. Ce service a été évidemment interrompu en raison de la fermeture des frontières ce qui pénalisa lourdement les familles concernées. Car si le CCAS délivre des colis alimentaires, certes utiles, ceux-ci sont limités dans leur contenu et ne répondent pas aux besoins spécifiques (couches, lait pour enfants, régimes alimentaires spéciaux ...). Le CCAS a également la possibilité de solliciter le Secours Catholique pour répondre en partie à cette problématique alimentaire. Néanmoins, cela impose aux personnes non mobiles, soit les plus précaires, d'utiliser les transports en commun jusqu'aux magasins (situés à Forbach, à Oeting ou encore à Betting) qui acceptent ces bons. Cette démarche en plus d'être payante (certaines personnes sollicitent parfois le CCAS pour la prise en charge de ce maigre coût) n'est pas aisée en cette période où le service existant a été logiquement réduit.

Par ailleurs, la proximité des commerces alimentaires (non existants à Petite-Rosselle) en Allemagne soulage fortement les personnes non mobiles qui peuvent s'y rendre facilement à pied. A fortiori puisqu'à Großrosseln, se trouvent plusieurs enseignes différentes dans un périmètre très faible alors qu'à Forbach cela nécessitait plusieurs trajets en bus. En cette période ou pour réduire la propagation du virus, il convenait de respecter une distance raisonnable entre les personnes, n'était-ce pas plus prudent de se déplacer ainsi plutôt que de prendre des transports en commun où comme leur nom l'indique les mesures de distanciation sociale sont difficiles à respecter ?

Enfin, le CCAS a été également sollicité par une personne âgée faisant habituellement ses courses à Großrosseln. Elle conduit encore malgré son âge avancé jusqu'aux commerces de Großrosseln mais ne se sent pas capable de se rendre en voiture à Forbach. De ce fait, elle a sollicité la Mairie pour une solution afin de pouvoir être approvisionnée. En plus des propositions individuelles visibles sur les réseaux sociaux ou la solidarité qui s'était naturellement créée entre habitants, un service d'aide aux courses réservé exclusivement aux personnes sans aucune autonomie sous peine de ne pouvoir faire face aux demandes, a également été créé dans la commune par une association.

ECONOMIE

Depuis le début de la crise sanitaire les idéaux européens ont été mis à mal. Les relations se sont tendues entre Français et Allemands. Alors que le traité prévoit de faciliter les déplacements des travailleurs frontaliers d'un territoire à l'autre, force a été de constater que leur quotidien était devenu un enfer. Je dirais même des situations ubuesques dans certains cas. La fermeture de la frontière a contraint ces derniers à des détours énormes. Ainsi un habitant de Petite-Rosselle dont le lieu de travail se trouve à Großrosseln, à 500 mètres à pied, doit désormais faire 25 kilomètres pour prendre son poste.

Certains, indispensables à l'activité de leur entreprise sarroise (Dillinger Hütte à Dillingen, clinique Winterberg à Sarrebruck), se trouvaient contraints de parcourir de grandes distances. D'autres se voient imposer de rester chez eux alors que l'entreprise qui les emploie (ZF à Sarrebruck), avait repris le travail. Enfin les commerces de nos voisins ont constaté des pertes de clientèle (jusqu'à 80 % pour certains) et de ce fait de grosses pertes financières.

RELATIONS AU QUOTIDIEN DES HABITANTS DE LA RÉGION TRANSFRONTALIÈRE

Si la réouverture des frontières a été accueillie avec joie des deux côtés, la fermeture n'a pas eu la même portée pour les Français et les Allemands. Elle a laissé un goût amer à de nombreux Français. Se faire traiter de pestiféré, de « Scheiss Franzose » a conduit à un climat délétère à tel point que même le retour des frontaliers sur leur poste de travail fut considérer comme indécent par certains de leurs collègues allemands. Voitures rayées, regards hostiles dans les magasins, insultes et j'en passe. Et que dire de cette altercation entre un habitant de Petite-Rosselle et la Police Fédérale allemande ! Altercation relatée par de nombreux médias.

Cependant les réseaux sociaux n'ont pas véritablement arrangés les choses. La réponse du berger à la bergère ne s'est pas fait attendre. Entre les « Sales Boches », « Deutsche über alles » et de nombreuses allusions à des temps anciens peu glorieux, les qualificatifs s'en étaient donnés à cœur joie. Par pudeur je ne les reproduirais pas ici. Ces réactions parfois brutales à l'encontre de nos voisins étaient également dues à la stigmatisation portée par ces derniers suite au classement par l'institut de santé publique Robert-Koch de la région Grand-Est en zone pandémique à haut risque.

ENVIRONNEMENT

Les détours imposés et les longues attentes aux points de passage entre nos deux pays ne sont pas allés dans le sens des décisions prises lors de la COP 21 mais a probablement porté préjudice au combat mené au rétablissement de la couche d'ozone.

CONCLUSION

Durant cette période de tension nous avons assisté à des réflexes de peur, de repli sur soi, regrettables, mais aussi à des manifestations d'amitié et de solidarité et cela est bien heureux. Certains émanaient de personnalités publiques (figure 2), d'autres d'illustres inconnus. Il y a eu des appels à l'union aux travers de prises de paroles, de vidéos ou encore de courriels de soutien.

Figure 2 Entrevue du 21 mars 2020 devant la Rosseltalhalle à Groß-rosseln (à gauche) et entrevue du 6 avril 2020 sur le pont frontière à Petite-Rosselle (à droite), entre autres avec Christophe Arend (Député), Dominik Jochum (Bürgermeister Großrosseln) et Gérard Mittelberger (Maire de Petite-Rosselle à cette époque-là). Source : Photographies de la commune de Großrosseln 2020.

On a pu constater que la relation franco-allemande pouvait flancher en cas de crise alors que c'est dans ces moments-là qu'il faut redoubler d'efforts afin de la préserver et de la renforcer. Pour retrouver cette sérénité il faudrait entre autres :

- communiquer, encore communiquer et toujours communiquer,
- poser les mêmes règles sanitaires, juridiques et administratives de chaque côté,
- permettre la libre circulation des personnes,
- apprendre de nos erreurs, retenir ce qui a fonctionné,
- tenir compte des particularités et de l'histoire de notre bassin de vie,
- retenir l'exemple des transferts de malades dans le pays voisin,
- créer une structure au sein de l'Eurodistrict destinée à être force de proposition.

Le chemin sera encore long, mais le temps compte si nous voulons effacer les traces laissées par cette indélicate situation de nos mémoires. Que vive l'amitié et la coopération franco-allemande !

Gérard Mittelberger est retraité des Finances Publiques de l'Etat. Il est Président d'un organisme bancaire et oeuvre en temps que Trésorier au sein de l'Office de Tourisme communautaire de Forbach. Maire durant 12 ans de la commune de Petite-Rosselle (Moselle) et Vice-Président de la Communauté d'Agglomération de Forbach Porte de France, il a contribué au développement des relations franco-allemandes. Il a, par ailleurs, officié comme administrateur au sein d'organismes sociaux durant plusieurs années. Il est né et a grandi dans la ville transfrontalière de Petite-Rosselle et de ce fait a de nombreux amis et connaissances dans nos deux pays.

Einblicke in das deutsch-französische Krisenmanagement

Aperçus du management de crise franco-allemand

FLATTERBAND UND BARRIKADEN: GRENZSCHLIESSUNGEN IN DER PANDEMIE

Hanno Thewes (Ministerium für Finanzen und Europa des Saarlandes)

Résumé Pendant de nombreuses décennies, les habitants du triangle frontalier SaarLorLux ont vécu dans une région frontalière dynamique où il n'y avait, en fait, plus aucune frontière. Vivre en France, travailler au Luxembourg, faire ses courses en Sarre, c'est le quotidien ici. De nombreuses entreprises dépendent des travailleurs frontaliers. Mais avec la pandémie de COVID-19, il s'est produit un événement que personne ne pensait possible : les postes frontières ont été barricadés, un état d'urgence aux frontières a régné pendant près de deux mois. L'article de Hanno Thewes met en lumière la situation aux postes frontières, les effets sur la vie quotidienne des travailleurs frontaliers et les conséquences pour la coopération transfrontalière. Les leçons du printemps 2020 ont été tirées et la coopération entre les autorités allemandes, françaises et luxembourgeoises s'est améliorée. À l'avenir, les acteurs se coordonneront mieux dans un contexte de pandémie. D'un point de vue parisien ou berlinois, le Land de Sarre, le département de la Moselle sont peut-être encore des régions frontalières, mais cette frontière n'existe plus, ni économiquement ni socialement. L'auteur a été à plusieurs reprises sur place aux postes frontières lors des contrôles aux frontières pour régler des situations individuelles et pour faciliter la communication entre différents services nationaux. Il s'agit d'un compte rendu subjectif des « expériences (trans)frontalières ».

PLÖTZLICH RISIKOGEBIET

Wenn sich gewohnte Dinge grundsätzlich ändern, dann ist dies oft damit verbunden, dass bis dato völlig Nebensächliches oder gar Unbekanntes plötzlich große Bedeutung erhält. So war es an jenem 11. März 2020, als der Leiter unseres Pariser Büros erstaunt folgende Frage stellte: »Was ist RKI?«

Natürlich kannte niemand zu diesem Zeitpunkt in Frankreich das Robert-Koch-Institut, genauso wie in Deutschland. Doch Karl Terrollion, der zufällig in dieser Woche in Saarbrücken präsent war, wurde von Mitarbeiter*innen der Region Grand-Est alarmiert. Durch die Medien war am gleichen Tag die Information verbreitet worden, dass das RKI die Région Grand Est als Risikogebiet einstufen würde. Keiner konnte dies einordnen. Wie konnte es sein, dass eine Einrichtung, die klingt, wie eine Fortbildungsakademie für Chemielaboranten, auf ihrer Internetseite eine Entscheidung von solcher Tragweite verkünden kann? Mit der Konsequenz, dass bald Grenzen kontrolliert werden sollten. Dieses »bald« war am folgenden Tag: Am 12. März schon postierten sich Beamt*innen der Bundespolizei am größten Grenzübergang zwischen dem Saarland und Frankreich, an der Autobahn bei Saarbrücken, der »Goldenen Bremm«. Es war am selben Tag, als sich in Berlin die Ministerpräsident*innen trafen, um erste Lockdown-Maßnahmen zu beschließen.

Noch hatte der Auftritt der Bundespolizei eher symbolischen Charakter. Man hatte die Beamt*innen mit Fiebermessgeräten ausgestattet, damit wollte man Infizierte identifizieren und ihnen die Einreise verweigern – ein Ansinnen, das man nach kurzer Zeit einstellte, weil es wenig effizient war. Weder waren die Messdaten für die Bundespolizist*innen sinnvoll auszuwerten noch gab es ein Follow-up, was mit Infizierten zu geschehen habe, wenn sie deutsche Staatsbürger*innen waren. Die Einreise konnte dann nicht verweigert werden, gleichzeitig waren die Gesundheitsämter nicht vorbereitet. Die Lage an der Grenze war undurchsichtig. Die Aufregung in Grand Est war groß: Schließlich war COVID-19 in dieser großen französischen Region nicht überall ein Problem, allerdings gab es im Süden des Elsass bei Mulhouse ein Cluster, das dazu führte, dass die ganze Region zum Risikogebiet wurde.

Zunächst sah es so aus, als ob es bei sporadischen Grenzkontrollen bleiben würde. Doch das änderte sich am 15. März. An diesem Sonntag ordnete das Bundesinnenministerium dauerhafte Kontrollen für die Grenzen nach Frankreich, Luxemburg, Österreich, Schweiz und Dänemark an. Schon am darauffolgenden Tag, dem 16. März, war es soweit: Ab 8 Uhr begannen die Kontrollen an den Grenzübergängen Habkirchen-Frauenberg, Goldene Bremm, Alte Bremm, Überherrn/Creutzwald und Schengen. Die übrigen Grenzübergänge wurden von der Bundespolizei und der Landespolizei unregelmäßig überprüft, blieben aber offen.

Wie immer bei solchen kurzfristigen Maßnahmen war zunächst die Verwirrung groß. Nach den Vorgaben der Bundespolizei gab es freie Durchreise für den Transport von Waren und Dienstleistungen sowie für Berufspendler*innen. Dies folgte dem EU-Recht, wonach die Funktion des Binnenmarktes nicht beeinträchtigt werden darf. Alle anderen Betroffenen sollten an der Grenze zurückgewiesen werden. Zur besseren Organisation der Maßnahme wurde in Saarbrücken die Autobahn in Richtung Frankreich gesperrt und der gesamte Verkehr über einen kleineren Grenzübergang, die »Alte Bremm«, an der Bundestraße umgeleitet. Schon diese Maßnahme führte zu enormen Verkehrsbeeinträchtigungen, da der Fernlastverkehr sich nur langsam durch die überlastete Nebenstrecke quälte. Dies erweckte zunächst sogar die Vermutung, dass die Grenze zu Frankreich kontrolliert würde. Dies war jedoch nicht der Fall, Einreisen nach Frankreich waren weiterhin möglich.

Anders bei der Einreise aus Frankreich nach Deutschland, hier wurde die Autobahn in zwei Spuren geteilt. LKWs und Transporter durften durchfahren, sowie auch Fahrzeuge mit deutschen Kennzeichen, da Deutsche ja jederzeit einreisen konnten. Fahrzeuge mit ausländischen Kennzeichen und stichprobenweise deutsche PKW, es könnten ja Ausländer*innen darin fahren, wurden auf die Kontrollspur geleitet. Da es so kurzfristig noch keine Formulare für Grenzpendler*innen gab, musste in jedem Einzelfall dargelegt werden, dass man nach Deutschland einreisen konnte. Ansonsten hieß es: Umkehren auf die freie Autobahnspur nach Frankreich. Zuvor wurden die Vorderreifen mit gelber Kreide markiert, um zu verhindern, dass die Zurückgewiesenen es an einem der anderen Grenzübergänge versuchen – eine Praxis, die auf französischer Seite zu starken Irritationen führte, erweckte sie doch den Eindruck einer Stigmatisierung.

DER TRIFTIGE GRUND

Wenn sich gewohnte Dinge grundsätzlich ändern, dann ist dies oft damit verbunden, dass bis dato völlig Nebensächliches oder gar Unbekanntes plötzlich große Bedeutung erhält. So war es auch am 16. März mit einem etwas veraltet klingenden Begriff, der plötzlich in aller Munde war: der »triftige Grund«. Wörtlich hieß es auf der FAQ-Seite für Grenzgänger*innen, die wir auf Basis der Verlautbarungen der Bundespolizei auf unserer Internetseite veröffentlichten: »Der grenzüberschreitende Warenverkehr sowie der grenzüberschreitende Verkehr von Berufspendlern bleiben gewährleistet. Reisende ohne triftigen Reisegrund dürfen nicht mehr ein- und ausreisen«, und weiter: »Neben der grenzüberschreitenden Fahrt zum Arbeitsort und zurück (Pendler) oder dem grenzüberschreitenden Waren-

verkehr kann auch ein anderer schwerwiegender persönlicher Grund ›triftig‹ sein; welche grenzüberschreitende Privatreise als zwingend notwendig anzusehen ist, liegt im pflichtgemäßen Ermessen des Beamten vor Ort.«
Dass Grenzpendler*innen, Gewerbetreibende und Waren Transportierende passieren konnten, war klar. Doch was war mit Krankenwagen, Personen, die zum Arzt mussten, Personen, die pflegebedürftige Verwandte besuchen wollten, Personen, die minderjährige Reisende vom Flughafen Frankfurt abholen wollten oder Kindern, die in die Schule gebracht wurden, und vielen mehr? Da es nicht nur wirtschaftliche, sondern insbesondere soziale Verflechtungen in der saarländisch-französischen Grenzregion gibt, war durch die Grenzkontrolle das tagtägliche Leben an der Grenze massiv gestört. Die Telefone bei der Staatskanzlei, dem Europaministerium und dem französischen Generalkonsulat standen nicht still, täglich gab es neue Fallkonstellationen, die zu beachten waren. Besonders prägnant war das Beispiel eines Leichenwagens, der an der Grenze gestoppt wurde und erst nach langen Diskussionen weiterfahren konnte, um einen leider verstorbenen französischen COVID-Patienten aus der Völklinger Klinik abzuholen. Die Bundespolizei erklärte auf Rückfrage, man sei besorgt gewesen, dass der Fahrer des Leichenwagens seine Fahrt zum »Shopping« im Saarland nutzen könnte.

Vom ersten Tag der Grenzkontrollen war das Europaministerium am Grenzübergang an der Goldenen Bremm präsent, um bei diesen Einzelfragen zu vermitteln. Dabei hat sich bewährt, dass es eine sehr enge Zusammenarbeit zwischen der Bundespolizei und der Police Nationale gibt, die sich schon dadurch ausdrückt, dass beide nationalen Polizeien ein gemeinsames Gebäude am Autobahngrenzübergang nutzen. Dort befindet sich auch das deutsch-französische Kontaktkommissariat. In Zusammenarbeit mit dem Pressesprecher der Bundespolizeiinspektion und den jeweiligen Schichtleiter*innen wurde versucht, den unbestimmten Rechtsbegriff des »triftigen Grundes« weiter zu präzisieren, so dass es dann zu mehr oder weniger einheitlicher Handhabung bei bestimmten Einzelfällen kam. Dabei waren nicht nur französische Pendler*innen betroffen. Durch die europaweite Coronasituation war ein reger Reiseverkehr zu beobachten. Zahllose osteuropäische EU-Bürger*innen machten sich auf die Heimreise, da auch in Frankreich der Lockdown drohte. Eine große Zahl von ihnen wurde an der Grenze zurückgewiesen. Viele sind dann über Belgien oder das Elsass gefahren. Sogar das polnische Konsulat hatte sich eingeschaltet und das Europaministerium um Unterstützung gebeten, da viele polnische Staatsbürger*innen verzweifelt versuchten, nach Hause zu kommen und an der deutschen Grenze gehindert wurden. Dabei waren auch Transitfahrten ein »triftiger Grund«. Allerdings hing auch hier alles an den diensthabenden Beamt*innen.

Die Situation in der Grenzregion war schon durch diese Maßnahmen stark eingeschränkt, aber noch waren die kleinen Grenzübergänge geöffnet. Die Landespolizei und die Bundespolizei kontrollierten dort nur stichprobenartig. Doch diese Lage sollte sich bald schlagartig ändern. In einer Art und Weise, die niemand erwartet hatte.

DER NOTIFIZIERTE GRENZÜBERGANG

Wenn sich gewohnte Dinge grundsätzlich ändern, dann ist dies oft damit verbunden, dass bis dato völlig Nebensächliches oder gar Unbekanntes plötzlich große Bedeutung erhält. Das Konstrukt des »notifizierten Grenzübergangs« war uns bisher unbekannt. Dieser Begriff war plötzlich der Hebel, um Grenzen zu schließen. Schon am 19. März bat die Bundespolizei den saarländischen Innenminister, die nichtnotifizierten Grenzen zu schließen. Vor Ort an der Grenze, bei Lokalterminen und Besprechungen war die Verwirrung groß. Was hatte das zu bedeuten? Sollten neue Schlagbäume errichtet werden, dort wo sie seit Jahrzehnten verschwunden waren? Gleichzeitig wurde bekannt, dass der Landesbetrieb für Straßenwesen vom Innenministerium im Rahmen der Amtshilfe beauftragt wurde, schon ab dem 20. März mit den Grenzschließungen zu beginnen. Auch hier war die Informationslage unsicher. Sollten an die Grenzen Absperrungen gestellt werden, die so positioniert sind, dass Rettungsfahrzeuge passieren können? Es kursierte die Information, dass man in Rheinland-Pfalz eine »softe Lösung« hätte, indem man nur Verbotsschilder aufstellen würde. Auch dies erwies sich als Gerücht.

Hinter dem Begriff »notifizierter Grenzübergang« verbirgt sich eine Prioritätensetzung, eine Prioritätensetzung für ein Grenzschließungsprogramm. Für den Fall, dass es zu Grenzkontrollen kommt und das Schengensystem vorübergehend ausgesetzt wird, wurde diese Liste von der Bundespolizei erstellt. Zwischen dem Saarland und Frankreich sowie Luxemburg besteht eine Grenze von ca. 170 km Länge. Insgesamt gibt es hier 36 Grenzübergänge auf dem Landweg. Nur an fünf Stellen sind Grenzübergänge notifiziert. Alle anderen haben Priorität 1 bis 3. Die Grenzübergänge mit der höchsten Priorität können als erstes geschlossen werden. Bei den Vor-Ort-Gesprächen mit der Bundespolizei wurde von »Kanalisierung der Verkehrsflüsse« gesprochen. Schnell war klar, dass wenn die großen

Übergänge kontrolliert wurden, die kleineren als Ausweichroute genutzt werden konnten. Was dann geschah, hat sich in das kollektive Gedächtnis der Menschen in der Grenzregion eingebrannt: Nach wenigen Tagen waren alle nicht-notifizierten Grenzübergänge baulich geschlossen. Die Barrieren waren so postiert, dass auch ein Umfahren unmöglich war. Die Kanalisierung der Verkehrsströme führte alsbald zu Chaos an den Grenzen. Da die kleinen Übergänge im Saargau geschlossen waren, mussten die zahlreichen französischen Mitarbeiter*innen großer Unternehmen wie Ford Saarlouis und Dillinger Hütte weite Umwege in Kauf nehmen, um dann an den wenigen Grenzübergängen im Stau zu stehen. In kleinteiligen, engen Grenzsituationen wie zwischen Petite-Rosselle und Großrosseln, wo man in Frankreich wohnt und 200 Meter weiter in Deutschland einkaufen geht, standen die Menschen vor Barrikaden. Bauern konnten nicht mehr zu ihren Äckern, weil selbst kleinste Feldwege gesperrt wurden. Selbst die Freundschaftsbrücke zwischen Kleinblittersdorf und Grosbliederstroff, eine Fußgängerbrücke über die Saar, die von vielen Pendler*innen als Zugang zur Saarbahnhaltestelle auf deutscher Seite dient, wurde mit einem Flatterband gesperrt.

Die Lokalpolitiker*innen diesseits und jenseits der Grenzen liefen Sturm. Die Unternehmen intervenierten. Die Kliniken bekamen ernsthafte Probleme, da es für die zahlreichen Pflegekräfte aus Frankreich, auf die man im Saarland angewiesen ist, kein Durchkommen gab. Bald kam es aufgrund des politischen Drucks schrittweise zur Öffnung einiger Grenzübergänge. Ein Prozess, der sich bis Anfang Mai hinzog, bis dann am 15. Mai der Landesbetrieb für Straßenbau die letzten Barrikaden wegräumte.

Aus all diesen Maßnahmen hat man Lehren gezogen, die Kooperation zwischen den deutschen, französischen und luxemburgischen Behörden hat sich verbessert. Zukünftig wird man sich im Rahmen der Pandemie besser abstimmen. Aus Pariser oder Berliner Sicht mag das Saarland, mag das Département Moselle immer noch Grenzland sein. Doch diese Grenze existiert nicht mehr, weder wirtschaftlich noch sozial. »Wir reisen hier nicht, wir leben hier«, hat eine Saarländerin in den sozialen Medien gepostet.

Dr. Hanno Thewes ist Referatsleiter für Europapolitik im saarländischen Ministerium für Finanzen und Europa. 2020/21 hat er zusätzlich die Funktion als Geschäftsführer der deutschen Europaministerkonferenz (EMK). Er war jahrelang ehrenamtlich Präsident der Europäischen Bewegung im Saarland. Dieser Beitrag ist eine persönliche Schilderung der »Grenzerfahrungen«.

CHRONIQUE D'UNE ANNÉE COVID

Gilbert Schuh (Eurodistrict SaarMoselle)

Zusammenfassung Gilbert Schuh ist Bürgermeister der Gemeinde Morsbach im Département Moselle und Präsident des grenzüberschreitenden Eurodistricts Saar-Moselle. In seinem Beitrag wirft er einen persönlichen Blick zurück auf die Geschehnisse ab dem Frühjahr 2020, die in vielerlei Hinsicht prägend waren. Rund um die Monatsmitte März 2020 überschlugen sich die Ereignisse. Das Coronavirus hatte die Grenzregion erreicht – auch ihn und seine Ehefrau. Sehr eindrücklich zeigt sich, wie im Zusammenspiel aus politischen Entscheidungen in den Hauptstädten und konkretem Handeln »vor Ort« auf Herausforderungen reagiert wurde, die keineswegs nur gesundheitlicher Art waren, sondern auf zentrale Weise auch das grenzüberschreitende Zusammenleben und Miteinander betrafen. Gilbert Schuh beschreibt das Krisenmanagement sowohl für das Jahr 2020 als auch für das Frühjahr 2021, als das Département Moselle von deutscher Seite aus zum Virusvariantengebiet erklärt wurde und sich so neue Fragen im Grenzraum stellten. Es wird deutlich, wie sehr die regionalen und lokalen Akteure von einem gemeinsamen Verständnis geprägt waren und sind. Die pragmatische Suche nach Lösungen für die Bewohner*innen des Verflechtungsraums wird manifest – der Aufbau eines deutsch-französischen Corona-Testzentrums ist dabei nur ein Beispiel von vielen.

LA COVID EN SARRE ET EN MOSELLE

Le 13 mars 2020, le Maire de Sarrebruck me téléphone. Il me propose une rencontre avec la presse sarroise. Il veut rapidement prendre position contre toute manifestation de méfiance contre des Français dans le cadre de la COVID. Je suis surpris, mais je me rends à son invitation. La directrice de l'Eurodistrict SaarMoselle, Isabelle Prianon, est présente également. Tous les deux témoignent de dérapages verbaux dans des entreprises. A mon retour à la Mairie de Morsbach, Isabelle Prianon m'informe par SMS que la ligne de bus transfrontalière Hombourg-Haut/Sarrebruck est fermée.

Le 15 mars se tient le premier tour des élections municipales en France. Je suis réélu. Le lendemain la France annonce un confinement sur tout son territoire. Un habitant du quartier du Guensbach à Morsbach, situé directement à la frontière avec Emmersweiler m'appelle pour me faire part de sa stupeur de voir une barrière qui le sépare de l'Allemagne (figure 1). Il n'est pas le seul : de Petite Rosselle à Grosbliederstroff, de Carling à Creutzwald... remontent les commentaires très négatifs sur les barrières. Des positions anti-françaises et anti-allemande ressortent de la naphtaline. Les rues sont désertes, les écoles sont fermées, tout le monde retient son souffle.

Je suis atteint par la COVID tout comme mon épouse, heureusement sous une forme bénigne. Je suis quand même fatigué et j'ai perdu cinq kilos en une semaine.

LA COOPÉRATION TRANSFRONTALIÈRE

L'Eurodistrict me rappelle à la réalité. La situation s'aggrave et les hôpitaux de Forbach, Sarreguemines et Saint-Avold sont saturés. Il faut organiser des transferts en Allemagne. Uwe Conradt et Isabelle Prianon ne ménagent pas leurs efforts pour faciliter cette délicate opération, en assurant le contact entre l'Agence Régionale de Santé et le Ministère de la Santé de la Sarre. Les hôpitaux de Sarrebruck, Völklingen et Homburg-Saar répondent présent.

J'appelle mon collègue et ami Gunter Heinrich 1er Vice-président du Landtag pour lui demander d'intensifier les transferts. Il en parle à Tobias Hans qui est déjà en contact avec le Président de la Moselle Patrick Weiten. C'est en cours et la Sarre fera le maximum.

Remis sur pied, je reprends mes activités en présentiel. La course aux masques, aux gants et au gel hydroalcoolique est engagée. Les maires de France sont en première ligne ; on se débrouille et on y arrive. Je commande des portes à ouverture automatique pour la mairie et des robinets à détection pour les écoles. Mes adjoints et le personnel prennent des nouvelles des personnes âgées et fragiles.

Le Land de Sarre envoie du gel et des masques au département de la Moselle ; le député Christophe Arendt assure la distribution. La coopération

Figure 1 Des barrières qui séparent. Source : Photographie de Peter Dörrenbächer, 2020.

transfrontalière est intense, même si cela ne se voit pas. C'est concret, mais quand même assez irréel.

Nos collègues maires de Sarre nous envoient un message de sympathie par une vidéo YouTube. Elle est émouvante et elle fait un tabac. Je pense que certains ont dû avoir les larmes aux yeux en la visionnant.

Les maires de l'Eurodistrict signent une lettre de l'Eurodistrict, adressée à Angela Merkel et à Emmanuel Macron. Nous rappelons l'importance des relations transfrontalières dans les rapports d'amitié entre la France et l'Allemagne et la nécessité d'être exemplaire pour les autres pays de l'union Européenne. Nous renouvelons notre demande d'ouverture rapide des frontières.

Lassés des visioconférences, mais aussi pour faire un geste symbolique nous décidons de réunir le comité directeur de l'Eurodistrict en présentiel. Madame Dulamon, Sous-préfète de Forbach nous soutient et en parle au préfet de la Moselle. Notre réunion se déroule à la salle des fêtes de Morsbach. Les maires de Sarrebruck, de Kleinblittersdorf, de Sarreguemines, de Heusweiler, de Riegelsberg, le président du Regionalverband et de la Communauté d'agglomération de Sarreguemines me rejoignent. On porte des masques et on doit rester distanciés, mais c'est tellement mieux qu'en visioconférence. Tous font part des difficultés générées par la fermeture de la frontière.

Nous continuons de faire pression sur Berlin et Paris. Enfin on nous annonce un bonne nouvelle. Amélie de Montchalin, secrétaire d'Etat aux Affaires européennes vient en Moselle le 5 juin 2020. Symboliquement, à la frontière de Petite-Rosselle/Grossrosseln et de Grosbliederstroff/Kleinblittersdorf. Elle annonce que les deux pays ont pris la mesure des difficultés et de l'incompréhension des Mosellans et de des Sarrois : « il n'y aura plus jamais de fermeture des frontières ». La France ouvre sa frontière le 15 juin, l'Allemagne le lendemain. L'Allemagne et la France déconfinent.

Pour tirer les conséquences de ce qu'on appellera la première phase de la pandémie, le Ministre Président de la Sarre rencontre le Président de la Moselle le 26 juin 2020 au Conseil départemental à Metz. Je suis de la partie. Les relations entre la Moselle et la Sarre sortent renforcées de cette épreuve. A cette occasion les Mosellans et les Sarrois confirment : « nous ne voulons plus jamais voir de barrières se lever entre nos deux pays ».

LA VIE REPREND SON RYTHME – POUR PEU DE TEMPS

La vie reprend son rythme, on pense que le plus gros est derrière nous. A l'occasion de la Journée européenne du Patrimoine du 20 septembre, j'ai le plaisir d'accueillir Clément Beaune, secrétaire d'Etat aux affaires européennes, accompagné par Stéphan Bern, à la maison de Robert Schuman à Scy-Chazelles, un haut lieu européen, propriété du Département de la Moselle. La visite est chargée de symboles. Nous pensons tous que la pandémie n'affectera plus les échanges transfrontaliers. Je ne savais pas alors que cela n'était pas terminé, et que j'allais avoir bien d'autres contact avec Clément Beaune.

En effet le virus a imposé son calendrier, les variants se sont invités pour perturber la timide normalisation. La Moselle doit faire face, dès le mois de février 2021, à l'invasion des variants. Le taux d'incidence global augmente aussi. Les élus de Metz sonnent l'alarme et certains réclament même un confinement. Le ministre de la Santé, Olivier Véran, vient à Metz le 12 février. Les élus demandent une accélération de la vaccination. La Moselle bénéficiera bien de vaccins supplémentaires.

Les élus de l'Eurodistrict sont inquiets de cette situation et craignent des conséquences contraignantes pour leur bassin de vie transfrontalier. Roland Theis, Secrétaire d'état aux affaires européennes de la Sarre se montre rassurant à chaque rendez-vous du jeudi matin, où les représentants du Grand-Est, de la Rhénanie-Palatinat, du Bade-Wurtemberg, du ministère fédéral de l'Intérieur, du Ministère fédéral de la Santé, de l'Agence Régionale de santé du Grand Est se réunissent à l'invitation de la Préfète du Grand-Est. J'y représente la Moselle et je forme un parfait binôme avec Roland Theis pour défendre la libre circulation de nos concitoyens dans l'espace de l'Eurodistrict. Notre défi permanent est d'argumenter auprès du Robert Koch Institut et de l'Etat fédéral pour ne pas classer notre département en très haute incidence.

Au nom de l'Eurodistrict, Uwe Conradt et moi-même envoyons un nouveau courrier à la Chancelière et au Président de la République : notre exigence se résume à « pas de fermeture, pas de contraintes, mais une harmonisation des mesures de lutte contre la pandémie ». Notre courrier est lu, une task-force transfrontalière est créée pour garantir la libre circulation. Le Grand Est, la Moselle, la Sarre et l'Eurodistrict gardent espoir. Jean Rottner s'engage fortement à nos côtés. Mais la mauvaise nouvelle nous est communiquée en audio-conférence le 27 février par Clément Beaune : Berlin classe la Moselle en territoire à variants. C'est le choc. La Sarre, la Moselle, le Grand Est et les services de l'Etat en France, font bloc. Nous obtenons des concessions : le test antigénique rapide au lieu du PCR, aucun contrôle à la frontière, pas de quarantaine. Mais la mesure est tout de même très mal acceptée. Le Maire de Sarrebruck ne cache pas son mécontentement au Bund. Les élus du Land non plus. Nous nous mobilisons afin d'alléger le plus possible les contraintes qui pèsent sur les travailleurs frontaliers et sur ceux qui se déplacent pour des motifs familiaux, de santé ou de formation.

En coopération avec l'Eurodistrict, le Land de Sarre ouvre en urgence un Centre de test franco-allemand en mode drive. Les tests sont antigéniques, rapides, gratuits pour les usagers. Le Land de Sarre prend tous les coûts à sa charge. L'Eurodistrict assure les contacts franco-allemands et la communication. Dès l'ouverture, la capacité de 1 600 tests par jour est atteinte.

Le Land de Sarre livre des tests aux entreprises qui emploient des Mosellans qu'ils soient allemands ou français. En Moselle, l'Etat et le Département se mobilisent ; des centres de test sont ouverts à Freyming-Merlebach, Forbach, Bitche, Bouzonville et Creutzwald pour permettre au plus grand nombre de se faire tester. Les Sapeurs-pompiers de Moselle et de nombreux bénévoles sont à pied d'œuvre. Le secrétaire d'Etat est venu à Sarreguemines le 4 mars pour visiter le centre de Sarreguemines. Il nous a renouvelé sa détermination à négocier au plus haut niveau la levée des contraintes inacceptables localement.

Je remercie les sapeurs-pompiers de Moselle, la Feuerwehr de Sarrebruck, le THW et tous les acteurs qui se mobilisent au service des habitants de l'Eurodistrict SaarMoselle. Je suis heureux que nous soyons unis, Mosellans et Sarrois, dans cette épreuve. Vivement qu'on en sorte !

Maire de Morsbach depuis 1995, délégué à la coopération transfrontalière au conseil départemental de la Moselle et vice-président de la communauté d'agglomération Forbach Portes de France, **Gilbert Schuh** *est également président de l'Eurodistrict Saar-Moselle. Entré en politique par conviction européenne, l'élu centriste est l'une des chevilles ouvrières de cette institution transfrontalière fondée en 2010.*

BEHERZTES HANDELN AUF DEM
WINTERBERG: ALLE FÜR ALLE

Florian Weber (Universität des Saarlandes) im Gespräch mit Christian Braun (Klinikum Saarbrücken)

Résumé Avec 16 services spécialisés et 15 centres de compétences, le centre hospitalier *Klinikum Saarbrücken*, situé sur la colline du Winterberg à Sarrebruck, est le plus grand hôpital de l'agglomération sarroise. Avec la propagation du virus, cet établissement a été très fortement sollicité, comme l'évoque de manière saisissante le Dr. Christian Braun, son Directeur général et médical. Il a fallu s'adapter en permanence à de nouvelles situations et à de nouveaux défis. Sur le plan médical, il a fallu mettre en place des zones séparées pour les patients COVID, élaborer des protocoles d'hygiène et former le personnel ainsi que les auxiliaires. Au début, l'approvisionnement en équipements de protection et en consommables s'est avéré extrêmement difficile. En outre, il a fallu naturellement réagir aux divers changements au niveau social et politique : organiser la garde des enfants du personnel, mettre en place les dispositifs nécessaires pour le télétravail et les visioconférences, pour ne citer que quelques exemples. Agir rapidement était un impératif. Flexibilité et réactivité étaient à l'ordre du jour. La fermeture des frontières et les contrôles aux points de passage ont exigé des efforts particuliers, tant pour fournir des informations et des attestations aux membres du personnel habitant de l'autre côté de la frontière que pour encourager la solidarité au sein des équipes. Fin mars, il a fallu organiser l'accueil de patients COVID français en état extrêmement grave. Jusque-là, il n'y avait pas de procédures établies pour cela. Au cours de cette crise, la devise commune était « ALLE FÜR ALLE » (TOUS POUR TOUS). La politique de communication constante du centre hospitalier a contribué de manière décisive à la réussite, comme l'explique Christian Braun. En tant que médecin, il insiste sur le fait qu'une pandémie n'est pas un problème local, régional ou national, mais un défi mondial qui ne peut être relevé qu'en transfrontalier : un appel en faveur d'une prise en charge transfrontalière des patients qui s'affranchisse des intérêts purement nationaux.

Florian Weber Lieber Herr Dr. Braun, vielen Dank, dass Sie uns als Geschäftsführer und Ärztlicher Direktor des Klinikums Saarbrücken für ein Gespräch zur Verfügung stehen. Ab Jahresbeginn 2020 wuchs die mediale Berichterstattung über ein neuartiges Coronavirus immer mehr an, über das am Anfang nur sehr wenig bekannt war. Wann und wie hat das Klinikum Saarbrücken begonnen, sich mit der Thematik auseinanderzusetzen? Und welche speziellen Vorkehrungen wurden getroffen?

Christian Braun Ab Jahresbeginn 2020 haben wir die Berichte insbesondere in den wissenschaftlichen Fachmedien sowie des Robert Koch-Instituts aufmerksam verfolgt. Was anfangs noch sehr abstrakt erschien, kam rasch näher und wurde damit immer realer und konkreter. Darauf aufbauend haben wir unsere Strukturen und Prozesse sehr dynamisch immer wieder an das Lagebild angepasst. Eine der ersten Maßnahmen war es, unsere Zentrale Notaufnahme als Dreh- und Angelpunkt der Notfallversorgung und damit erste Anlaufstelle für Notfallpatient*innen vorzubereiten. Wir haben Testkit-Boxen zusammengestellt, Schutzausrüstung für unser Personal bereitgestellt, unser Wegekonzept für COVID-Verdachtsfälle angepasst, um Kontakte zu minimieren, und Isolations- und Schleusenräume vorbereitet. Hierbei konnten wir auf unsere langjährige Erfahrung im Umgang mit ansteckenden Erkrankungen aufbauen.

Florian Weber Ende Januar 2020 wurde im bayerischen Landkreis Starnberg ein mit SARS-CoV-2 infizierter Deutscher isoliert und medizinisch behandelt, der zumindest von der Nachverfolgbarkeit her zum ersten offiziellen Fall in Deutschland wurde. Wann hatten Sie den ersten Fall in Ihrem Klinikum?

Christian Braun Kurz nachdem Anfang März am Universitätsklinikum des Saarlandes in Homburg der erste COVID-Fall des Saarlandes bekannt wurde, hatten auch wir die ersten Patient*innen.

Florian Weber Behandlungsweisen waren anfänglich noch nicht etabliert, vielfach wurde allgemein von fehlendem medizinischem Equipment zum Schutz des Personals berichtet. Wir würden uns freuen, wenn Sie den Leser*innen einen Einblick geben könnten, wie wir uns Ihre Ausgangslage und Ihre ersten Schritte vorstellen müssen.

Christian Braun Bei der Frage, welchen Herausforderungen wir uns zu Beginn der Pandemie stellen mussten, denkt sicherlich jeder zunächst an medizinische Dinge. Selbstverständlich stand dies klar im Fokus unserer Konzepte und konkreten Maßnahmen. Es bildet aber nicht ansatzweise die Vielfalt dessen ab, was es insbesondere im März 2020 zu organisieren galt. Nie zuvor gab es die Situation, alle planbaren Operationen und Eingriffe auf unbestimmte Zeit verschieben zu müssen, nie zuvor gab es derartige Versorgungsengpässe im Bereich medizinischer Güter, nie zuvor gab es auch einen gesellschaftlichen Lockdown mit Schulschließungen, Kitaschließungen, Einschränkungen der Bewegungsfreiheit im öffentlichen Raum, Kontaktbeschränkungen, und nicht zuletzt Grenzschließungen, von denen mehr als 160 Mitarbeiter*innen, die täglich pendeln, betroffen waren.

Die Lage war mehr als dynamisch, entsprechend flexibel mussten wir reagieren. Das ist bei einem »Tanker« mit 2 000 Mitarbeiter*innen nicht immer ganz einfach. Was gestern galt, konnte heute schon wieder anders sein, jeder Tag brachte neue Herausforderungen, an die man tags zuvor überhaupt nicht gedacht hat…. So haben wir – nachdem die Kitas und Schulen geschlossen wurden – nach Lösungen gesucht, eine Kinderbetreuung für unser dringend benötigtes Personal auf die Beine zu stellen, haben anfangs nahezu täglich neue Versionen von Bescheinigungen für Grenzgänger*innen ausgestellt, mit Jugendherbergen und Hotels im Kontakt gestanden, um im Falle weiterer Einschränkungen Unterkünfte für Mitarbeiter*innen anbieten zu können, Homeoffice-Arbeitsplätze und Videokonferenzen eingerichtet, etc.

Und natürlich galt es, die Ängste, Sorgen und Fragen aufzufangen, Lösungen zu suchen, und Vertrauen zu schaffen, u. a. durch eine verlässliche *Informationspolitik*, die sowohl »Senden« als auch »Empfangen« einschließt: Fast jeden Tag habe ich als Geschäftsführer eine Mail an alle Mitarbeiter*innen mit den wichtigsten Informationen rund um Corona und den Winterberg versendet. Über eine zentrale Mailadresse konnten alle Mitarbeiter*innen ihre Fragen an den Krisenstab richten. Mit einer durchschnittlichen Reaktionszeit von weniger als sechs Stunden wurden alle Fragen qualifiziert beantwortet. Die Kombination aus regelmäßiger, transparenter und sachlich-empathischer Kommunikation war und ist einer DER erfolgskritischen Faktoren unseres gesamten Krisenmanagements!

Medizinisch standen zu Beginn der ersten Welle u. a. folgende Themen im Vordergrund:

- Materialbeschaffung (Schutzausrüstung, Desinfektionsmittel, Gerätschaften zum Aufbau von Intensivkapazitäten, aber auch Medikamente und vieles andere mehr),

- Aufbau von komplett neuen COVID-Versorgungsbereichen
  - Corona-Notaufnahme
  - Corona-Isolierstationen
  - Corona-Beatmungszentren,
- Schulungsprogramme für Mitarbeiter*innen und Coronahelfer*innen zum Aufbau von Personalreserven für Intensiv- und Isolationsbereiche,
- Hygienekonzepte entwickeln, immer wieder anpassen und v.a. kontinuierlich schulen.

Florian Weber Im März stiegen die Corona-Fallzahlen im regionalen Kontext gerade im französischen Elsass schnell an. Inwieweit standen Sie zum damaligen Zeitpunkt bereits in Kontakt mit französischen Kolleg*innen?

Christian Braun Es gab zu diesem Zeitpunkt noch keinen offiziell gelenkten Kontakt.

Florian Weber Am 22. März twitterte der saarländische Ministerpräsident Tobias Hans, dass im Rahmen der Möglichkeiten und Kapazitäten Beatmungsplätze für französische Corona-Notfallpatient*innen im Saarland bereitgestellt würden, um den »Kampf gegen Corona« gemeinsam mit der Region Grand Est zu gewinnen. Wie lief hierzu der Austausch mit der saarländischen Landesregierung ab?

Christian Braun In der ersten Pandemiewelle bedurfte es zunächst eines politischen Klärungs- und Abstimmungsprozesses zur grenzüberschreitenden medizinischen Hilfe. Es gab weder einen strukturierten grenzüberschreitenden Austausch über das medizinische Lagebild auf der Fach-/Arbeitsebene noch gab es klar benannte Ansprechpartner*innen. Dies machte es nicht einfach, die sehr kurzfristig an uns herangetragenen Hilfsersuche zu bedienen. Der Kontakt zwischen den regionalen Gesundheitsbehörden in Frankreich und uns wurde von Seiten des Eurodistricts Saar-Moselle und mit Unterstützung des Europaministeriums vermittelt.

Florian Weber Wie dürfen wir uns die konkrete Umsetzung durch Ihr Klinikum vorstellen?

Christian Braun Nachdem sozusagen die Formalien geklärt waren, ging alles ganz schnell. Im Arzt-Arzt-Telefonat wurden die wichtigsten medizinischen Eckdaten zu übernehmender Patient*innen vorbesprochen, un-

Abbildung 1 Verlegung französischer COVID-19-Intensivpatient*innen auf den Winterberg. Quelle: Aufnahmen Klinikum Saarbrücken 2020.

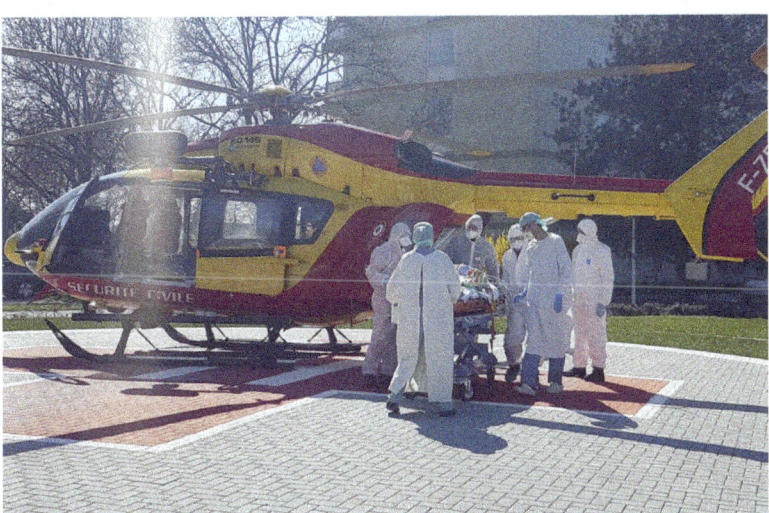

mittelbar danach erfolgte die Verlegung: teils bodengebunden, teils mit dem Rettungshubschrauber (Abbildung 1). Es handelte sich ausschließlich um schwerstkranke Intensivbeatmungspatient*innen, die in den überlasteten Kliniken der französischen Grenzregion nicht mehr adäquat versorgt werden konnten.

Florian Weber Welche Herausforderungen ergaben sich dabei? Welche Hürden mussten überwunden werden?

Christian Braun Für uns stand das Thema Solidarität klar im Vordergrund. »ALLE FÜR ALLE« wurde zu unserem Motto. In meiner täglichen Infomail an die Mitarbeiter*innen habe ich am 26. März 2020 für das gemeinschaftliche Handeln über nationale Grenzen hinweg geworben (siehe Textbox 1).

Florian Weber Deutschland reagierte auf die Ausbreitung von COVID-19 mit temporären Grenzkontrollen bzw. der Schließung von Grenzübergängen. 25 Jahre nach Inkrafttreten des Schengener Abkommens waren sicht-

---

Textbox 1: Auszug aus der täglichen Infomail von Christian Braun an seine Mitarbeiter*innen, 26. März 2020
Liebe Kolleginnen und Kollegen,
neben all unseren Botschaften liegt uns eine Sache besonders am Herzen: In diesen Zeiten sollte uns – bei allem, was wir tun – eines bewusst sein: Es zählt nicht mehr nur »Einer für alle und alle für einen« – es zählt: ALLE FÜR ALLE.
Für uns hat **Solidarität** einen hohen Stellenwert, auch über Landesgrenzen hinweg. Heute haben wir drei Corona-Patienten aus dem Krankenhaus Saargemünd in unser Corona-Beatmungszentrum COBAZ übernommen. Nachdem sich die Situation bei unseren Nachbarn insbesondere in den vergangenen Tagen zugespitzt hat, hatten wir, mit Unterstützung der Landeshauptstadt und des Eurodistricts, unsere Hilfe angeboten, solange es unsere Kapazitäten zulassen. Dieses Hilfsangebot wurde heute in Anspruch genommen.
Da es aufgrund unserer Hilfsbereitschaft erste kritische Stimmen gibt, möchten wir an dieser Stelle direkt für Klarheit sorgen:
Wir finden, dass Hilfsbereitschaft und Solidarität insbesondere in Krisenzeiten nicht an Landesgrenzen enden darf. Wir stehen unseren französischen Nachbarn zur Seite, gerade in schwierigen Zeiten!

bare Grenzen damit wieder zurück. Wie haben Sie persönlich die Grenzkontrollen bzw. die Berichte darüber erlebt?

Christian Braun Ich erinnere mich noch sehr gut an den Sonntag, 15. März 2020, als mich in den frühen Abendstunden Ministerpräsident Hans angerufen hat, um mir mitzuteilen, dass am darauffolgenden Montag die Grenzen geschlossen werden, gleichzeitig aber für Berufspendler*innen in systemrelevanten Bereichen Ausnahmeregelungen gelten. Wir haben mehr als 160 Mitarbeiter*innen mit Wohnsitz in Frankreich. Wären diese auf einen Schlag weggefallen, wäre dies nicht zu kompensieren gewesen. Ich habe noch am späten Sonntagabend eine Infomail verschickt, um zu erklären, worauf sich die Mitarbeiter*innen einstellen müssen (mehr dazu in Textbox 2).

Da sich in diesen Tagen die Ereignisse überschlagen haben, ist mir die Dimension dieser Maßnahme erst im Laufe der darauffolgenden Tage wirklich bewusst geworden. Wir waren alle wie in einem Tunnel, haben mehr funktioniert als reflektiert. Wenn ich aus meinem Bürofenster schaue (Abbildung 2), blicke ich auf Forbach und die Goldene Bremm. Die langen Schlangen an der Grenze, rote Heckleuchten Richtung Frankreich und weiße Scheinwerfer Richtung Deutschland, aufgereiht wie auf einer Perlenschnur ...

Textbox 2: Auszug aus der Infomail von Christian Braun an seine Mitarbeiter*innen, 15. März 2020, 21:30 Uhr
Liebe Kolleginnen und Kollegen,
im Namen des Direktoriums möchte ich Sie heute Abend nochmals auf den aktuellen Stand bringen:
Angekündigte Grenzschließung ab Montag 16.03.20 – 8 Uhr – was bedeutet dies für unsere Mitarbeiter als Grenzgänger
Ab morgen früh 8 Uhr werden die Grenzen zu Frankreich geschlossen. Berufspendler mit Tätigkeit in systemkritischen Bereichen – hierzu zählt das Klinikum Saarbrücken –, die in Frankreich wohnen und in Deutschland arbeiten, dürfen die Grenze passieren, wenn sie eine Bescheinigung ihres Arbeitgebers vorlegen.
Die Arbeitgeberbescheinigung kann ab Montag, 16. März, zwischen 11 und 17 Uhr in der Personalabteilung beim zuständigen Sachbearbeiter abgeholt werden.
Sollten Sie nicht vorbeikommen können, stimmen Sie bitte mit Ihrem Personalsachbearbeiter eine elektronische Zusendung per mail ab.

Abbildung 2 Der Blick aus dem Büro von Christian Braun. Quelle: Aufnahme Klinikum Saarbrücken 2020.

Florian Weber Wie beurteilen Sie diese Vorgehensweise aus medizinischer Perspektive, also Grenzkontrollen zur Verhinderung einer weiteren Ausbreitung des Virus?

Christian Braun Im Nachhinein Kritik zu üben ist immer einfach. Wir alle waren in einer Ausnahmesituation, in der Entscheidungen binnen kürzester Zeit getroffen wurden, die man im Nachhinein sicher so nicht wieder treffen würde. Aus medizinischer Sicht hatten die Grenzschließungen mit großer Wahrscheinlichkeit keinen wirklichen Einfluss auf die Ausbreitung des Infektionsgeschehens. Diese Erkenntnis ist erfreulicherweise bei allen Verantwortlichen angekommen, verbunden mit dem klaren Nein zu erneuten Grenzschließungen in der zweiten Welle. Eine Pandemie ist kein lokales, regionales oder nationales Problem, sondern eine globale Herausforderung, die nur grenzüberschreitend erfolgreich bekämpft werden kann.

Florian Weber Im Zuge der Grenzkontrollen wurde von Konflikten zwischen Franzosen und Deutschen berichtet, von gewissen Ressentiments. Sie konnten zu einem ganz anderen Bild beitragen: dem Bild einer deutschen Klinik, die sich für französische Patient*innen einsetzt. Welche Erfahrungen konnten Sie hier machen?

Christian Braun Auch wir haben gewisse Spannungen in der Belegschaft erlebt. Die Entwicklungen rund um die Corona-Infektion stellten und stellen uns alle vor große Herausforderungen: Als Klinikum, als Arbeitnehmer*innen, als Arbeitgeber*innen, als Familie, als Menschen. Es war, ist und bleibt ohne Zweifel eine absolut neue Situation, die keiner von uns in dieser Form bislang erlebt hat. Verständlich ist, dass jeder für sich einen Weg finden muss, damit umzugehen, jeder nach seinem Tempo und jeder auch ein Stück weit nach seiner Façon. Am 19. März 2020 haben uns allerdings einige Nachrichten aus dem Haus erreicht, die uns beunruhigten. Uns wurde zugetragen, dass einige französische Mitarbeiter*innen von Kolleg*innen angegangen wurden, weil sie aus der Grenzregion zum Arbeiten herkommen. Genau hier endet die »eigene Façon«. Ein solches Verhalten ist für uns nicht akzeptabel. In meiner Infomail an diesem Tage habe ich unsere Position entsprechend klar gemacht: »Gerade in diesen Zeiten müssen wir solidarisch miteinander sein. Wir sind eine Gemeinschaft, das TEAM WINTERBERG, das JEDEN einzelnen Mitarbeiter braucht, wertschätzt und mit Respekt behandelt.« Noch am gleichen Tag kam eine Rückmeldung aus der Belegschaft, die ich gerne zitieren möchte: »Liebe Geschäftsführung, Danke! Danke für die unermüdlichen Aufklärungen und Aufmunterungen der letzten Wochen. Danke für Klarstellungen und ›Kante‹ zeigen gegenüber unsolidarischen Mitarbeitern. Natürlich, wir machen uns alle Sorgen, weil niemand weiß, wie es genau weitergeht und die Nachrichten aus den Nachbarländern nichts Gutes erahnen lassen. ABER: mit Maß und Objektivität, mit Solidarität und Umsichtigkeit, mit Motivation und Menschlichkeit und zu guter Letzt einem Schuss Humor sind wir wesentlich besser gerüstet. Weiter so :-).«

Florian Weber Erstmals seit dem Frühjahr werden im November 2020 wieder schwer erkrankte COVID-19-Patient*innen aus Frankreich in Deutschland behandelt. Haben sich Verfahrensweisen dazu nun bereits etabliert oder bestehen weiterhin spezifische Problematiken?

Christian Braun Bedauerlicherweise hat sich bisher noch kein regelmäßiger strukturierter Austausch zwischen den Kliniken etabliert. Von unserer Seite wurden mehrfach Impulse in diese Richtung gesetzt. Wir finden hier unverändert große Unterstützung durch den Eurodistrict und das Europaministerium. Dies lässt darauf hoffen, dass den politischen Absichtserklärungen alsbald konkrete Taten folgen.

Florian Weber Schauen wir zum Abschluss einmal in die Zukunft. Welche Lehren sollten Ihrer Meinung nach ganz grundsätzlich aus der Krise gezogen werden?

Christian Braun Es gibt sicherlich diverse Lehren, die aus dieser Krise gezogen werden können und auch müssen: Gesellschaftlich, wirtschaftlich, politisch, …. Ich denke, es hat uns allen vor Augen geführt,

- wie verwundbar wir sind, nicht nur im medizinischen Sinne,
- wie abhängig wir voneinander sind, über Landesgrenzen hinweg,
- wie erfolgskritisch deshalb eine grenzüberschreitende Zusammenarbeit ist.

Die Zeichen der Zeit standen nie so günstig wie jetzt, die Weichen neu zu stellen.

Florian Weber Was müsste sich ändern, damit eine grenzüberschreitende Patient*innen-Versorgung (noch) besser funktioniert?

Christian Braun Solange nationale Interessenslagen der grenzüberschreitenden Patient*innenversorgung nicht wirklich hintenangestellt werden, wird der Durchbruch nicht gelingen und sich gemeinsames Handeln auf Einzelfälle und Sonderlagen beschränken. Insofern: Wir müssen raus aus dem Nationalismus und hin zu grenzüberschreitendem, solidarischem Handeln!

Florian Weber Herzlichen Dank für das Gespräch! Wir wünschen Ihnen und Ihrem Team alles Gute und danken herzlich für Ihr Engagement!

Dr. Christian Braun ist Geschäftsführer und Ärztlicher Direktor des Klinikums Saarbrücken auf dem Winterberg, wo er vor 20 Jahren als Medizinstudent im Praktischen Jahr begann. Der Internist, Gastroenterologe und Notfallmediziner hat sich seine Leidenschaft für die Medizin stets bewahrt und arbeitet bis heute regelmäßig in der Zentralen Notaufnahme des Klinikums aktiv mit. Dr. Christian Braun hat neben seinem Medizinstudium einen Masterstudiengang im Bereich Management erfolgreich abgeschlossen. Im Oktober 2020 hat er zusätzlich den Vorstandsvorsitz der saarländischen Krankenhausgesellschaft übernommen. In Homburg geboren lebt der 45-Jährige mit seiner Familie in St. Ingbert.

DEUTSCH-FRANZÖSISCHE WIRTSCHAFTSBEZIEHUNGEN IM ZEICHEN DER PANDEMIE

Patrick Brandmaier (Deutsch-Französische Industrie- und Handelskammer, AHK Frankreich)

Résumé La pandémie de COVID-19 a confronté le monde entier à des défis d'un type nouveau et la relation entre la France et l'Allemagne ainsi que les échanges commerciaux entre ces pays voisins n'y ont pas échappé. Patrick Brandmaier, Directeur général de la Chambre franco-allemande de commerce et d'industrie à Paris, décrit sa vision personnelle de la crise COVID-19. Cette vision est fortement marquée par la fermeture des frontières décidée hâtivement et unilatéralement par l'Allemagne, qui lui paraît aller à l'encontre du processus d'unification européenne, de l'idéal d'une Europe soudée et de la pratique d'un échange intensif entre les deux pays. Cette fermeture a eu des effets majeurs au niveau de la société et de l'économie. Elle a pénalisé tout particulièrement les entreprises qui travaillent dans les zones frontalières et celles qui dépendent fortement de la fluidité de la circulation des biens et des personnes entre les deux pays. La crise a montré à quel point un dialogue ininterrompu est nécessaire entre la France et l'Allemagne. La Chambre franco-allemande de commerce et d'industrie s'engage en faveur de ce dialogue, qui a heureusement repris depuis. Il était d'ailleurs intéressant de noter les différences entre les approches française et allemande en matière de lutte contre la pandémie, que ce soit en matière de communication envers la population, de mise en œuvre de mesures concrètes telles que le confinement ou des programmes d'aides d'urgence adoptés de part et d'autre du Rhin. Et les économies des deux pays ont été différemment impactées, ce qui risque de creuser encore l'écart qui les séparait déjà avant la crise. Cela est d'autant plus à déplorer que grâce aux réformes menées au cours des dernières années, la France était de nouveau en bonne voie. Ce pays conserve malgré tout son attractivité pour les investisseurs étrangers et notamment pour les entreprises allemandes. La pandémie a certes frappé durement nos deux pays mais elle a eu aussi des effets positifs. Ainsi, elle a contraint le monde du travail et de l'entreprise à faire preuve de davantage de flexibilité et de créativité. Elle a accéléré la numérisation qui était de toute façon nécessaire. Et dans nos deux Etats si intimement liés, elle nous a montré à quel point il est indispensable de se concerter et de chercher conjointement des solutions au lieu de se tourner vers des réponses purement nationales.

16. MÄRZ 2020

Am Morgen des 16. März 2020 geschah etwas an den deutsch-französischen Grenzübergängen, was es seit 25 Jahren – von einigen wenigen Ausnahmen abgesehen – nicht mehr gegeben hatte: Alle, die aus Frankreich nach Deutschland einreisen wollten, wurden kontrolliert und auch abgewiesen, sollten sie nicht nachweislich zur Arbeit unterwegs sein, Waren liefern oder einen deutschen Pass besitzen. Plötzlich war die Schengen-Regel, die freien Reiseverkehr ohne Kontrollen zwischen den beiden Nachbarländern vorsieht und die über viele Jahre hinweg mit absoluter Selbstverständlichkeit angewandt worden war, ausgesetzt – so wie zuvor nur kurzzeitig in Sondersituationen wie nach den Terroranschlägen in Paris im November 2015 oder auch während eines Nato-Gipfels 2009 in Straßburg.

Was als absolute Ausnahme begann, wurde aller Kritik zum Trotz über Wochen hinweg beibehalten. Indem sie die Grenze zum Nachbarland unmittelbar schloss und streng kontrollierte, wollte die Bundesrepublik Deutschland die Ausbreitung des Coronavirus, die auch in Europa mit voller Wucht in Gang gekommen war, verhindern.

DER 50. GEBURTSTAG – ETWAS ANDERS ALS GEPLANT

Der 17. März 2020 wird mir persönlich in besonderer Erinnerung bleiben: an meinem 50. Geburtstag begann in Frankreich ein zwei Monate andauernder, strikter Lockdown: Um das Haus zu verlassen, mussten alle Bürger*innen ein Dokument bei sich tragen und gegebenenfalls vorzeigen, auf dem ihre Adresse, der Grund und die genaue Uhrzeit des Ausgangs vermerkt waren. Ohne einen konkreten und klar definierten Anlass mehrmals am Tag das Haus zu verlassen, sich weiter als einen Kilometer von seiner Wohnung und länger als eine Stunde zu entfernen, war demnach verboten. Statt mit der Familie und Freunden im großen Rahmen in einem Pariser Restaurant zu feiern, fand meine Geburtstagsfeier dementsprechend im engsten familiären Rahmen in den eigenen vier Wänden statt. Ich war froh, noch die Zutaten für ein halbwegs festliches Geburtstagsessen im lokalen Supermarkt kaufen zu können, denn die »Hamsterkäufe« hatten bereits tiefe Spuren in den Regalen hinterlassen!

In Deutschland gab es in der Folge ebenfalls je nach Bundesland abweichende Regelungen, die die Bewegungsfreiheit der Menschen einschränkten, aber in keiner deutschen Region waren sie so streng wie links des Rheins.

Meine persönliche Wahrnehmung vom Beginn der Covid-19-Krise wurde stark von den raschen und einseitig beschlossenen Grenzschließungen seitens Deutschlands geprägt. Diese Entscheidung hat das deutsch-französische Verhältnis, aber natürlich auch die Wirtschaftsbeziehungen beider Länder zumindest unmittelbar und zeitweise beeinträchtigt. Sie schien dem europäischen Einigungsprozess, dem zusammengewachsenen Europa und dem intensiven Austausch zwischen beiden Ländern zuwider zu laufen – vor dem Hintergrund des am 22. Januar 2019 unterzeichneten Vertrags von Aachen als Ergänzung und Erweiterung des Élysée-Vertrags, der ebenfalls 2019 eingesetzten deutsch-französischen parlamentarischen Versammlung sowie all den Institutionen, die seit Jahren oder Jahrzehnten erfolgreich auf der deutsch-französischen Ebene arbeiten und diese Beziehung mit Leben füllen.

SCHLÜSSELROLLE DER GRENZREGIONEN FÜR DIE DEUTSCH-FRANZÖSISCHE ANNÄHERUNG

Beim Vertrag von Aachen wurde gerade den Grenzregionen auf beiden Seiten eine herausragende Rolle zuerkannt, um deren Zusammenwachsen auf allen Ebenen – wirtschaftlich, institutionell wie auch zivilgesellschaftlich – besonders zu unterstützen. Zu Recht galt dies als wichtige Etappe einer immer weiter vorangetriebenen Annäherung beider Länder gerade in den Gebieten, wo dies aufgrund der geographischen und kulturellen Nähe selbstverständlich, ja notwendig erscheint.

Trotz all dieser Entwicklungen hatte sich die offenkundig unilaterale und für Frankreich überraschend kommende Entscheidung von deutscher Seite nicht vermeiden lassen, die Grenzen zu schließen, die Übergänge zu kontrollieren und damit den Strom der tausenden Menschen, die täglich von einer auf die andere Seite pendeln, zu unterbrechen. Dabei wird bei feierlichen Gelegenheiten wie eben dem Jahrestag des Élysée-Vertrags von

1963, der die Freundschaft der beiden ehemaligen Kriegsfeinde besiegeln und institutionalisieren sollte und dem sich 56 Jahre nach seiner Unterzeichnung der Aachener Vertrag anschloss, stets auf die große Bedeutung der guten bilateralen Beziehungen und nicht zuletzt die entscheidende Motorrolle beider Länder für die Europäische Union hingewiesen.

GRENZSCHLIESSUNGEN ALS RÜCKSCHLAG FÜR PENDLER UND UNTERNEHMEN

Die Grenzschließungen waren zweifellos in erster Linie medizinisch begründet und eine Schlussfolgerung aus der Analyse der rapide ansteigenden Infektionszahlen in Frankreich, zumal sich insbesondere die an Deutschland angrenzende Region Grand-Est in der ersten Welle der Pandemie zu einem der gefährlichsten Corona-Hotspots in Frankreich entwickelte. Als dort die festgelegten Grenzwerte hinsichtlich der Neuinfektionen überschritten waren, mag die Entscheidung aus gesundheitspolitischen Überlegungen heraus nahegelegen haben. So schienen in dieser Situation andere Auswirkungen, die daraus folgen sollten, weniger ins Gewicht zu fallen oder hinten angestellt zu werden. Doch in der Tat hatten die Grenzschließungen einerseits beträchtliche wirtschaftliche Auswirkungen zur Folge, die nicht unterschätzt werden dürfen und die gerade die im Grenzgebiet arbeitenden Betriebe oder solche, die auf den ungestörten Personen- und Warenverkehr zwischen beiden Ländern angewiesen sind, ganz besonders trafen und betrafen; andererseits zog die Initiative, wieder Schlagbäume zu errichten, auch psychologische Konsequenzen nach sich. Und dies umso mehr, als das Gefühl zurückblieb, dass eine derart tiefgreifende Entscheidung quasi über Nacht getroffen wurde, ohne dass es vorher zu einer politischen Abstimmung zwischen befreundeten Staaten gekommen war, ohne dass man sie rechtzeitig kommuniziert und ihre konkreten Gründe erläutert hätte. Den betroffenen Unternehmen und Arbeitnehmer*innen wurde damit kaum eine Chance gegeben, sich auf die neuen Umstände und die damit verbundenen Herausforderungen einzustellen.

FÜR ENGE VERNETZUNG UND INFORMATIONSAUSTAUSCH

Auch für mich als Geschäftsführer der Deutsch-Französischen Industrie- und Handelskammer AHK in Paris stellten diese Vorkommnisse einen Einschnitt dar. Die Aufgabe der AHK besteht ja eben darin, Unternehmen und dabei gerade auch kleinere oder mittelgroße Betriebe auf beiden Seiten des Rheins dabei zu unterstützen, im jeweils anderen Partnerland tätig zu werden oder ihnen auch in dem Fall, dass bereits bestehende Geschäfte laufen, weiterhin zu helfen. Darüber hinaus versuchen wir, unsere Mitgliedsunternehmen untereinander zu vernetzen, um den hilfreichen Informationsaustausch zwischen ihnen, etwa hinsichtlich der jeweiligen lokalen Gegebenheiten, der rechtlichen oder auch geschäftlichen Rahmenbedingungen, zu fördern. Die dritte Komponente unserer Arbeit besteht darin, die jeweiligen Interessen und Positionen unserer Mitglieder gegenüber der Politik oder den Behörden zur Geltung zu bringen. Wir versuchen, diesen Interessen Gehör zu verschaffen, sie durchzusetzen und sogar Änderungen der Bedingungen, sollten sie wünschenswert sein, zu erreichen.

GEMEINSAME INITIATIVE FÜR MEHR DIALOG

In diesem Sinne schrieben als Reaktion auf die Grenzschließungen mehrere Industrie- und Handelskammern aus dem grenznahen Südwesten Deutschlands sowie der Schweiz und auch die AHK Frankreich gemeinsam einen offenen Brief an die Innenministerien der drei Länder, in dem wir eine schnellstmögliche Öffnung der Grenzen forderten. Wir wiesen darin auf den erheblichen ökonomischen und gesellschaftlichen Schaden der Schließungen hin und auf die einschneidenden wirtschaftlichen und privaten Belastungen für die rund 48 000 Berufstätigen, die tagtäglich zwischen Frankreich und Deutschland in die Arbeit pendeln. Im Dreiländereck Deutschland, Frankreich und Schweiz beläuft sich die Zahl der Grenzgänger*innen insgesamt sogar auf rund 320 000 Menschen. Dass in Zeiten einer Pandemie Schutzmaßnahmen getroffen werden müssen, bezeichneten wir Vertreter*innen der Industrie- und Handelskammern als nachvollziehbar. Doch wäre es aus unserer Sicht wünschenswert gewesen, diese mit einem gewissen Vorlauf anzukündigen und den Dialog aufrecht zu erhalten. So hätte auf beiden Seiten des Rheins das Gefühl erhalten werden können, dass sich die politischen Einheiten mit- und untereinander abstimmen, anstatt den Eindruck entstehen zu lassen, dass abrupt und ohne Vorbereitung gehandelt wurde.

Für das Vertrauen in die politischen Entscheidungsträger*innen und in deren Willen zur fruchtbaren grenzüberschreitenden Zusammenarbeit ist ein solcher Eindruck schädlich. Auch wenn es allmählich zu Lockerungen an den Grenzübergängen kam und die Kritik seitens der politischen Verantwortlichen beider Länder besonders aus den betroffenen Regionen wuchs, wurden noch bis Mitte Juni stichprobenhafte Kontrollen durchgeführt. Ende Juni versicherten Bundeskanzlerin Angela Merkel und der französische Präsident Emmanuel Macron dann bei einer gemeinsamen Pressekonferenz auf Schloss Meseberg (Brandenburg), dem ersten persönlichen Treffen der beiden nach mehreren Monaten, Grenzschließungen künftig vermeiden und sich besser absprechen zu wollen. Indem Macron seine erste Auslandsreise nach dem Lockdown nach Deutschland unternahm und auch dort seit Ausbruch der Pandemie der erste ausländische Präsident zu Gast war, wurde ein wichtiges Zeichen gesetzt.

MANGEL AN KOMMUNIKATION UND INFORMATION IN DEN ERSTEN TAGEN

Auf der politischen Ebene war zu diesem Zeitpunkt offensichtlich ein Bewusstsein für die entstandenen Schäden entstanden. Das zog die erkennbaren Versuche nach sich, diese zumindest zum Teil zu korrigieren. Sehr positiv war sicherlich, dass sich mehrere deutsche Bundesländer neben anderen europäischen Staaten dazu bereit erklärt hatten, erkrankte COVID-19-Patienten aus den Grenzregionen in Frankreich in den eigenen Kliniken aufzunehmen und dort zu behandeln. Es darf aber auch nicht übergangen werden, dass es auf beiden Seiten des Rheins teilweise zu bedauerlichen feindseligen Reaktionen gegenüber der Bevölkerung aus dem jeweiligen Nachbarland kam. So wurden insbesondere französische Arbeitnehmer*innen, die zum Arbeiten nach Deutschland kamen, beschimpft oder deren Autos beschmiert. Selbst wenn sie sicherlich nicht von einer Mehrheit der Menschen ausgingen, haben diese unschönen Vorfälle die öffentliche Wahrnehmung geprägt und das Bild der deutsch-französischen Freundschaft auch auf der zivilen Ebene getrübt. Diese Reaktionen waren wohl auch einem Mangel an Kommunikation und an Information in diesen Tagen und Wochen großer Anspannung und Nervosität angesichts der Ausbreitung eines unbekannten, gefährlichen Virus geschuldet.

DIE BEDEUTUNG DES VERMITTLERS UND BRÜCKENBAUERS

Diese Krise hat gezeigt, wie wichtig der ständige Austausch zwischen beiden Ländern auf allen Ebenen ist, von der bundespolitischen über die regionale zwischen den Grenzregionen und der zivilgesellschaftlichen bis hin zur wirtschaftlichen Ebene. Dasselbe gilt auch für die Informationsübertragung in den Unternehmen zwischen dem Mutterhaus und den einzelnen Filialen. Es ist von herausragender Bedeutung, dass beide Seiten Entscheidungen und deren Hintergründe jeweils nachvollziehen können. Auch die Deutsch-Französische Industrie- und Handelskammer nimmt an dieser Stelle eine wichtige Vermittlerrolle ein, die Rolle eines Brückenbauers. Dazu gehört neben der Vernetzung unserer Mitglieder und der Kontaktvermittlung, der Hilfe zum Informationsaustausch und der fachlichen Unterstützung für die Unternehmen auch die Aufklärung über »kulturelle Unterschiede« in der Arbeitswelt, die oft nicht bekannt sind, jedoch zu folgenreichen Missverständnissen und damit zu Störungen im Betriebsablauf führen können. Grundsätzlich geht es hierbei um das nicht wertende Verständnis für das Funktionieren des jeweils anderen, gerade wenn er einen anderen kulturellen Hintergrund hat. Das Thema Dialog ist deshalb wesentlich und darf keinesfalls unterschätzt werden. Das haben wir auch und ganz besonders in der Ausnahmesituation erlebt, in die uns diese Pandemie gebracht hat. Die zumindest zeitweise Unterbrechung dieses Dialogs hatte unmittelbar schädliche Konsequenzen.

NATIONALISTISCHE REFLEXE

Dass zumindest in den ersten Wochen nach dem Ausbruch des Coronavirus wenig internationale Abstimmung herrschte und jedes Land zunächst auf die eigenen Belange und Geschicke blickte, zeigte sich auch in den Maßnahmenpaketen, die sowohl Deutschland als auch Frankreich auf den Weg brachten, um ihre jeweilige Wirtschaft und bestimmte Sektoren in der Krise zu unterstützen. Entgegen der häufigen offiziellen Verlautbarungen über die herausragende Bedeutung der europäischen Einigung und Zusammenarbeit traten zunächst nationalistische Reflexe zum Vorschein. Für jedes Land hatten die nationalen Interessen und der Schutz der eigenen Wirtschaft klar den Vorrang vor der Suche nach gemeinschaftlichen Lösungen und Antworten auf die Krise. Das ist insofern verständlich, als sich auch in Betrieben Chef*innen in einer ersten Reaktion darum kümmern, was getan werden kann, um das Überleben des eigenen Unternehmens zu sichern, bevor im Anschluss der Blick auf das gesamte System folgt – darauf, wie es den Kund*innen und den Lieferant*innen geht und wie sich gemeinsam die gesamte Situation verbessern lässt.

DAS DEUTSCH-FRANZÖSISCHE TANDEM BLEIBT EUROPÄISCHER IMPULSGEBER

Und so bemühte man sich auch im europäischen Kontext erst in einem zweiten Schritt um eine gemeinsame, schlagkräftige Antwort auf die Krise. Diese bestand im Aufbaufonds, zu dem sich Europas Staats- und Regierungschefs nach langen und harten Diskussionen durchrangen. Die klaren Antreiber für diesen Kompromiss der 27 waren hierbei Deutschland und Frankreich. Bundeskanzlerin Angela Merkel und Präsident Emmanuel Macron legten bei einer gemeinsamen Video-Pressekonferenz am 18. Mai ihren Vorschlag vor, ein 500 Milliarden Euro schweres Aufbauprogramm aufzulegen, was schließlich nach Abstimmung mit der EU-Kommission in ein Hilfspaket in Höhe von 750 Milliarden Euro mündete. Als Zugeständnis von Deutschland und anderen nördlichen Staaten der Gemeinschaft durfte dabei gesehen werden, dass 500 Milliarden Euro als nicht rückzahlbare Zuwendungen und 250 Milliarden Euro als Kredite fließen sollen. Erstmals werden im Namen der Europäischen Kommission über Anleihen Kredite am Kapitalmarkt aufgenommen, die bis 2058 gemeinsam über den EU-Haushalt abbezahlt werden. Zumindest mit einer gewissen Verzögerung stellte Europa mit dem Beschluss unter Beweis, dass es fähig zu einer gemeinsamen Lösung und Reaktion auf die Krise ist – und das deutsch-französische Tandem nahm dabei seine Rolle als Impulsgeber an. Dass dies nicht selbstverständlich war und dass es sich beim schließlich klar ausgedrückten Willen zur Zusammenarbeit und Kompromissfindung noch nicht um einen Reflex handelt, hatten die ersten Wochen nach Ausbruch der Pandemie in Europa dennoch gezeigt.

MARTIALISCHER ANSATZ FÜR DIE VIRUS-BEKÄMPFUNG IN FRANKREICH

Interessant ist darüber hinaus der Blick auf den jeweiligen politischen Umgang mit der Krise und die in meinen Augen sehr verschiedenartigen Vorgehensweisen beider Länder. Gerade für einen deutschen Beobachter erschien die Rede von Präsident Macron zur Ankündigung des Lockdowns Mitte März beeindruckend, da er sich im Sinne eines schützenden Landesvaters über das Fernsehen an die gesamte Nation wandte. Er wählte einen sehr martialischen Tonfall mit der mehrmals vorgebrachten, warnenden Wendung »Nous sommes en guerre« (»Wir sind im Krieg«). Damit verlieh der Präsident der Abwehr dieses Virus regelrecht die Bedeutung einer kriegerischen Handlung. Dies prägte in der Folge auch die Debatte sowie die Stimmung im Land und in der französischen Wirtschaft. Damit einhergingen die strikten Ausgangsbeschränkungen für die Bevölkerung (Abbildung 1), der Rechtfertigungsdruck durch die bei Ausgang auszufüllenden Dokumente und die strengen Kontrollen durch die Polizei, die Bußgelder

Abbildung 1 Paris im *confinement*. Quelle: Aufnahme Alexandra Seidel-Lauer 2020.

bei Zuwiderhandeln verteilte. Für das gesamte Land galten dieselben Regeln, obwohl die einzelnen Regionen äußerst ungleich von der Verbreitung des Virus betroffen waren. Eine Differenzierung mit jeweils an die regionale Situation angepassten Maßnahmen unter der Miteinbeziehung der lokalen Entscheidungsträger*innen erfolgte erst deutlich später und möglicherweise auch als Lehre aus den zu Tage getretenen Nachteilen einer Organisationsstruktur, die sich als allzu zentralistisch erwiesen hatte.

Im Gegensatz hierzu wählte die Politik in Deutschland keinen so martialischen Ansatz, was sich wohl auch durch die Persönlichkeit und Tonlage der Bundeskanzlerin begründen lässt. Vielmehr ließ sich in der deutschen Reaktion das Bemühen erkennen, bewusst faktenbasiert vorzugehen. Die Bundesregierung und die Kanzlerin Angela Merkel wandten sich nicht sofort an die gesamte Bevölkerung, stattdessen liefen die Kommunikation und der Informationsaustausch in erster Linie zunächst indirekt über die Medien.

In der Folge traten die stark föderale Struktur Deutschlands und deren Vorteile zutage, wo die Bundesländer ihre Entscheidungsbefugnisse behielten und Beschlüsse auf Basis der Analyse von Fakten treffen konnten. Das konkrete Handeln überwog auf der Länder- wie auch auf Bundesebene, während in Frankreich die verbale Ebene eine größere Rolle spielte.

UNTERSCHIEDLICHE KONSEQUENZEN FÜR DIE WIRTSCHAFT

Dieser verschiedenartige Umgang mit der neuartigen Bedrohung hatte entsprechende Auswirkungen auf die wirtschaftlichen Aktivitäten in beiden Ländern. In Frankreich führten die martialischen Ankündigungen des Präsidenten und der strikte Lockdown dazu, dass die Wirtschaft schnell weitgehend zum Erlahmen kam. Arbeitnehmer*innen gingen nicht mehr in ihre Büros, Baustellen standen still, das wirtschaftliche und soziale Leben wurde über Wochen und sogar Monate hinweg auf ein absolutes Minimum reduziert. Als Konsequenz daraus rechnet das nationale Statistikamt INSEE mit einem Einbruch des französischen Bruttoinlandsproduktes in Höhe von 9 Prozent in diesem Jahr und einem Anstieg der Arbeitslosigkeit auf 9,7 Prozent. Die Banque de France geht von einem Verlust von rund einer Million Arbeitsplätzen infolge der Krise aus.

Zwar kam es auch in Deutschland zu spürbaren wirtschaftlichen Beeinträchtigungen und wurden dort ebenfalls weitreichende Sicherheitsmaßnahmen zum Schutz der Bevölkerung getroffen – aber den gleichzeitigen Schutz der Wirtschaft und der Arbeitnehmer*innen schrieb man erkennbar größer. Auf diese Weise konnte ein so starker Stillstand wie im Nachbarland vermieden werden, da nach Konzepten für die Betriebe gesucht wurde, um eine weitgehende Aufrechterhaltung des zivilen Lebens und der wirtschaftlichen Aktivitäten zu ermöglichen. Die Folgen fielen denn auch weniger dramatisch aus. In ihrem Herbstgutachten prognostizierten die führenden Wirtschaftsforschungsinstitute einen Rückgang des Bruttoinlandsproduktes um 5,4 Prozent und für 2021 einen Zuwachs um 4,7 Prozent. Die Arbeitslosenzahlen stiegen ebenfalls erkennbar an, gingen aber bereits im September wieder um zwei Prozentpunkte zurück auf 6,2 Prozent.

WEITGEHENDER STILLSTAND LINKS, FORTGESETZTE AKTIVITÄT RECHTS DES RHEINS

Mein persönlicher Eindruck vom unterschiedlichen Umgang in der Krise, der zu verschiedenartigen Lagen in beiden Ländern führte, ist vor allem geprägt durch den direkten Vergleich im grenznahen Raum während der Monate der starken Ausgangsbeschränkungen – auf der einen Seite im Elsass und in Lothringen, auf der anderen Seite in Baden-Württemberg, Rheinland-Pfalz und dem Saarland. In Frankreich setzte eine große Veränderung ein: Die Mitarbeiter*innen kamen über Nacht auf Basis der kurzfristig zuvor gemachten Ankündigungen und Warnungen nicht mehr an den Arbeitsplatz, die Bevölkerung, Arbeitnehmer*innen und -geber*innen waren verunsichert. Wer morgens im elsässischen Gebiet unterwegs war, erlebte die Stimmung dort als sehr ruhig, es herrschte nur wenig Verkehr. Demgegenüber konnte in den grenznahen Gegenden in Deutschland fast dasselbe Aktivitätsniveau wie vor der Krise beibehalten werden: Die Betriebe waren überwiegend offen, Waren- und Lieferverkehr fand statt, die Menschen waren unterwegs ins Büro und in die Arbeit. Der deutliche Unterschied zwischen Frankreich und Deutschland während des Höhepunkts dieser Pandemie-Welle ließ sich also bereits durch rein äußerliche Beobachtung erkennen.

Im internationalen Vergleich gehören beide Länder zu jenen, die besonders umfangreiche Programme auflegten, um den Einbruch der Wirtschaft so gut wie möglich abzufedern. Beide reagierten dabei relativ rasch und tatkräftig, allerdings waren die Strategien nicht unbedingt dieselben.

Auf eine zeitlich begrenzte generelle Senkung der Mehrwertsteuer, wie sie die Bundesrepublik beschloss, verzichtete Frankreich. Der französische Wirtschaftsminister Bruno Le Maire begründete dies damit, dass bei dieser Maßnahme unklar sei, ob sie wirklich die Nachfrageseite stärke – in der Tat wollte der französische Staat seine Bürger*innen dazu anregen, einen Teil der rund 85 Milliarden Euro auszugeben, die sie während der Krise angespart hatten, und damit die Wirtschaft durch den Binnenkonsum anzutreiben. Außerdem argumentierte Le Maire, eine Mehrwertsteuersenkung komme zu einem beträchtlichen Teil ausländischen Produzent*innen zugute, die davon beim Import nach Frankreich profitieren würden. Eine Rolle beim Nein zu dieser Maßnahme spielte sicherlich auch die Überlegung, dass die Mehrwertsteuer eine äußerst wichtige Steuerquelle für den französischen Staat darstellt, auf die dieser gerade in Zeiten wachsender Schulden und hoher Ausgaben nicht verzichten wollte und konnte.

FRANKREICH: BRANCHEN-SPEZIFISCHE FÖRDERUNG MIT KLAREN VORGABEN

Stattdessen setzte Frankreich noch stärker als Deutschland auf gezielte branchenspezifische Unterstützung, insbesondere für die Automobil- und die Luftfahrtindustrie, den Tourismus, die Bereiche Mode und Luxus sowie die Tech-Branche. Hilfen und Kredite wurden dabei häufig an Bedingungen geknüpft, um bestimmte Vorgaben im Umwelt- und Klimaschutz einzuhalten und den Einsatz von Zukunftstechnologien voranzubringen – mit dem Ziel, mittel- und langfristig aus der Krise sogar eine Chance und Frankreich zu einem technologischen Vorreiter zu machen. Beispielsweise soll Airbus im Gegenzug zu den erhaltenen umfangreichen Hilfen zwischen 2033 und 2035 ein neues Modell des Mittelstreckenflugzeugs A 320 auf den Markt bringen, das im Vergleich zu heute 30 Prozent weniger Sprit verbraucht und vollständig mit Biotreibstoffen fliegen kann. Eine andere Vorgabe lautete, bis 2030 ein hybrides Regionalflugzeug zu entwickeln. Während sich die Bundesregierung nach einigen Diskussionen gegen eine Kaufprämie für abgasarme Benziner und Dieselautos entschied und lediglich die bestehende Umweltprämie für den Kauf von Elektrofahrzeugen ausweitete, beschloss Frankreich eine Abwrackprämie auch für Fahrzeuge mit Verbrennungsmotor, über Prämien für den Kauf von Elektro-, Hybrid- und Wasserstoff-Autos hinaus.

EIN »HOHER KOMMISSAR FÜR PLANUNG«

Dass die französische Regierung gezielt in Zukunftstechnologien investieren und die eigene Wirtschaft modernisieren möchte, erscheint wichtig und sinnvoll. Inwieweit die Politik bei dieser Entwicklung eine handelnde Rolle zu spielen hat, muss aus wirtschaftlicher Sicht hingegen mit einem leichten Fragezeichen versehen werden. Traditionell wird in Frankreich eine deutlich aktivere Industriepolitik geführt als in Deutschland, dessen Modell auf einer Stärkung des Mittelstandes mit weitgehender Eigenverantwortung der Wirtschaft basiert, während der Staat wenig eingreift – damit ist man seit dem Zweiten Weltkrieg sehr gut gefahren. Frankreich hingegen setzt von jeher auf eine aktive Wirtschaftspolitik und das ist auch das Signal, das durch den Einsatz eines neuen »Hohen Kommissars für Planung« ausgesendet wird, der nach der Sommerpause ernannt wurde. Es handelt sich um die Wiederbelebung einer Funktion zur zentralen staatlichen Wirtschaftslenkung, die einst von Präsident Charles de Gaulle eingeführt worden war.

DEUTSCHLAND ALS VORBILD BEIM KURZARBEITERGELD

Beide Länder setzten darüber hinaus auf umfangreiche Kurzarbeitergeld-Regelungen, um Unternehmen vor der Pleite und möglichst viele Arbeitnehmer*innen vor der Arbeitslosigkeit zu bewahren. Interessant ist dabei, dass Präsident Macron bereits in seiner ersten Rede bei Ausbruch der Pandemie ankündigte, auf diesen Schutzmechanismus zurückgreifen zu wollen, den Deutschland bei der Wirtschafts- und Finanzkrise 2008/2009 erfolgreich als Instrument genutzt hatte. Er verwies dabei auch explizit auf das deutsche Vorbild. Dass sich Frankreich an diesem inspirierte, kann als positives Beispiel dafür gewertet werden, dass man sich in Europa durchaus auch für funktionierende Ideen und Maßnahmen der Nachbar*innen interessiert und sich auf der Suche nach einem Benchmark einiges von anderen abzuschauen bereit ist. Allerdings handelt es sich hier um eine gewisse Einseitigkeit – denn dass sich auch Deutschland an französischen Instrumenten orientiert hat, lässt sich nicht erkennen.

Bei der Umsetzung der Kurzarbeiter-Regelung ging Frankreich noch großzügiger vor – möglicherweise zu großzügig, wie einige der französischen wie auch unsere deutschen Mitgliedsunternehmen monierten. Letztlich wurde das Angebot der Kurzarbeit nicht immer nur dafür genutzt, momentane Problemsituationen zu überbrücken. Stattdessen schickten manche Betriebe Mitarbeiter*innen längerfristig nach Hause oder es erhielten andersherum auch Arbeitnehmer*innen einen Anreiz, selbst in Kurzarbeit zu gehen, da die finanziellen Einbußen gering waren. Dies droht die französischen Sozialkassen über Gebühr zu belasten.

DROHENDE VERGRÖSSERUNG DES ABSTANDS IN SACHEN WIRTSCHAFTSKRAFT

Hier tut sich ein weiterer Unterschied auf, ausgehend von ungleichen Ausgangslagen, die sich verschärfen könnten. Der deutsche Haushalt erwies sich vor der Krise als relativ saniert mit einer Gesamtverschuldung von rund 60 Prozent des Bruttoinlandsproduktes, was dem Maastricht-Kriterium entsprach. Frankreichs Verschuldung betrug Ende 2019 hingegen bereits rund 100 Prozent der Wirtschaftsleistung und sie wird innerhalb eines Jahres wohl auf nahezu 120 Prozent gestiegen sein. Das droht die wirtschaftliche Stärke des Landes zu beeinträchtigen und wir teilen mit unseren französischen Partner*innen die Befürchtung, dass sich in der Folge der ohnehin bereits bestehende Abstand hinsichtlich der direkten Finanzkraft und anderen wirtschaftlichen Kennwerten zwischen den beiden größten europäischen Volkswirtschaften der EU noch vergrößern dürfte. Die sprunghaft angestiegene Staatsverschuldung stellt eine Herausforderung für beide Länder dar und dabei sicherlich die größere für Frankreich. Mit der Pandemie sind die Maastricht-Kriterien ausgesetzt und das möglicherweise auf Dauer.

FRANKREICH BLEIBT EIN ATTRAKTIVER INVESTITIONSSTANDORT

Aus wirtschaftlicher und unternehmerischer Sicht erscheint vor allem entscheidend, wie mittelfristig mit der Krise umgegangen wird – einerseits mit der Sicherung der Liquidität vor allem der kleinen und mittleren Unternehmen und andererseits mit dem Bemühen, die Wettbewerbsfähigkeit der deutschen und französischen Unternehmen zu stärken. Unbestritten ist dabei, dass Frankreich seit dem Regierungswechsel 2017 wichtige Reformanstrengungen umgesetzt hat und sich vor der Krise auf einem vielversprechenden Weg befand. So erreichte es 2019 eine höhere Wachstumsrate als Deutschland und war das europäische Land, das den höchsten Anteil an ausländischen Direktinvestitionen verzeichnen konnte. Auch die Zahl der Investitionen von Unternehmen aus Deutschland nahm weiter zu. So ergab die jüngste Ausgabe einer alle zwei Jahre von der AHK Frankreich und EY durchgeführten Studie zu den deutschen Unternehmen in Frankreich, dass diese zwar unter der Krise gelitten haben, jedoch zuversichtlich für die Zukunft bleiben. Fast die Hälfte der befragten Führungskräfte sagte laut Studie, die Krise habe keine Auswirkungen auf ihre jeweiligen Investitions- und Einstellungspläne in Frankreich und einige werden diese sogar noch erhöhen. Dies erlaubt einen optimistischen Blick in die Zukunft. Mit 2 500 Tochtergesellschaften oder Niederlassungen und rund 320 000 Beschäftigten haben die deutschen Unternehmen ein beträchtliches Gewicht im französischen Wirtschaftsgefüge. Frankreichs Stärken sind aus ihrer Sicht die Marktgröße, die Qualität der Infrastruktur, die Ausbildung der Ingenieure, Innovationskraft und Kreativität. Zudem hat für sie der französische Staat durch die Unterstützungsmaßnahmen während der Krise ein positives Signal gesetzt und Präsenz gezeigt.

HOFFNUNG AUF WEITERE REFORMANSTRENGUNGEN IN FRANKREICH

Positiv ist außerdem zu vermerken, dass von dem 100 Milliarden Euro schweren Konjunkturpaket, das Frankreich im Herbst auflegte, 20 Milliarden Euro in die Senkung von Produktionskosten der Unternehmen durch die Erleichterung von Steuern und Abgaben gehen. Das macht den Produktionsstandort Frankreich dauerhaft wettbewerbsfähiger und attraktiver. Allerdings darf beim Blick auf die Standortfrage nicht vergessen werden, dass sich Deutschland und Frankreich stets mit anderen europäischen Ländern messen lassen müssen, die ebenfalls versuchen, den eigenen Standort durch nationale Maßnahmen attraktiver für Investoren zu machen.

Sicherlich erscheint in diesem Zusammenhang bedauernswert, dass im Zuge der Pandemie die sehr erfolgreich angestoßenen Reformbemühungen der Regierung Macron zumindest vorerst ausgesetzt wurden. Vor allem die Rentenreform als deren Kernstück, die im Winter 2019/2020 zu erbitterten Arbeitskämpfen und Diskussionen im Land geführt hat, war im Grunde so gut wie umgesetzt und auch die Reform der Arbeitslosenversicherung befand sich auf einem guten Weg. Der bereits erwähnten Studie der AHK Frankreich und EY zufolge hofft eine große Mehrheit der befragten deutschen Geschäftsführer*innen, dass die bisher durchgeführten Reformanstrengungen vertieft und noch beschleunigt werden. Die Verschiebung beider Projekte auf undefinierte Zeit war aus wirtschaftlicher Sicht nicht positiv, auch wenn seit dem Regierungswechsel mit dem neuen Premierminister Jean Castex angekündigt wurde, dass man gewillt sei, den Reformprozess wieder aufzunehmen. Dennoch ergibt sich die Frage, ob es absehbar zu einem einheitlichen Rentensystem in Frankreich kommen kann – gerade auch mit Blick auf die nächsten Präsidentschaftswahlen im Frühjahr 2022.

FRANKREICH – MEHR ALS EIN ABSATZMARKT FÜR DEUTSCHE UNTERNEHMEN

Hinsichtlich der wirtschaftlichen Beziehungen zwischen unseren beiden Ländern sollte man sich aus meiner Sicht wohl von zwei überkommenen Vorstellungen verabschieden. Zunächst trifft es nicht mehr zu, dass jeweils ein deutsches Stammhaus Frankreich lediglich als reinen Absatzmarkt sieht, wo es vielleicht eine Vertriebs- und Distributionsorganisation oder auch ein kleines Werk gibt, aber immer nur mit der reinen Absicht, den Absatz lokal oder national anzukurbeln. In der Realität trifft es längst immer häufiger zu, dass deutsche Unternehmen im Nachbarland Fabriken und Unternehmensstrukturen betreiben, die auch für den Export zuständig sind. Als Beispiel hierfür dient das Unternehmen B. Braun, das einen Teil seiner Produktlinien in Frankreich hat. So ist das französische Werk führend bei der Forschung und Entwicklung, aber auch beim Export in andere europäische Länder: Hier wurden teilweise Kompetenzen ins Nachbarland übertragen, was von einer engen Verzahnung beider Wirtschaften zeugt.

Die zweite Beobachtung ist, dass Frankreich im Allgemeinen zwar durch relativ hohe Lohnabgaben und Lohnnebenkosten nicht immer als attraktiver Standort gilt, doch gibt es ebenfalls positive Beispiele von neuen Ansiedlungen, die dies widerlegen. Hier ist jenes der Firma Dräger zu nennen, die relativ früh in der Krise einen Dialog mit der französischen Regierung aufgebaut hat, um in Frankreich einen neuen Produktionsstandort für FFP2/FFP3-Masken zu errichten. Dabei soll nicht nur der französische Markt bedient, sondern auch für den Export produziert werden.

EUROPA MUSS GEMEINSAM DENKEN UND HANDELN

Welche Lehren können aus der Krise gezogen worden? Zum einen hat sie uns gezeigt, wie wesentlich eine ständige Kommunikation und ein permanenter Dialog sind, um negative Überraschungen zu vermeiden – denn diese schaden jeder Wirtschaft. Wichtig sind koordinierte Vorgehensweisen in Europa auch bei mitunter unterschiedlicher Interessenlage. Ein Stichwort hierbei sind die sogenannten Coronabonds, die aus französischer Sicht als Chance gesehen werden, um in der Zukunft einen europäischen Ansatz für den Umgang mit gemeinschaftlich aufgenommenen Schulden zu finden. Aus deutscher Perspektive konnte man die Aufnahme gemeinschaftlicher Schulden als Instrument wahrnehmen, das es den deutschen Partnern in Europa erlaubt, ihre Wirtschaften in der Krise zu schützen. Als Exportnation ist Deutschland von deren ökonomischer Gesundheit stark mit abhängig, da ein großer Teil der Exporte in die Nachbarländer gehen. Wir haben im Verlauf dieser Pandemie die Bemühungen der europäischen Gemeinschaft gesehen, diese Krise gemeinsam zu überwinden.

Wichtig ist hierbei auch, wie sich Europa weltweit aufstellt – Stichwort Handelskrieg mit den USA, aber teilweise auch mit China. Mein Eindruck ist, dass infolge der Pandemie die Erkenntnis gestiegen ist, dass sich die europäischen Mitglieder noch viel stärker koordinieren müssen, um sich als Block Europa gegenüber anderen zu positionieren.

NEUER SCHWUNG FÜR DIGITALISIERUNG UND FLEXIBILISIERUNG

Aus der Wahrnehmung als Geschäftsführer der Deutsch-Französischen Industrie- und Handelskammer heraus, der den Blick sowohl auf Deutschland als auch auf Frankreich richtet, kann ich positiv feststellen, dass die Pandemie die Themen Digitalisierung und Flexibilisierung der Arbeit erkennbar vorangebracht hat. War Home-Office bis dahin kein großes Thema und der Dialog darüber nicht einfach, so hat sich diese Frage innerhalb kurzer Zeit für die Betriebe in beiden Ländern wie selbstverständlich geklärt, da sich die Notwendigkeit ergab, schnell und ergebnisorientiert Lösungen zu finden. Somit führte die Notsituation zu einer Beschleunigung einer guten Entwicklung.

Ein weiterer Aspekt hierbei ist, dass sich in der Krise der ohnehin gute

Dialog zwischen einzelnen Betrieben auf beiden Seiten des Rheins intensiviert hat, angetrieben durch das Bemühen um pragmatische Ansätze, um den Betrieb tagtäglich aufrecht zu erhalten. Das betraf praktische Fragen wie den Transport einer Arbeitskraft ins jeweils andere Land oder den Einsatz von Maschinen ohne die physische Anwesenheit eines Mitarbeiters. Hier wurden neue Lösungen durch digitale Übertragung gefunden, was einen gewaltigen Lerneffekt nach sich zog, von dem man auch in der Zukunft profitieren kann. Darüber hinaus schufen Arbeitskräfte und Manager*innen im Home-Office infolge des Lockdowns zusätzliche Räume für den zwischenbetrieblichen Austausch. Digitale Foren führten dazu, dass geschäftliche Beziehungen die Krise überdauerten und Mitarbeiter*innen miteinander in Kontakt bleiben konnten.

Für mich persönlich, der ich seit Juni 2019 aus meiner vorherigen Tätigkeit in Norwegen als neuer Geschäftsführer der Deutsch-Französischen Industrie- und Handelskammer nach Paris kam, erwies sich der skandinavische Blick, den ich mir zuvor angeeignet hatte, als Vorteil. Nachdem ich durch meine Erfahrungen in Oslo bereits an einen höheren Digitalisierungsgrad gewöhnt war, hatte ich einen Schwerpunkt meiner Arbeit ohnehin auf Home-Office und mobiles Arbeiten durch digitale Werkzeuge gesetzt. So ergab es sich, dass die Kammer wohl bereits ein Stück weit besser auf die unerwartete Krise vorbereitet war. Für uns stellte es eine wertvolle Erfahrung dar, quasi über Nacht neue Funktionsweisen einzurichten, die uns erlaubten, weiter zu arbeiten und zu kommunizieren. Vom ersten Tag des Lockdowns an war die Kammer voll funktionsfähig, da alle Mitarbeiter*innen schnell und gemeinsam nach pragmatischen Lösungen suchten und auch von der Flexibilisierung der Arbeitszeiten im Home-Office profitierten.

DER VORTEIL NEUER, DIGITALER FORMATE

Hinzu kommen für uns neue Erfahrungen mit der Organisation und Ausführung von Webinaren. Als Industrie- und Handelskammer mit einer klaren Netzwerk-Funktion ist unsere Arbeit grundsätzlich stark von Veranstaltungen mit physischer Anwesenheit geprägt, deren Organisation im Rahmen der Pandemie nicht mehr möglich waren. Der positive Effekt bestand darin, dass wir eine erfolgreiche Reihe von digitalen Webinaren ins Leben riefen, in denen sich betroffene Unternehmen austauschen oder informieren konnten, auch zu so aktuellen Themen wie dem Umsetzen der

Kurzarbeiterregelung oder zu insolvenzrechtlichen Fragen. Diese Reihe von mehr als 30 Online-Veranstaltungen stieß schnell auf beträchtliche Resonanz.

Ein weiterer, nicht zu vernachlässigender Vorteil digitaler Formate ergibt sich für Teilnehmer*innen von beiden Seiten des Rheins, die bei Veranstaltungen in Paris aus zeitlichen oder organisatorischen Gründen und vor allem aufgrund einer weiten Anreise bislang nicht physisch anwesend sein, sich nun aber von überall her einwählen konnten. Dies erweiterte den Kreis unserer deutsch-französischen Teilnehmer*innen.

Gerade weil sich die Aktivitäten in Frankreich stark auf Paris konzentrieren, konnten wir im Zuge der Pandemie und dank des Einsatzes neuer digitaler Formate andere Regionen des Landes von den Hauts-de-Seine über Rhône-Alpes bis zur Côte d'Azur wesentlich besser mit einbeziehen. Die gewachsene regionale Erreichbarkeit lässt sich als positiver Effekt vermerken, auch wenn der persönliche Austausch langfristig nicht durch digitale Werkzeuge zu ersetzen ist.

Den Betrieb der Kammer auch während der strikten Ausgangsbeschränkungen am Laufen zu halten, dort ab und zu nach dem Rechten zu sehen und das Funktionieren der Server zu überprüfen, damit die Mitarbeiter*innen weiter störungsfrei arbeiten konnten, gehörte zu meinen Aufgaben. Bei meinem Weg dorthin die sonst so brummende französische Hauptstadt, in der ich bei Ausbruch der Krise seit nicht einmal einem Jahr zuhause war, fast ausgestorben zu sehen, erlebte ich als eine erstaunliche Erfahrung. Derart menschenleere Straße zu sehen, war mir bis dahin kaum vorstellbar erschienen. Und es handelte sich um eine Erfahrung, die sich aufgrund der Unterschiede zwischen beiden Ländern in dieser Form und zur gleichen Zeit wohl auch in keiner deutschen Stadt machen ließ.

Patrick Brandmaier ist seit Juni 2019 Hauptgeschäftsführer der Deutsch-Französischen Industrie- und Handelskammer mit Sitz in Paris. Nach Abschluss seines Studiums der International Business Administration an den Universitäten in Marburg und Wien mit Auslandsaufenthalten in den USA und Frankreich begann er seine berufliche Laufbahn 1997 bei der Siemens AG in München. Nach einer über 20-jährigen Karriere in verschiedenen leitenden Positionen bei Siemens in Deutschland, Frankreich und Norwegen wechselte der gebürtige Deutsche aus Karlsruhe vom norwegischen Oslo in die französische Hauptstadt. Patrick Brandmaier ist Frankreich seit mehr als 25 Jahren durch sein Studium, seine Berufserfahrung und seine familiäre Situation verbunden und lebt tagtäglich mit beiden Kulturen. Die deutsch-französi-

schen Beziehungen haben ihn sowohl im Beruflichen als auch im Privaten geprägt und prädestinieren ihn daher für seine neue Aufgabe bei der Deutsch-Französischen Industrie- und Handelskammer.

TRANSFORMER LA CRISE EN CHANCE POUR LES TERRITOIRES TRANSFRONTALIERS

Florian Weber (Université de la Sarre) échange avec Frédéric Berner (CCI France Allemagne)

Zusammenfassung Als 1957 das Saarland in die Bundesrepublik Deutschland eingegliedert wurde, entstand auch eine Vorgängerorganisation der heutigen *Chambre de Commerce et d'Industrie française en Allemagne* (CCI France Allemagne CCFA e. V.), also der französischen Industrie- und Handelskammer in Deutschland, die sich damals der Interessenvertretung für französische Firmen im Saarland annahm. Seit 1986 hat sie das Engagement ihres Handelns auf die gesamte Bundesrepublik Deutschland ausgeweitet. Bis dato wurden über 1 500 Ansiedlungen in Deutschland begleitet, um Vorhaben zum Erfolg zu führen. Deutschland ist größter Kunde und gleichzeitig Lieferant Frankreichs – ein zentrales wirtschaftliches »Beziehungsverhältnis« ist entstanden. Die Bundesrepublik ist für französische Unternehmen bedeutsam, gleichzeitig aber kein »leichter« Markt, was strategisches Handeln erforderlich macht – eben unterstützt durch die CCI France Allemagne. Ab Ende Februar/Anfang März 2020 wurde die Ausbreitung von COVID-19 zunehmend mit Beunruhigung aufgenommen. Der *Directeur Général* der CCI France Allemagne, Frédéric Berner, verfasste am 10. März ein erstes internes Memo, um den Übergang ins Homeoffice vorzubereiten, doch erst die Grenzkontrollen und Grenzschließungen waren in der Folgezeit das eigentlich fordernde Ereignis! Im Gespräch mit Florian Weber macht Frédéric Berner deutlich, für welch schlechtes symbolisches Zeichen das »Reaktivieren alter Grenzen« sorgte – und dies gerade im Saarland und in Saarbrücken, wo die CCI France Allemagne ihren Sitz hat. Statt kurzer Wege trafen sie auf »Mauern« – absolut nicht praktikabel für den grenzüberschreitenden Wirtschaftsraum. Eigentlich hätte es einen anderen Weg gebraucht – so haben sich spezifische Länderinteressen, unzureichende Kommunikation und mitunter schwer überwindbare Hürden für Unternehmen gezeigt. Neben Herausforderungen macht die Krise aber auch die engen deutsch-französischen Beziehungen deutlich, die einen Anker für Stabilität und Solidarität in Europa darstellen. Entsprechend wird es aus der Sicht von Herrn Berner unerlässlich, Fehler zuzugeben und aus diesen zu lernen. Ein rein nationalstaatliches Handeln macht keinen Sinn – die Krise hat die vielfältigen Verflechtungen klar vor Augen geführt, womit sie nun aktiv als Chance zu begreifen ist, um Grenzregionen zu stärken!

Florian Weber Cher Monsieur Berner, nous vous remercions vivement de nous accorder une interview. La « Chambre de Commerce et d'Industrie française en Allemagne » – une telle institution montre directement le lien étroit entre les deux pays de la France et de l'Allemagne. Pourriez-vous, pour commencer, parler un peu de l'histoire de la Chambre et de ses objectifs actuels ?

Frédéric Berner Notre histoire est intimement liée à celle de ce Land. L'association sur laquelle nous avons fondé notre développement (*AFDRES*[1]) a en effet été constituée au moment du retour de la Sarre dans le giron de la République Fédérale d'Allemagne, en 1957. A cette époque, les entreprises situées sur ce territoire et qui commerçaient librement avec la France, avaient ressenti le besoin de se regrouper pour défendre leurs intérêts et préserver leur activité, que le déplacement des frontières administratives compliquait, à un moment où le traité européen de libre-échange n'était pas encore en vigueur et où des contingentements douaniers entravaient leurs affaires. L'association fut ensuite autorisée à s'appeler *Chambre de Commerce Française en Sarre* en 1964 et prit, avec l'arrivée de mon prédécesseur, Gilles Untereiner, fin des années 1970, une orientation d'appui opérationnel pour les PME exportatrices. Avec l'ouverture en 1986 d'une antenne à Francfort et la reprise des activités en Allemagne de la *COFACI*[2], qui cessait dès lors d'être bilatérale, nous avons pu adopter le nom de *Chambre de Commerce et d'Industrie Française en Allemagne*, officialisant ainsi notre capacité d'action sur tout le territoire de la République Fédérale. Aujourd'hui, parmi les 125 Chambres Françaises dans 95 pays dans le monde, nous sommes celle qui a de loin l'activité d'appui aux entreprises la plus développée. Nous avons accompagné plus de 1 500 projets d'implantation commerciale en Allemagne ces 35 dernières années et nos 45 collaborateurs mettent à disposition des entreprises qui nous mandatent une panoplie complète de solutions pour y accélérer leur développement. Notre objectif est de faire en sorte que quels que soient le secteur d'activité, la taille et l'avancement du projet export d'une PME, nous puissions lui apporter une réponse rapide, professionnelle et intégrée tout en maîtrisant les coûts. Nous sommes là dans un processus d'amélioration continue.

Florian Weber Comment décrivez-vous le marché allemand aux exportateurs français qui réfléchissent à s'investir dans le pays voisin ? Quels sont à votre avis les « spécificités allemandes » ?

Frédéric Berner L'Allemagne reste de loin le premier client de la France et son premier fournisseur. Avec plus de 82 millions d'habitants et un pouvoir d'achat moyen parmi les plus élevés d'Europe, mais aussi et surtout avec une part de l'industrie de près de 25 % et une part export de près de 50 % du PIB, le marché allemand constitue le plus important débouché de proximité pour les PME françaises, tant en direct que par « effet ricochet » du fait de sa dynamique internationale. Cela dit, nous avons affaire à un marché mature et très intégré, qui n'est pas facile d'abord. Percer en Allemagne doit donc relever d'une décision stratégique finement élaborée et inscrite dans la durée. Dans un pays empreint de continuité, caractérisé par une approche prudente de la prise de risque, obsédé par les processus organisationnels et habitué à inscrire la relation client-fournisseur dans une logique partenariale, il est primordial de « gagner la confiance » et de la conserver. Cela passe par la démonstration d'une expertise, par un positionnement clair et par une certaine endurance durant les phases de test, une grande réactivité et le sens du service client y compris, voire surtout, dans la gestion des difficultés. L'implantation commerciale locale, que ce soit en créant une filiale ou par prise de participation ou rachat, est l'un des meilleurs « boosters » de croissance sur le marché allemand.

Florian Weber Début de l'année 2020, le coronavirus était encore assez loin, en Chine, au moins pour beaucoup de gens qui ne pouvaient pas s'imaginer que la COVID-19 se développe comme pandémie. Quand est-ce que votre association a commencé à identifier les risques potentiels et avec quelles préoccupations pour ses membres ?

Frédéric Berner Nous commencions à avoir des signaux inquiétants fin février, début mars, le virus était alors déjà à l'œuvre en Italie. Le 10 mars 2020, j'ai rédigé mon premier mémo interne pour nous préparer à basculer en télétravail, dans le train de retour entre Evreux, en Normandie et Sarrebruck, après avoir passé la journée dans une entreprise française, fabricant des machines de conditionnement pour la cosmétique, qui nous demandait de lui recruter un technico-commercial salarié et de lui créer une filiale en Allemagne. Dans les jours qui ont suivi nous avons pu tout mettre en œuvre sur le plan informatique et je dois avouer que lorsque l'annonce de la fermeture des frontières à partir du 16 mars 2020 est tombée, je me suis dit que mon intuition une semaine auparavant avait été salutaire. A partir de ce moment-là cependant ont commencé de longues semaines durant lesquelles nous avons consacré beaucoup de temps à chercher de l'information, découvrir des problèmes, tenter de les résoudre et informer, puis conseiller nos membres et clients quasiment en temps réel.

Florian Weber La Chambre de Commerce et d'Industrie française en Allemagne est située à Sarrebruck, donc avec un pied presqu'encore en France. Comment avez-vu vécu le contrôle des frontières et la fermeture de différents passages de frontières – personnellement et aussi du point de vue de votre association ?

Frédéric Berner Mal, bien sûr. Non pas uniquement sur le plan pratique, sur lequel je vais revenir, mais aussi et surtout sur le plan symbolique. Nous avons construit notre institution ici, sur sa réalité transfrontalière et sur le fait que notre localisation en Sarre était un atout majeur. La Sarre, c'est le Land de la « *Frankreichstrategie* » où l'on parle à juste titre de « *kurze Wege* » où, à défaut de francophonie parfaite, on ressent une sincère francophilie, dans un territoire transfrontalier culturellement proche, avec un destin social et économique commun. Nous vendions à nos entrepreneurs « votre filiale allemande à 2 heures de Paris », « vous pouvez venir à votre filiale à pied » … et tout d'un coup un mur se dresse, là où personne ne pouvait un jour l'imaginer !

Florian Weber Quels impacts les contrôles renforcés ont-ils eus ? Pourriez-vous l'illustrer aussi par quelques exemples ?

Frédéric Berner Deux tiers de nos collaborateurs à Sarrebruck sont travailleurs frontaliers, y compris quelques ressortissants allemands, qui résident à Sarreguemines, Spicheren, Forbach, Saint Avold ou ailleurs. Pour certains d'entre eux, la réduction à une poignée des points de passage entre la Moselle et la Sarre représentait un détour de 25 km. L'attente à certains passages de frontière a dépassé 30 minutes certains jours. J'ai rapidement décidé de conserver le télétravail pour tous ces salariés pour leur éviter ces désagréments. Résultat : je n'ai revu certains collègues en chair et en os que le 15 juin 2020. Cela n'a pas été sans conséquences sur le plan collaboratif, au niveau de la motivation et du lien social.

Florian Weber 25 ans après la fin des contrôles des frontières grâce à l'accord de Schengen, les frontières visibles étaient de retour. A quel point auriez-vous cru qu'on revienne à une telle situation ?

Frédéric Berner Ma fille aînée a 22 ans et mon fils vient de fêter ses 20 ans. Ils n'ont pas connu d'autre monnaie que l'Euro, ils ont commencé leurs jeunes années scolaires en France et poursuivi le collège et le Lycée à Sarrebruck, ils sont bilingues, étudient tous les deux désormais dans des cursus franco-allemands, ont fait des stages d'un côté comme de l'autre de la frontière, bref, ils ont grandi dans un contexte de continuité territoriale dans lequel le concept même de frontière était totalement absent. J'avoue que j'étais un peu démuni lorsqu'il a fallu que je leur explique que ce qui nous arrivait, des contrôles systématiques aux frontières, des passages de frontières interdits, était finalement quand même possible. N'y avait-il vraiment pas d'autre choix ? J'en doute et c'est malheureusement révélateur de carences règlementaires, de défauts de communication entre nos pays et de nos gouvernements à leurs peuples, mais aussi et surtout du fait que les intérêts particuliers et les craintes l'emportent encore sur l'intérêt collectif et la raison.

Florian Weber Le commerce et l'industrie dans un contexte transfrontalier ont besoin d'une confiance réciproque et d'un cadre clair et stable, je suppose. A quel point, le réflexe d'un retour aux frontières nationales a-t-il érodé cette base ?

Frédéric Berner Il est vrai que les neuf derniers mois, avec leur lot de mesures par moment drastiques, puis desserrées, avant de reprendre un tournant contraignant, ont eu un effet très négatif sur les affaires, sur leur continuité, sur leur développement et sur l'initiation de nouveaux projets. A fin octobre 2020 nous avons enregistré un recul de 40 % des créations de filiales d'entreprises françaises en Allemagne par rapport à notre score de 2019 ! Aujourd'hui encore, nous passons beaucoup de temps à aider les entrepreneurs à comprendre s'ils peuvent ou non envoyer leur personnel français dans tel ou tel Land allemand, sans que ces derniers ne doivent se mettre en quarantaine. Beaucoup de choses peuvent être traitées à distance dans les affaires, mais vient un moment où la présence sur place est irremplaçable. Je pense néanmoins que beaucoup d'entrepreneurs savent que la situation et les contraintes mises en place ont un fondement sanitaire, de santé publique et que cela ne doit pas remettre en cause la pertinence de leurs projets de développement, tout juste les décaler dans le temps.

Florian Weber Malgré quelques crises, les relations franco-allemandes constituaient au fil du temps un ancrage de stabilité et de solidarité en Europe. A quel point, les démarches plutôt nationales ont-elles influencé ces relations, à votre avis, et avec quels effets aux rapports économiques ?

Frédéric Berner A première vue, on pourrait penser que les approches nationales et le sentiment de repli sur soi qui en a résulté, ont eu et auront durablement des conséquences sur la confiance réciproque de nos gouvernants, de nos entrepreneurs et même de nos citoyens, les uns envers les autres. Je pense néanmoins que le caractère soudain, inédit et in fine mondial de cette pandémie permettent à chacun de relativiser et de ne pas interpréter des réactions et des actes comme des intentions délibérées et ciblées de rejeter l'autre. N'oublions pas que nous avions déjà sur de nombreux plans des approches et des enjeux tellement divergents, que la qualité de la relation franco-allemande ne suffira pas à effacer. Pour en citer quelques-uns pêle-mêle : les déficits publics, la dette, le nucléaire, l'OTAN, le Brexit, la relation à la Chine, aux USA, voire même à la Turquie... N'oublions pas non plus cependant toutes les avancées et tous les axes de travail communs.

Au plan local, je n'oublierai pas l'accueil de malades français de la COVID-19 dans les hôpitaux de Sarre et du Bade-Wurtemberg. Au plan européen, l'annonce commune du 18 mai 2020, entre nos deux gouvernements, de la création d'un emprunt européen massif et la réussite des tractations ensuite avec les autres pays européens pour entériner cette initiative franco-allemande est une illustration de cette stabilité et de cette solidarité qui font l'idéal européen, en grande partie sous l'impulsion de nos deux pays.

Florian Weber Quelles leçons devraient être tirées la crise de la COVID-19, au niveau international et concrètement dans le contexte transfrontalier ?

Frédéric Berner Nous devons absolument tirer les leçons, de manière ouverte et transparente de cette crise. Commettre des erreurs est toujours possible, les admettre et améliorer les choses pour qu'elles ne se reproduisent pas est cependant primordial et nous ne pourrons en faire l'économie à tous les niveaux. Il est cependant clair qu'au niveau transfrontalier les effets ressentis sont amplifiés. Certains y voient un risque ou une difficulté, permettez-moi d'y voir une chance et une opportunité. Le traité d'Aix la Chapelle prend d'autant plus de sens avec la crise de la COVID-19. Il consacre les régions frontalières comme des laboratoires d'idées et d'essais de ce que l'Europe peut et doit devenir. Les sujets sont nombreux : éducatifs, sociaux, culturels, juridiques et règlementaires, économiques et de gouvernance ... autant de thématiques qu'on ne peut plus se permettre de gérer chacun de son côté de la frontière sans partage de vue, sans concertation et sans décision commune. Si cette crise doit avoir quelque chose de bon, c'est de nous avoir fait prendre conscience de manière accrue de l'interdépendance et de la communauté d'enjeux de nos espaces transfrontaliers. A nous maintenant de mettre en place la communication et l'engagement commun qui, partant de ces territoires, feront se diffuser davantage encore la réalité concrète derrière l'idéal européen.

NOTES

1   Association Française pour le Développement des Relations Economiques avec la Sarre
2   Chambre Officielle Franco-Allemande de Commerce et d'Industrie

---

Frédéric Berner est le Directeur Général de CCI France Allemagne, la Chambre de Commerce et d'Industrie Française en Allemagne, basée à Sarrebruck. Il a grandi en Alsace, dans la région trinationale du « Dreieckland » Mulhouse-Bâle-Lörrach et a ainsi vécu dans sa jeunesse un contexte frontalier atypique. Après des études de management à Strasbourg et au Royaume-Uni, il a commencé sa carrière professionnelle à Francfort où il est resté deux ans, avant de rejoindre Sarrebruck en 1993. Favoriser les échanges commerciaux entre les entreprises françaises et allemandes et les aider à lever tous les obstacles est sa vocation depuis près de 30 ans.

**Von Grenzblockaden
und Grenzüberschreitungen:
Kultur – Medien – Bevölkerung**

**Du retour des frontières
à la libre circulation :
culture – médias – citoyens**

CORONA 2020. DU SENTIMENT D'EXIL EN ALLEMAGNE À UN NOUVEAU SOUFFLE POUR L'EUROPE ?

Florian Weber (Université de la Sarre) échange avec Valérie Deshoulières (Institut français de Sarrebruck et Université de la Sarre)

Zusammenfassung Valérie Deshoulières ist seit 2008 Professorin für Französische Literatur im europäischen Kontext an der Universität des Saarlandes und Direktorin des Institut français in Saarbrücken, zudem lehrt sie am Institut catholique in Paris. Sie pendelt damit zwischen den Welten, ist in Frankreich und Deutschland beheimatet und steht für die europäische Idee. Gerade die Großregion SaarLorLux ist für sie ein Motor für die Ausgestaltung eines gelebten Europas. Die Coronakrise stellt damit eine markante und »brutale« Zäsur dar. Im Gespräch mit Florian Weber beschreibt sie, wie sie auf persönlicher und beruflicher Ebene vom Schock der zeitweisen Grenzschließungen und der Einschränkungen persönlichen Austauschs getroffen wurde. Immer schon hat sie sich in Richtung Deutschland orientiert, sich für die Sprache und Kultur interessiert – und sich nun im Frühjahr 2020 in Deutschland erstmals wie im Exil gefühlt. Doch statt Lethargie und Verzweiflung setzte Valérie Deshoulières schnell alles daran, in den Austausch mit ihren Studierenden und Kolleg*innen zu treten und bereits eine Vision zu entwickeln, wie die Zeit nach COVID-19 aussehen sollte. Europa muss stärker erlebbar gemacht werden, statt eines nationalstaatlich rückgebundenen Handelns sind gemeinsame Strategien erforderlich, zum Schlüssel wird die Ausrichtung auf die »*convivance*« – das Zusammenleben. Für das deutsch-französische Verhältnis und die deutsch-französische Kooperation wird es entscheidend, sich nicht auf vielleicht einmal Erreichtem auszuruhen, sondern beharrlich Bestrebungen zum Dialog voranzutreiben. Die Mehrsprachigkeit wird hierbei gleichzeitig zu einem Schlüssel, so Valérie Deshoulières. Die Krise könnte sich so auch zur Chance gereichen – doch müssen die richtigen Schlüsse zugunsten eines aktiven Handelns gezogen werden.

Florian Weber   Valérie, vous êtes transfrontalière depuis longtemps, fortement engagée pour l'Europe. Comment avez-vous vécu les mois derniers ?

Valérie Deshoulières   Mon engagement pour l'Europe a toujours été fervent et j'ai toujours eu le sentiment que la relation franco-allemande pouvait constituer un moteur puissant de la construction européenne. Pour la première fois de ma vie, j'ai d'ailleurs voté en Allemagne lors des dernières élections européennes, parce que Roland Theis était candidat et qu'il me semblait particulièrement habilité à défendre la relation franco-allemande et, plus largement, la construction européenne au-delà de la Sarre. Depuis ce jour de mai 2019, j'ai enregistré un certain nombre de deuils, symboliques et réels. Il y a d'abord eu le départ de ma secrétaire générale qui aspirait à valoriser ses compétences dans un contexte plus scientifique – elle est ingénieur de formation – après onze ans de coopération. Si l'Institut français a pu se développer comme il l'a fait, c'est d'abord parce qu'il reposait sur les épaules de trois femmes de bonne volonté qui ne comptaient pas leurs heures. Roland Theis n'a pas été élu. J'ai enregistré, à titre privé et professionnel, divers chocs à partir du mois de mars jusqu'au choc absolu de cette crise sanitaire qui a généré la fermeture de la frontière entre la France et l'Allemagne. Pendant plusieurs jours, j'ai été frappée de stupeur car depuis 2008 – et surtout depuis 2015 –, je répète à mes étudiants français comme allemands que l'Europe peut se construire à partir de la Grande Région, que dans la Grande Région bat le cœur de l'Europe. On a tendance à ne jurer que par les capitales, mais à mon sens, le trio Metz-Sarrebruck-Luxembourg peut faire tout autant que le tandem Paris-Berlin. Des choses différentes, mais fondamentales et complémentaires grâce en particulier à la *jeunesse* : celle des apprentis comme celle des étudiants.

Florian Weber   Et maintenant, 35 ans après l'accord de Schengen, c'est vraiment le retour des frontières. Un retour en arrière que nul n'aurait imaginé voici quelques mois. Vous vivez le franco-allemand, vous vivez l'Europe. Quelles conséquences cette crise a-t-elle eues pour vous ?

Valérie Deshoulières   Comme je le soulignais à l'instant, je l'ai enregistrée de plein fouet et dans deux registres : le registre privé et le registre professionnel. Ayant des parents dans le Sud de la France (mon père est décédé depuis), j'ai dû me munir de quatre documents officiels pour pouvoir pendler entre Sarrebruck et Avignon : du côté français, un certificat médical attestant que l'état de santé de mon père, atteint de la maladie de Parkinson, commandait que je lui rende visite régulièrement et une attestation dérogatoire pour pouvoir circuler et du côté allemand, un certificat de travail délivré par l'Université de la Sarre et ma déclaration de résidence à Sarrebruck. Sans parler de mon passeport. Une limitation de ma liberté de mouvement qui entrait en contradiction avec tout ce que j'avais enseigné à mes étudiants et expérimenté avec eux. Je n'avais cessé d'œuvrer en effet, dans le cadre de l'Université de la Sarre comme dans celui de l'Institut français, à la Villa Europa, en faveur d'une coopération transfrontalière *durable*, de plaider en faveur de la mobilité des étudiants en Grande Région. Un seul arrêté a suffi à dilapider tous ces efforts. J'ai suivi attentivement sur les réseaux sociaux et dans les médias le combat mené par Christophe Arend et Roland Theis pour la réouverture de la frontière et la sauvegarde de l'amitié franco-allemande et à chaque petit pas en avant visant à assouplir les contrôles, je me suis réjouie. J'ai repris peu à peu courage, parce que certains de mes étudiants étaient encore plus désorientés que moi et avaient besoin de ma propre motivation pour se remotiver. Je n'étais pas, loin s'en faut, une grande spécialiste des outils numériques, mais avec l'aide de mon assistante, Fatma Hotait, j'ai tenu à me familiariser avec la plateforme *Teams* mise à notre disposition par l'Université de la Sarre dans les meilleurs délais et suis parvenue à me connecter chaque semaine, afin d'assurer mes cours « en distanciel », mais aussi pour rassurer mes étudiants quand ils traversaient des périodes de doute, voire de souffrance psychologique. J'ai fait mon possible pour leur rappeler mes valeurs et leur réaffirmer mes engagements. Nous avions plus que jamais besoin de cette interaction, de ce dialogue. Ils m'ont aidée à traverser cette crise autant que je les ai – je l'espère – aidés. Et c'est exactement cela l'enseignement : une élaboration réciproque. Nous nous sommes reconstruits ensemble. Et au fil des semaines, nous avons repris confiance et nous en sommes venus à penser que nous devions « défendre » et « illustrer », plus que jamais peut-être, cette coopération transfrontalière qui nous était chère dans le contexte européen. Bien des arguments que nous avions déployés avant la crise – notamment lors des Journées de l'Europe 2017, 2018 et 2019 – et qui étaient restés lettres mortes, seraient peut-être ainsi mieux entendus après une telle épreuve. Nous n'avions en réalité toujours défendu qu'une seule cause : la « pensée écologique » au sens où l'entend Dominique Bourg[1], philosophe, professeur à l'Université de Lausanne en introduction à son *Anthologie* – référence bibliographique majeure de notre action : « La pensée écologique n'est donc ni l'écologie scientifique, ni un mouvement social et politique protestataire, mais le socle d'une démocratie durable ».

Florian Weber Ce fut donc une souffrance vécue, au niveau professionnel et personnel.

Valérie Deshoulières Pour ce qui est de mon équipe et de moi-même en Sarre, à l'Université comme à l'Institut français, nous avons perdu des dizaines d'heures de travail et quelques centaines d'euros : un moindre mal... Le 10 mars, nous avons dû renoncer en effet à la dernière étape d'un beau projet interculturel en relation avec la migration associant l'Italie, la France et l'Allemagne : l'accueil de la troupe sicilienne de la *Casa musicale* d'Agrigento (dir. Marco Savatteri) pour un spectacle adapté d'une enquête d'Ester Rizzo *Camicette bianche. Oltre l'8 marzo*[2], un hommage émouvant à la centaine de femmes – dont de nombreuses Siciliennes – ayant migré à New York au début du XXe siècle et péri dans l'incendie de leur usine textile, la *Triangle Shirtwaist Factory,* en mars 1911. Nous avons travaillé d'arrache-pied jusqu'au 8 mars exactement : la « Journée de la Femme », que nous avons célébrée au Burghof de Forbach dans le cadre du Festival Migrations. Après cette date, je suis tombée dans un grand trou noir : je ne pouvais plus voir mes étudiants, ni recevoir de public à la Villa Europa. J'ai passé deux semaines de confinement en France, auprès de mes parents et je n'oublierai jamais mes retours en Allemagne après chaque séjour en France : seule, sur l'autoroute A 31 au milieu des camions. J'ai encore dans les oreilles le bruit des hélicoptères et des ambulances. Et puis, au fil des rendez-vous sur Teams avec mes étudiants, une pensée « post-COVID 19 » s'est mise en place.

Florian Weber Une pensée « post-COVID » ? Qu'entendez-vous par là ?

Valérie Deshoulières Je désirais retrouver, comment dire, la foi. La ferveur, disons, de mon engagement premier pour l'Europe. En 2018, le Bureau de coopération universitaire de l'Ambassade de France (Valérie Lemarquand) et l'Université franco-allemande (Marjorie Berthomier) avaient initié, dans le prolongement du dialogue avec notre Institut, un projet intitulé « Utopie-Europa »[3], auquel j'ai associé mon institution comme mes étudiants de diverses façons : accueil de visio-conférences à la Villa Europa, participation à des tables rondes et des rencontres à Bonn, Leipzig et Berlin. J'ai ainsi éprouvé, peu à peu, le désir de participer de nouveau au concours « Utopie-Europa » avec des étudiants de l'Université de la Sarre, qui se tiendra à Berlin en mars, sur le thème : *Digitale Utopie* ? Le débat risque d'être vif car la période que nous vivons actuellement nous montre en effet à la fois la nécessité des outils numériques pour conserver un lien social et le risque encouru par une frange de la population que la non-maîtrise de ces outils rend vulnérable et même marginalise. S'ensuit une forme d'injustice sociale extrêmement grave qu'il convient de prendre en compte. J'ai été marquée récemment par la lecture d'un ouvrage de Philippe Bihouix et Karine Mauvilly *Le désastre de l'école numérique – Plaidoyer pour une école sans écrans* (Seuil, 2016) : en dépit des services fondamentaux que les outils numériques nous rendent en ce moment, j'ai tendance à penser comme l'auteur que l'école comme l'université devraient constituer des « zones refuges », sans connexions abusives ni écrans surnuméraires, afin de permettre aux enseignants et aux apprenants de réinventer les pistes non numériques du « vivre ensemble ». Sur le modèle notamment des écoles Steiner, très présentes en Californie, qui accueillent paradoxalement un grand nombre d'élèves dont les parents sont des cadres importants de la Silicon Valley. Comme s'ils avaient compris bien avant nous les risques sanitaires et spirituels encourus par les enfants « livrés » au numérique.

Florian Weber   Donc, repenser le numérique ...

Valérie Deshoulières   Je crois sincèrement que cette crise doit nous apprendre à « soigner » les liens de proximité, à les récréer : de parents à enfants, de professeurs à étudiants, de collègues à collègues, de voisins à voisins etc. Plus que jamais, la coopération transfrontalière doit combiner les savoirs académiques et les savoirs-faire citoyens. La « pensée écologique » que nous appelons de nos vœux repose sur cette alliance. Sur cette *convivance*[4]. Connectons-nous, oui, mais sur la réalité du monde pour commencer qui nous entoure pour commencer. En d'autres termes : sachons nous déconnecter quand ce virus aura été éradiqué. Ou, plus justement, sachons mixer les outils numériques par commodité *pratique* et les rencontres humaines par curiosité éthique. Encore une fois, la jeunesse a beaucoup à dire sur ce point. Elle a beaucoup à dire de manière générale et je trouve que sa voix n'est pas assez entendue. Il existe certes des initiatives formidables pour la rassembler comme l'organisation tous les deux ans par le Parlement européen de Strasbourg de l'événement EYE *(European Youth Event)*. Près de 9 000 jeunes étaient présents dans la métropole en 2018 et j'ai participé à ce rassemblement avec une dizaine d'étudiants bénévoles de l'Université de la Sarre. Mais quelles ont été les retombées concrètes de cet enthousiasme ? La jeunesse européenne est-elle seulement *représentée* au Parlement européen ? Depuis des années, j'essaie de faire remonter aux politiques de Sarre les suggestions que mes étudiants formulent dans leurs travaux universitaires : des exemples de bons sens et de créativité. Je n'ai jamais eu de retour. D'où ma volonté de concourir à Berlin en mars pour

« Utopie-Europa » : le trio gagnant verra en effet sa proposition soumise à la Commission européenne à Bruxelles. C'est un début. A moyen terme, je pense qu'il serait souhaitable d'organiser au Parlement européen de Strasbourg un Parlement européen des Etudiants (PEE) sur le modèle du Parlement européen des Lycéens rassemblé en 2019 par trois élèves audacieux et courageux du Lycée franco-allemand de Sarrebruck : il consisterait, dans un premier temps, à nourrir les débats des étudiants en les faisant dialoguer sur l'actualité avec diverses personnalités, chercheurs et artistes : mobilité, écologie, numérique ... et, dans un deuxième temps, à simuler en trois langues (français, allemand, anglais) des débats parlementaires. Mon utopie européenne serait évidemment que la jeunesse soit partie prenante de la démocratie en Europe, c'est-à-dire soit l'auteur de son destin : ni instrumentalisée par les politiques, ni réduite à un rôle de figuration pour valoriser telle ou telle institution.

Florian Weber Nous avons déjà bien parlé de l'Europe. Quelle vision avez-vous pour l'Europe après la crise de la COVID-19.

Valérie Deshoulières Le mot « vision » me paraît quelque peu présomptueux. C'est un souhait que je voudrais plus modestement formuler. Nous n'avons guère le choix au demeurant : pour sortir renforcée et non laminée par cette crise, l'Europe doit d'abord avoir une politique sanitaire commune. Comme il est nécessaire d'harmoniser, au moins entre la France et l'Allemagne, les droits du travail. Pendulaire entre la France et l'Allemagne est un vrai casse-tête administratif avant de constituer une ouverture intellectuelle. L'Europe de demain ? Je la rêve multilingue et favorable au dialogue interculturel et intergénérationnel. La « pensée écologique », je l'ai souligné, ne se réduit pas à la sauvegarde de l'environnement – ce qui serait déjà naturellement un grand pas en avant. Elle suppose que nous repensions notre relation au monde et aux autres. Ce qui s'est passé au printemps est grave : la fermeture de la frontière a été vécue par de nombreux Mosellans comme une humiliation. Cela a réactivé, vous le savez bien, des souvenirs désagréables ou même tragiques et donné lieu à des amalgames et des dérapages regrettables. Un matin, j'ai trouvé sur ma voiture une lettre d'injures à caractère raciste et, oui, pour la première fois, je me suis sentie *en exil* en Allemagne et j'ai pensé que ma place désormais était ailleurs. En France ou en Italie. Dans le sud. Si une personne comme moi ayant choisi l'allemand comme première langue étrangère par admiration pour la culture littéraire et philosophique allemande, ayant enseigné des décennies durant les littératures européennes à l'université, ayant consacré l'essentiel de ma vie depuis 2008 à la relation franco-allemande et à l'Europe, au-delà de la promotion de la culture française en Sarre, a éprouvé ce sentiment, vous imaginez quel a été le sentiment de frustration, voire d'humiliation ressenti par d'autres plus éloignées de ces préoccupations.

Florian Weber   Cela me touche beaucoup quand vous dites que vous avez vécu cette phase comme un « exil » en Allemagne. Les reportages dans les médias nous ont certes montré les difficultés rencontrées aux frontières, mais votre témoignage les rend plus concrètes et montre la portée de cette crise. Quelles leçons peut-on en tirer ?

Valérie Deshoulières   On aurait tort de croire que la relation franco-allemande coule de source. C'est comme dans un couple : rien n'est jamais acquis ! Et ce n'est pas parce qu'on porte une alliance et qu'on a signé un papier qu'on a la garantie de passer toute sa vie ensemble. Il faut être sans cesse à l'écoute de l'autre et c'est, oui, dévorant. Je crois à l'immense pouvoir des mots : ils peuvent tuer, certes, mais ils peuvent aussi panser bien des blessures. Mon métier, je devrais dire ma vocation, c'est le dialogue. Il va de soi que dans notre zone géographique, le bilinguisme est une nécessité. La Sarre a eu une « Stratégie France » et beaucoup d'actions ont été entreprises en son nom : l'Institut français de Saarbrücken s'est profondément engagé et s'engage toujours autant pour l'apprentissage du français en Sarre. Mais la « Stratégie Allemagne » dans la région du Grand Est attend toujours son heure : l'apprentissage de l'allemand de l'autre côté de la frontière est une évidence pourtant. Si une coopération transfrontalière durable a le bilinguisme pour condition *sine qua non*, la construction européenne passe quant à elle par le plurilinguisme. A cet égard, j'ai pour la plupart de mes étudiants en Sarre une admiration profonde : ils sont, « dans le pire des cas », trilingues. Certains parlent même couramment jusqu'à cinq langues : le français, l'allemand, l'italien, l'anglais et l'arabe. La culture doit ainsi être partagée avec le plus grand nombre, c'est cela la démocratie. J'ai même envie de dire : doit être goûtée avec le plus grand nombre. Tant il est vrai qu'un peu d'imagination peut la rendre sensuelle, comestible. Le Théâtre du Carreau, à Forbach, grâce à sa secrétaire générale, Laurence Lang, et à son équipe, l'a bien compris : sa programmation courageuse a fait sonner sur scène, depuis deux ou trois ans, bien des langues : l'allemand, bien sûr, mais aussi le coréen et le persan. De manière générale, je dirais que le théâtre a ce pouvoir immense de rendre plus proche ce qui semble hors de notre portée. Sensibiliser le public au réchauffement climatique ? Allez voir ce que les scientifiques Bruno Latour et Frédérique Aït-Touati ont fabriqué sur la scène des Amandiers, à Nanterre, pour nous alerter. Je rêve, pour conclure, d'une université européenne qui ait le théâtre pour médium. Un théâtre en plusieurs langues, en d'autres termes : *hospitalier*. L'hospitalité se situe aux antipodes des replis nationalistes dangereux que nous avons constatés pendant la crise sanitaire. Un virus, pas plus qu'un nuage radioactif, ne saurait s'arrêter à la frontière.

NOTES

1   Bourg, D. (2014). *La pensée écologique. Une anthologie*. Paris: PUF.
2   Rizzo, E. (2014). *Camicette bianche. Oltre l'8 marzo*. Palermo: Navarra Editore.
3   https://utopieeuropa.institutfrancais.de/
4   Alajouanine, G. (2017). *Plaidoyer pour la convivance*. Paris: Hermann.

Valérie Deshoulières *est directrice de l'Institut français de Saarbrücken, professeur à l'Université de la Sarre (W2) et à l'Institut catholique de Paris. Outre la littérature française, elle a enseigné les littératures européennes, mais aussi proposé, en référence au philosophe Bernard Stiegler, des séminaires de « recherche-action » dans l'optique d'une coopération transfrontalière durable. Elle a grandi en Normandie, où le choix de l'allemand comme première langue étrangère n'allait pas de soi et a toujours pensé que la réconciliation des peuples passait par le plurilinguisme. C'est pour cela qu'elle s'est orientée très tôt vers la littérature comparée : un chemin vers l'hospitalité des langues qui l'a conduite, en 2008, jusqu'à Sarrebruck.*

JUSTE UNE FEUILLE À LA FRONTIÈRE – MAUVAISE COMMUNICATION ET AUTRES DIFFICULTÉS AU QUOTIDIEN

Florian Weber (Université de la Sarre) échange avec Marcel Adam (Chansonnier, auteur, compositeur et interprète transfrontalier)

Zusammenfassung Marcel Adam ist Chansonnier und Liedermacher, aber nicht einfach in deutscher oder französischer Sprache, sondern in regionaler Mundart. Er lebt mit seiner Frau im lothringischen Grosbliederstroff, direkt gegenüber dem saarländischen Kleinblittersdorf. Die Saar ist hier die Grenze zwischen Deutschland und Frankreich, aber die Mundart wird zum verbindenden Element für seine künstlerische Tätigkeit. Seit den 1980er Jahren ist er musikalisch unterwegs und wird insbesondere in Deutschland für Auftritte gebucht. Die COVID-19-Pandemie hatte für den Künstler unmittelbare Konsequenzen – persönlich und beruflich. Gewohnt an das problemlose Bewegen zwischen den beiden Ländern, wurde die Schließung des Grenzübergangs bei Grosbliederstroff zur einschneidenden Zäsur. Das Interview verdeutlicht, wie der Besuch eines deutschen Arztes zum unmöglichen Unterfangen wurde und Marcel Adam sich wie ein »Aussätziger« fühlte. Eindrücklich wird nachvollziehbar, warum allein aufgrund fehlender Informationen die Wiedereinführung von Grenzkontrollen so »hohe Wellen« schlug. Auch wird ganz deutlich greifbar, zu welchen Absurditäten es im deutsch-französischen Austausch kam – wie überwunden geglaubte Ressentiments wiederkehren. Mit einem anderen Krisenmanagement wäre es aus Sicht des Künstlers ein Leichtes gewesen, Missverständnisse zu vermeiden – für die Zukunft sollte hieraus nun aber zumindest unbedingt gelernt werden. Das Gespräch führt darüber hinaus vor Augen, mit welchen Herausforderungen »Grenzgänger zwischen den Welten« im Arbeitsalltag konfrontiert sind und wie diese weiterhin Barrieren darstellen – in einer Grenzregion wie dem Saarland und dem Département Moselle wird der Handlungsbedarf zugunsten grenzüberschreitender Problemlösungen manifest. Woran Politik damit künftig ansetzen kann, wird so ins Scheinwerferlicht gerückt.

Florian Weber Toi, tu es transfrontalier depuis bien longtemps. Comment as-tu vécu cette phase de la COVID et de la fermeture des frontières ?

Marcel Adam Bon, la phase de la COVID, j'ai été touché tout de suite parce que j'avais un rendez-vous important chez un médecin allemand. J'avais mon anniversaire d'ailleurs le week-end avant et j'avais la semaine après le mardi ou le mercredi ce rendez-vous important. Et j'ai téléphoné à la secrétaire et elle m'a dit « vous n'avez pas le droit de venir ! Notre docteur n'accepte pas un Français en ce moment ». C'est juste de l'autre côté, ici, de la frontière et j'ai été très choqué. Et j'ai d'ailleurs téléphoné à la « Ärztekammer » et l'interlocuteur m'a dit : « non, non, ce n'est pas bien. Il n'a pas le droit de vous refuser », mais c'étaient les consignes. Il y avait un peu la panique. Les gens ne savaient plus trop. Donc, moi, je suis allé chez un médecin à Sarreguemines parce que je voulais quand même savoir où j'en étais. Juste pour dire, j'étais très choqué, le médecin chez qui je vais depuis longtemps n'a pas voulu me traiter, d'un coup, j'avais « la peste ». Maintenant, il faut se rappeler, au début, on allait chez les médecins sans protection. On ne parlait pas de masques. Voilà, cela m'a fortement touché. Après, pendant le contrôle des frontières, j'ai téléphoné aux médecins : « Envoyez-moi un mail en mettant bien que c'est nécessaire que Monsieur Adam ait le droit d'aller voir le docteur, avec un formulaire ». Donc, j'avais à chaque fois, le formulaire, je m'arrêtais à la frontière. Mais je n'ai pas pu passer directement de Grosbliederstroff à Kleinblittersdorf, il fallait passer par la Goldene Bremm – et ce n'est pas juste à côté ! La frontière ici, elle était fermée. Je dois dire, tous les gens qui contrôlaient faisaient leur métier, ils étaient sympas, ils regardaient les papiers, ils nous laissaient passer. Enfin, on passe depuis des années librement, c'est dur. Et le premier matin, il faut savoir, ma femme passe la frontière française et rien n'est marqué, elle arrive à la frontière allemande et c'est fermé. C'est fermé ! Il y avait juste un petit truc en DIN A4, il faut qu'elle descende de la voiture pour le lire où c'est marqué : c'est coupé à cause de la COVID et il faut passer par telle ou telle rue. Ce n'était pas clairement marqué. Il y avait aussi des camions qui devaient tourner là-bas ! Bloqués là-bas. Pourquoi personne n'a mis un grand truc à Grosbliederstroff ? « Attention, la frontière est fermée ! » Mais, c'est arrivé du fait que les Français n'étaient pas au courant que les Allemands avaient fermé la frontière.

Florian Weber Mauvaise communication ...

Marcel Adam   Les Allemands ont fermé, hop, c'est fait. Et après, voici, les Français bloqués à frontière. C'est les histoires de la frontière. Et cela a naturellement fâché les gens. C'est normal. Voilà, la situation de la COVID, après, nous, on a tout respecté. Cela m'a cassé vraiment les pieds. On ne pouvait pas aller dans la forêt, mais ça n'a rien à voir avec les Allemands, c'étaient les Français. Toute la forêt était fermée, mais c'est quand même très bien de se promener dans la forêt. Et j'avais tous les collègues allemands, des musiciens etc., qui m'ont envoyé des photos, « regarde, on a profité du beau temps avec le 'rucksack' sur le dos » et nous, on pouvait faire une heure, juste entre les maisons. La COVID, on a compris ce que c'était, on a respecté. Et le franco-allemand, ma femme a pu aller travailler en Allemagne. Et moi, je me suis beaucoup énervé sur les gens qui allaient au supermarché Globus en Allemagne, acheter du poisson, du fromage chez une employée française et à la caisse, il y a aussi des Français, et dehors, ils jetaient des œufs sur les voitures de Français. Cela venait du fait que la ministre Bachmann de la santé et le ministre Bouillon, les deux ont fait des déclarations discriminant les Français comme un risque. Et les gens qui sont un peu bêtes, ils ne sont pas capables de réfléchir, voilà, c'est dommage.

Florian Weber   Donc, vraiment, au début, une situation confuse...

Marcel Adam   Je n'ai pas compris que les Allemands ont réagi de cette façon. Si on travaille aussi longtemps sur la frontière avec des amis, on peut très bien dire aux gens : « on a peur, on va, nous, par précaution fermer la frontière, elle sera fermée demain », voilà. Tout le monde aurait été au courant et cela aurait évité beaucoup de malentendus. On peut expliquer cela en disant, voilà, nous, on a nos lois, les Français ont les leur. Ils sont restés confinés, ça veut déjà dire qu'ils ont très peur. Le Grand Est était très touché. Donc, nous, pour respecter nos consignes, il faut fermer la frontière. Ceux qui travaillent ont le droit de venir, ceux qui vont chez le médecin ont le droit de venir, voilà. Mais cela n'a pas été fait directement. Tout cela a été fait après, avec des excuses. Et après, quand ils ont réouvert, tous ces gens-là qui ont fermé du jour au lendemain, ils étaient au pont à Grosbliederstroff en fêtant l'amitié franco-allemande. Moi, ça me met en rage. Et je peux généraliser ceci : cela n'a rien à voir avec la COVID, mais depuis des années, je souffre des lois franco-allemandes ! Depuis des années, je dois travailler plus que mes collègues allemands pour gagner autant qu'eux. Je suis toujours dans le négatif d'une façon ou d'une autre. La caisse des artistes, par exemple, m'a viré il y a 20 ans, parce que j'habitais en France, mais je bossais pratiquement qu'en Allemagne. Et ceci fait que je n'ai plus payé ma caisse retraite les dernières années parce que c'était trop cher. Ça fait que j'ai une retraite moins grande.

Florian Weber   Ça montre très bien les problèmes dans le transfrontalier du quotidien.

Marcel Adam   Mais, c'est seulement un problème. Je suis frontalier. Employé par mon fils qui a une entreprise en Allemagne. Le « Finanzamt » m'appelle, il me dit, je dois encore payer des impôts de plus en Allemagne, rétroactivement. Là, il y a un pêle-mêle franco-allemand. Cela m'a pris des mois pour clarifier les choses. Je suis tombé plein dedans. Et suite au coronavirus maintenant, je n'ai pas pu poser de dossier d'aide. Je ne peux rien faire. Je suis toujours entre ces lois merdiques, toujours. Donc, je suis obligé de toujours beaucoup travailler pour fournir une bonne qualité que les gens soient contents et qu'ils me réengagent. J'ai de très bons musiciens, on fait de très beaux concerts, les gens me réengagent un peu partout. Mais je vieillis, je fatigue. Et là, j'ai écrit au Ministerpräsident Tobias Hans et à Anke Rehlinger et j'ai écrit à la culture en leur expliquant ma situation, mais rien à faire.

Florian Weber   C'est un problème d'échelles, de distances ...

Marcel Adam   C'est le problème de la distanciation de la politique avec nous. Ce n'est pas la faute aux politiciens, la COVID, mais bon. En Sarre, ils ont très bien réagi avec leurs mesures de sécurité excepté cette histoire des frontières. Cela aurait pu se passer mieux. Ils ont très bien réagi, je trouve. Le Ministerpräsident l'a très bien expliqué, il s'est donné la peine d'aller devant la caméra, expliquer les choses et la plupart des gens, ils ont compris ce qu'il a expliqué. Donc, ce n'est pas la faute à la politique si la COVID est venue et qu'elle a bousillé notre métier, mais moi, j'ai été touché par une non-assistance. C'est dans le temps, je m'imaginais parce que je représentais un peu la région. Quand « le platt » a démarré, j'ai commencé il y a 20-25 ans, je jouais partout, ça passait à la radio et à la télévision partout et dès que je sortais parce que maintenant je joue beaucoup ailleurs, les gens me confondent avec les Sarrois, j'ai un peu l'accent de ma femme qui est Sarroise, « ahhh, der kommt vom Saarland, der doo », non, je suis Lorrain. Mais, je représente la région et je représentais beaucoup la radio sarroise SR3, mais maintenant, je n'ai pas l'impression que cela est pris en compte. J'adore la Sarre, j'adore les gens de la Sarre, j'ai la moitié de ma famille en

Sarre, l'ouverture des Sarrois est fantastique. Donc, j'adore ça, mais il n'y a pas de reconnaissance du domaine culturel pendant la phase de la COVID. C'est comme ça. Je suis quand même un peu « enttäuscht ».

Florian Weber   Tu es assez proche de ces cas-là…

Marcel Adam   La politique n'a jamais assez d'argent pour la culture. « Ah, on aimerait bien te prendre. Et deuxième phrase : on n'a pas beaucoup d'argent ». Pour nous, il n'y a pas d'argent. Pourquoi jouer pour la politique moins cher que pour les autres gens ? Moi, je n'ai plus rien à perdre. Même si j'arrêtais de jouer, je ne vais pas mourir de pauvreté. Je dis toujours dans toutes les discussions : je suis quoi que ce soit prêt à discuter. Mais cela n'empêche pas que j'adore la Sarre, il y a une gentillesse extrême, la culture en Sarre quand il n'y a pas COVID, ça marche très, très bien. Il y a vraiment des concerts partout. Beaucoup de collègues que j'apprécie, plein d'artistes ici. La COVID nous a tous un peu bousillés. Ce n'est pas les politiciens qui sont responsables de la pandémie, il faut bien le savoir, ils ont été aussi surpris que nous et cela a démarré d'une façon tellement rapide. Macron, il est allé dans la télé, du jour au lendemain, et il a dit « on est en guerre ».

Florian Weber   Qu'est-ce qu'on pourrait apprendre de cette crise ?

Marcel Adam   Ce qu'on peut apprendre premièrement, certaines choses ont peut-être été apprises au niveau sanitaire. En France, on n'avait plus de masques. Il faut bien se souvenir de ça. Il faut apprendre à mieux se préparer. Les hôpitaux n'étaient pas préparés non plus. Ici, il ne faut pas oublier qu'il y a des malades qui ont été déménagés en Allemagne parce qu'il n'y avait plus de places ici. Ça, c'est des choses qu'il faut apprendre. Toute la sécurité pourrait être mieux préparée la prochaine fois. Ça, c'est le boulot des politiques, des ministres. C'est leur boulot d'être mieux préparé. J'espère qu'ils ont appris et j'espère qu'ils vont respecter un peu plus le personnel qui travaille dans les hôpitaux qui était surchargé. Et cela me fait toujours des soucis. C'est en plus cette histoire de sans avertissement qui était dommage. Il y avait juste une petite feuille à la frontière. S'ils avaient mis un grand truc : « en raison de la COVID, nous vous prions de retourner et de passer par la Brême d'Or », cela aurait vraiment aidé. On ne pouvait pas s'imaginer de ne pas l'expliquer. Voilà. Ça c'est mal passé. Il faut tirer des leçons de tout ça !

Marcel Adam *est Français d'origine, mais vit le transfrontalier avec un pied en France et un pied en Allemagne – surtout à cause de son public qui est fortement allemand. M. Adam est l'un des plus célèbres chansonniers, auteurs, compositeurs et interprètes du nord de la France et du sud de l'Allemagne. Les histoires que la vie écrit façonnent ses paroles et ses mélodies, les remplissant de beaucoup d'humour et de sentiments et ne laissant aucun auditeur indifférent. Plus de trente ans d'expérience scénique, également dans le domaine du cabaret et de la comédie, font de ses passages sur scène une expérience inoubliable. En solo, en duo ou en trio, le poète dialectal, chanteur, compositeur et animateur attire un public nombreux et charme les oreilles de son auditoire. En 2021, il fêtera ses soixante-dix ans et prévoit un nouveau grand programme et un tour transfrontalier.*

DREI MONATE »GRENZERFAHRUNGEN«: WAS BLEIBT?

Betrachtungen aus der Medienperspektive

Carolin Dylla (Saarländischer Rundfunk)

Résumé La contribution de Carolin Dylla est un recueil d'idées et de réflexions issues de son travail de journaliste pendant la période du printemps où il y avait des contrôles renforcés aux frontières. Certaines de ces réflexions sont seulement esquissées alors que d'autres sont menées jusqu'à la fin. Elles sont basées sur quelques travaux de journalisme de cette époque ainsi que sur une analyse de contenus parus dans des médias allemands suprarégionaux, des médias de Lorraine et de Luxembourg. La première partie évoque le report de l'attention des médias et des politiques sur une région dont on parle rarement. Dans la région frontalière, les conséquences des contrôles aux frontières ont été tangibles dans la vie quotidienne et sensibles sur le plan humain et politique ainsi que matériel. C'est donc dans cette région qu'est devenu visible tout ce que l'Europe incarne et que s'est fait ressentir la fragilité de l'idée européenne. C'est ce qui explique l'attention soutenue des médias du monde entier. Le texte traite en détail de la présentation ou de la réception des mesures prises aux frontières et des discussions qu'elles ont provoquées en Sarre, en Lorraine et au Luxembourg. L'auteure a essayé de faire ressortir les points communs et les divergences. Son article traite en outre de la dominante résolument *émotionnelle* de la présentation des faits par les médias. Il montre à quel point lesdits médias se sont concentrés tout particulièrement sur la dimension émotionnelle des contrôles aux frontières et comment ils ont présenté et commenté les conséquences de ces derniers le plus souvent sous un jour très critique. Ceci étant, la période des contrôles aux frontières ne semble pas avoir causé de « brouille » durable dans les relations transfrontalières et ceci est paradoxal. Carolin Dylla se demande en outre dans quelle mesure tout cela n'a pas occulté un débat rationnel et sans états d'âme sur l'utilité éventuelle ou effective des mesures prises aux frontières. La dernière partie de sa contribution contient quelques observations d'ordre plutôt général sur la manière de travailler des médias et sur leur rôle pendant la période des contrôles renforcés aux frontières ainsi que sur la pandémie en général. L'auteure pose un regard critique à la fois sur la manière dont les gouvernants ont géré les relations *avec* les médias et sur son propre travail au sens d'une *autocritique*.

EINLEITUNG

Auf dem Leinpfad, irgendwo zwischen Saarbrücken und Sarreguemines, reduziert sich die Grenze zweier Nationalstaaten auf zwei Sätze, mit weißer Farbe auf den Radweg geschrieben: *Bienvenue en France* oder *Willkommen in Deutschland* (je nachdem, von welcher Seite man kommt). Vor allem im Sommer fahre ich gern mit dem Fahrrad in Richtung Frankreich. Bis zum echten *savoir vivre* sind es kaum 20 Minuten. Alltag in der Grenzregion. Gelebtes Europa.

In den zwei Monaten zwischen Mitte März und Mitte Mai 2020 war das anders. Wo normalerweise nur ein Schriftzug auf die Grenze zweier Nationalstaaten hinweist, standen nun rot-weiße Barrikaden – nach wenigen Tagen dekoriert mit Europa-Fähnchen und anderen Symbolen europäischer Freundschaft. Vor der Barrikade ein Polizeimotorrad und zwei Beamte der Bundespolizei, anscheinend ehrlich betrübt, mich zum Umkehren auffordern zu müssen. Was ich damals *gedacht* habe, kann ich heute nicht mehr genau sagen. Was ich *gefühlt* habe, war Folgendes: »Das hier ist unerwartet. Seltsam. Und nicht richtig.« Die Gedanken über die Zeit der verschärften Grenzkontrollen[1] auf den folgenden Seiten basieren größtenteils auf Begegnungen, Beobachtungen, Gesprächen und Erfahrungen während der Recherchen und Aufnahmen für ein *ARD RadioFeature*, das ich im Sommer gemeinsam mit einer Kollegin umsetzen durfte. Vieles davon bleibt episodenhaft, manches sogar fragmentarisch – muss es vielleicht sogar bleiben. Denn diese Recherche – und somit auch die Schlussfolgerungen daraus – hatten gewissermaßen eine *Situation* zum Gegenstand. Eine Situation, die sich beinahe täglich verändert hat, und für die es somit keine vorher definierten Maßstäbe zur Bewertung und Einordnung geben konnte.

Mit dem Abstand einiger Monate hoffe ich, die Situation mit mehr Distanz – zeitlich, emotional, professionell – betrachten zu können. Dennoch sei an dieser Stelle ausdrücklich darauf hingewiesen, dass es sich um meine *persönlichen* Ansichten, Einschätzungen und Gedanken handelt, die – auch wenn ich sie so gut es geht begründen und belegen werde – keinerlei Anspruch auf allgemeine Gültigkeit haben können. Im Gegenteil: ich würde mich freuen, wenn sie Reibung, Widerspruch – also Diskussion – auslösen würden.

PLÖTZLICH *NICHT MEHR* PERIPHERIE: DIE GRENZREGION IM FOKUS DER MEDIALEN AUFMERKSAMKEIT

Sind wir ehrlich: was im Saarland passiert, das ist in der bundesdeutschen Polit-Berichterstattung in den meisten Fällen eine Randnotiz. Die Zeit der verschärften Grenzkontrollen aber hat diese politische Peripherie, wenn auch vielleicht nicht ins Zentrum, dann doch immerhin in den Fokus der Aufmerksamkeit gerückt. Denn die Folgen der Entscheidung für die Grenzkontrollen waren hier, in der politischen Peripherie, wie unter einem Brennglas zu beobachten. Hier sollte sich zeigen, dass diese Folgen sowohl auf der praktischen als auch auf der emotionalen Ebene gravierend waren.

Da waren die Berichte und Reportagen über Bürgermeister*innen in Rheinland-Pfalz und Luxemburg, deren Gemeinden eigentlich nur die Mosel – und nur in zweiter Linie, wenn überhaupt, die Staatsgrenze trennt. In denen die Einwohner*innen zum Arbeiten nach Luxemburg oder zum Einkaufen oder Sport treiben nach Deutschland fahren. Oder die Berichte und Reportagen über Paare, die sich während der Zeit der verschärften Grenzkontrollen wochenlang nicht sehen konnten. Diese Berichte fanden Sendezeit, Zeitungsspalten – und damit Publikum – nicht nur auf lokaler, sondern auf nationaler Ebene. Nicht nur in Deutschland, sondern auch in Frankreich und Luxemburg. Von den *tagesthemen* über den *Deutschlandfunk*, die *Frankfurter Allgemeine Zeitung*, die *Süddeutsche* bis hin zu *Le Monde:* sie alle wandten den Blick in die nationale Peripherie. Denn es waren die vielen kleinen, manchmal fast banal wirkenden Geschichten über das vermeintliche Selbstverständliche des Alltags in dieser Peripherie, die den konkreten Inhalt des Projekts »Europa« deutlich gemacht haben. Und gleichzeitig die vergessene, oder auch verdrängte, Fragilität dieses Projekts.

Wie groß diese neue Aufmerksamkeit für die (vermeintliche) Peripherie geworden war, bekamen bald auch die nationalen Regierungen zu spüren. Dafür steht – wenn auch rein beispielhaft und anekdotisch, aber doch verdeutlichend – ein Telefongespräch, das ich am 24. April 2020 während der Recherchen für das *ARD RadioFeature* mit einem Sprecher des Bundesinnenministeriums (BMI) geführt habe. Der Anlass: Verwirrung und Aufregung um vermeintliche »Lockerungen« für Ehepartner*innen, eingetragene Lebenspartner*innen und Kinder in Sachen Grenzübertritt. Besagte Personengruppen sollten ab sofort wieder ohne Probleme einreisen können, um ihre in Deutschland lebenden Verwandten zu besuchen. Der Sprecher des BMI, den ich kurz darauf am Telefon hatte, war freundlich, aber von der allgemeinen Gemengelage und den vielen Anrufen von Journalist*innen aus allen betroffenen Grenzgebieten hörbar genervt. »Lockerungen« sei definitiv der falsche Begriff. Es »handle sich lediglich um eine Präzisierung« der geltenden Regeln. Das BMI habe nämlich festgestellt, dass die Regelungen an den deutschen Grenzen äußerst unterschiedlich gehandhabt würden. Deshalb sei schon eine Woche vorher, also am 17. April, eine entsprechende Anweisung an die Bundespolizei rausgegangen: Ehepartner*innen, *eingetragene* Lebenspartner*innen und Kinder dürfen einreisen; ebenso sei die Einreise gestattet, wenn man seine Eltern besuchen wolle. »Nur« Lebenspartner:in gehe dagegen definitiv nicht mehr. Der beste Satz in diesem Gespräch war folgender: »Da gibt es ja die abgefahrensten Situationen – zum Beispiel wohnt jemand in Frankreich und hat ein Pflegepferd in Deutschland. Können Sie sich kaum vorstellen!« – *Doch, dachte ich. Sowas nennen wir hier: Alltag.*[2]

Und diese neue mediale Aufmerksamkeit für die Peripherie beschränkte sich nicht nur auf die *nationale* Presse. Als Beispiel seien hier die Berichte über Menschen wie zum Beispiel den »Baguette-Angler« Hartmut Fey aus Lauterbach genannt, der sich eine ebenso kreative wie aufsehenerregende Methode hatte einfallen lassen, um an seine echten französischen Backwaren aus dem Nachbarort zu kommen. Und damit nebenbei zum weltweiten YouTube-Star avancierte. Seine Geschichte blieb auch internationalen Medien nicht verborgen – unter anderem berichtete sogar die *Washington Post* über ihn.[3]

Politiker*innen aus der Region, die sich für die grenzüberschreitende Zusammenarbeit einsetzen, hoffen, dass die Erfahrungen aus der Zeit der verschärften Grenzkontrollen eine Chance sind, diese Aufmerksamkeit der nationalen Regierungen für den Alltag in europäischen Grenzräumen auch dauerhaft zu steigern. Und dafür zu sensibilisieren, welche Verwerfungen Entscheidungen wie die zu verschärften Grenzkontrollen für diesen Alltag bedeuten können.[4] Welche konkrete Form diese Verwerfungen im Frühjahr angenommen haben, ist Gegenstand es folgenden Abschnitts.

VON POLITISCHEN UND PERSÖNLICHEN DRAMEN: EINE VOR ALLEM EMOTIONALE DEBATTE

»Man sieht in so einer Krise, wie schnell die Dämonen der Vergangenheit wieder ans Tageslicht kommen. Wie schnell man stigmatisiert wird – und damit auch diskriminiert wird.«[5] – Jo Leinen ist so etwas wie das europapolitische Urgestein der Saar-SPD. Als wir uns Anfang Mai zum Interview für das *ARD RadioFeature* treffen, ist ihm seine Enttäuschung über den politischen Umgang mit der Krise in Bezug auf die verschärften Grenzkontrollen deutlich anzumerken. Und auch, wenn der Begriff »Dämonen der Vergangenheit« etwas melodramatisch erscheinen mag: er zeigt, dass die Debatte sowohl im Privaten als auch in den Medien vor allem emotional geführt wurde. Und zwar sowohl in Bezug auf das »politische Drama« – also die möglichen Schäden für das europäische Projekt – als auch in Bezug auf die »persönlichen Dramen« – also die konkreten Folgen für die Menschen in der Region.

So wurde beispielsweise auffallend oft die Tatsache thematisiert, dass die verschärften Grenzkontrollen ausgerechnet im Jahr des 25. Jubiläums des Inkrafttretens von Schengen eingeführt wurden – und im 70. Jahr der Schumann-Erklärung. Viele befürchteten, dass die Zeit der Grenzkontrollen dauerhaft Kratzer hinterlassen würde im Bild des »Projektes Europa«.[6] Immer wieder war es vor allem Luxemburgs Außenminister Jean Asselborn, der die unilateral beschlossenen, verschärften Grenzkontrollen als Gefahr für das europäische Projekt als Ganzes bezeichnete: »Ich will sagen, dass wir in Europa eigentlich ja zwei große *acquis* haben, zwei große Errungenschaften: das ist der Euro – und es ist Schengen. Und man hat hier mit Schengen gespielt! [...]. Das ist jetzt vorüber. Ich hoffe, dass es definitiv für alle Zeit vorüber ist. Denn in einer Krise muss man schauen, wenn man die Grenzen schließt: dass das ein Akt ist, der in die Köpfe der Menschen dringt.«[7]

Was angesichts der heftigen Einschnitte im Alltag der Menschen nur allzu verständlich ist. Da waren zum Beispiel Berufspendler*innen, die wegen der gesperrten »kleinen« Grenzübergänge jeden Morgen zum Teil gewaltige Umwege in Kauf nehmen mussten. Oder Menschen wie zum Beispiel Sabine Bliestle, die unter der Woche in Tübingen lebt und arbeitet – mit ihrem Mann Emmanuel aber ein gemeinsames Haus in Lothringen hat. Acht lange Wochen konnten sich Sabine und Emmanuel nicht sehen: eine emotionale Zerreißprobe. »Gesundheitlich ... am schlimmsten war die Ungewissheit: Wie lange? Manchmal hatte ich Alpträume, ich sehe meinen Mann nie wieder. [...]. Ja, und halt auch einfach gesundheitlich Einbußen: Ich sag halt mal – etwas Depressionen.« – so beschrieb Sabine später diese Situation[8]. Ähnliches gilt für Berichte über Diffamierungen von Französ*innen, auf die im nächsten Abschnitt noch ausführlicher eingegangen wird.

Einen Höhepunkt fand die mediale Auseinandersetzung mit diesen Ressentiments Ende April. Auslöser ist ein regelrechter Shitstorm gegen den saarländischen Innenminister Klaus Bouillon (CDU). Wegen eines vermeintlichen Zitats, das von einem Artikel im *Handelsblatt* seinen Weg in eine Anmoderation im ZDF *heute-journal* fand – und von dort auf diverse Twitter- und Facebook-Accounts. Am 28. April moderiert der ZDF-Journalist Christian Sievers einen Beitrag über die Lage in der Grenzregion mit folgenden Worten an: »Grenzschutz ist Menschenschutz, sagt der Innenminister des Saarlands. Jeder abgewiesene Franzose bedeutet ein Stück mehr Sicherheit für die Saarländer.«[9] Sievers nannte als Quelle für das Zitat einen Artikel aus dem *Handelsblatt*. Dessen Autor wiederum berief sich auf mehrere Gesprächspartner, die ihm diese Aussage von Bouillon überliefert hätten[10]. Dass der zweite Teil dieses Zitats so wirklich gefallen ist, ist nicht belegt[11]. Aber der saarländische Innenminister ist durchaus für seine Sheriff-Manier bekannt. Deshalb dauerte es keine 24 Stunden, bis FDP, Grüne und die Jusos sogar Bouillons Rücktritt forderten. Eine Entschuldigung kam noch am selben Tag abends: »Mir ist wichtig: Nie wollte ich mit meinen Worten unsere Freunde aus Frankreich verletzen oder unsere Freundschaft aufs Spiel setzen. Ich bedaure es zutiefst, wenn meine Äußerungen in den vergangenen Tagen und Wochen so gedeutet wurden.«, schrieb der Innenminister auf Facebook.

Ähnlich emotional war die Wortwahl bei den vielen Solidaritätsbekundungen gegenüber den Menschen in Frankreich und Luxemburg. Als Beispiel kann hier das YouTube-Video der 19 Bürgermeister*innen von Anfang April angeführt werden, in dem diese Grüße und Freundschaftsbotschaften an ihre Partnergemeinden in Frankreich schickten[12].

Trotz der Berichte über Diffamierungen und neu aufflammende Ressentiments entstand aber schon während der Recherchen und Gespräche für das *ARD RadioFeature* der Eindruck, dass es sich besonders bei den Warnungen vor einem *dauerhaften Schaden für die europäische Integration* in erster Linie um ein »Politikerproblem« gehandelt hat. Zwar wurde die Situation von vielen Menschen als extrem belastend empfunden – auf die Frage, ob sie nun durch die verschärften Grenzkontrollen einen anhaltenden Schaden für die grenzüberschreitende Zusammenarbeit befürchten, antworteten die meisten mit »Nein«. Das scheint auch eine Umfrage von Infratest Dimap im Auftrag des *Saarländischen Rundfunks* von Anfang Dezember 2020 zu belegen[13]. Mehr als die Hälfte der Befragten im Département Moselle sind der Ansicht, dass die Maßnahmen das nachbarschaftliche Verhältnis gar nicht oder weniger stark belastet haben. Allerdings sagen auch 36 Prozent, die verschärften Kontrollen seien eine starke oder sogar sehr starke Belastung gewesen. In Luxemburg dagegen blicken mehr Menschen kritisch auf die Grenzkontrollen. Hier gab die Hälfte der Befragten an, die Maßnahmen seien eine starke oder sehr starke Belastung gewesen. Im Gegensatz zu 39 Prozent, die darin eine weniger starke oder gar keine Belastung sehen.

Allerdings geben die Ergebnisse der Umfrage aus Sicht einiger Beobachter*innen keinen Anlass zur Annahme, die Zeit sei spurlos an den Menschen in der Grenzregion vorbeigegangen. Denn immerhin hatten unter den Befragten zehn Prozent in Lothringen und zwölf Prozent in Luxemburg angegeben, sich seit der Zeit der Grenzmaßnahmen im Saarland weniger willkommen zu fühlen[14]. Und: in beiden Ländern hatte nur die Hälfte der Befragten angegeben, überhaupt oft genug im Saarland zu sein, um das beurteilen zu können. »Wenn heute noch ein knappes Viertel derjenigen, die regelmäßig ins Saarland kommen sagen: Ich fühl mich weniger willkommen – von den Franzosen und sogar noch ein bisschen mehr Luxemburger: Dann ist das etwas, das wir nacharbeiten müssen.«, sagt der Europabevollmächtigte des Saarlandes, Roland Theis[15]. Er betonte zugleich: »Man darf, glaub ich, die emotionale Komponente aus dem Frühjahr nicht unterschätzen.«[16]

Trotzdem fällt neun Monate später auf, wie wenig *rationale* Auseinandersetzung zu diesem Zeitpunkt stattgefunden hat über den möglichen, realen Nutzen verschärfter Grenzkontrollen (oder allgemeiner Einreisebeschränkungen) zur Bekämpfung der Pandemie. Dass diese Beobachtung hier erwähnt – und im Folgenden noch etwas weiter ausgeführt wird – soll keinesfalls heißen, dass die Kontrollen *politisch* opportun waren – geschweige denn richtig. Trotzdem erscheint es mir wichtig, diesen Punkt anzuführen. Auch, weil ich selbst diesen Aspekt in der Unmittelbarkeit meiner Wut über die Maßnahme zuerst nicht sehen wollte. Denn obwohl es generell nur wenige Studien bzw. wissenschaftliche Daten zum Effekt von Grenz-Maßnahmen auf die Ausbreitung von Infektionskrankheiten gibt[17], wurde dieser *genuin wissenschaftliche Aspekt* meinem Eindruck nach in der Zeit zwischen Mitte März und Mitte Mai zumindest nicht ausführlich diskutiert. Journalistische Artikel zitierten darüber hinaus meist Wissenschaftler*innen, die den Sinn von Grenzkontrollen zur Eindämmung der Pandemie anzweifelten[18].

Allerdings gibt es auch Stimmen, die sagen, dass es *grundsätzlich* Sinn ergeben kann, eine besonders stark betroffene Region abzugrenzen. Allerdings müssen hierfür eine Reihe von Voraussetzungen erfüllt sein, die zwischen Mitte März und Mitte Mai in der Grenzregion so bereits nicht mehr gegeben waren: nämlich ein deutliches Gefälle im epidemiologischen Geschehen – und vor allem ein extrem frühzeitiges Handeln[19]. Zu diesem Ergebnis kommen auch zwei jüngere Untersuchungen des *Wissenschaftszentrums Berlin für Sozialforschung* oder der britischen Fachzeitschrift *The Lancet* von Oktober bzw. Anfang Dezember[20]. Allerdings fokussieren sich beide Untersuchungen explizit auf *Reise*beschränkungen. Einreisebeschränkungen bzw. verschärfte Grenzkontrollen in einem *grenzüberschreitend verflochtenen Lebensraum* wie der Großregion haben selbstverständlich einen qualitativ anderen Charakter – und weit gravierendere Folgen. Allerdings gab es – wenn auch nur vereinzelt – journalistische Arbeiten, die den möglichen *generellen* Nutzen verschärfter Grenzkontrollen zur Eindämmung der Pandemie anerkannten – und die fehlende politische Abstimmung darüber als die eigentliche Problematik sahen. Dass besagter Artikel ausgerechnet in Luxemburg erschien – also dort, wo die politische Empörung und die emotionale Betroffenheit über die Maßnahmen am größten waren – deutet darauf hin, dass die Emotionalität der Reaktionen eine rationale Auseinandersetzung über den möglichen Nutzen der Maßnahmen tatsächlich verdeckt haben könnte[21].

VOM ENTSETZEN ÜBER »DRECKIGE FRANZOSEN« UND DER WUT, »KOLLATERALSCHADEN« ZU SEIN: DAS MEDIENECHO DIES- UND JENSEITS DER GRENZE

»Grenzschließungen: Situation ist unerträglich« (Luxemburger Wort)

»Noch immer angespannte Stimmung bei den Grenzgängern« (Républicain Lorrain)

»Verstimmung an der Grenze« (ZDF)

Drei Schlagzeilen aus der Zeit der Grenzschließungen – drei Abbilder davon, wie viele Menschen in der Grenzregion die Situation in der Zeit zwischen Mitte März und Mitte Mai erlebt haben. Der folgende Abschnitt beinhaltet einige Gedanken dazu, wie die Medien in Deutschland, Frankreich und Luxemburg über diese Zeit berichtet haben und versucht, Gemeinsamkeiten und Unterschiede herauszuarbeiten. Die Darstellung erfolgt anhand einiger ausgewählter Beispiele aus regionalen Medien (Saarland/Lothringen) sowie der überregionalen Presse (Deutschland, Frankreich, Luxemburg). Dabei handelt es sich nicht um eine umfassende Presseanalyse – doch die Beispiele können als exemplarisch dafür gelten, wie sowohl die Menschen als auch speziell Medienvertreter*innen dies- und jenseits der Grenze die Monate zwischen Mitte März und Mitte Mai erlebt haben.

FRANKREICH/SAARLAND: SCHWIERIGKEITEN IM ALLTAG UND DIFFAMIERUNGEN

In der Auseinandersetzung mit der Berichterstattung besonders in den deutschen und französischen Regionalmedien fällt auf, dass diese sich mit zwei Aspekten besonders intensiv auseinandergesetzt haben: zum einen mit den wieder aufflammenden Ressentiments gegen Französ*innen – und zum anderen mit den zum Teil erheblichen Hindernissen für den Alltag in der Grenzregion, die die verschärften Kontrollen mit sich brachten. So berichtete unter anderem die lothringische Tageszeitung *Républicain Lorrain* über den erschwerten Alltag eines Mitarbeiters der Dillinger Hütte aus dem französischen Bouzonville, dessen Arbeitsweg durch die gesperrten Grenzübergänge 27 Kilometer länger geworden war[22]. Ähnliche Berichte waren u.a. in der *Saarbrücker Zeitung* und im *Saarländischen Rundfunk* zu finden[23]. Viele Darstellungen in den Medien fokussierten sich dabei auf die zum Teil absurden Blüten, die diese Situation in einer Region trieb, in der »Grenzüberschreitungen« im Alltag so normal sind wie Zähneputzen. Beispielhaft sei hier ein ZDF-Bericht von Susanne Freitag-Carteron über die Orte Leidingen/Leiding oder Lauterbach/Carling genannt, die jeweils direkt auf der deutsch-französischen Grenze liegen und fließend ineinander übergehen – und in denen es völlig normal ist, dass zum Beispiel die Einwohner*innen von Lauterbach in Carling ihr Baguette und ihre Brioches kaufen. Nicht zuletzt deshalb, weil es in Lauterbach zwar erstaunlich viele Restaurants und Gasthöfe, eine Lotto-Annahmestelle und ein Shisha-Café gibt – aber keine Bäckerei[24].

Ein anderer Aspekt aber nimmt in der Berichterstattung mindestens ebenso viel Raum ein – ein weitaus beunruhigenderer Aspekt. »Dreckige Franzosen, haut endlich ab« – es sind solche und ähnliche Diffamierungen, von denen Menschen vor allem aus Lothringen berichtet haben. Davon, dass sie in Deutschland im Auto sitzend bespuckt wurden[25]. Das Entsetzen und die Verunsicherung angesichts dieser neu aufgeflammten Ressentiments waren so groß, dass manche Betroffene – meist Grenzgänger*innen, die in Frankreich leben und in Deutschland arbeiten – sich in ausführlichen E-Mails u.a. an den *Saarländischen Rundfunk* wandten[26]. In manchen Fällen sollen Französ*innen sogar mit Eiern beworfen worden sein – wobei es sich gerade im Fall der Eierwürfe um Berichte handelt, über die wiederum berichtet wurde, die aber nirgends aus erster Hand bestätigt worden sind. Diese Vorfälle fanden trotzdem auch in überregionalen Medien Beachtung[27].

Am 08. April entschuldigte sich die stellvertretende Ministerpräsidentin des Saarlands, Anke Rehlinger (SPD), öffentlich bei den Französ*innen für diese Diffamierungen. Rehlinger betonte, sie könne nicht hinnehmen, dass es durch die Grenzmaßnahmen – und die auch dadurch geschürten Ressentiments – zu »beschämenden Auswüchsen in der Grenzregion« komme. Auch, wenn es sich um Einzelfälle handle. Rehlinger sagte wörtlich: »Wer so etwas tut und die derzeitige Notsituation für Ressentiments missbraucht, der versündigt sich auch an der Freundschaft zu Französ*innen, an der Freundschaft unserer Völker. [...] Ich entschuldige mich bei unseren französischen Freunden für solche Vorfälle. Sie stehen nicht für das Saarland.«[28] Welche Tragweite diese Geste hatte, wird auch daran deutlich, dass sie auch in überregionalen Medien in Deutschland sowie in regionalen Medien in Frankreich wie beispielsweise der *Süddeutschen Zeitung*, dem ZDF oder dem *Républicain Lorrain* aufgegriffen wurde.[29]

Trotz allem scheint es wenig überzeugend, dass die Entscheidung für verschärfte Grenzkontrollen die *Ursache* für solche heftigen verbalen Angriffe – und im Fall der Eierwürfe auch Übergriffe – gewesen ist. Vielmehr scheint die Entscheidung der *Auslöser* für ein Wiederaufflammen alter und längst überwunden geglaubter Ressentiments gewesen zu sein. Gesprächspartner*innen haben in mehreren Interviews die These geäußert, die Schärfe der Reaktionen sei ein Indiz dafür, wie hartnäckig sich historisch erlernte – und im Laufe der Jahrzehnte seit Ende des Zweiten Weltkriegs bekämpft geglaubte – Ressentiments halten können[30].

Was auffällt: solche beleidigenden und verletzenden, Verbalattacken gab es gegen Luxemburger*innen nicht oder kaum. Das kann zum einen damit zusammenhängen, dass die Infektionszahlen in Luxemburg Mitte März im Vergleich zu denen in Lothringen niedrig waren, und die verbale *Überreaktion* angesichts einer nur schwer einzuschätzenden Gefahr weniger intensiv ausfiel.

LUXEMBURG: EMPFUNDENE ABSURDITÄT DER MASSNAHMEN UND WUT ÜBER UNDIFFERENZIERTE BEHANDLUNG

In Luxemburg war es genau dieses reflexhaft anmutende Handeln, das zu Verstimmungen, und in Teilen auch zu Verletzungen, geführt hat. Denn die verschärften Kontrollen wurden für die Grenzen zum Großherzogtum genauso bestimmt wie für die Grenzen zu Frankreich. Obwohl zu diesem Zeitpunkt die Infektionszahlen in Luxemburg deutlich niedriger waren als im Saarland – geschweige denn in der Region Grand Est[31]. Luxemburg war aus Sicht vieler Menschen dort ein »Kollateralschaden« der deutschen Corona-Grenzpolitik[32]. Dementsprechend berichteten luxemburgische Medien spürbar kritischer – und in deutlich schärferem Tonfall – über die Zeit der Grenzkontrollen. Beispielhaft seien hier drei Artikel aus dem *Luxemburger Wort* genannt.

»Grenzschließungen: Situation ist unerträglich« titelte die luxemburgische Tageszeitung zum Beispiel am 04. Mai. Der Artikel transportiert vor allem die Entrüstung über die von Deutschland einseitig beschlossenen Maßnahmen – und das Unverständnis dafür angesichts der Tatsache, dass die Infektionszahlen zum Zeitpunkt des Beschlusses in Luxemburg weit geringer waren als in Deutschland, vor allem den Grenz-Bundesländern Rheinland-Pfalz und Saarland[33]. Noch dazu hatte sich die Lage in Deutschland Anfang Mai bereits etwas entspannt – was wiederum das Unverständnis über die mehrmalige Verlängerung der Grenzkontrollen verstärkte. Entsprechend groß war der Druck auch von kommunaler Seite, die verschärften Grenzkontrollen zu beenden. Ein gemeinsamer Brief der Bürgermeister von Ralingen (Rheinland-Pfalz) und Rosport-Mombach (Luxemburg) mit einer entsprechenden Forderung, gerichtet an Malu Dreyer, wurde von mehreren luxemburgischen Medien aufgegriffen[34]. Nachdem sich weitere Gemeindechef*innen dem angeschlossen hatten und der Brief auch an den saarländischen Ministerpräsidenten gerichtet worden war, griff Ende April auch die *Saarbrücker Zeitung* das Thema auf[35].

Ausnahmslos positiv dagegen bewerteten auch luxemburgische Medien die Tatsache, dass das Saarland sich schnell bereit erklärt hatte, Corona-Patient*innen aus Grand Est aufzunehmen. Dass die symbolische Tragweite und Bedeutung dieser konkreten Unterstützung – die weit über eine reine Geste hinausging und hinausgeht – kaum überschätzt werden kann, haben verschiedene Interviewpartner*innen während der Recherchen für das *ARD RadioFeature* immer wieder betont. So sagte beispielsweise Luxemburgs Außenminister Jean Asselborn: »Positiv muss man immer unterstreichen: die Deutschen haben den Italienern geholfen. Die Deutschen haben den Franzosen geholfen, die Deutschen haben den Niederländern geholfen – dadurch, dass Menschen die krank waren, in ihre Spitäler kamen. [...]. Das ist, glaub ich, das Europa der Gefühle. Das hat funktioniert.«[36]

Zudem wurde in den luxemburgischen Medien vergleichsweise früh darauf hingewiesen, dass fehlende Konzepte für ein *grenzüberschreitend abgestimmtes, gemeinsames Vorgehen* das eigentliche Problem darstellten – und nicht die Maßnahmen als solche. In diesem Zusammenhang ist besonders ein Artikel hervorzuheben, der relativ kurz nach Einführung der Grenzmaßnahmen im *Luxemburger Wort* erschienen war. Darin argumentiert der Autor, dass nicht die Kontrollen als solche als problematisch gesehen werden sollten – sondern allein die Tatsache, dass die Bundesregierung diese unilateral beschlossen hatte[37]. Darüber hinaus schreibt der Autor sogar: »Gegen Kontrollen zwischen Regionen mit unterschiedlichen Fallzahlen während einer medizinischen Notlage spricht an und für sich nichts.«[38]

MEDIENPRÄSENZ VON POLITIKER*INNEN: DER BLICK NICHT NUR AUF, SONDERN ÜBER DIE GRENZE – IN BEIDE RICHTUNGEN

Eine Entwicklung, die sich vor allem im späteren Verlauf der Grenzmaßnahmen bemerkbar gemacht hat, und die bis heute anhält, ist die gesteigerte Präsenz von Politiker*innen zum Beispiel aus Frankreich oder Luxemburg in deutschen Medien – und umgekehrt. In diesem Abschnitt möchte ich die These in den Raum stellen, dass diese Präsenz essentiell war (und bis heute ist), um die Sichtweisen und vor allem die emotionale Reaktion der Menschen in den jeweiligen Nachbarländern begreiflich zu machen. So war zum Beispiel der Präsident des Regionalrates der Region Grand Est, Jean Rottner, am 15. Mai als Interviewgast im *Deutschlandfunk*. Dort betonte Rottner noch einmal, dass vor allem die schnelle und einseitige Entscheidung seitens der Bundesregierung problematisch gewesen sei – und bezeichnete die Beleidigung von Grenzgänger*innen als »populistische Reflexe«[39]. An diesem Interview ist auch bemerkenswert, dass es auf Französisch geführt und für die Ausstrahlung übersetzt wurde – ein auch im DLF nicht alltäglicher Aufwand. Zumal für einen Politiker, den selbst im grenznahen Saarland nur die wenigsten kennen. All das zeigt einmal mehr, wie wichtig die vermeintliche »politische Peripherie« auch für nationale Medien geworden war – und wie groß das Bedürfnis, die dadurch entstandenen Verwerfungen im Nachhinein zu verstehen.

Dieser Anspruch, die Maßnahmen auf der jeweils anderen Seite der Grenze zu erklären und somit auch *politische Lernfähigkeit* zu zeigen, zieht sich bis in die Gegenwart. So erklärte zum Beispiel der französische Parlamentsabgeordnete Christophe Arend am 15. Oktober im französischen Radiosender *FranceBleu Lorraine Nord*[40] die aktuell geltenden Corona-Bestimmungen in Deutschland. Wichtigster Punkt: es wird keine neuen verschärften Grenzkontrollen geben – trotz der sich verschärfenden Corona-Lage sowohl in Grand Est als auch in Deutschland. Das Gespräch geht allerdings über ein reines Informationsangebot hinaus – denn Arend gibt zudem Einblicke in die föderale Komplexität der deutschen Corona-Politik – und trägt somit dazu bei, das besser zu machen, was im Frühjahr versäumt wurde: nämlich nicht nur das *Ergebnis* der Maßnahmen zu erklären – sondern auch deren *Zustandekommen*. Darüber hinaus versicherten auch luxemburgische Medien unter Verweis auf die saarländische Landesregierung, dass es trotz der im Herbst wieder angespannten Lage nicht wieder zu verschärften Grenzkontrollen kommen werde[41].

Eine solche Präsenz – öfter und regelmäßig – auch in deutschen Medien könnte durchaus dazu beitragen, Missverständnisse und die daraus resultierenden Verletzungen, die wir im Frühjahr gesehen haben, in Zukunft zu vermeiden.

GESCHLOSSENE GESELLSCHAFT?! – ZUR ARBEITSWEISE UND ZUR ROLLE DER PRESSE WÄHREND DER PANDEMIE UND IN DER ZEIT DER VERSCHÄRFTEN GRENZKONTROLLEN

Im letzten Abschnitt dieses Beitrags soll kritisch – und selbstkritisch – auf die Rolle und die Arbeitsweise der Medien während der Pandemie, und im Speziellen während der Zeit der verschärften Grenzkontrollen, eingegangen werden. Dabei ist wichtig zu betonen, dass die hier ausgeführten Gedanken größtenteils meine *persönlichen* Wahrnehmungen widerspiegeln oder sich in Gesprächen mit Kolleg*innen kristallisiert haben.

Wie fast alle Lebensbereiche hat die Pandemie auch die Arbeit von Journalist*innen grundlegend verändert. Nach der Einstufung der Region Grand Est als Risikogebiet durch das RKI am 11. März waren Dienstreisen in ein vertrautes und nahezu »natürliches« Berichtgebiet für saarländische Medien vorübergehend nicht mehr möglich. Natürlich gab es sehr schnell entsprechende Ausnahme-Genehmigungen – doch das *grundlegende* Problem zu berichten, ohne (zumindest in den meisten Fällen) tatsächlich vor Ort zu sein und direkt mit den Menschen zu sprechen, blieb bestehen. Telefongespräche, Web-Konferenz-Tools und nicht zuletzt WhatsApp-Sprachnachrichten wurden zu einer akzeptierten Quelle für O-Töne in Hörfunkbeiträgen. Trotzdem sind die Unmittelbarkeit eines physischen Interviews, die Möglichkeit, Reaktionen der Gesprächspartner*innen mitzubekommen, Nachfragen stellen zu können essentielle Faktoren des journalistischen Arbeitens: denn auch Zwischentöne transportieren Informationen. Dass diese Unmittelbarkeit zumindest eine Zeitlang nicht gegeben war, hat meines Erachtens die inhaltliche Tiefe der Berichterstattung in manchen Fällen durchaus beeinträchtigt. Insofern empfand – und empfinde ich es bis heute – als Privileg, bei den Recherchen für das *ARD RadioFeature* »echte« Interviews geführt zu haben.

Auch das Verhältnis zwischen den Medien und der Landesregierung hat sich durch die Pandemie, zumindest zeitweise, verändert. Meiner Beobachtung nach war das Verhältnis gerade zu Beginn der strengen Anti-Corona-Maßnahmen Mitte März – also der Schließungen von Schulen und Kitas, des Einzelhandels, des Herunterfahren weiter Teile des öffentlichen Lebens – *kooperativer* als sonst. In der Folge trat die Aufgabe und Funktion einer *kritischen Begleitung* der Maßnahmen bzw. der Diskussion über deren Sinnhaftigkeit zeitweise in den Hintergrund – was bereits Anfang März einige Rezipient*innen in durchaus scharfen Worten kritisierten[42].

Gerade zu Beginn der Pandemie waren Medien tatsächlich vor allem im eigentlichen Sinne »Medien« – das heißt »Weitergebende« offizieller Informationen. Zugespitzt oder auch böswillig formuliert könnte man einen gewissen »Verlautbarungs-Journalismus« kritisieren. Tatsächlich entsprach das aber in großen Teilen auch den *tatsächlichen Herausforderungen* einer Situation, die für alle Beteiligten komplett neu und extrem unübersichtlich war. Gegenüber der Bevölkerung erfüllten Medien – vorübergehend – zu einem weit größeren Anteil als gewöhnlich ihre Rolle als *Informationsquelle*. Hierzu zählt auch, dass Medien die oftmals recht allgemein gehaltenen und lückenhaften Formulierungen zu den Corona-Maßnahmen durch permanentes Nachfragen bei Regierung und Behörden für die Menschen präzisierten.

Als beispielhaft kann hier eine Anekdote vom 24. April 2020 gelten. Die kann die oben aufgestellte These natürlich nur schemenhaft darstellen oder gar untermauern – aber sie hat auch als einzelne Episode Aussagekraft für diese Rolle. Am 24. April wurde bekannt, dass das Bundesinnenministerium (BMI) die Einreisebestimmungen für verheiratete Paare und Familien präzisiert hatte (siehe erster Abschnitt dieses Textes) – eine Präzisierung, die nach Aussage des BMI bereits eine Woche zuvor, also am 17. April erfolgt war. Ein kurzer Kontrollanruf bei der Bundespolizei ergab: die Beamt*innen, die für die Kontrollen an den Grenzen zuständig waren, wussten zu diesem Zeitpunkt von nichts. Die Reaktion des Sprechers: irgendwas zwischen verwundert und erschrocken[43]. Hieraus ergaben sich Fragen wie: Warum wusste die Bundespolizei nichts von dieser Regelung, die zu diesem Zeitpunkt schon seit einer Woche galt? Weshalb wussten die betroffenen Menschen nichts davon? Zwar lässt sich diese Vermutung nicht endgültig bestätigen, aber es scheint als wäre diese Präzisierung ohne die Nachfragen und Aufarbeitung der Journalist*innen vielleicht gar nicht öffentlich bekannt geworden[44].

In Bezug auf die Grenzmaßnahmen allerdings haben sich Medien – und Medienschaffende – von Anfang an sehr deutlich auch *wertend* positioniert: nämlich in dem Sinne, dass diese Maßnahmen gerade in der Grenzregion, zumindest auf der *symbolischen Ebene*, inakzeptabel sind.

In welchen Punkten genau, und in welchem Maße die Vorwürfe eines »Verlautbarungs-Journalismus« berechtigt sind, bedarf meiner Einschätzung nach einer detaillierten und ehrlichen Analyse – sie komplett wegzuwischen wäre jedoch überheblich, wenn nicht sogar gefährlich. Dennoch waren Vertreter*innen des *Saarländischen Rundfunks* unter den ersten, die die Rechtmäßigkeit der Grundrechtseinschränkungen auf der Basis reiner Rechtsverordnungen öffentlich in Frage stellten und vehement kritisierten. Als Beispiel hierfür sei das »Interview der Woche« von *SR2 KulturRadio* mit dem Präsidenten des Saarländischen Verfassungsgerichtshofes, Prof. Roland Rixecker, genannt[45]. Und: diese journalistische Auseinandersetzung fand statt, weit *bevor* der Saarländische Verfassungsgerichtshof am 28. April einen Teil der strengen Ausgangsbeschränkungen für nicht mehr verhältnismäßig erklärte und entsprechend »kassierte«.

Auch die Art und Weise der Regierungskommunikation – und des Umgangs der Medien damit – bedarf meiner Einschätzung nach einer kritischen Nachlese. So waren aus Gründen des Infektionsschutzes in den Monaten März und April zeitweise nur eine äußerst limitierte Zahl an Journalist*innen überhaupt zu Pressekonferenzen in der Saarbrücker Staatskanzlei zugelassen. Zudem handelte es sich bei Presse-Einladungen nach Bund-Länder-Beratungen über die Anti-Corona-Maßnahmen anfangs um reine Pressestatements bzw. Verlautbarungen der Landesregierung. Nachfragen waren also nicht vorgesehen. Auch mit dem zeitlichen Abstand von neun Monaten erscheint diese Art der Kommunikation als nicht gerechtfertigt – und ist weiterhin kritisch zu sehen.

Fairerweise muss an dieser Stelle aber gesagt werden, dass die Landesregierung (allerdings auch auf Druck der Landespressekonferenz) bald darauf Online-Pressekonferenzen anbot, bei denen Fragen wieder möglich waren – auch, wenn diese zunächst an eine zentrale Stelle geschickt werden mussten und dann während der Veranstaltung von Regierungssprecher Alexander Zeyer vorgelesen wurden. Zwar ginge der Vorwurf, die Landesregierung habe dadurch unangenehme Fragen ausgeblendet, zu weit. Prinzipiell aber hat dieses Verfahren die Möglichkeit dazu eröffnet – aus Sicht vieler Journalist*innen ein No-Go[46]. Inzwischen werden solche Presseveranstaltungen mit Webmeeting-Tools durchgeführt, bei denen alle Journalist*innen die Möglichkeit haben, ihre Fragen direkt zu stellen. Selbstkritisch sei hier festgehalten, dass die Auseinandersetzung der Medienschaffenden mit diesem zeitweise diskussionswürdigen Verhältnis zwischen Presse und Landesregierung in erster Linie *intern* stattfand – und dieses Verhältnis nicht öffentlich diskutiert bzw. nur in seltenen Fällen offen thematisiert wurde.

Demgegenüber – und das empfinde ich bis heute sowohl als grundlegende Bestätigung als auch als Auszeichnung unserer Arbeit während der Zeit der verschärften Grenzkontrollen (und der Pandemie im Allgemeinen) steht die Tatsache, dass große Teile der Bevölkerung den Medien Vertrauen schenkten. In einer Zeit, in der das Informationsbedürfnis – zumindest solange ich diesen Beruf ausübe – nie größer zu sein schien. Menschen riefen beispielsweise beim *Saarländischen Rundfunk* an, um Antworten auf ihre ganz persönlichen Fragen in Bezug auf die aktuell geltenden Kontakt- und Ausgangsbeschränkungen im Frühjahr zu finden. Die Klickzahlen von sr.de schnellten in die Höhe. Informationsangebote wie das morgendliche »Corona-Update« wurden von vielen Hörer*innen sehr positiv aufgenommen. Das zu wissen, erfüllt mich bis heute mit Dankbarkeit.

***

»Das Leben wird vorwärts gelebt und rückwärts verstanden«: dieses – hier vereinfacht formulierte – Zitat des dänischen Philosophen Sören Kierkegaard erscheint auch für die Betrachtung der Zeit der verschärften Grenzkontrollen im Dreiländereck SaarLorLux extrem passend. Denn mit dem Abstand von neun Monaten lassen sich einige Beobachtungen klarer formulieren.

Die Krise – eine Situation, die für alle komplett neu und entsprechend (über)fordernd war – hat meinem Eindruck nach grundlegende Fragen im Selbstverständnis von Medien und Medienschaffenden wieder ins Bewusstsein gerückt und eine Auseinandersetzung damit in Gang gesetzt. Dazu zählt die Frage, inwieweit sich das Verhältnis der Aufgaben von »informieren« und »kritischem Hinterfragen« durch die Krise verschoben hat – und inwieweit eine eventuelle Verschiebung korrigiert werden muss. Dazu zählt aber auch die Frage, ob, wann, wo und wie viel *Emotion* die Berichterstattung braucht und verträgt – und ab welchem Maß durch emotionale bzw. emotionalisierte Berichterstattung eine nüchterne, rationale Auseinandersetzung zu stark in den Hintergrund tritt.

Dennoch freut es mich, und finde ich es richtig, dass gerade die regionalen Medien im Frühjahr eine vehement pro-europäische Position bezogen haben. Diese pro-europäische Position gilt es in Zukunft auch in der Arbeits*weise* umzusetzen und weiter auszubauen – indem zum Beispiel noch intensiver daran gearbeitet wird, auch weiterhin, und öfter, Bürger*innen und Politiker*innen in den Medien der jeweiligen Nachbarländer zu Wort kommen zu lassen. Denn auch die weitere Öffnung von Diskursräumen ist gewissermaßen eine »Grenzöffnung« – die gerade Medien und Medienschaffende vorantreiben können.

ANMERKUNGEN

1   Im Text wird bewusst der Begriff »verschärfte Grenzkontrollen« verwendet. Denn auch, wenn die Grenzen nicht offen waren – komplett geschlossen, wie es der Begriff »Grenzschließungen« zu verstehen gibt, waren sie auch nicht. So gab es von Anfang an Ausnahmen unter anderem für Berufspendler*innen, den Waren- und Güterverkehr, für Arztbesuche oder die Pflege von Angehörigen. Ende April präzisierte das Bundesinnenministerium die Regelungen dahingehend, dass z. B. auch Ehepartner*innen sich besuchen durften. Nicht verheirateten Paaren wurde in diesem Rahmen allerdings der Grenzübertritt definitiv untersagt. Dennoch waren die Grenzen nicht hermetisch abgeriegelt, weshalb der Begriff »verschärfte Grenzkontrollen« richtiger erscheint. Diese Ansicht teilen aber bis heute nicht alle. U. a. der französische Parlamentsabgeordnete Christophe Arend besteht auf dem Begriff »Schließungen«, da die Grenzen nicht wie im Normalfall für alle Menschen frei passierbar waren.
2   Dylla, C. (2020). Gedächtnisprotokoll/Gesprächsnotiz, *Telefongespräch mit der Pressestelle des Bundesministeriums für Inneres, Bauen und Heimat*, 24. April 2020.
3   Noack, R. (2020). The Corona virus has brought back borders barriers in Europe, dividing couples, families and communities. *The Washington Post*, 01. Mai 2020. https://www.washingtonpost.com/world/2020/05/01/coronavirus-has-brought-back-border-barriers-europe-dividing-couples-families-communities/. Zugegriffen: 30. Dezember 2020.
4   Theis, R. (2020). Interview für ARD RadioFeature. *Saarländischer Rundfunk*, geführt am 27. Mai 2020.
5   Leinen, J. (2020). Interview für ARD RadioFeature. *Saarländischer Rundfunk*, geführt am 16. Mai 2020.
6   vgl. hierzu u. a. Gantenbein, M. (2020). Grenzschließungen: Situation ist unerträglich. *Luxemburger Wort*, 04. Mai 2020. https://www.wort.lu/de/politik/grenzschliessungen-situation-ist-unertraeglich-5eb0201eda2cc1784e35d081. Zugegriffen: 30. Dezember 2020.

7   Asselborn, J. (2020). Interview für ARD RadioFeature. *Saarländischer Rundfunk*, geführt am 20. Mai 2020.

8   Aue, K. & Dylla, C. (2020). Europas Corona-Grenzen: Ein Feature über Misstrauen, Abschottung und Solidarität. *Saarländischer Rundfunk/ARD*, 27. Juni 2020. https://www.sr.de/sr/sr2/sendungen_a-z/uebersicht/ard_radiofeature/20200627_europas_corona-grenzen_ard_radiofeature_100.html. Zugegriffen: 30. Dezember 2020.

9   Sievers, C. (2020). Anmoderation zu »Corona-Alltag im Grenzgebiet – Wie sich das Zusammenleben verändert«. ZDF *heute journal*, 28. April 2020. https://www.zdf.de/nachrichten/heute-journal/heute-journal-vom-28-april-2020-100.html. Video verfügbar bis 28. April 2021.

10 Hanke, T (2020). Deutschland, Frankreich und die Rückkehr der Ressentiments. *Handelsblatt*, 27. April 2020. https://www.handelsblatt.com/politik/international/verschärfte Grenzkontrollen en-deutschland-frankreich-und-die-rueckkehr-der-ressentiments/25776812.html?ticket=ST-10777390-j2M9LeeDRGBppuvQDFua-ap1. Zugegriffen: 30. Dezember 2020; Fuchs, T. & Strauss, H. (2020). Bouillon bedauert Irritationen – Außenminister Maas übt Kritik. *Saarbrücker Zeitung*, 30. April 2020. https://www.saarbruecker-zeitung.de/saarland/landespolitik/grenzkontrollen-bouillon-bedauert-irritationen-aussenminister-maas-uebt-kritik_aid-50321909. Zugegriffen: 30. Dezember 2020.

11 Im »aktuellen bericht« des *Saarländischen Rundfunks* am 12. März 2020 sagte Bouillon: »Und wenn es gelingt, jeden Tag einige zu finden, die wir zurückschicken – dann haben wir das Risiko minimiert. Die Maßnahmen gehe darum, dass wir nach Möglichkeit die Epidemie verlangsamen«. Ähnlich formulierte er es am darauffolgenden Morgen auf SR3 Saarlandwelle. Die im ZDF verwendete Formulierung ist – zumindest in offiziellen Interviews mit dem SR – nicht aufzufinden.

12 Clivot, M. (verantw.) (2020). Solidaritätsbekundung der saarländischen Bürgermeisterinnen und Bürgermeister nach Frankreich. *YouTube*, 02. April 2020. https://www.youtube.com/watch?v=kgaUYwPbWqA. Zugegriffen: 30. Dezember 2020.

13 Saarländischer Rundfunk & Infratest Dimap (2020). SaarLorLux-Trend, 11. Dezember 2020. https://www.sr.de/sr/sr3/themen/politik_wirtschaft/2020_saarlorluxtrend_uebersicht_100.html. Zugegriffen: 30. Dezember 2020.

14 Saarländischer Rundfunk & Infratest Dimap (2020). SaarLorLux-Trend, 11. Dezember 2020. https://www.sr.de/sr/sr3/themen/politik_wirtschaft/2020_saarlorluxtrend_uebersicht_100.html. Zugegriffen: 30. Dezember 2020.

15 Theis, R. (2020). Interview der Woche, *SR2 KulturRadio*, 12. Dezember 2020. https://www.sr.de/sr/sr2/sendungen_a-z/uebersicht/interview_der_woche/

20201212_idw_interview_der_woche_theis_arend_100.html. Zugegriffen: 30. Dezember 2020.
16 Theis, R. (2020). Interview der Woche, *SR2 KulturRadio*, 12. Dezember 2020. https://www.sr.de/sr/sr2/sendungen_a-z/uebersicht/interview_der_woche/20201212_idw_interview_der_woche_theis_arend_100.html. Zugegriffen: 30. Dezember 2020.
17 vgl. hierzu z. B. Boyd, M., Baker, M. G., Mansoor, O. & Kvizhinadze, W. N. (2017). Protecting an island nation from extreme pandemic threats: Proof-of-concept around border closure as an intervention. *PLoS ONE 12 (6): e0178732*. DOI: 10.1371/journal.pone.0178732; Wood, J. G., Zamani, N., Macintyre, C. R. & Becker, N. G. (2007). Effects of internal border control on spread of pandemic influenza. *Emerging Infectious Diseases [serial on the Internet]*, Juli 2007, http://www.cdc.gov/eid/content/13/7/1038.htm. Zugegriffen: 30. Dezember 2020.
18 vgl. hierzu Seidler, C. (2020). Wissenschaftler bezweifeln Sinnhaftigkeit von Grenzschließungen. *SPIEGEL Online*, 16. März 2020. https://www.spiegel.de/wissenschaft/medizin/coronakrise-grenzschliessungen-bringen-laut-epidemiologen-nur-wenig-a-47a07a86-b259-412a-bc55-00878c937172. Zugegriffen: 30. Dezember 2020.
19 vgl. u. a. Aue, K. & Dylla, C. (2020). Europas Corona-Grenzen: Ein Feature über Misstrauen, Abschottung und Solidarität. *Saarländischer Rundfunk/ARD*, 27. Juni 2020. https://www.sr.de/sr/sr2/sendungen_a-z/uebersicht/ard_radiofeature/20200627_europas_corona-grenzen_ard_radiofeature_100.html. Zugegriffen: 30. Dezember 2020. Hier wird der Hamburger Epidemiologie-Professor Ralf Reintjes zitiert, der den möglichen Nutzen von Grenzmaßnahmen und Einreisebeschränkungen zur Pandemiebekämpfung erklärt. Allerdings weist Reintjes darauf hin, dass es in der Grenzregion Mitte März möglicherweise schon zu spät war, als dass die verschärften Grenzkontrollen noch eine signifikante Wirkung hätten entfalten können. Ob – und in welchem Maße – die Maßnahmen effektiv waren: dazu gibt es bis heute keine belastbaren wissenschaftlichen Daten.
20 Koopmans, R. (2020). A Virus That Knows No Borders? Exposure to and Restrictions of International Travel and the Global Diffusion of COVID-19. *Wissenschaftszentrum Berlin für Sozialforschung* (Discussion Paper), SP VI 2020-103, Oktober 2020. https://bibliothek.wzb.eu/pdf/2020/vi20-103.pdf. Zugegriffen: 30. Dezember 2020; Russel, T. W. et al. (2020). Effect of internationally imported cases on internal spread of COVID-19: a mathematical modelling study. *The Lancet Public Health*, 07. Dezember 2020. https://www.thelancet.com/journals/lanpub/article/PIIS2468-2667(20)30263-2/fulltext#seccestitle10. Zugegriffen: 30. Dezember 2020.
21 Kuntzmann, M. (2020). 25 Jahre Schengen-Abkommen: gefeiert wird im eigenen Land. *Luxemburger Wort*, 26. März 2020. https://www.wort.lu/de/politik/25-

jahre-schengen-abkommen-gefeiert-wird-im-eigenen-land-5e7b82fbda2cc1784e359dc8. Zugegriffen: 30. Dezember 2020.

22 ohne Autorenangabe (2020). Les galères d'un travailleur frontalier. *Républicain Lorrain*, 11. April 2020. https://www.republicain-lorrain.fr/edition-saint-avold-creutzwald/2020/04/11/covid-19-les-galeres-d-un-travailleur-frontalier. Zugegriffen: 30. Dezember 2020.

23 vgl. u. a. Aue, K. & Dylla, C. (2020). Europas Corona-Grenzen: Ein Feature über Misstrauen, Abschottung und Solidarität. *Saarländischer Rundfunk/ARD*, 27. Juni 2020. https://www.sr.de/sr/sr2/sendungen_a-z/uebersicht/ard_radiofeature/20200627_europas_corona-grenzen_ard_radiofeature_100.html. Zugegriffen: 30. Dezember 2020.

24 Freitag, S. (2020). Verstimmung an der Grenze. *ZDF*, 18. April 2020. https://www.zdf.de/nachrichten/panorama/coronavirus-grenzkontrollen-verstimmung-100.html. Zugegriffen: 30. Dezember 2020.

25 vgl. u. a. Aue, K. & Dylla, C. (2020). Europas Corona-Grenzen: Ein Feature über Misstrauen, Abschottung und Solidarität. *Saarländischer Rundfunk/ARD*, 27. Juni 2020. https://www.sr.de/sr/sr2/sendungen_a-z/uebersicht/ard_radio-feature/20200627_europas_corona-grenzen_ard_radiofeature_100.html. Zugegriffen: 30. Dezember 2020; Freitag, S. (2020). Verstimmung an der Grenze. *ZDF*, 18. April 2020. https://www.zdf.de/nachrichten/panorama/coronavirus-grenzkontrollen-verstimmung-100.html. Zugegriffen: 30. Dezember 2020; ohne Autorenangabe (2020). Un climat toujours tendu pour les travailleurs frontaliers. *Républicain Lorrain*, 04. Mai 2020. https://www.republicain-lorrain.fr/edition-forbach/2020/05/04/un-climat-toujours-tendu-pour-les-travailleurs-frontaliers. Zugegriffen: 30. Dezember 2020.

So schrieb beispielsweise ein junger Mann, der in Spichern wohnt und im Saarland eine Ausbildung absolviert, am 26. März 2020 an den *Saarländischen Rundfunk*: »Es werden Autos zerkratzt von Französischen Mitarbeitern in Deutschland die für das Wohl der Gesellschaft die Grenzen jeden Morgen passieren. Da wäre zum Beispiel meine Mama die in einem Rewe an der Französischen Grenze arbeitet. Sie wird jeden Tag Zeuge von Diskriminierungen und Schon eigentlich rassistischen Äußerungen in ihrer Gewohnten Arbeitsumgebung. [...] Ein Kurzes Beispiel eines Szenario von gestern dem 25.03.2020: Ich war einkaufen an der Folsterhöhe im Edeka und da stand ein VW Coupe mit französischen Kennzeichen. Ein älteres Paar läuft vorbei und die Frau sagt zu ihrem Mann ›was diese Franzosen hier machen, sie bringen uns die Krankheit hier rein‹. Nein wir bringen die Krankheit nicht rein als Grenzgänger weil diese Krankheit keine Grenzen kennt das sollten sich alle bewusst sein.« (Orthografische Fehler im Original).

26 vgl. Jaeger, M. & Wiegel, M. (2020). Franzosen wurden wie Aussätzige behandelt. *Frankfurter Allgemeine Zeitung*, 17. April 2020. https://www.faz.net/aktuell/

gesellschaft/gesundheit/coronavirus/coronavirus-franzosen-beklagen-feindseligkeit-im-saarland-16729881.html. Zugegriffen: 30. Dezember 2020.

27 Rehlinger, A. (stellvertretende Ministerpräsidentin Saarland) (2020). Pressekonferenz Staatskanzlei, 08. April 2020 (Kürzungen durch die Autorin).

28 vgl. Drobinski, M. (2020). Beschämende Auswüchse – Warum eine deutsche Ministerin sich bei den Franzosen entschuldigt. *Süddeutsche Zeitung*, 14. April 2020; Freitag, S. (2020). Verstimmung an der Grenze. *ZDF*, 18. April 2020. https://www.zdf.de/nachrichten/panorama/coronavirus-grenzkontrollen-verstimmung-100.html. Zugegriffen: 30. Dezember 2020.

29 vgl. Drobinski, M. (2020). Beschämende Auswüchse – Warum eine deutsche Ministerin sich bei den Franzosen entschuldigt. *Süddeutsche Zeitung*, 14. April 2020; Freitag, S. (2020). Verstimmung an der Grenze, *ZDF*, 18. April 2020. https://www.zdf.de/nachrichten/panorama/coronavirus-grenzkontrollen-verstimmung-100.html. Zugegriffen: 30. Dezember 2020.

30 Nach Angaben des luxemburgischen Gesundheitsministeriums gab es am 12. März landesweit zwei bestätigte Infektionen. Am 16. März waren es zwölf. Das Saarland meldete am 15. März 74 Infektionen. In der Region Grand Est waren es laut der *Agence Régionale de Santé* 1 378.

31 vgl. Asselborn, J. (2020). Interview für ARD RadioFeature. *Saarländischer Rundfunk*, geführt am 20. Mai 2020.

32 Gantenbein, M. (2020). Grenzschließungen: Situation ist unerträglich. *Luxemburger Wort*, 04. Mai 2020. https://www.wort.lu/de/politik/grenz-schliessungen-situation-ist-unertraeglich-5eb0201eda2cc1784e35d081. Zugegriffen: 30. Dezember 2020.

33 Bingenheimer, V. (2020). Protest gegen deutsche Grenzschließung. *Luxemburger Wort*, 09. April 2020. https://www.wort.lu/de/lokales/protest-gegen-deutsche-grenzschliessung-5e8ed4fcda2cc1784e35b2a3. Zugegriffen: 30. Dezember 2020.

34 Beckinger, C. (2020). Gemeinde Perl soll sich auch für Grenzöffnungen stark machen. *Saarbrücker Zeitung*, 21. April 2020. https://www.saarbruecker-zeitung.de/saarland/merzig-wadern/perl/spd-fraktion-im-gemeinderat-perl-will-dass-buergermeister-petition-zur-grenzoeffnung-unterzeichnet_aid-50153897#successLogin. Zugegriffen: 30. Dezember 2020.

35 Asselborn, J. (2020). Interview für ARD RadioFeature. *Saarländischer Rundfunk*, geführt am 20. Mai 2020.

36 Kuntzmann, M. (2020). 25 Jahre Schengen-Abkommen: gefeiert wird im eigenen Land. *Luxemburger Wort*, 26. März 2020. https://www.wort.lu/de/politik/25-jahre-schengen-abkommen-gefeiert-wird-im-eigenen-land-5e7b82fbda2cc1784e359dc8. Zugegriffen: 30. Dezember 2020.

37 Kuntzmann, M. (2020). 25 Jahre Schengen-Abkommen: gefeiert wird im eigenen Land. *Luxemburger Wort*, 26. März 2020. https://www.wort.lu/de/politik/25-jahre-schengen-abkommen-gefeiert-wird-im-eigenen-land-5e7b82fbda2cc1784e359dc8. Zugegriffen: 30. Dezember 2020.

38 Rottner, J. (2020). Beleidigungen von Grenzgängern sind populistische Reflexe. Interview *Deutschlandfunk*, 15. Mai 2020. https://www.deutschlandfunk.de/deutsch-franzoesische-corona-beziehungen-beleidigungen-von.694.de.html?dram:article_id=476714 (übersetzte Version). Zugegriffen: 30. Dezember 2020.

39 Arend, C. in »L'invité de la rédaction de France Bleu Lorraine«. *France Bleu Lorraine Nord*, 15. Oktober 2020. https://www.francebleu.fr/emissions/l-invite-de-france-bleu-lorraine-nord/lorraine-nord. Zugegriffen: 30. Dezember 2020.

40 Vgl. ohne Autorenangabe (2020). Nachbar-Bundesländer wollen keine Grenzschließungen zu Luxemburg, *Luxemburger Wort* (dpa), 14. Juli 2020. https://www.wort.lu/de/international/nachbar-bundeslaender-wollen-keine-grenzschliessung-zu-luxemburg-5f0da9d7da2cc1784e3618aa. Zugegriffen: 30. Dezember 2020.

41 Ohne auf den konkreten Inhalt im Detail einzugehen, seien hier Gespräche der Autorin mit Freunden und Bekannten als Quelle genannt. In diesen Gesprächen kritisierten die Gegenüber vor allem die nicht ausreichende Datenbasis – ergo das mangelnde Wissen – über das Virus und dessen Implikationen und äußerten sich entsprechend kritisch über die Angemessenheit der ergriffenen Maßnahmen. Dass die Medien zu diesem Zeitpunkt vor allem über die aktuell geltenden Regelungen informierten, erschien Einigen zu diesem Zeitpunkt bereits zu unkritisch und undifferenziert.

42 Dylla, C. (2020). Gedächtnisprotokoll/Gesprächsnotiz, *Telefongespräch mit der Pressestelle des Bundesministeriums für Inneres, Bauen und Heimat sowie der Bundespolizei*, 24. April 2020.

43 vgl. hierzu Hauck, U. (2020). Grenzüberschreitendes Chaos. *tagesschau.de*, 24. April 2020. https://www.tagesschau.de/inland/familien-grenze-101.html. Zugegriffen: 30. Dezember 2020.

44 Mayer, F. (2020). »Interview der Woche« mit Prof. Roland Rixecker. *SR2 Kultur-Radio*, 18. April 2020. https://www.sr.de/sr/sr2/sendungen_a-z/uebersicht/interview_der_woche/20200418_idw_roland_rixecker_interview_100.html. Zugegriffen: 30. Dezember 2020.

45 Regierungssprecher Alexander Zeyer teilte auf SR-Anfrage mit, dass die im Vorfeld der Pressekonferenz am Mittwoch (08. April 2020, Anm. der Autorin) eingegangenen Fragen zusammengefasst und gesichtet wurden. Besonders häufig eingesendete Fragen habe er zuerst gestellt. Während der Konferenz habe er dann Fragen ausgewählt, die noch nicht in den Statements von Tobias Hans und Anke Rehlinger beantwortet wurden.

Carolin Dylla hat Internationale und Europäische Governance in Münster und Lille studiert. Nach einem sechsmonatigen Praktikum bei der Heinrich-Böll-Stiftung in Beirut arbeitet sie seit 2015 beim Saarländischen Rundfunk. Seit 2018 ist Carolin Dylla Reporterin und Redakteurin in der crossmedialen Politik-Redaktion des SR. Dort beschäftigt sie sich insbesondere mit grenzüberschreitend deutsch-französischen sowie sozialpolitischen Themen und mit den Themen Asyl- und Migrationspolitik.

FRANCE / ALLEMAGNE : DEUX CULTURES POLITIQUES FACE À LA COVID-19

Thomas Wieder (Le Monde)

Zusammenfassung Seit Sommer 2016 widmet sich Thomas Wieder als Korrespondent der Tageszeitung *Le Monde* in Berlin der Aufgabe, den Französ*innen von Deutschland zu berichten. Die COVID-19-Pandemie hat diese Aufgabe sowohl einfacher als auch komplexer gemacht. Leichter ist sie dadurch geworden, dass die Pandemie zu einer globalen Tatsache geworden ist, die grundlegend die Aktualität in allen Bereichen – politisch, wirtschaftlich, kulturell etc. – vereinnahmt und bestimmt. Aber gerade dadurch ist die Arbeit als Auslandskorrespondent auch herausfordernder geworden. Denn: Was macht nun das Besondere der Lage in Deutschland aus? In seinem Beitrag beleuchtet Thomas Wieder hierbei drei Phänomene im Detail. Der erste Aspekt betrifft den markant abweichenden Diskurs französischer und deutscher Politiker*innen über das Wesen der Krise, worin sich grundlegende gesellschaftliche Entwicklungen seit der Nachkriegszeit widerspiegeln. Die zweite Besonderheit hängt mit der Schwierigkeit zusammen, den Leser*innen verständlich zu machen, worin sich das »confinement« in Frankreich und der »Lockdown (light)« in Deutschland ähneln und worin sie sich unterscheiden. Und schließlich zeigt der Autor, wie sich der Blick aus Deutschland auf Frankreich bzw. der Blick von Frankreich auf Deutschland im Laufe der Zeit gewandelt hat. Bewertungen zwischen Überforderung und Vorbild in der Krise in Relation zu den unterschiedlichen Wellen der Pandemie liegen näher, als man zunächst denken könnte.

INTRODUCTION

Raconter l'Allemagne aux Français : telle est ma « feuille de route » en tant que correspondant du *Monde* à Berlin, où je suis arrivé à l'été 2016. Avec l'irruption de la COVID-19, cette mission s'est à la fois simplifiée et complexifiée. Simplifiée car la pandémie, en devenant un « fait social total », pour reprendre l'expression de Marcel Mauss, s'est imposée comme un fait journalistique total, vampirisant l'ensemble de l'actualité – politique, économique, culturelle – désormais soumise aux aléas des courbes de contamination et des restrictions imposées par la situation sanitaire. Mais pour cette raison même, le travail de correspondant à l'étranger s'est complexifié : que raconter sur l'Allemagne dès lors que celle-ci vit le même événement – en l'occurence une pandémie – que le reste de l'Europe et du monde ? Quelles problématiques, que je peux observer en Allemagne, sont communes à d'autres pays – dont la France ? Lesquelles, au contraire, témoignent d'une singularité allemande liée à des spécificités nationales ? Ces questions n'ont cessé de m'habiter depuis le premier jour de la pandémie, avec toujours le souci de suivre en parallèle l'évolution de la situation française afin de faire le départ entre les débats communs, les interrogations partagées, les choix divergents et, parfois, les malentendus ayant surgi entre nos deux pays.

Parmi les nombreux phénomènes qui m'ont frappé, j'en retiendrai ici trois. Le premier est le discours radicalement divergent porté par les responsables politiques français et allemands sur la nature même de la crise. Une divergence révélatrice, selon moi, de cultures politiques et institutionnelles profondément différentes que la pandémie a mises en lumière de façon éclatante. Le deuxième est lié à la difficulté à laquelle je me suis trouvé confronté de devoir expliquer à des lecteurs français une réalité quotidienne qui, par bien des aspects, était commune aux deux pays, mais qui sur un point fondamental, s'est révélée profondément différente : celui du « confinement », dont les modalités auront défini une réalité tout autre que celle recouverte par les différents « Lockdowns » mis en place en Allemagne. Enfin, j'évoquerai quelques regards croisés auquel la pandémie a donné lieu entre nos deux pays et dont l'observation m'a conduit à cette conclusion : si la France, à un moment, a pu être tentée de regarder l'Allemagne comme un modèle, le contraire, lui, aura été beaucoup moins vrai, aboutissant à une certaine dissymétrie dans les commentaires produits dans chacun des deux pays au sujet de son voisin.

« NOUS SOMMES EN GUERRE » (EMMANUEL MACRON) / « CETTE PANDÉMIE N'EST PAS UNE GUERRE » (FRANK-WALTER STEINMEIER)

Paris, 16 mars 2020, 20 heures. Pour la deuxième fois en cinq jours, Emmanuel Macron s'adresse à la nation, face caméra, depuis le palais de l'Elysée. *« Nous sommes en guerre »*, martèle le président français pas moins de six fois en vingt-et-une minutes. Le ton est martial. Il est question d'une *« mobilisation générale »* contre un *« ennemi (...) invisible et insaisissable ».* Le mot « confinement » n'est pas prononcé, mais c'est bien de cela qu'il s'agit quand le chef de l'Etat explique qu'à compter du lendemain midi, il ne sera plus possible de sortir de chez soi sauf pour se soigner, faire ses courses ou aller travailler (pour ceux qui ne peuvent pas le faire de chez eux), sous peine de s'exposer à des sanctions. *« Jamais la France n'a dû prendre de telles décisions en temps de paix »,* reconnaît Emmanuel Macron, dont un des interlocuteurs confiera au *Monde,* le soir-même, que *« la figure de Clemenceau lui a clairement servi d'inspiration ».*

Berlin, samedi 11 avril. Allocution télévisée de Frank-Walter Steinmeier depuis le château Bellevue. *« L'effort énorme que nous fournissons ces jours-ci, nous ne le fournissons pas parce qu'une main de fer nous y oblige, mais parce que nous sommes une démocratie vivante avec des citoyens responsables »*, déclare le président allemand, avant d'inviter ses concitoyens à préparer *« le monde d'après »* en faisant le choix de la *« solidarité ».* Ce qu'il précise en ces termes : *« Partageons toutes les connaissances, toutes les recherches afin de trouver plus vite des vaccins et des traitements, et veillons au sein d'une alliance mondiale à ce que les pays les plus pauvres y aient accès eux aussi, eux qui sont les plus vulnérables. Non, cette pandémie n'est pas une guerre. Ce ne sont pas des nations qui s'affrontent, des soldats qui se combattent. Cette pandémie met à l'épreuve notre sentiment d'humanité. Elle fait ressortir ce qu'il y a de pire et de meilleur en nous. Choisissons de montrer ce qu'il y a de meilleur ! »*

En France, un président qui affirme : *« Nous sommes en guerre ».* En Allemagne, un président qui soutient, trois semaines plus tard, que *« cette pandémie n'est pas une guerre ».* Le second a-t-il délibérément voulu contredire le premier ? C'est possible, mais ce pas l'essentiel car ce 11 avril 2020, Frank-Walter Steinmeier s'adresse d'abord aux Allemands, en exerçant le rôle d'autorité morale que lui confère la Loi fondamentale. De ce point de vue, son propos doit se lire avant tout comme un rappel des valeurs sur lesquelles a été fondée la République fédérale, en 1949, au premier rang desquelles figure le rejet de toute culture guerrière et de toute tentation nationaliste. D'où ce passage, prononcé quasiment à la toute fin de ses neuf minutes d'allocution : « *L'Allemagne ne pourra pas sortir de cette crise forte et en bonne santé si nos voisins ne font pas de même. (...) trente ans après l'unité allemande, soixante-quinze ans après la fin de la guerre, nous autres Allemands ne sommes pas seulement appelés à nous montrer solidaires en Europe. Nous y sommes obligés.* »

Trois semaines plus tôt, la démarche d'Emmanuel Macron fut exactement la même. Comme son homologue allemand, le chef de l'Etat français a estimé que la gravité du moment l'obligeait à assumer pleinement son rôle en convoquant lui aussi l'imaginaire fondateur de la République qu'il préside.

Or, c'est précisément pour cette raison que les deux discours furent à des années-lumières l'un de l'autre. A l'inverse de la République fédérale, fondée sur les décombres du IIIe Reich dans l'idée de débarrasser à tout jamais l'Allemagne de ses vieux démons belliqueux, la Ve République a été créée par un militaire – le général de Gaulle – revenu au pouvoir à la faveur de la guerre d'Algérie. En Allemagne, une Loi fondamentale qui affirme, dès son préambule, que « *le peuple allemand* » est « *animé de la volonté de servir la paix du monde* ». En France, une Constitution dont l'article 15 stipule que le président est « *le chef des armées* » et qu'il « *préside les conseils et les comités supérieurs de la défense nationale* ».

Même si Emmanuel Macron abandonnera assez vite la rhétorique guerrière de son intervention du 16 mars 2020, sa pratique du pouvoir continuera d'en conserver la marque à travers la systématisation des « conseils de défense ». Rassemblant des ministres, des hauts fonctionnaires et des experts, de dix à vingt participants en moyenne, ce cénacle s'est imposé, à la faveur de la crise de la COVID-19, comme le lieu-clé de la prise des décisions, bien plus que le traditionnel conseil des ministres hebdomadaire, que la pandémie a rapidement ravalé au second plan.

En Allemagne aussi, la pandémie a conduit le gouvernement fédéral à bousculer ses habitudes. En plus du conseil des ministres du mercredi, la chancelière Angela Merkel a ainsi pris l'habitude de présider un « Corona-Kabinett », généralement le lundi, en présence des ministres de la défense, des finances, de l'intérieur, des affaires étrangères et de la santé. Mais la véritable nouveauté de la période aura surtout été l'instauration de réunions régulières – la plupart du temps sous forme de visioconférence – entre la chancelière fédérale et les ministres-présidents des Länder. Au rythme d'une à deux fois par mois, ces réunions sont devenues le principal rendez-vous de la vie politique allemande au temps de la pandémie, à l'instar des conseils de défense en France. Mais à une différence près : alors qu'Emmanuel Macron a trouvé dans le conseil de défense l'instrument idéal pour exercer la plénitude de ses pouvoirs, les réunions – souvent interminables – d'Angela Merkel avec les chefs des Länder n'ont cessé de rappeler les limites de ceux de la chancelière. Consécration du présidentialisme français d'un côté, illustration du fédéralisme allemand de l'autre.

CONFINEMENT FRANÇAIS ET LOCKDOWN ALLEMAND

Berlin, 28 octobre 2020. « *Nous devons agir et le faire dès maintenant* », déclare Angela Merkel à l'issue d'une visioconférence d'un peu moins de cinq heures avec les ministres-présidents des Länder du pays. Alors que le nombre de contaminations s'emballe à nouveau de façon exponentielle, de nouvelles restrictions sont annoncées, pour la première fois depuis la fin du printemps. Comme en mars-avril, il est décidé ce soir-là que les bars, les restaurants, les cinémas, les théâtres, les musées, les salles de concert, les clubs de sport, les salons de massage et les instituts de beauté seront fermés. Contrairement à ce qui fut le cas au printemps, en revanche, les crèches et les écoles resteront ouvertes, les offices religieux demeureront autorisés et les rencontres sportives continueront à se tenir, mais sans spectateurs. De même, l'ensemble des commerces resteront ouverts, à condition de respecter une jauge d'un client pour dix mètres carrés.

Comment qualifier cette batterie de mesures ? Dans la presse allemande, deux expressions s'imposent rapidement : « Teil-Lockdown » et « Lockdown light ». Pour le correspondant français que je suis, cette dénomination m'apparaît cependant problématique. En traduisant par « confinement partiel » ou « confinement léger », je risque en effet d'induire mon lecteur en erreur, d'autant plus que le même jour, Emmanuel Macron a décidé, de son côté, de reconfiner la France en réinstallant la plupart des contraintes en vigueur au printemps à l'exception – notable – de la fermeture des crèches et des écoles. Autrement dit d'imposer un confinement plus léger que ne l'avait été le premier ... Dans ces conditions, comment parler pour l'Allemagne de « confinement partiel » sans donner l'impression qu'il s'agit du même confinement allégé que celui que mes lecteurs s'apprêtent à vivre ?

Ce qui peut apparaître comme un simple casse-tête de traduction me semble, en vérité, être un point essentiel, tant j'ai pu constater, depuis le début de la pandémie, combien des concepts très voisins pouvaient désigner, des deux côtés du Rhin, des réalités très différentes.

Les semaines suivantes n'ont fait que confirmer ce constat. Mi-décembre 2020, prenant acte de l'échec du « Teil-Lockdown » instauré un mois et demi plus tôt, Angela Merkel et les chefs des Länder ont imposé un nouveau tour de vis, décidant, cette fois, de fermer les commerces non essentiels ainsi que les crèches et les écoles. Cette fois, la presse allemande a évoqué un « harter Lockdown » voire un « knallharter Lockdown ». Pour moi, la question s'est donc de nouveau posée : dois-je ou non reprendre cette expression à mon compte en écrivant que l'Allemagne est soumise à un « confinement dur » voire « drastique » ? Une fois de plus, je m'y suis refusé, ou alors ne l'ai-je fait qu'en prenant le soin de préciser que la formule ne signifiait pas, comme auraient pu le croire mes lecteurs français, que les Allemands étaient obligés de rester chez eux et autorisé à quitter leur domicile seulement pour une durée limitée et à condition de remplir une attestation.

Près d'un an après le début de la pandémie, je suis convaincu que cette différence entre le « confinement » à la française et le « Lockdown » à l'allemande – parfois mal comprise à cause des confusions liées à des traductions parfois trop littérales – a débouché sur deux façons radicalement distinctes de traverser cette période.

Cela ne signifie pas que l'Allemagne, contrairement à ce que l'on pourrait penser, ait toujours pris des mesures plus « légères » que la France. A ce titre, le cas des masques est parlant : en Allemagne, ceux-ci sont devenus obligatoires dans les magasins et les transports dès le début du mois de mai 2020, alors qu'il a fallu attendre l'été pour qu'ils le soient aussi en France. Autre exemple : les écoles. Contrairement à la France, qui les a laissées ouvertes lors de la deuxième vague, l'Allemagne a décidé de les fermer pour la deuxième fois de mi-décembre 2020 à début mars 2021. Troisième illustration : laisser ses coordonnées au restaurant afin d'être contacté en cas de découverte d'un cas positif dans l'établissement où l'on a déjeuné ou dîné. En Allemagne, la mesure s'est imposée dès leur réouverture au printemps, alors qu'en France elle ne s'est imposée que beaucoup plus tard et de façon bien moins généralisée.

Il n'empêche : même si certaines contraintes ont été plus dures, plus précoces ou plus systématiques en Allemagne, le refus des autorités d'instaurer un confinement strict, comme cela a été le cas en France, est un choix majeur qui – selon moi – a fait de la pandémie une épreuve de nature totalement différente dans nos deux pays.

En France, le confinement a d'emblée été associé à un imaginaire policier. De façon significative, c'est d'ailleurs le ministre de l'intérieur, Christophe Castaner, qui, le 16 mars 2020 au soir, après l'allocution d'Emmanuel Macron (lors de laquelle le président de la République a pris soin de ne pas prononcer le mot « confinement »), en a détaillé les règles, en précisant notamment ceci : « *Un dispositif de contrôle sera mis en place par les forces de l'ordre. Il reposera sur des points de contrôle fixes comme mobiles, à la fois sur les axes principaux et secondaires, partout sur le territoire national. Il mobilisera près de 100 000 policiers et gendarmes. Dès ce soir, je donne ordre à nos forces de sécurité intérieure de se déployer sur le terrain et de préparer la mise en place de ces contrôles.* »

En Allemagne, les restrictions mises en place à la mi-mars ont également abouti à l'instauration de contrôles de police, mais de façon beaucoup plus ciblée, seuls étant susceptibles d'être sanctionnés les rassemblements de plusieurs personnes dans l'espace public. Mais surtout, ces mesures n'ont à aucun moment été « portées » par le ministre fédéral de l'intérieur, Horst Seehofer, ni par aucun de ses homologues dans les Länder.

Cette extrême discrétion observée par Horst Seehofer depuis le début de la pandémie tranche avec l'omniprésence médiatique de Christophe Castaner puis de son successeur Gérald Darmanin. Elle en dit long sur la gestion allemande de la crise sanitaire autant qu'elle éclaire – par contraste – la façon dont le gouvernement français a choisi d'y faire face. Sur ce plan aussi, la COVID-19 aura permis de mesurer le fossé existant entre les cultures politiques de nos deux pays. D'un côté, celle d'une Ve République prête à déployer tout l'arsenal d'un Etat fort et ne reculant devant aucune démonstration de fermeté. De l'autre, celle d'une République fédérale beaucoup moins encline à assumer un discours d'autorité et nettement plus soucieuse de se poser en garante des libertés fondamentales. Ce qu'illustre ce passage de l'allocution d'Angela Merkel à la télévision, le 18 mars 2020. Deux jours après le « *nous sommes en guerre* » d'un Emmanuel Macron inspiré par le Clemenceau de 14–18, la chancelière allemande invoquait sa propre histoire – celle d'une Allemande ayant grandi à l'est du rideau de fer – pour dire à quel point il lui coûtait d'imposer des restrictions à ses concitoyens pour lutter contre la propagation du virus : « *Laissez-moi vous l'assurer : pour quelqu'un comme moi, pour qui la liberté de voyager et de circuler fut un droit chèrement acquis, de telles restrictions ne peuvent être justifiées que par une absolue nécessité. Dans une démocratie, elles ne peuvent être décidées à la légère et seulement de façon temporaire, même si elles sont aujourd'hui indispensables pour sauver des vies.* »

REGARDS CROISÉS

Vivement discutées en France, où elles ont souvent été vues comme le signe d'une « *infantilisation* » de la population par l'Etat, les mesures décidées par Emmanuel Macron pour lutter contre la COVID-19 ont également été très critiquées en Allemagne. De ce point de vue, il est significatif que beaucoup d'articles de la presse allemande sur la France face à la COVID-19 aient eu pour principal angle la dureté des restrictions imposées dans l'Hexagone.

J'en citerai deux. Le premier a paru le 2 mai 2020 dans la *Tageszeitung*. Sous le titre « Die neue Maginot-Linie », Rudolf Balmer, correspondant à Paris de ce quotidien classé à gauche, y décrit une France qui se croyait bien préparée pour affronter une épidémie mais qui, lorsque celle-ci a surgi, a découvert qu'elle manquait cruellement de masques, de lits de réanimation et de respirateurs artificiels. Aussi mal armée face au virus que dans les années 1930 face à l'Allemagne (d'où l'allusion à la ligne Maginot), la France aurait compensé sa faiblesse logistique par des restrictions draconiennes. « *Particulièrement fâcheuse est la façon autoritaire dont l'Etat cherche à dissimuler et à justifier ses échecs et ses erreurs. (...) La comparaison avec les pays voisins est frappante. 'Merkel parle aux adultes, Macron aux enfants', affirme l'historien Johann Chapoutot. Une fois de plus, les Français ont toutes les raisons d'être en colère* », pouvait-on lire ce jour-là dans la *Tageszeitung*.

Le second article a paru dans *Die Zeit* le 12 novembre 2020, deux semaines après le début du deuxième confinement. Son titre : « Autoritäres Absurdistan ». Le tableau de la vie quotidienne en France est d'une noirceur totale. « *Des attestations pour sortir de son domicile, faire son jogging seulement devant chez soi, des rayons jouets barrés par des vigiles : le Lockdown français est si répressif que même des règles de bon sens sont tombées en discrédit* », écrit l'hebdomadaire, qui ajoute : « *Le taux de confiance de la population dans le gouvernement est à un des niveaux les plus bas d'Europe. Deux personnes sur trois ne croient pas que le président Emmanuel Macron gère correctement la pandémie. Il faut dire que le bilan français est accablant : si notre voisin a apporté une réponse des plus autoritaires à la crise du coronavirus au printemps et aujourd'hui encore, le nombre de morts est désormais plus élevé que dans la Suède où il n'y a pas eu de confinement.* »

Par leur tonalité, ces articles sont à l'opposé de la plupart de ceux qui furent publiés en France au sujet de l'Allemagne dans les sept premiers mois de l'épidémie. Côté français, c'est au contraire le « modèle allemand » qui a été salué à de multiples reprises, le faible nombre de morts enregistrés en Allemagne au début de la pandémie ayant été attribué tout autant – et pêle-mêle – au plus grand nombre de tests réalisés en Allemagne, au plus grand nombre de lits de réanimation, à la plus grande discipline des Allemands mais aussi aux souplesses du modèle fédéral.

Le ton a commencé à changer à partir de novembre 2020, quand les chiffres des contaminations se sont emballés en Allemagne et qu'il est apparu que le « Teil-Lockdown », décrété fin octobre, n'avait guère d'effet sur les courbes de l'épidémie, alors que le reconfinement, dans une France où le nombre de cas quotidiens était pourtant plus élevé qu'en Allemagne, se révélait plus performant d'un strict point de vue sanitaire. « Les dessous du modèle allemand, plus souple mais moins efficace », titrait ainsi le quotidien *L'Opinion*, le 27 novembre 2020. « COVID-19. L'Allemagne n'est plus un modèle dans la lutte contre l'épidémie », titrait à son tour *Ouest-France*, trois semaines plus tard. Désormais, les commentaires laudateurs et envieux du printemps paraissaient très loin, qu'ils aient paru dans la presse ou été produits par des think tanks. A l'instar de la note de l'Institut Montaigne, publiée le 8 avril 2020 sous le titre : « Les États face au coronavirus – L'Allemagne, un modèle résilient ».

Si le regard français sur l'Allemagne a évolué, peut-on en dire autant du regard allemand sur la France ? Certes, il y a eu cette phrase du ministre de l'économie Peter Altmaier dans un entretien croisé avec son homologue français Bruno Le Maire, dans Les *Echos* du 10 décembre 2020 : « *Cette fois, la France a tout fait correctement et a obtenu des succès impressionnants, alors qu'en Allemagne, l'élan de la deuxième vague n'a malheureusement pas encore été brisé.* » Mais cette phrase est restée isolée, et aucun autre responsable politique allemand de premier plan, ni aucun grand journal ou magazine, n'a repris l'idée selon laquelle il y aurait désormais un quelconque « modèle français » face à l'épidémie. A partir de janvier 2021, ce sont d'autres Etats, le Royaume-Uni mais surtout Israël, qui ont eu droit à des commentaires envieux et admiratifs en Allemagne, en raison du rythme accéléré de leur campagne de vaccination, bien plus élevé que dans l'Union européenne.

Pendant cette dernière période, le phénomène le plus intéressant à observer, en Allemagne, aura sans doute été le spectaculaire retournement du regard porté par le pays sur lui-même. Celui-ci s'est opéré en quelques semaines, entre novembre et décembre 2020, et pour le journaliste français basé à Berlin que je suis, il était particulièrement troublant de trouver, dans les commentaires produits à l'époque en Allemagne, des analogies stupéfiantes avec ceux que l'on avait entendus en France huit mois plus tôt : comme en France au printemps, le gouvernement allemand se voyait à son tour reprocher de ne pas agir assez vite, les images des hôpitaux encombrés donnaient lieu à des discours catastrophismes sur l'état du système de santé. Abandonnant tout sentiment de supériorité pour basculer dans l'autoflagellation, les Allemands s'interrogeaient désormais sur leur manque de discipline, un trait de caractère que les Français pensaient jusque-là réservés à eux-mêmes mais en aucun cas à leurs voisins d'outre-Rhin ...

Thomas Wieder *est correspondant du Monde à Berlin depuis 2016. Entré au Monde en 2004, il d'abord été rédacteur au « Monde des livres » avant de rejoindre le service politique d'abord comme rédacteur chargé du suivi du Parti socialiste et de la présidence de la République (2011-2014), puis comme chef de service (2014-2016). Coproducteur et présentateur de « L'Atelier du pouvoir » sur France Culture (2014-2017), il est agrégé d'histoire, ancien élève de l'Ecole normale supérieure de la rue d'Ulm et diplômé de l'Institut d'études politiques de Paris.*

DEUTSCHLAND, FRANKREICH, COVID-19 – DAS VIRUS UND DIE GRENZREGION

Susanne Freitag-Carteron (ZDF-Studio Saarbrücken)

Résumé Susanne Freitag-Carteron décrit cette crise exceptionnelle dans les relations franco-allemandes en se basant sur les récits du quotidien et le vécu des habitants de la région frontalière. Depuis longtemps, la frontière ne jouait plus aucun rôle dans le quotidien des populations de Sarre et de Lorraine. Sa « perméabilité » allait de soi pour tous. Marché transfrontalier de l'emploi, familles franco-allemandes des deux côtés, des localités telles que Leidingen traversées en leur beau milieu par la frontière : le passage d'un pays à l'autre se faisait de manière presque inaperçue. Les absurdités du quotidien pendant ces trois mois où plus rien n'était comme avant n'en ont donc été que plus frappantes. Ces difficultés ont propulsé la région sur l'avant-scène et au niveau local, on a pris davantage conscience du fait que la cohabitation, qui avait toujours semblé évidente, ne l'était en fin de compte pas forcément. Qu'est-ce que les gens ont vécu au cours de ces trois mois ? Quelles en ont été les conséquences ? Quelles leçons en a-t-on tiré sur la cohabitation franco-allemande ? La crise sanitaire a montré que le territoire frontalier est un endroit où l'Allemagne et la France sont intégrées dans les faits. Et ce degré d'intégration est apparu nettement lors de leur brusque séparation.

DER FRANZÖSISCHE PATIENT

Acht Monate hat Vincent Konieczny im saarländischen Homburg verbracht. Er kommt aus Saint-Avold. Im März 2020 wurde er mit dem Hubschrauber in die Uniklinik gebracht. COVID-19. Schwerer Verlauf. Die Krankenhäuser zu Hause in Frankreich waren überfüllt, es gab keine Beatmungsplätze mehr. Abend für Abend zeigten die französischen Hauptnachrichten Personal am Limit. Patient*innen auf den Fluren. Mobile COVID-Stationen in

Zelten, sogar in TGV-Schnellzügen, die die Patient*innen über das Land verteilten, dorthin, wo noch Platz war.

Vincent Konieczny erinnert sich nur noch an den Hubschrauber. Die Zeit davor ist wie ausgelöscht. Seine Frau Christine zeigt das Foto der Ankunft im Klinikum. Ihr Mann liegt apathisch in einem Krankenbett, das Beatmungsgerät hängt am Bettgestell. Um ihn herum ein Ärzteteam. Das Foto danach: Vincent liegt bewusstlos in einem Bett mit der für die Uniklinik typischen weiß-blauen Bettwäsche. Überall Schläuche.

»Das war schlimm« sagt Caroline. Sie sitzt am Bett ihres Mannes. Zwei Monate warst du bewusstlos!« Die beiden halten sich die ganze Zeit fest. Küssen dürfen sie sich noch nicht »Pas de Bisous« sagt sie und lacht, »Aber ich bin so froh, dass Du jetzt wieder nach Hause kommst!!!« Dann holt sie ein grünes Schulheft aus ihrer Tasche. Darin hat sie jeden Tag das Wichtigste notiert. Datum. Wetter. Diagnosen. 25 Grad, Sonne, steht da am 10. April, an diesem Tag hatten ihr die Ärzte gesagt, dass in der Lunge ihres Mannes Bakterien gefunden wurden. Und immer wieder sagten sie ihr: Die Wahrscheinlichkeit, dass ihr Mann das nicht überleben würde, sei sehr hoch. Die Ärzte haben Deutsch mit ihr gesprochen. Sie hat auf Google Translate übersetzt, wenn sie nicht alles verstanden hat. Natürlich spricht sie Deutsch, wie fast alle in der Region, aber Medizinbegriffe sind nicht einfach. »Es ist ein Wunder, dass er überlebt hat«, sagt sie und drückt seine Hand ganz fest. »Diese Krankheit ist keine kleine Grippe. Sie tötet. Das muss man den Leuten immer wieder sagen. Aber er hat es geschafft!«

Auf dem Tisch im Krankenzimmer steht ein Bilderrahmen mit einem Foto. Es zeigt seine drei Enkelkinder. »Bon courage, Papy, on t'aime« – Viel Glück Opa, wir lieben Dich! Das hat ihn aufrecht erhalten. Das, und die Ermutigungen des Krankenhauspersonals. Dieser deutschen Ärzte, die ihm und anderen französischen Patient*innen während der ersten COVID-Krise das Leben gerettet haben. Über 120 französische Patient*innen wurden während der ersten Welle in Deutschland behandelt, weil Frankreich mit der sanitären Lage überfordert war. Schwerkranke Patient*innen werden über die Grenze geflogen und dort gerettet – eine Geste, die hohes Potential für Positivschlagzeilen hatte. Aber das ging zunächst einmal fast unter.

Zwischen März und Mitte Juni war das beherrschende Thema ein anderes: Die Schließung der Grenze zwischen Deutschland und Frankreich. Sie hat die Region auf eine ihrer härtesten Belastungsproben gestellt.

MÄRZ 2020 – GRENZE DICHT – UND JETZT?

Plötzlich waren sie da. Rot-Weiße Plastikbarrieren mitten auf der Straße. Nur an fünf Übergängen war es möglich, die Grenze überhaupt zu überqueren. Französische Bürger*innen und Bürgermeister*innen standen früh morgens vor vollendeten Tatsachen. Die Bundespolizei kontrollierte. Keine Grenzgängerbescheinigung, kein Durchgang. Umdrehen bitte.

Am 11. März 2020 hatte das Robert-Koch-Institut die französische Region Grand Est als Corona-Risikogebiet eingestuft. Einen Tag später schon kündigte das Saarländische Innenministerium verstärkte Grenzmaßnahmen an, sie traten am selben Abend um 17 Uhr in Kraft. Wer konnte, machte schnell noch einen Abstecher nach Deutschland. Lange Schlangen vor den Discountern, Drogeriemärkten, Tankstellen. Am nächsten Morgen stand der saarländische Innenminister Klaus Bouillon (CDU) am Grenzübergang Goldene Bremm. Er begrüßte die Beamt*innen der Bundespolizei. Die hatten am frühen Morgen damit begonnen, die französischen Wagen, die nach Deutschland einreisen wollten, anzuhalten. Ausweiskontrolle, Fieber messen, prüfen, ob es eine Grenzgängerbescheinigung gibt. Denn nur, wer einen triftigen Grund hat, nach Deutschland einzureisen, wird durchgelassen. Auf der Autobahn eine endlose Autoschlange und verärgerte Grenzgänger*innen, die auf dem Weg zur Arbeit waren.

»Das bringt aus meiner Sicht viel«, sagte Bouillon und wirkte fast ein bisschen stolz. »Zunächst mal geht es darum, dass die Franzosen wissen, wenn sie kommen, sie werden überprüft. Wir machen punktuelle Kontrollen. Wenn es gelingt, jeden Tag einige zu finden, die wir zurückschicken, dann haben wir das Risiko minimiert. Die Maßnahmen gehen ja nur darum, dass wir nach Möglichkeit die Epidemie verlangsamen.« Ein paar Tage später erste Bilanzen. Es gab Tage, da wurden 200–500 Franzosen zurückgewiesen. »Jetzt mag ich mir nicht vorstellen, was passiert wäre, wenn all diese Menschen zu uns gekommen wären ...«, sagte Bouillon und sorgte mit seinen Äußerungen für große Irritationen bei Franzosen dies- und jenseits der Grenze. So kann man mit dem Nachbarn nicht umgehen – die Krise war da. Seine Bemerkungen aber stießen auf fruchtbaren Boden bei Menschen, bei denen die Einschätzung des RKI für eine diffuse Angst gesorgt hatte, dass mit den Franzosen auch das Virus über die Grenze nach Deutschland eingeschleppt werden könnte.

PETITE-ROSSELLE – GROSSROSSELN: EIN FALL FÜR DIE LOKALDIPLOMATIE

Normalerweise bringt Mickael Biever seine Frau Jessica jeden Morgen zur Arbeit. Die beiden leben in Petite-Rosselle. Jessica Biever arbeitet in einem deutschen Drogeriemarkt, vier Kilometer hinter der Grenze. Sie hat keinen Führerschein, also fährt er. Bis zu diesem Morgen Mitte März. An der Grenze stehen Bundespolizeibeamt*innen, die ihm die Durchfahrt verweigern. Er bietet an, seine Frau kurz rüber zu bringen und dann sofort wieder zurück zu kommen – keine Chance. Der Ton nimmt an Schärfe zu. Die Polizist*innen sind aus einer anderen Region Deutschlands hier her beordert worden, zur Grenzkontrolle. Sie haben klare Ansagen. Keine Bescheinigung, kein Durchgang. »Der Ton wurde immer lauter, und dann hat er ›dreckiger Franzose‹ zu mir gesagt«. Mickael Biever und seine Frau sind empört. »Das war schon sehr heftig, dafür, dass es eigentlich nur darum ging, dass da jemand über die Grenze wollte, um zu arbeiten«, sagt Jessica Biever. »Ich bin enttäuscht, ich habe mein Leben lang in Deutschland gearbeitet, und jetzt so was«. »Dreckiger Franzose«, das tut weh, und verletzte nicht nur ihn, sondern alle Franzosen der Region. Mickael Biever informierte sofort seinen Bürgermeister und den Abgeordneten der Nationalversammlung Christophe Arend. Er wohnt in Petite-Rosselle. Nicht nur Biever hat ihn kontaktiert – dutzende Beschwerden hat er bekommen.

Fast schon zur Legende wurde der Bericht eines Deutsch-Franzosen, dessen Wagen mit französischem Kennzeichen in Deutschland mit Eiern beworfen worden sein soll. Sein Besitzer soll mit den Worten begrüßt worden sein: »Scheiß Franzose, geh doch in Dein Scheiß Corona Land«, davon wusste irgendwie die ganze Grenzregion.

Dann gab es den Metallbetrieb, in dem die deutschen Mitarbeiter*innen plötzlich nicht mehr wollten, dass ihre französischen Grenzgängerkolleg*innen an den gemeinsamen Meetings teilnahmen. Und beim Getriebehersteller ZF wurde morgens bei den französischen Mitarbeiter*innen Fieber gemessen, bevor man den Grenzgänger*innen schließlich mitteilte, dass sie vorläufig zu Hause bleiben sollten. Diffuse Ängste, unterstützt durch die sichtbaren Abgrenzungen. Plötzlich gab es hier wieder Deutschland und Frankreich. Christophe Arend, die Generalkonsulin, das Europaministerium, die Mitarbeiter*innen der Region Grand Est wurden zum Kummerkasten für Grenzprobleme. Erhielten dutzende Mails und Anrufe von empörten Bürger*innen. Entlang der Grenze ging ein Riss durch ihre gemeinsame Region. Die Grenze war wieder da, Deutschland hatte sie aufgebaut ohne die Franzosen vorher zu informieren.

Anke Rehlinger (SPD), stellvertretende Ministerpräsidentin, entschuldigte sich öffentlich für die Vorfälle und Beleidigungen. Betonte, dass das nicht typisch sei, für die weltoffenen Saarländer*innen. Sie sprach auch von einer »Politik der dicken Arme« und spielte damit auf die harschen Worte des Innenministers an – Krisenstimmung auch bei der Landesregierung.

Gleichzeitig wurde deutlich, wie eng die Region längst zusammengewachsen war. Im Land der kurzen Wege war der Weg zur Arbeit plötzlich 50 statt 5 Kilometer lang, weil der schnelle Weg durch ein kurzes Stück Frankreich plötzlich nicht mehr passierbar war. Stundenlange Umwege auch für das französische Pflegepersonal des Winterberg-Klinikums, das ohne die Grenzgänger*innen den Tagesbetrieb nicht stemmen könnte, schon gar nicht in Corona Zeiten. Ein Fall für die Lokaldiplomatie.

MINI-GIPFEL AUF DER BRÜCKE

Trotz strenger Abstandsregeln und Ausgangsbeschränkungen auf beiden Seiten gab es in Petite-Rosselle und Grossrosseln einen deutsch-französischen Mini-Gipfel. Der Abgeordnete Christophe Arend, der Bundestagsabgeordnete Markus Uhl, der saarländische Europaminister Peter Strobel und die amtierenden Bürgermeister der beiden Grenzkommunen trafen sich auf der Brücke, die Petite-Rosselle von Großrosseln trennt. Die Deutschen auf der einen, die Franzosen auf der anderen Seite. Sie konnten die Abstandsregeln einhalten, und trotzdem miteinander reden. Das geht nur hier. Und es war dringend nötig.

Die Franzosen waren wütend auf dieses Deutschland, das ihnen die Grenze vor der Nase zugemacht hatte, ohne vorher Bescheid zu geben. »Es gab Franzosen, die in deutschen Fabriken arbeiten, die einkaufen wollten. Man hat ihnen gesagt, dass sie nicht rausdürfen, um sich ein Sandwich zu kaufen. Das ist eine Sünde an Europa!!!« Arend ist aufgebracht. Er ist Vorsitzender der deutsch-französischen Freundschaftsgruppe von Nationalversammlung und Bundestag, und kann es nicht fassen. »Die Deutschen schießen sich doch selbst ins Knie. Allein im Krankenhaus am Winterberg in Saarbrücken arbeiten 160 französische Mitarbeiter. Krankenschwestern, die sich um deutsche Patienten kümmern. Es wäre notwendig gewesen, mit Frankreich zu reden. Uns vor vollendete Tatsachen stellen, war ein Riesenfehler. Die Leute verstehen das nicht, und deshalb reagieren sie schlecht. Ich bin Petit-Rosselois, ein Großer Europäer, nicht Deutsch, nicht Franzose, sondern Deutsch-Franzose, wie wir alle hier. Als ich diese Barriere auf unserer Brücke gesehen habe, hatte ich zum ersten Mal seit sehr langer Zeit Tränen in den Augen.« Man war sich einig, dass das hier nicht gut war, aber Grenzfragen sind Bundessache, und da war die Ansage klar: die Kontrollen gehen weiter.

»CONFINEMENT« HIER, »LOCKDOWN« DA, ABSURDISTAN ÜBERALL

Menschenleere Straßen. Geschlossene Geschäfte. Eine nie dagewesene Stille. Keine Autos. Kein Flugverkehr. Die Rückkehr der Vögel und Insekten in den Wald, durch den die Grenze verläuft, die, das weiß man heute, vielfach für »illegale Grenzübertritte« genutzt wurde. Jeden Abend um 20 Uhr Klatschen, Töpfeklappern – Solidarität mit den Held*innen der Krise, dem Personal in den Krankenhäusern.

Das Confinement in Frankreich ist streng. Die Bürger*innen dürfen ihre Wohnungen nur eine Stunde pro Tag verlassen. Sich im Umkreis von einem Kilometer rund um ihren Wohnort draußen bewegen. Nicht über die Grenze fahren. Es sei denn, sie haben einen deutschen Pass. So galten für Nachbarn im selben Ort nicht dieselben Regeln. Die Grenzgänger*innen, die Deutsche waren oder zwei Pässe hatten, durften über die Grenze fahren, Radtouren unternehmen, 10 Kilometer durch den Wald joggen, während für die Franzosen aus dem Nachbarhaus die strengen französischen Ausgangsregeln galten. Als würde sich das Virus einen Pass zeigen lassen, bevor es infiziert.

LEIDINGEN – EIN DORF, ZWEI LÄNDER, GEMEINSAMES CHAOS

Besonders skurril war die Lage in dem kleinen Dorf Leidingen. Hier verläuft die Grenze mitten durch den Ort. Sie teilt ihn in den deutschen Ortsteil Leidingen, und den französischen Ortsteil Leiding. Das Dorf hat zwei Ortsvorsteher, einen Deutschen und einen Franzosen.

Barthélémy Lemal war während der Grenzkrise der Ortsvorsteher des französischen Teils des Ortes. Früher hat er auf der Dillinger Hütte in Deutschland gearbeitet. Sein Leben lang war er Grenzgänger, 47 Jahre lang.

Plötzlich standen Beamte der Bundespolizei vor ihm und wollten seinen Pass sehen, er konnte es nicht glauben. Niemand hatte ihn darüber informiert. »Ich bin so enttäuscht von Deutschland und vom Saarland, dass sie einfach die Grenzen zugemacht haben, ohne uns vorher Bescheid zu sagen. Da sind jetzt Menschen, die arbeiten hinter der Grenze in Altenheimen, in Pflegeeinrichtungen. Die müssen jetzt jeden Tag 40 Kilometer Umweg fahren, um zur Arbeit zu kommen! Das kann doch nicht sein! Das sind Umstände, die in einem vereinten Europa nicht tragbar sind!!!«

Auch sein Amtskollege Wolfgang Schmitt aus dem deutschen Teil des Dorfes ist sauer. »Das schlimme ist, das jetzt eine Stigmatisierung stattfindet. Der Franzose, der ist krank, der gefährdet mich mehr als mein Kollege aus Deutschland. Das finde ich tragisch. Die Leute denken plötzlich: Der Franzose infiziert mich, der ist böse. Dabei wohnen wir hier nicht mal 10 Meter auseinander.«

Leidingen ist bekannt für seine außergewöhnliche Grenze und für seine symbolischen Monumente – die Grenzblickfenster (siehe Abbildung 1, nächste Seite). Es sind alte Industriefenster, die Wolfgang Schmitt vor 10 Jahren besorgt hat. Sie stammen aus einem stillgelegten Eisenwerk der Dillinger Hütte. Eins steht auf der französischen Seite, eins auf der deutschen. Man kann durch diese Fenster ins jeweils andere Land gucken. Auf den Fenstern steht das Gedicht des Regionalpoeten Josef Gulden. Verfasst im Dialekt der Region, den sie auf beiden Seiten verstehen. »Europa ist ein dünnes Eis«, steht dort, »wenn man da zu fest drauf tritt, dann bricht man ein«. Wolfgang Schmitt mag die Fenster, auch wenn sie schon ein bisschen verblichen sind. »Eigentlich nimmt das Gedicht die Corona-Krise vorweg«, sagt er. Denn für Europa sind die Bilder der Grenzbarrieren in seiner Region eine Katastrophe, findet er.

EIN TRAURIGER EUROPATAG

Lustlos baumelt die Europaflagge in Leidingen an diesem 9. Mai an ihrem Mast. Barthélémy Lemal hat sie auf Halbmast gesetzt. Normalerweise ist dieser Europatag ein Festtag, gerade hier. In diesem Jahr ist ihm nicht nach Feiern zumute. Es ist sein letzter Europatag als Ortsvorsteher, er wurde bei den Kommunalwahlen abgewählt. Und jetzt verbringt er die letzten Wochen seiner Amtszeit damit, eine nie dagewesene Grenzkrise im Dorf zu regeln und Schaden zu begrenzen. »Europa macht seinen Job nicht!«, schimpft er, »es wäre an Europa gewesen, den Deutschen zu sa-

Abbildung 1 Leidingen und die Grenzblickfenster (Quelle: Aufnahmen David Carteron 2020)

gen: Nicht Grenze zumachen, sondern zusammen arbeiten! Das Saarland hätte mit der Region Grand Est zusammen arbeiten müssen. Dann hätte man einen Plan B entwickeln können. Man muss gemeinsam arbeiten, gemeinsam handeln, dann kriegt man auch diese Populisten weg! Schauen sie mal, hier bei uns. Wir sind ein Dorf mit zwei Nationalitäten. Und das trennt man von heute auf morgen, das ist 'ne Katastrophe!!!«

Wolfgang Schmitt steht neben ihm, auf der deutschen Seite der Straße. Es regnet. Fieser, feiner Nieselregen. »70 Jahre Europatag! Eigentlich Grund zur Freude. Aber für Europa ist heute ein grauer Tag, der zum Wetter passt. Ich glaube, dass diese Schrammen bleiben. Diese Kontrollen, dass Pendler Umwege fahren müssen, da wo man dachte, wir sind ein Europa. Sicher, die Regeln werden langsam etwas lockerer. Aber man kann jetzt nicht sagen ›das war nur Spaß. Wir haben mal ein bisschen Sicherheit geübt‹. Darauf kann man sich nicht berufen. Diese Krise, die wir haben, ist 'ne Krise in der Beziehung zwischen beiden Nationen. Das wird auch in den Geschichtsbüchern stehen.«

Im Moment steht in den Geschichtsbüchern: 9. Mai, Europatag. Es ist der Tag, an dem Robert Schuman, der ehemalige französische Außenminister, seine berühmte Rede hielt. Sie war die Grundlage für die Entstehung der Montanunion – ein Meilenstein für die Gründung Europas.

Schuman war ein Kind der Grenzregion. Er hatte das Potential des Saarlandes und Lothringens erkannt. Kohle auf der einen, besondere Erze auf der anderen Seite – die Hütten qualmten, die Gruben förderten Tonnenweise schwarzes Gold nach oben. Das war grenzübergreifendes Potential, das es nach dem Krieg zu nutzen galt. Sein Plan, der heute als Geburtsstunde Europas gefeiert wird, fußte auf der Zusammenarbeit beider Länder. Er wollte eine wirtschaftliche Grundlage für den Frieden in Europa schaffen und weitere Kriege durch diese wechselseitige ökonomische Verbindung langfristig verhindern. In diesem Jahr feiert die Europarede ihren 70. Geburtstag. Europatag in Zeiten von Corona: Alle deutsch-französischen Feiern in der Region wurden abgesagt.

Leidingen liegt mittendrin in diesem Europa. Unzählige Male hat sich die Grenze hier verschoben. Das Dorf ist zu einem Symbol der deutsch-französischen Freundschaft im Herzen Europas geworden. Und jetzt? Ist Europa außer Kraft gesetzt. Auch das Schengener Abkommen wollte man in diesem Jahr feiern, 35 Jahre immerhin – doch im Moment gilt es nicht mehr.

Wolfgang Schmitt und Barthélémy Lemal sind auf ihre Art und Weise ebenfalls ein Symbol für das, was Schumans Plan verändert hat. Beide haben früher gemeinsam in der Dillinger Hütte gearbeitet. Sie waren Kollegen in diesem enormen Stahlwerk, Beobachter und Teil des Niedergangs der Montanindustrie. Sie sahen, wie die Völklinger Hütte schließen musste, wie Lothringen eine Kohlegrube nach der anderen schloss. »Die Kohlegruben, die Stahlindustrie direkt nach dem Krieg – das waren die zwei Branchen, die zusammen arbeiten mussten«, sagt Lemal, »durch diese Zusammenarbeit hat sich eine richtige Freundschaft entwickelt. Das ging eben nur zusammen.«

»Genau! Weil wir Kollegen waren«, ergänzt Wolfgang Schmitt. Wenn die Franzosen nur in Frankreich gearbeitet hätten, die Deutschen in Deutschland, dann hätte es da gar keine Berührungspunkte gegeben. Aber in unseren Dörfern arbeiten immer noch viele auf der französischen Seite, wie auf der deutschen. Auch heute in der Stahlindustrie. Und deshalb sind wir Kollegen. Und wenn ich Kollege sage, dann mag ich jemanden. Da ist Sympathie. Und das muss unbedingt weiter gehen an der Saar. Unbedingt!!!« Es ist, als ob Wolfgang Schmitt Ausrufezeichen mitspricht. In diesem Fall waren es viele.

Jetzt stehen sie da, jeder auf seiner Straßenseite, und merken, dass dieses starke Europa, an das sie immer geglaubt hatten, durch das Virus einen Schwächeanfall bekam.

VONEINANDER GETRENNT – GEMEINSAM ABGEHÄNGT

Dass die wirtschaftlichen Folgen der COVID-Krise für die Region erheblich sein würden, war von Anfang an klar. Schon während der Ausgangsbeschränkungen häuften sich die Hiobsbotschaften. Daimler gab bekannt, dass man sich vom SMART-Werk im lothringischen Hambach trennen wird, einst ein deutsch-französisches Vorzeige-Projekt. Jetzt steigt eine chinesische Firma ein. Die Gusswerke Saarbrücken, ehemals »Halberg-Guss« machen endgültig dicht, fast 40 % der Mitarbeiter*innen waren Grenzgänger*innen aus Frankreich. Corona hatte dem krisenbehafteten Betrieb den Rest gegeben. Ford Saarlouis, Bosch, ZF – alle kündigen Sparpläne und Personalreduzierungen an. Auch bei der Dillinger Hütte ist die Stimmung schlecht. Die Stahlbranche ist in der Krise, mitten im Transformationsprozess – Zukunft ungewiss. In all diesen Betrieben arbeiten zahlreiche Mitarbeiter*innen aus Lothringen. Auch die Krise der Industrie ist grenzübergreifend.

Im Saarland und in Lothringen bleibt der Strukturwandel die ökonomische Herausforderung der Zukunft. Der Osten Frankreichs ist nach dem Wegfall der Schwerindustrie zu einer der ärmsten Regionen des Landes geworden. Das Saarland hatte durch seinen späten Beitritt zur Bundesrepublik Deutschland damals den Anschluss an die Wirtschaftswunderzeit verpasst. Wenig später schlitterte es in den wirtschaftlichen Abstieg, als Kohle und Stahl zu Problembranchen wurden. Gelegentlich wird es als »Osten des Westens« bezeichnet. Beide Regionen gelten in ihren jeweiligen Nationalstaaten als ziemlich abgehängt.

Dabei konnten beide mit ihren durchlässigen Grenzen und der Nähe zu Luxemburg ein beachtliches Potential entwickeln. Der grenzübergreifende Arbeitsmarkt ist ein großer Wirtschaftsfaktor für beide Seiten. Gründerzentren, grenzübergreifende Programme im Bereich der Medizinversorgung, deutsch-französische Arbeitsvermittlung, gemeinsame Projekte im Bereich der künstlichen Intelligenz, eine ausgeprägte deutsch-französische Expertise. Der Austausch wird vor Ort gelebt, in Berlin und Paris aber nicht so deutlich wahrgenommen. Zu selbstverständlich vielleicht. Deshalb machten die beiden Regionen wenig Schlagzeilen. Bis zu diesem März 2020. Da schickten die überregionalen Medien ihre Reporter*innen an die deutsch-französische Grenze, um geschlossene Brücken und Grenzstreitigkeiten zu dokumentieren.

Die Grenzschließung hat bewusst gemacht, dass hier zwar nicht mehr das Herz der Montanunion, dafür aber das Herz der deutsch-französischen Beziehungen schlägt. Und dass die Situation im Grenzgebiet gravierende diplomatische Konsequenzen hat.

Die zu dieser Zeit amtierende Europastaatssekretärin Amélie de Montchalin kam zu ihrem ersten Auswärtstermin nach dem Confinement in die Grenzregion. Sie traf französische Polizist*innen, den Abgeordneten Christophe Arend, Grenzbürgermeister. »Paris hat verstanden«, sollte die Botschaft sein. »Mir ist aufgefallen, dass das hier sehr kompliziert war. Unser Ziel muss jetzt sein, dass so etwas nie wieder vorkommt. Eine überraschende Grenzschließung quasi über Nacht, das ist wirklich nicht das, was wir wollen. Wir haben sehr wohl verstanden, dass wir in Zukunft anders reagieren müssen, sollte es noch einmal eine ähnliche Situation geben.« Diesen Satz sagte sie direkt an der Brücke von Petite-Roselle und Großrosseln. Dann ging es weiter nach Saarbrücken in die Staatskanzlei zu Ministerpräsident Tobias Hans. Sie dankte ihm für die Aufnahme französischer Patient*innen. Er beschwor den großen Zusammenhalt der Region. »Ich finde, dass das ein Modell sein könnte, für andere Großregionen in Europa«, sagte Hans. »Wir sind das Modell für gelebte Zusammenarbeit. Für bestehende, intakte Netzwerke, über alte Grenzen hinweg. Und wir können auch das Modell sein, eine gemeinsame Bekämpfungsstrategie für die Pandemie an den Tag zu legen.«

ALLES WIEDER NORMAL?

Am 15. Juni war es soweit. Auf den Brücken und Grenzübergängen traf man sich, um zu feiern, die virusbedingte Trennung hatte endlich ein Ende. Vorurteile bleiben. »In meinem Freundeskreis haben Franzosen dazu aufgerufen, Deutschland zu boykottieren. Nicht mehr dort einzukaufen«, berichtet ein Mann auf der Brücke der Freundschaft zwischen Grosbliederstroff und Kleinblittersdorf. »Da hat man in wenigen Wochen kaputt gemacht, was man in Jahrzehnten zuvor aufgebaut hat«. Daneben ein junger Mann: »Das kriegen wir wieder hin! Ich bin froh, dass ich endlich meine Freunde wieder treffen kann. Das darf keine Spuren hinterlassen!« Das gelebte Europa nicht leben zu können, hatte von einem Tag auf den anderen vor allem eins deutlich gemacht: Die Großregion ist attraktiv, weil die offene Grenze es ihr erlaubt, wirklich eine Großregion zu sein. Ein europäischer Wirtschafts- und ein Lebensraum.

Arbeiten, Leben, Freunde treffen – egal in welchem Land man sich gerade befindet, ist ein Privileg, dass es so nur in Grenzregionen mit offenen bzw. passierbaren Grenzen gibt. Die Nachbarländer sind fester Bestandteil des Alltags, der Horizont ist auf natürliche Weise erweitert. Ohne die Verbindung zu Lothringen wäre das Saarland so, wie es viele Menschen wahrnehmen, die es nicht kennen: Ein sehr kleines Bundesland am Rande der Republik, das Strukturwandel-Probleme hat. Dessen Städte mit all ihren Bergbaunarben objektiv nicht schön sind. Die Öffnung nach außen aber schafft eine Attraktivität, die weit über das optische hinaus geht.

Das gleiche gilt für Lothringen. Der landschaftlich reizvolle, aber ökonomisch abgehängte Landstrich wurde durch die Gebietsreform in Frankreich in die Riesenregion Grand Est integriert. Das ist insofern problematisch, da zu Grand Est auch das Elsass und die Champagne gehören. Beide reich und schön und damit wahrnehmbar, auch in Paris. Mit seiner Bergbauvergangenheit und der vergleichsweise hohen Arbeitslosenquote fällt Lothringen daneben automatisch ab. Es ist die durchlässige Grenze nach Deutschland und Luxemburg, die die Attraktivität schafft.

An einem normalen Samstag in der Saarbrücker Innenstadt wird mindestens soviel Französisch wie Deutsch gesprochen. Die Franzosen beleben wiederum den saarländischen Einzelhandel. Die direkten Zugverbindung Saarbrücken–Paris in 1 h 50 ist ein wichtiger Standortfaktor. All das stärkt die Rolle der Region als Brücke zwischen Frankreich und Deutschland. All das wurde plötzlich in Frage gestellt.

NEUE WELLE, NEUER ALLTAG

Während der ersten COVID-Welle zählte das Saarland zu den am wenigsten betroffenen Regionen. Im Oktober war das plötzlich anders. Das Saarland war flächendeckend Risikozone.

Den grenzübergreifenden Pandemie-Plan gibt es im Herbst noch nicht, aber es wird daran gearbeitet. Mit Big Data und Künstlicher Intelligenz will man in Zukunft Infektionsketten länderübergreifend nachverfolgen. Deutsche und französische Expert*innen arbeiten dran.

Gleichzeitig gibt es neue Grenzgänger-Probleme. Franzosen, die in Deutschland in Kurzarbeit geschickt wurden, müssen ihr Kurzarbeitergeld doppelt besteuern – nach einer Lösung wird gesucht.

Inzwischen sind französische Patient*innen der zweiten COVID-Welle in deutschen Krankenhäusern aufgenommen worden. Die zweite Welle ist in ganz Europa angekommen. Trotzdem bleibt die deutsch-französische Grenze dieses Mal offen. Auf Landes- und Bundesebene wurde beinahe mantra-artig wiederholt: Es wird keine Grenzschließungen geben – so als würde es wahrer, je häufiger man es sagt.

WIE ES WEITER GING

Mickael Biever könnte seine Frau nun wieder ohne Probleme zur Arbeit fahren. Aber am 15. Juni, Tag der Grenzöffnung, hat sie ihren Job verloren. »Ich vermute, das hat wirtschaftliche Gründe«, sagt sie. »Die Grenze war zu, da kam weniger Geld rein – nachvollziehbar. Ich bereue es trotzdem nicht, dass ich für die Grenzöffnung zwischen unseren Städten gekämpft habe.« Im Fall von Mickael Biever hatte die Polizei Ermittlungen wegen Beleidigung eingeleitet und dann wieder eingestellt. Biever wollte nicht, dass der Zwischenfall weiter Wellen schlägt. »Natürlich gab es Fehler. Auf beiden Seiten der Grenze«, sagt er nachdenklich, »dazu müssen sie jetzt in beiden Ländern stehen. Ich glaube, dass die Franzosen jetzt erst mal nicht so gerne nach Deutschland kommen. Das bleibt eine offene Wunde. Aber langfristig wird das wieder gut. Das MUSS wieder gut werden. Wenn Deutsche und Franzosen sich nicht verstehen, dann brauchen wir ja kein Europa mehr.«

Das deutsch-französische Dorf Leidingen hat seit Juni eine neue Ortsvorsteherin. Barthélémy Lémal ist in Rente. Seine Nachfolgerin Astrid Lemarchand hat sich schon mit ihrem deutschen Amtskollegen Wolfgang Schmitt getroffen. Sie haben festgestellt, dass ihre Mütter aus demselben Dorf stammen. Ihr erstes gemeinsames Projekt wird die Renovierung der Grenzblick-Fenster sein – sobald die COVID-Lage es erlaubt.

Vincent Kosnieczny, der COVID-Patient aus Frankreich wurde Mitte November aus der Homburger Uniklinik entlassen. Nach acht Monaten und einem Tag. Er hat 30 Kilo abgenommen, seine Lunge funktioniert nur noch zu einem Drittel. Aber er hat überlebt. »Ich bin Deutschland und meinen deutschen Ärzten hier unendlich dankbar, merci für alles!«, sagt er, dann fährt er mit seiner Frau nach Hause. Nach Saint-Avold in Lothringen, oder besser: in der Großregion. Für ihn war die Grenze offen, trotz aller Probleme. Das hat ihm das Leben gerettet.

Susanne Freitag-Carteron leitet das ZDF-Studio in Saarbrücken. Sie berichtet von dort über das Saarland und über die Grenzregion. Vorher war sie 15 Jahre lang Korrespondentin im ZDF Studio Paris. Die deutsch-französischen Beziehungen haben in ihrer Arbeit immer eine große Rolle gespielt. Sie hat mit ihrem Team ausführlich über die Grenzschließungen und ihre Folgen für die Menschen in der Großregion berichtet – vor, während und nach der Grenzschließung. Susanne Freitag-Carteron wurde im Grenzgebiet zu den Niederlanden geboren und studierte Politikwissenschaft und Germanistik. Heute lebt sie mit ihrer deutsch-französischen Familie als Grenzgängerin in Lothringen.

FREUNDSCHAFT MIT HINDERNISSEN

Hélène Maillasson (Saarbrücker Zeitung)

Résumé Un homme qui lance sa canne à pêche pour récupérer sa baguette de l'autre côté d'un barrage : c'est une scène digne d'une comédie qui s'est pourtant réellement produite au printemps 2020 à la frontière entre Lauterbach en Sarre et Carling en Lorraine et qui restera en mémoire comme un symbole de cette période. En effet, 35 ans après la signature de l'accord de Schengen, les contrôles et la fermeture de certains postes frontières étaient de nouveau d'actualité alors qu'on pensait qu'ils appartenaient à une époque révolue depuis bien longtemps. L'article d'Hélène Maillasson décrit à l'aide d'exemples concrets l'impact symbolique de ce retour temporaire des frontières ainsi que les tensions politiques qu'il entraîna et ses conséquences sur la population transfrontalière déconcertée par cette situation inédite. Ce sont les travailleurs frontaliers qui furent le plus touchés alors que du jour au lendemain ils se retrouvèrent confrontés à des détours conséquents et aux embouteillages provoqués par les contrôles systématiques. Du côté allemand, la méfiance grandissante vis-à-vis « des Français » culmina en un ressentiment se traduisant par des discriminations concrètes pour lesquelles la vice-ministre-présidente de Sarre s'excusera publiquement auprès des voisins lorrains. Sur le plan politique, cette période est traversée par des incompréhensions et des ratés dans la communication : les Français se sentent mis devant le fait accompli lorsque les Allemands rétablissent les premiers contrôles de manière unilatérale. Du côté sarrois, on argumente que c'est le gouvernement fédéral qui est en charge des contrôles aux frontières, ce qui cependant ne convainc pas tous les interlocuteurs français. Il faudra attendre mi-juin pour pouvoir à nouveau traverser la frontière sans motif dûment justifié. Vus de Paris ou Berlin, les problèmes concrets entraînés par ces contrôles dans le quotidien du bassin de population transfrontalier semblent bien loin. Cependant, les leçons de cet épisode semblent avoir été au moins partiellement tirées par les politiques régionaux qui n'ont eu de cesse de répéter dès le début de la deuxième vague qu'ils ne comptaient pas recourir de nouveau aux contrôles systématiques. Reste à savoir quelles seront les conséquences de la crise économique qui fera suite à la crise sanitaire sur le vivre-ensemble à la frontière sarro-lorraine.

DER BAGUETTE-ANGLER VON LAUTERBACH

Es ist eine skurrile Szene, die nicht nur an der deutsch-französischen Grenze (Abbildung 1), sondern auch von Nizza bis Hamburg für Erstaunen sorgte: Sie zeigt Hartmut Fey aus Lauterbach (Ortsteil der saarländischen Stadt Völklingen), der sich sein Baguette im französischen Carling über die Absperrungen angelte[1]. Dass sich solche Szenen – pünktlich zum 35. Geburtstag des Schengener Abkommens – an der Grenze zwischen Lothringen und dem Saarland abspielen, das hätte sich bisher keiner ausmalen können. Doch dann kam mit der Corona-Pandemie die bisher größte gesundheitliche Notlage dieses Jahrhunderts dazwischen. Und es zeigte sich, wie schnell eine Grenze, die man für überwunden hielt, doch wieder da ist.

Abbildung 1 Die geschlossene Grenze zwischen Lauterbach und Carling im Frühjahr 2020. Quelle: Aufnahme Marco Kany 2020.

SYMBOLISCHE WIRKUNG

Sowohl mit dem Konzept als auch mit der Realität der Grenze haben die Menschen im Saarland und in Lothringen in der Vergangenheit ihre Erfahrungen gemacht. Über die romantisierten Vorstellungen und Anekdoten um geschmuggelten Tabak und Wein über »die grüne Grenze« hinweg gehörte sie einfach jahrzehntelang zum Alltag der Bevölkerung. Als plötzlich von deutscher Seite die Kontrollen im März 2020 wieder aufgenommen wurden und die Absperrbänder über geschlossenen Übergängen hingen, waren diejenigen, die noch mit der Grenze gelebt hatten, verdutzt und verärgert. Die größte symbolische Wirkung zeigte dieser Schritt aber auf der französischen Seite und bei der jüngeren Generation. Wer nach 1985 in der Grenzregion geboren ist, kennt die »Grenz«-Geschichten von der Kaffeerunde beim Opa oder sogar manchmal nur aus den Geschichtsbüchern. Diese Generationen haben ihr Leben auf dem Grundsatz der Freizügigkeit zwischen beiden Ländern – Deutschland und Frankreich – aufgebaut. Nicht alle erlebten durch die Grenzschließung einen tatsächlichen Nachteil in ihrem Alltag. Egal wie schön der Einkaufsbummel in Saarbrücken am Samstagnachmittag oder umgekehrt der Ausflug nach Metz zum Centre Pompidou sind, darauf zu verzichten ist im Alltag einfacher als auf den kürzesten Weg zum Arbeitsplatz. Dass Grenzpendler*innen aber die Möglichkeit weggenommen wurde, sich frei über die Landesgrenzen hinauszubewegen, war für viele ein Schock, denn sie kennen es nicht anders. Befremdlich wirkte auf sie das Bild von bewaffneten Bundespolizist*innen, die in jedem Wagen die Passagiere nach ihrem Reisegrund kontrollieren oder Autoreifen mit Kreide markieren. Dabei kennt auch diese Generation solche Szenen aus der jüngsten Vergangenheit. Und zwar aus dem Jahr 2015, als in der Terror-Nacht von Paris und in den darauf folgenden Tagen saarländische und lothringische Polizist*innen gemeinsam an der Goldenen Bremm standen, um den Grenzübergang zu kontrollieren[2]. Dass die damals erzeugte symbolische Wirkung eine ganz andere war, zeigt, wie wichtig der Kontext bei der Einführung von Grenzkontrollen ist. In beiden Fällen waren sie das Resultat eines Schutzreflexes: 2015 vor Terroristen, 2020 vor einem Virus. Während die Kontrollen vor fünf Jahren auf hohe Akzeptanz stießen und ein Gefühl der Sicherheit bei der Bevölkerung erzeugten (»Wir gemeinsam gegen den Terror«), erweckten sie 2020 vor allem Misstrauen (»das Saarland schützt sich vor den Franzosen, die das Virus über die Grenze bringen«).

POLITISCHE SPANNUNG

Mit dem Abflachen der ersten Corona-Welle wurden Mitte Juni die Grenzkontrollen zwischen beiden Ländern aufgehoben. Damit ging eine dreimonatige, bisher einmalige Zerreißprobe der guten nachbarlichen Beziehungen an der Grenze zwischen dem Saarland und Lothringen zu Ende. Auch auf politischer Ebene ließ die Spannung wieder etwas nach. Denn nicht nur die Bürger*innen, sondern auch viele Mandatsträger*innen hatten auf französischer Seite kein Verständnis für diesen Zustand. Zwar betonten die deutschen Behörden immer wieder, die Grenze sei nicht geschlossen, sondern Grenzkontrollen seien lediglich wieder vorläufig eingeführt worden. De facto war die unsichtbare Grenze doch zu. Nur mit einem triftigen Grund durfte sie überquert werden. Da sie von den deutschen Nachbar*innen im besten Fall lediglich über diese Kontrollen informiert wurde, fühlte sich die französische Seite vor den Kopf gestoßen. Nicht nur Bürgermeister*innen, die sich noch dazu im März im Kommunalwahl-Endspurt befanden, waren davon kalt erwischt worden, kritisierten die Schließung. Noch bevor die Grenze tatsächlich Mitte März nur noch mit einem triftigen Grund passierbar war, erzählte die damalige französische Generalkonsulin im Saarland, Catherine Robinet, Anfang März in einem Interview mit dem Saarländischen Rundfunk, dass sie erst über genervte Anrufe von Landsleuten davon erfahren hatte, dass sich Einreisende aus Lothringen plötzlich an der Goldenen Bremm einer Kontrolle und Fiebermessung unterziehen sollten[3]. Die Argumentation auf saarländischer Seite, dass die Anweisung zu Grenzkontrollen aus Berlin kam, wurde vielerorts mit Skepsis aufgenommen. Denn zur gleichen Zeit blieb zum Beispiel die Grenze zwischen Nordrhein-Westfalen und den Niederlanden oder sogar Belgien, wo die Corona-Zahlen ebenso hoch waren, offen. Dies lässt sich so interpretieren, dass sich das Saarland im März selbst für die Wiedereinführung der Kontrollen an der lothringischen Grenze einsetzte oder sich zumindest nicht vehement dagegen wehrte. Zum Zeitpunkt der Grenzschließung lagen die Zahlen der Corona-Infektionen in der Nachbarregion Grand Est zwar viel höher als im Saarland, doch in Frankreich war die Regierung kurz davor, eine Ausgangssperre mit strengen Auflagen zu verhängen. Somit waren bereits einige Tage nach der Wiedereinführung der Grenzkontrollen die Auflagen auf der lothringischen Seite viel drastischer als auf der saarländischen Seite. Doch je länger die Kontrollen andauerten, kam auch die Einsicht darüber, dass der Schaden, den die Grenzschließung als politische Verstimmung verursacht hatte, vielleicht größer sein könnte als das zuerst von weiten Teilen der saarländischen Bevölkerung begrüßte schnelle Handeln. Bereits einige Wochen vor der Wiedereröffnung hatte sich der Konsens durchgesetzt, dass Grenzschließungen keine geeignete Lösung in dieser Krise waren. In der saarländischen Politik bemühte man sich um Schadensbegrenzung. Wirtschaftsministerin Anke Rehlinger (SPD) entschuldigte sich bei den Nachbarn für Beleidigungen, die ihnen widerfuhren[4]. Ihr Parteikollege Bundesaußenminister Heiko Maas, der aus dem Landkreis Saarlouis kommt, verurteilte das aggressive Verhalten gegenüber Franzosen. Sogar Saarlands Innenminister Klaus Bouillon (CDU), der nie müde wurde, die Grenzschließungen zu verteidigen, teilte auf Facebook mit, auch er lebe seit Jahrzehnten die deutsch-französische Freundschaft[5]. Rund zehn Tage nachdem die Schlagbäume wieder verschwunden waren, besuchte der saarländische Ministerpräsident Tobias Hans (CDU) den Präsidenten des Départements Moselle, Patrick Weiten, in Metz. Bei dieser Gelegenheit betitelte er das Geschehen als einen »Akt der Hilflosigkeit«, der sich nicht wiederholen solle[6]. Auf nationaler Ebene hingegen gab es bis zum Schluss weitere verpasste Chancen, zusammen zu handeln. Rund zwei Wochen, nachdem Deutschland die Kontrollen wiedereingeführt hatte, schloss Frankreich ebenso seine Grenze. Gleichermaßen verlängerte das Land einseitig die Einreisebeschränkungen bis Mitte Juni. Und sogar zum Zeitpunkt der Wiedereröffnung entging das Deutsch-Französische Tandem knapp einer Blamage, als tagelang nicht klar war, ob beide Länder ihre Grenze zur gleichen Zeit wieder eröffnen würden oder um einen Tag versetzt.

GESELLSCHAFTLICHE NACHWIRKUNG

Über Absichtserklärungen hinaus zeigte sich während dieser Zeit im Saarland tatsächlich ein großes Maß an Solidarität mit den Nachbarn, als die hiesigen Krankenhäuser lothringische COVID-19-Kranke aufnahmen. Französische Beatmungspatient*innen, die per Hubschrauber nach Homburg und Saarbrücken verlegt wurden, das sind Bilder für die Geschichtsbücher. Was vielleicht nicht in die Geschichte eingehen wird, ist die seltsame Stimmung, welche die Schlagbäume an der Grenze hinterlassen haben. Sie beruht auf den Erfahrungen einzelner, prägt aber viele. Da ist der französische Mitarbeiter, der seit Jahren bei einem Zulieferer der Automobil-Industrie beschäftigt ist und auf einmal sein Mittagessen nicht mehr in den gemeinsamen Kühlschrank stellen durfte. Die Krankenpflegerin, die über das ganze Jahr hinweg saarländische Patient*innen in einer Klinik versorgt und von einem Tag zum anderen eine halbe Stunde länger braucht, um zur Arbeit zu fahren, weil der Grenzübergang gesperrt ist. Der Leichenwagen, der für eine Einäscherung ins Saarland fahren sollte und an der Grenze abgewiesen wurde. Das sind die »bedauerlichen Einzelfälle«, wie die Politik sie nennt. Solche Erfahrungen sind Wasser auf die Mühlen nationalistischer Parteien, die im Osten Frankreichs sowieso relativ stark sind. Noch halten sie sich zurück. Doch das Argument, womit andere Parteien sie als Schreckgespenst darstellen – nämlich dass eine nationalistische Regierung die EU-Binnengrenzen schließen würde – werden sie spätestens zur nächsten Präsidentschaftswahl drehen und argumentieren: Deutschland hat bewiesen, dass es jederzeit seine Grenze schließen kann, also können wir es selbst auch machen. Bei enttäuschten Wähler*innen mit schlechten Erfahrungen in diesem Bereich könnten sie mit einem bestimmten Zuspruch rechnen.

Von Berlin und Paris aus gesehen ist die deutsch-französische Grenze weit weg. Wie sehr Lothringen und das Saarland miteinander verflochten und aufeinander angewiesen sind, lässt sich in den Hauptstädten kaum erahnen. Als im Saarland die ersten Geschäfte wieder öffnen durften, zeigte sich deutlich: Man vermisste die französischen Kund*innen, die in normalen Zeiten bis zu einem Drittel des Umsatzes beisteuern. Auch dass in den letzten drei Monaten Hunderte von Franzosen an der Grenze abgewiesen wurden, die im Saarland einkaufen wollten, hat einen Grund. Für viele einkommensschwache Familien aus Lothringen ist das Einkaufen in den deutschen Discountern und Drogeriemärkten, wo die Preise deutlich niedriger sind als in Frankreich, besonders wichtig. Von der schlechteren Lage auf dem Arbeitsmarkt in Lothringen profitieren auch saarländische Unternehmen. Nicht selten arbeiten Grenzgänger*innen im Gastgewerbe, als Reinigungskraft und in anderen Bereichen, in denen es zunehmend schwierig wird, heimisches Personal zu finden. Dass ausgerechnet diese Menschen als Gefahr angesehen wurden, gegen die man sich mit Absperrungen schützen muss, können viele nicht verstehen. In einer Umfrage der Regionalzeitung *Le Républicain Lorrain* bewerteten 74 Prozent der 1506 Befragten Deutschlands Verhalten als franzosenfeindlich[7]. Ob und wie lange dieses Gefühl nach der Wiedereröffnung der Grenze anhält, werden die nächsten Jahre zeigen. Eines ist jedoch sicher: Dagegen gibt es keinen Impfstoff.

Optimistisch hingegen kann das Klima im Herbst 2020 beim Einbruch der zweiten Corona-Welle stimmen. Auch als die Zahlen der Corona-Infektionen in Lothringen schneller als im Saarland anstiegen, äußerten sich die saarländischen Parteien geschlossen gegen Grenzschließungen – und dass, obwohl ein Teil der Wählerschaft diese Maßnahme nach wie vor für angebracht hält. Sehr früh signalisierte auch die saarländische Landesregierung die Bereitschaft, erneut französische COVID-19-Notpatient*innen aufzunehmen und setzte die Ankündigung auch in Taten um. Die Gesundheitsbehörden tauschen sich aus. Französische und deutsche Polizist*innen kontrollieren in gemeinsamen Streifen die Einhaltung der jeweiligen Corona-Regeln. Für die deutsch-französische Zusammenarbeit sind das ermutigende Zeichen. Doch auf die gesundheitliche Notlage werden eine wirtschaftliche Krise und eine Welle von Insolvenzen und Entlassungen folgen. Werden dann die Grenzgänger*innen als erste gehen müssen? Genau wie Politik und Gesellschaft von der ersten Welle der Corona-Pandemie überrollt wurden, kommen die ökonomischen Folgen jetzt mit Ansage. Damit der gesellschaftliche Zusammenhalt über die Grenze hinweg beibehalten wird und sich Lothringer*innen und Saarländer*innen durch die Corona-Krise nicht weiter entfremden, wird es auch hier darauf ankommen, dass sich die Nachbar*innen auf der anderen Seite der Grenze nicht als »Menschen zweiter Klasse« behandelt fühlen.

ANMERKUNGEN

1   Saarländischer Rundfunk (2020). Der Baguette-Angler von Lauterbach (25.05.2020). https://www.sr-mediathek.de/index.php?seite=7&id=88110. Zugegriffen: 16. November 2020.
2   Maillasson, H. (2015). Wie sich Pendler auf die Polizeikontrollen zwischen Lothringen und dem Saarland einstellen. https://www.saarbruecker-zeitung.de/saarland/blickzumnachbarn/frankreich/wie-sich-pendler-auf-die-polizeikontrollen-zwischen-lothringen-und-dem-saarland-einstellen_aid-1637579. Zugegriffen: 16. November 2020.
3   Huth, L. (2020). Grenzkontrollen und der Umgang mit Freundschaft. https://www.sr.de/sr/sr3/themen/politik_wirtschaft/grenzkontrollen_verletzte_gefuehle100.html. Zugegriffen: 16. November 2020.
4   Saarländischer Rundfunk (2020). Rehlinger: »Beschämende Auswüchse in der Grenzregion«. Zur Landespressekonferenz vom 08. April 2020: https://www.sr.de/sr/home/nachrichten/politik_wirtschaft/entschuldigung_uebergriffe_grenzgaenger_saarland_frankreich_100.html. Zugegriffen: 16. November 2020.
5   Facebook-Auftritt von Klaus Bouillon, Post vom 29. April 2020: https://www.facebook.com/1668862666766878/posts/2568469690139500/. Zugegriffen: 16. November 2020.

6   Bericht zum Besuch von Saar-Ministerpräsident Hans bei Patrick Weiten: Maillasson, H. (2020). Gemeinsam für die nächste Krise vorbereitet. https://www.saarbruecker-zeitung.de/saarland/blickzumnachbarn/tobias-hans-besucht-praesident-des-departements-moselle-patrick-weiten-in-metz_aid-51885899. Zugegriffen: 16. November 2020.

7   Umfrage des *Républicain Lorrain* zu Grenzschließungen (2020). Fermeture des frontières: l'attitude de l'Allemagne est-elle anti-française ? https://c.republicainlorrain.fr/edition-forbach/2020/05/05/fermeture-des-frontieres-l-attitude-de-l-allemagne-est-elle-anti-francaise. Zugegriffen: 16. November 2020.

Hélène Maillasson ist Redakteurin bei der Saarbrücker Zeitung. Aufgewachsen in Südfrankreich kam sie 2009 nach Deutschland, wo sie nach Abschluss eines trinationalen Masterstudiums zwischen Metz, Luxemburg und Saarbrücken zunächst freiberuflich als Übersetzerin und Journalistin tätig war. Seit 2015 gehört sie zum Reporter-Team der Saarbrücker Zeitung. Schwerpunkte ihrer Arbeit sind die politischen, wirtschaftlichen und gesellschaftlichen Entwicklungen in der Grenzregion Grand Est und in Luxemburg.

« LÀ, JE SUIS BLOQUÉE ! »

Stupéfaction face à la frontière fermée et l'appel à garder les frontières ouvertes dans le futur

Florian Weber (Université de la Sarre) échange avec Janine Loock (Union des Français de Sarre)

Zusammenfassung Janine Loock ist Präsidentin der Vereinigung Französischer Staatsbürger im Saarland, der »Union des Français de Sarre« (UFS), mit Sitz in der Villa Europa in Saarbrücken. Bevor sie sich mit ihrem Mann im Saarland niederließ, war sie als Handelsattaché für die französische Botschaft viel herumgekommen – so lagen unter anderem Köln, Prag und Bern auf ihrem Weg. Nun lenkt sie die Geschicke eines besonderen Vereins, der die einzigartige Entwicklung des Saarlandes im Wechselspiel zwischen Deutschland und Frankreich widerspiegelt und so auch die zentrale Bedeutung französischer Bevölkerung im Saarland zeigt. Für die über 200 Mitglieder und viele assoziierte Freunde wird an der Saar ein Band nach Frankreich gewoben – unter anderem mit verschiedensten Veranstaltungen, bei denen die französischen Traditionen mit Leben gefüllt werden. Das Gespräch mit Florian Weber zeigt, wie ungläubig Janine Loock zunächst die Kontrolle der deutsch-französischen Grenze im März 2020 im Zuge der Ausbreitung des Coronavirus aufnahm. War sie zu Beginn noch ein wenig beruhigt, dass sie einen Grenzübergang trotz Präsenz der Bundespolizei queren konnte, führten Bilder in den Medien vom verbarrikadierten Grenzübergang zwischen Petite Rosselle (Frankreich) und Großrosseln (Deutschland) zum absoluten Schock. Unmittelbar wurde ihr bewusst »Là, je suis bloquée« – da ist die Grenze wirklich geschlossen wie damals bei der Berliner Mauer. Auch wenn diese Erfahrung für Janine Loock sehr schmerzhaft ausfiel, ermutigte sie ihre Mitglieder, positiv zu denken – sie bemühte sich darum, die aufgeheizte Stimmung zu beruhigen, auch wenn Erfahrungen dies nicht gerade leicht machten. Junge Bundespolizist*innen, die keine Sensibilität für die besondere Lage in der so eng im Alltag zusammengewachsenen Grenzregion hatten, und Grenzübertritte untersagten, sind letztlich schwer vermittelbar. Die zentrale Lehre hieraus muss entsprechend sein: Nie wieder geschlossene Grenzen – »Plus de frontières!«

Florian Weber Vous êtes Présidente de l'Union des Français en Sarre. Une telle association montre directement le lien étroit entre la France et l'Allemagne, spécifiquement le Land de Sarre. Pour commencer, je voudrais vous demander de parler aux lecteurs des raisons pour la création de l'Union, de son développement, son fonctionnement.

Janine Loock L'Union des Français de Sarre (UFS) a une longue histoire. Officiellement, elle a été créée et enregistrée en 1962, mais auparavant il existait déjà un regroupement de Français qui se rencontraient régulièrement. En fait, vous savez bien qu'à l'époque où la Sarre était française, de nombreux groupes français y étaient implantés. Et je pense que de là est née cette Union des Français de Sarre qui est assez spécifique, puisqu'elle n'a jamais été intégrée pleinement à l'Union des Français de l'Étranger. Elle est affiliée, mais sans être une représentation directe. Ce qui fait qu'elle dispose d'un statut particulier. Elle se définit autour de quatre valeurs essentielles : l'accueil, l'entraide, la convivialité et le rayonnement. Elle coopère étroitement avec le Consulat général de France et lui apporte son soutien dans de nombreuses actions.

Au fil du temps, l'association s'est rajeunie parce qu'une association qui reste sur ses acquis se sclérose. En tout cas, actuellement, il est intéressant de noter que c'est une Union qui depuis quelques années a recruté des membres nettement plus jeunes que la moyenne et a réussi d'une certaine manière à se rajeunir. Nous savons bien que les jeunes gens qui arrivent nouvellement en Sarre n'ont pas besoin d'intégrer une association. Ils se rencontrent au travers des réseaux sociaux et trouvent rapidement des contacts. Il est donc assez difficile de les attirer, mais dû à l'enthousiasme de ma jeune assistante, nous avons réussi à attirer quelques jeunes membres. Grâce à elle notre communauté a pu trouver un nouvel essor. Il me semble effectivement primordial que ce soit une personne jeune qui puisse jouer ce rôle de relais.

L'UFS peut tabler sur un important groupe de membres fidèles – au total plus de 200 membres inscrits auxquels se rajoute un important groupe d'amis qui est également destinataire de nos communiqués. Lorsque qu'une conférence intéressante est inscrite au programme, certains « amis » participent sans pour autant qu'une adhésion leur soit imposée.

Florian Weber Et quelles activités est-ce que vous organisez ?

Janine Loock Nos activités comportent au minimum une manifestation (conférence, film, présentation, dégustation) ou visite par mois ainsi qu'un voyage à l'étranger chaque automne. Je tiens à souligner que nous entretenons nos traditions : ainsi en janvier, lors de l'Epiphanie, nous dégustons la galette des rois, au mois de février, à la Chandeleur, nous faisons sauter les crêpes. Ces fêtes attirent toujours un large public parmi lequel de jeunes enfants et adolescents. Là, il y a un brassage de générations qui se fait.

L'Union des Français est une association active. Et même pendant le confinement et ces mois de retrait sanitaire, il me semblait primordial de maintenir un lien et soigner nos relations. Régulièrement des communiqués informent les membres sur l'état des lieux, et portent sur divers sujets tant culturels, politiques ou administratifs. Il me parait essentiel de garder le contact, de donner de l'optimisme dans cette période de grande morosité.

Toutes les manifestations prévues à partir de mars ont dû être annulées. De même le fameux traditionnel Bal populaire du 14 juillet n'a pas eu lieu cette année. Par contre nous avons organisé une fête le 14 juillet à l'occasion du départ de la Consule Générale, Catherine Robinet, et avons pu réunir près de 50 personnes ici sur les terrasses de la Villa Europa. Pour nos membres, c'était la première fois qu'ils se retrouvaient depuis le début de la pandémie et ce fut une belle occasion de fêter – « fêter » entre guillemets en suivant à la lettre les contraintes sanitaires en vigueur.

Nous organisons certes des évènements « normaux », mais aussi des sorties exceptionnelles, telles que visites du Sénat ou du siège de la Banque de France à Paris.

Florian Weber Dans une interview avec la Saarbrücker Zeitung, il y a déjà quelques années, j'ai lu que vous êtes arrivée en Sarre au début des années 2010. Comment est-ce que vous percevez la région si proche de la France depuis ?

Janine Loock En fait, j'ai un mari sarrois, donc les choses sont plus faciles pour moi. C'est la raison pour laquelle je suis revenue en Sarre parce qu'auparavant j'étais Attachée commerciale dans les Services commerciaux auprès de l'Ambassade, j'étais à Cologne, à Prague, à Berne et suis revenue en Sarre où se trouve une maison familiale, mais aussi la résidence de ma fille et sa famille. Je me voyais nous installer plus tard à Montpellier. Mais très vite après une rencontre avec Claude Villeroy de Galhau qui a assuré la présidence de l'UFS pendant 16 ans, je suis revenue dans le circuit et me suis vu proposer la direction de l'association. Ce que je n'ai pas pu refuser, car après une vie professionnelle très active je n'aspirais qu'à de nouveaux challenges. J'avais vécu une longue période professionnelle en Sarre où j'ai débuté ma carrière. Je revenais en terre connue. Partie pendant près de 20 ans, j'ai très vite retrouvé le cadre sarrois que je connaissais bien. Je m'occupe à plein temps de notre association et je dois dire que j'éprouve beaucoup de plaisir à la diriger.

Florian Weber 35 ans après l'accord de Schengen, c'est devenu tout à fait normal de passer les frontières sans contrôles. La crise de la COVID-19 a fortement attaqué cette certitude. Comment avez-vous vécu cette phase radicale surtout depuis mars 2020 ?

Janine Loock Le premier jour dès le matin, c'était l'incrédulité et la stupéfaction. Dans la journée et pour m'en assurer, j'étais allée du côté de Überherrn, où j'ai constaté un simple contrôle effectué par deux jeunes policiers et une voiture de police au travers de la route. Je leur ai dit que je voulais voir si la frontière était ouverte. Et ils m'ont laissé passer sans problème, ce qui m'a rassurée. Quelle ne fut pas ma surprise de voir le surlendemain, une photo dans la presse montrant les solides barrières installées entre Petite-Rosselle et Großrosseln. Et là, je dois vous avouer avoir été très choquée !

J'ai immédiatement fait le lien avec le mur de Berlin. Vraiment, c'était une situation que je n'avais jamais vécue, parce qu'à l'époque des frontières entre la France et l'Allemagne existaient certes des contrôles douaniers, mais on passait d'un pays à l'autre. A présent c'était une frontière hermétiquement fermée. Alors que les habitants de Petite-Rosselle où les magasins de détail ont disparu, viennent régulièrement s'achalander à quelques centaines de mètres en Allemagne, cette situation a été durement ressentie. Ce n'était pas le fait des frontières, mais le fait de ne plus pouvoir les traverser. On était retenus.

Se dire « Là, je suis bloquée ! » Moralement cela a été très dur. Bien sûr il y a eu le confinement qui obligeait chacun de rester chez soi, mais il y avait un ressenti d'enfermé ... je crois que c'est ce qui a été très difficilement vécu. J'avoue que je n'en ai pas parlé publiquement, j'ai évité dans mes communiqués aux membres d'épiloguer sur ce sujet sensible parce que je trouve qu'on est très bien accueilli en Sarre, donc ce n'était pas à moi de diffuser une communication pour dire « voilà, ce qui nous arrive ». Au contraire les messages portaient surtout sur : « Faites attention, préservez-vous ! Prenez les précautions nécessaires ! » Je relayais les nouvelles du ministère sarrois des Affaires européennes que je remercie au passage pour son soutien fort pour l'ouverture des frontières.

Il ne s'agissait pas d'en rajouter, aussi mes communiqués étaient pragmatiques et optimistes. J'ai enregistré quelques mails critiques, mais ce n'étaient que quelques rares messages et j'ai essayé de calmer les esprits. J'ai eu des demandes de personnes qui souhaitaient rejoindre leur maison de campagne et je leur expliquais que ce n'était pas possible parce qu'ils ne pouvaient pas avoir plus de droits que les Français en France qui étaient en confinement strict. Bien sûr, il y a toujours des côtés négatifs qui se font sentir et qui sont relatés dans la presse et ailleurs. Le fait que les autorités françaises aient été informées après la fermeture a certainement causé des dégâts au niveau politique. Mais les politiques sont des gens intelligents, ils discutent entre eux. On parle de ces choses qui ont fait mal, mais entre amis. Ça se passe très bien à ce niveau-là parce qu'on a l'habitude de discuter.

Florian Weber   Pourquoi y a-t-il eu ces tensions et ces situations qui ont été vécues difficilement ?

Janine Loock   Une des raisons est sans doute due au fait que certains de ces jeunes policiers de la police fédérale, la « Bundespolizei », n'avaient pas la sensibilité nécessaire pour ces populations qui vivent de part et d'autre de la frontière et qui sont amies. Dans certains villages la frontière est dans la rue ! Donc, ça a fait très mal. Il y a eu des situations invraisemblables. Je me rappelle le désarroi d'un vieux monsieur français qui voulait chercher sa femme dans un hôpital en Sarre, or le passage en Sarre lui a été refusé. C'était incompréhensible ! Il y a eu des cas comme cela, des situations qui paraissaient grotesques pour les frontaliers. Aussi ces choses là remontent et font mal. Pour ma part, je reste optimiste. Les gens qui ont l'habitude de venir, reviennent d'ailleurs. Il y a toujours des ressentiments des deux côtés qui ressortent dans ces périodes de crise et là, j'en ai honte. Les esprits se calmeront. Mais il faut faire des efforts ! Il faut parler ! J'ajouterai que la proposition du gouvernement sarrois d'accueillir des malades de la COVID dans des cliniques sarroises était un baume et une belle preuve de fraternité.

Florian Weber   Quelles leçons devraient être tirées de la crise à votre avis ?

Janine Loock   Plus de frontières parce que le virus de la COVID qui est à Sarreguemines ne s'arrête pas à la frontière. Ce que je n'ai toujours pas compris : Pourquoi a-t-on dû fermer les frontières, alors que nous sommes si proches l'un de l'autre, la Sarre étant la porte d'entrée depuis la France et le pont vers la France ? Même si au début, c'était « panique à bord » du côté sarrois. Donc, plus de frontières ! Au niveau politique, on l'a compris. C'est ainsi qu'on évitera toutes ces hostilités et tous ces ressentiments.

En tant qu'Union des Français de Sarre, nous sommes très bien perçus en Sarre et les relations avec les autorités sarroises sont excellentes. Je me rends compte que la position de l'Union est très bonne dans la sphère politique officielle où nous recevons toujours le meilleur accueil, ce qui est essentiel surtout en temps de crise. Politiquement neutre, elle prend son rôle d'acteur de la société civile sarroise très à cœur et contribue à cet égard activement à la « Stratégie France » par différentes initiatives. Elle ne se compose pas uniquement de membres français de Sarre, mais aussi de Lorrains, ce qui nous permet d'échanger et de connaître les difficultés de part et d'autre. L'Union des Français de Sarre ne peut pas vivre en vase clos, et depuis quelques années elle est ouverte aux francophones de la Grande Région. On est réellement en échange transfrontalier.

Janine Loock est présidente de l'Union des Français de Sarre depuis 2012. Elle a travaillé de nombreuses années à l'étranger, entre autres à Prague et à Berne, dans les services commerciaux auprès de l'Ambassade de France. Elle en a gardé un intérêt tout particulier pour le monde de l'entreprise et pour la communication. Elle est membre du Conseil de la Fondation pour la coopération culturelle franco-allemande ainsi que du Conseil de la programmation à la radio sarroise.

200 KILOMETER FÜR SCHENGEN

Zwei Saarländer setzen Zeichen für offene Grenzen

Philip Maria Albert Hoffmann (»Grenzwanderer«)

Résumé Au début de la pandémie de COVID-19, alors que des postes-frontières étaient fermés et que les contrôles aux frontières revenaient à l'ordre du jour, Philip Hoffman, du Land de Sarre, a milité dans un premier temps en faveur de la réouverture de certains postes-frontières, contre les obstacles bureaucratiques et contre les désavantages fiscaux subis par les frontaliers en situation de télétravail. Après la suppression de ces barrières et après l'ouverture de postes-frontières supplémentaires, Philip Hoffmann et son ami Christoph Drost ont décidé de faire une marche tout le long de la frontière entre la Sarre et la France afin de manifester leur souhait que sa fermeture reste une mesure temporaire. Au cours de cette marche de 200 kilomètres, nos militants pro-européens ont rencontré des politiques de toutes les tendances en Allemagne, en France et au Luxembourg pour discuter avec eux des conséquences de la fermeture des frontières. Ils ont appris beaucoup de choses sur l'importance et la normalité de l'ouverture des frontières, sur la tristesse ressentie en France face aux contrôles aux frontières menés par l'Allemagne et à la fermeture de certains postes-frontières, ainsi que sur les actions qui devaient être menées à l'avenir afin de faire revivre les accords de Schengen. L'action de Philip Hoffmann et de Christoph Drost a été un véritable succès. L'histoire de ces deux marcheurs de la frontière a été rendue publique par la presse régionale et relayée par les médias internationaux. Les deux protagonistes en ont tiré la leçon qu'il valait vraiment la peine de militer en faveur d'une Europe sans frontières et que cet idéal exigeait une lutte au quotidien. Seul le mouvement permet de faire bouger les choses, selon Philip Hoffmann, qui nous invite à nous mettre en mouvement.

EINE WETTE, DIE ICH VERLOREN HÄTTE

Ich hätte alles darauf verwettet, dass die Grenzen zu Frankreich und Luxemburg nie wieder geschlossen werden. Die Tatsache, dass ich als Deutscher einen französischen Kindergarten besuchte, dass ich in Luxemburg, Frankreich und Belgien mein Studium absolvieren und Freundschaften in den vier Ländern pflegen konnte, die man aus meiner Heimatstadt Merzig im Saarland in einer Stunde erreichen kann, verdanke ich nur dem Schengener Abkommen, das 1985 unterzeichnet wurde und zehn Jahre später in Kraft trat.

Ähnlich geht es vielen Europäer*innen in unserer Region. Teilweise ist diese Begebenheit schon so zum Alltag geworden, dass der IST-Zustand nicht mehr aktiv wahrgenommen wird. Der schleichende Prozess der Öffnung der Großregion ist zu einer angenehmen und praktischen Gewohnheit geworden. Das ist auch gut so und ein Beweis dafür, dass wir zusammengewachsen sind. Es ist ein Hinweis darauf, dass Europa zur Normalität geworden ist. Wenn Saarländer*innen zur Arbeit nach Luxemburg fahren, Französ*innen die saarländische Stahlindustrie ansteuern und wir Deutsche nach Frankreich fahren, um ein Baguette zu kaufen, dann leben wir Europa und für viele ist das ganz normaler Alltag. Viele Menschen verlassen sich darauf, dass dies so möglich ist. Die alten Grenzen existieren in den Köpfen der Menschen nicht mehr.

Wichtige Entscheidungen hängen von diesem Versprechen ab, das uns mit dem Schengener Abkommen gegeben wurde – Entscheidungen, in ein anderes Land zu ziehen oder in einem anderen Land zu arbeiten. Menschen aus der gesamten Europäischen Union ziehen an die Saar oder an die Mosel, leben dort und arbeiten in Luxemburg. Die neuen Moselaner*innen und Saarländer*innen helfen den Einheimischen mit Ihrem Zuzug, den demographischen Wandel und einen damit verbundenen Wegfall von Infrastrukturen zu stoppen. Luxemburger*innen und Französ*innen sorgen durch hohe Nachfrage dafür, dass der Handel von Lebensmitteln und Drogerieartikeln an der Grenze floriert. Auf dem Gau gibt es kaum noch Bäckereien, weil die Menschen durch frisches Brot aus den umliegenden französischen Dörfern versorgt werden. Französ*innen entscheiden sich dafür, in Deutschland zu arbeiten und einzukaufen und stärken damit die saarländische Wirtschaft. Das alles und noch viel mehr hängt vom Versprechen des Schengener Abkommens ab. Es ist sicher auch kein Zufall, dass deutschlandweit Filialen von Karstadt/Kaufhof geschlossen werden, aber sich der Konzern dazu entscheidet, beide Häuser in Saarbrücken aufrecht zu erhalten, obwohl diese sich sogar in der gleichen Straße befinden.

Die Kaufkraft im Saarland wird durch die Nachbarn aus Frankreich und Luxemburg gestärkt.

DAS SAARLAND OHNE SCHENGEN?

Corona ist eine Zeit der Abschottung, eine Zeit des Nationalismus. Ja, es ist wohl richtig, dass Grenzschließungen dazu beigetragen haben, die Ausbreitung des Virus einzudämmen. In dem Moment, als kurzzeitig die Regeln in Frankreich anders waren als in Deutschland und viele die noch vorhandenen Freiheiten jenseits der Grenze für sich genutzt haben. Für diese kurze Zeit. Der Effekt der Eindämmung war jedoch spätestens vorbei, als die Menschen in Frankreich nur unter strengen Auflagen vor die Tür durften und die Nichteinhaltung der Regeln mit hohen Bußgeldern geahndet wurde. Ich fühlte mich jedoch wie ein Bewohner einer anderen Welt, als ich erlebt habe, dass Menschen die Abschottung gefeiert haben, respektable Abgeordnete wichtiger Parteien gegen die Globalisierung gewettert haben und es Menschen weit über die der Pandemie zuzuordnenden Aspekte hinaus gut fanden, dass die Grenzen »dicht« sind.

Zu einer Auseinandersetzung mit den genannten Grenzbefürworter*innen ist es leider auf Grund der strengen Corona-Regeln nicht gekommen. Trotzdem wurde ich damit konfrontiert, wie unser Bundesland ohne Schengen aussehen würde: Das Saarland war in der Vergangenheit nicht für seine ökonomische Stärke bekannt. Im Gegensatz dazu ist heute das wirtschaftliche Potential unseres schönen Bundeslandes ganz eng mit dem Schengener Abkommen und dem freien Handel verbunden. Wir wären schnell mit der Produktion von Autos fertig, wenn wir die Fords produzieren würden, die im Saarland oder in Deutschland gefahren werden oder uns auf die Getriebe konzentrieren würden, die in der Bundesrepublik gekauft werden. Ähnlich sieht es mit unserer Stahlindustrie aus. Weltweit ist die Dillinger Hütte für ihren Spezialstahl bekannt. Die Exportabhängigkeit des Saarlandes wird vor allem deutlich, wenn man die Exportquoten der deutschen Bundesländer vergleicht. Blendet man die beiden Hansestädte Bremen und Hamburg aus, die durch ihre Häfen eine noch höhere Exportquote haben, ist das Saarland das Bundesland mit der höchsten Exportquote. Es ist auch kein Zufall, dass Großbritannien als einst größter Handelspartner des Saarlandes durch die alleinige Ankündigung des Brexits von der Spitzenposition verdrängt wurde. Was hier im Großen schon bewiesen wurde, würde auch unseren Einzelhandel stark treffen.

Die Saarbrücker Innenstadt, aber auch die Kernzonen anderer Grenzstädte wie zum Beispiel Saarlouis und Merzig würden deutlich an Kaufkraft verlieren, wenn das Saarland dauerhaft abgeschottet wäre. Perl hätte nicht den weltweit größten dm-Markt und auch Großrosseln müsste wohl auf seinen Drogeriemarkt verzichten. Das Saarland wäre vermutlich der Agrarstaat, der es vor dem Boom durch Kohle und Stahl war. Heute feiern wir unsere Großregion dafür, dass wir den größten grenzüberschreitenden Arbeitsmarkt der Europäischen Union haben – mit rund 250 000 Grenzpendler*innen. Ohne Schengen wäre das nicht möglich. Unser ehemaliger Ministerpräsident Peter Müller sagte einmal: »Von der Globalisierung kann man halten was man will, aber es ist der Globalisierung egal. Gerade wir sollten uns deswegen immer für Freihandel einsetzen. Es profitiert niemand so stark davon wie wir Saarländer.«

DIE ENTSCHEIDUNG, DIE GRENZWANDERUNG DURCHZUFÜHREN

Ich hatte geahnt, dass die Grenzen geschlossen werden. Dabei hätte ich noch wenige Wochen zuvor alles verwettet, was ich besaß, wenn mich jemand gefragt hätte, ob ich mir vorstellen kann, dass Grenzen in Europa zu gemacht werden. Ich habe auch verstanden, warum Grenzschließungen aus Regierungssicht nötig erschienen. Trotzdem war ich sehr überrascht, dass dieser Schritt tatsächlich realisiert wurde. Als Grenzpendler zwischen Deutschland und Luxemburg durfte ich die Grenze trotzdem passieren. Einen Passierschein musste man mit sich führen. Ich empfand es im ersten Moment zwar als mühsam, aber ich habe auch verstanden, dass es hier nur darum geht, die Pandemie einzudämmen. Am ersten Tag der Grenzschließungen stand ich drei Stunden im Stau. Die Redewendung »Ironie des Schicksals« bekam für mich einen ganz neuen Stellenwert, als ich so lange im Stau stand, um gerade die Grenze bei Schengen zu passieren. Paradoxerweise hat mich während der langen Wartezeit im Stau ein Politiker angerufen und darum gebeten, die Rede an die Nation von Präsident Macron am Telefon simultan ins Deutsche zu übersetzen. Die Übersetzung musste ich wegen der Polizeikontrolle an der spannendsten Stelle abbrechen.

Zunächst konnte ich mich mit der Grenzschließung arrangieren. Mein Arbeitgeber hat uns erlaubt, von zu Hause aus zu arbeiten und da unser Job dies zulässt und wir die technischen Voraussetzungen schon lange hatten, zählte ich zu einem der Glücklichen, der im Homeoffice arbeiten konnte. Meistens arbeitete ich von meinem Elternhaus aus, weil der Lockdown exakt in den Zeitraum meines Umzuges fiel und ich in diesen Wochen kein funktionierendes Internet hatte. Also arbeitete ich von unserem Bauernhof an der deutsch-französischen Grenze. Diese war offiziell geschlossen. Bewacht wurde dies von Bundespolizist*innen, die die ganze Zeit über an mehreren Grenzübergängen patrouillierten. Mein subjektives Sicherheitsempfinden stieg jedoch definitiv nicht dadurch, dass ich alle 40 Minuten ein Polizeiauto gesehen habe. Grenzpendler*innen aus Frankreich hatten die Möglichkeit wahrgenommen, sich über die Grenze zu schleichen, wie Kaffeeschmuggler in den Nachkriegsjahren. So konnten einige ohne große Einschränkungen zur Arbeit fahren. Es gab also Regeln, die da waren, aber auf Grund geringer Kontrollen wurden diese eher als Empfehlung verstanden. Zehn Tage nach den offiziellen Grenzkontrollen änderte sich die Situation dann drastisch. Der ehemalige Grenzübergang, den ich seit meinem zweiten Lebensjahr täglich mehrmals überschreiten durfte, um zum Kindergarten, zu Freunden und Bekannten sowie zum Einkaufen zu fahren, der Grenzübergang, den die meisten der 300 Einwohner*innen aus dem Heimatort meiner Eltern, Biringen, täglich nutzten, um Brot zu kaufen, dieser Grenzübergang wurde geschlossen.

Mein Herz blutete. Für mich existierte diese Grenze nie. Es ist eine andere Kultur, ja. Manchmal war der Umgang mit den Französ*innen und deren anderer Mentalität kompliziert, ja. Aber dieser Einschnitt war für mich ein Schock. Fast alle, die ich aus dem benachbarten Dorf in Frankreich kenne, arbeiten in Deutschland. Die meisten arbeiten in Merzig oder Dillingen. Alle kennen auch mich, wissen, dass ich mich politisch engagiere und haben mich um Hilfe gebeten. Sie durften nicht mehr von Waldwisse die direkte Strecke nach Merzig fahren (10 Kilometer), sondern mussten stattdessen entweder 43 Kilometer über Perl oder 70 Kilometer über Überherrn fahren. An beiden Standorten waren zudem lange Staus an der Grenze.

Ich war empört, als mir ein Arzt berichtete, dass er jetzt von Waldwisse nach Merzig und zurück deutlich mehr als zwei Stunden pro Tag im Auto verbringt. Und dies, obwohl Ärzte in der Krise so dringend gebraucht wurden. Hinzu kam, dass es Gerüchte gab, dass Saarländer*innen Französ*innen verbal angegriffen hätten, die nach Deutschland zum Einkaufen kamen, obwohl dies für Grenzgänger*innen erlaubt war. Mir blutete wieder das Herz. Und es war egal, ob es Gerüchte waren oder diese Anfeindungen wirklich stattgefunden haben. Alleine das Gerücht kann schon so viel zerstören. Mir wurde klar, dass jemand etwas tun muss. Es musste jemand ein positives Zeichen für Europa und Grenzenlosigkeit in dieser negativen Zeit setzen.

Initial setzte ich mich dafür ein, dass weitere Grenzpunkte geöffnet wurden. Diesbezüglich betrieb ich bei vielen meiner politischen Freunde ordentlich Lobbyarbeit. Ich konnte Mitstreiter*innen gewinnen und hatte so tatsächlich erreicht, dass ein Checkpoint bei Waldwisse eingerichtet wurde. Nicht meine Traumvorstellung, aber ein erster Erfolg für Europa. Zwei Minuten Wartezeit an der Grenze und zehn Minuten zusätzliche Fahrzeit waren auch für glühende Europäer*innen erträglich, dachte ich, aber wir brauchten auch ein Zeichen – ein europäisches Zeichen.

Als ich gerade in meinem Weinberg meinem Hobby, dem Weinbau, nachging, kontaktierte mich mein Freund Christoph. Mit ihm bestritt ich im Vorjahr den Jakobsweg in Portugal. In den Jahren davor wanderte ich auf dem spanischen Jakobsweg und in diesem Jahr wollten wir auf französischen Jakobswegen wandern. Christoph fragte mich, was wir denn jetzt tun sollen. Schließlich hätten wir Urlaub. Wir einigten uns darauf, dass wir dann eben unser schönes Heimatbundesland, das Saarland erkunden könnten. Ich habe unsere Wanderlust mit meinem Bedürfnis, ein Zeichen setzen zu wollen, verbunden und Christoph gefragt, ob wir nicht die Grenze des Saarlandes abwandern wollen. Und so entstand unser Vorhaben zur Grenzwanderung – ohne zu wissen, auf was wir uns einlassen.

Wir wussten, dass es bei vielen Äußerungen nicht die Absicht war, unsere Freunde aus Frankreich und Luxemburg zu verletzen. Deutsche kommunizieren im europäischen Vergleich schon sehr direkt. Manche deutsche Politiker*innen sind besonders beliebt, da sie diese unmittelbare Kommunikation besonders gut beherrschen und nicht »um den heißen Brei herum reden«. Bei unseren französischen Nachbarn ist jedoch die indirekte Kommunikation deutlich wichtiger. Nur wer sich intensiver mit unserem größten Nachbarland beschäftigt hat, weiß, dass dort direkte Kritik als persönliche Beleidigung aufgenommen werden kann, während sie bei uns oft als konstruktive Kritik gesehen wird. Wir wollten gegen jegliche Art von Verletzung ein Zeichen setzen. Ob nun etwas passiert war oder nicht, war grundsätzlich egal. Wir wollten das reparieren, was kaputt gegangen war, und mit unserem Marsch ein Zeichen für ein gemeinsames Europa ohne Grenzen setzen.

Geplant hatten wir nicht viel. Wir haben grob die Grenzkilometer des Saarlandes abgemessen und dabei im Hinterkopf verdrängt, dass Wanderwege in der Regel durch bergauf und bergab sowie durch Kurven und Umwege viel mehr Kilometer bedeuten. Schließlich wandert man nicht den kürzesten Weg, sondern eher den schönsten. So kam es auch, dass wir statt den geplanten 160 Kilometern am Ende auf über 200 Kilometer gekommen sind. Natürlich hätten wir gerne an unserem jeweiligen Tagesziel übernachtet und vor Ort den Tag mit einer Flasche Wein ausklingen lassen. Darauf kommt es ja beim Wandern auch an, die Reflexion des vergangenen Tages, die abgelaufene Strecke und die Verarbeitung der erworbenen Eindrücke. Aber dies war uns aufgrund der damals geltenden Regularien leider nicht vergönnt.

UND DANN KAM DIE GRENZWANDERUNG

Am ersten Tag – auf dem Weg zum Startpunkt der Wanderung ist es dann schon passiert. Wir sind versehentlich nach Frankreich gefahren. Das Navigationssystem hat uns gelotst und plötzlich waren wir auf der anderen Seite der Grenze. Wir sind schnell umgedreht, aber standen vor der Herausforderung, dass wir uns nicht auskannten und das Navi nur ein grenzenloses Europa kannte. Über einen großen Umweg sind wir dann zu unserem Ausgangspunkt gekommen und haben unsere Wanderung endlich begonnen.

Jetzt ging es los. Mit Rucksack und Wanderschuhen starteten wir unsere erste Teilstrecke in Habkirchen. Es war toll. Wunderschöne Landschaften begegneten uns. Auf der französischen Seite der Blies war ein schöner Wanderweg, der am Flussbett entlang durch lauschige Wälder und grüne Wiesen verlief. Diesen landschaftlich attraktiven Weg durften wir aus besagten Gründen jedoch nicht nehmen. Dafür wäre ein illegaler Grenzübertritt notwendig gewesen. Wir haben uns für die legale Alternative entschieden. Eine Landstraße auf der deutschen Seite. Autos rasten in einem Affenzahn knapp an uns vorbei und wir sahen gleich mehrere Kreuze, die an die Menschen erinnern sollen, die hier verunglückt sind. Nein, auf diesem Abschnitt fühlten wir uns nicht wohl. Wir sehnten uns nach dem illegalen Weg auf der französischen Seite der Grenze. Egal, wir brachten die Landstraße schnellstmöglich hinter uns und hatten diesen Abschnitt glücklicherweise gut überstanden. Der Rest der ersten Tagesetappe war wunderschön und wie der Zufall es wollte, waren wir auf dem Chemin des Étoiles, einem »Jakobsweg«, gelandet. Dieser Zufall freute uns besonders, denn der Jakobsweg war unser ursprüngliches Ziel. Kurz vor Kleinblittersdorf begegneten wir zum ersten Mal einer Umleitung auf einem Wanderweg.

Der zweite Tag war sehr grün und sehr schön. Viele Menschen nutzten das schöne Wetter und waren draußen an der frischen Luft. Kurz vor Ende unserer zweiten Etappe trafen wir den Bundestagsabgeordneten Markus

Abbildung 1 Oberbürgermeister Uwe Conradt beim Gespräch mit den Schengen-Befürwortern Philip Hoffmann und Christoph Drost vor dem Saarbrücker Rathaus (v. l. n. r.). Quelle: Aufnahme Landeshauptstadt Saarbrücken 2020.

Uhl zum Gespräch. Wir freuten uns sehr, dass der Generalsekretär einer großen Partei uns treffen wollte und uns mit kaltem Pils aus seiner Heimat Homburg erfrischte.

An unserem dritten Wandertag begrüßte uns der Saarbrücker Oberbürgermeister Uwe Conradt im Rathaus (Abbildung 1). Wir waren froh, mit dem Chef der Landeshauptstadt einen Verbündeten zu finden, der wie wir Visionen für die Großregion hat. Wir konnten mit Uwe Conradt besonders viel Zeit einplanen, weil für diesen Tag die kürzeste Etappe anstand. Nach dem Gespräch mit dem Chef der Landeshauptstadt führte unser Weg von Saarbrücken nach Großrosseln.

Auf dieser Strecke war es besonders schwer, auf der deutschen Seite der Grenze zu bleiben. Die Wanderwege trennten nicht zwischen Deutschland und Frankreich und verliefen mal hier und mal dort. Wir wollten uns unbedingt an die Regeln halten – wir standen ja auch unter Beobachtung – und dann ist es trotzdem passiert. Wir standen vor einem französischen Straßenschild. Heute reißt das niemanden vom Hocker, aber zu diesem Zeitpunkt wäre das ein illegaler Grenzübertritt gewesen, der mit hohen Bußgeldern geahndet worden wäre. Wir machten schnell ein Foto und traten den Rückzug auf die deutsche Seite an. Nachdem die Restaurants im Saarland wegen COVID-19 lange Zeit geschlossen waren, hatten wir jetzt das Glück, dass diese unter Auflagen wieder öffnen durften. Christoph und ich nutzten das und überzogen bei saarländischem Dibbelappes und netten Gesprächen unsere Pausenzeit. Der Wirt erzählte mir, dass sein Geschäft zu 80 Prozent von Kund*innen aus Frankreich abhänge und war froh, dass zwei Nordsaarländer sich in sein Lokal verirrt hatten.

Wir gingen davon aus, dass wir eine kleine Etappe hatten, aber dann machte Christoph mich darauf aufmerksam, dass die Strecke doch sechs Kilometer länger war. Der Umweg war durch eine Straßensperrung und auch durch die Grenzschließungen notwendig, denn wir mussten komplett um Petite-Rosselle herum laufen. Nun mussten wir einen Zahn zulegen, denn wir wurden an unserem Ziel bereits erwartet. Es war schade, dass wir uns abhetzen mussten, denn die Landschaft war gerade auf den letzten Kilometern wunderschön. Trotzdem hatte es sich gelohnt, dass wir uns beeilt hatten und trotz großem Umweg rechtzeitig in Großrosseln waren. Pünktlich am Rathaus angekommen, wurden wir durch einen Bierempfang von Bürgermeister Dominik Jochum und dem Ersten Beigeordneten Michael Krewer entschädigt. Das Gespräch mit den beiden Kommunalpolitikern zeigte uns, dass Grenzschließungen den Ort besonders hart trafen. Die beiden lokalen Volksvertreter sind vor Ort grenzüberschreitend bestens vernetzt. Für sie gehört die französische Seite zum Alltag dazu. Zum ernsthaften Gespräch gehörte aber auch, sich über die Schattenseiten der Grenznähe auszutauschen. Auch wenn die Chancen durch die französische Freundschaft überwogen, gehörte es zur Wahrheit dazu, dass auch Kriminelle von offenen Grenzen profitierten. Das war für die beiden aber kein Grund, die Vorteile zu verteufeln. Viel mehr arbeiteten sie in einem ständigen Prozess fortwährend an Ideen, um die negativen Aspekte von Europa zu bekämpfen. Ein toller Ansatz von Kommunalpolitik, wie Christoph und ich empfanden. Wir schlossen unseren Tag mit einem ÖPNV-Abenteuer ab. Zwei Busse, ein Zug und knappe Umstiegszeit, aber es hatte alles super funktioniert.

Bevor wir unsere erste Wanderetappe in Habkirchen starteten, hatte ich Politiker aller Couleur gefragt, ob sie unsere Wanderung unterstützen möchten und schnell wusste auch die Presse von unserem Vorhaben. Auf beiden Seiten war der Zuspruch groß. So kam eine zusätzliche Herausforderung auf uns zu. Neben dem Erreichen unserer Wanderziele, mussten wir jetzt auch immer mehr Termine mit Politiker*innen und Vertreter*innen der Presse koordinieren.

Den vierten Tag setzten wir am Rathaus in Großrosseln fort. Es warteten gleich mehrere Ereignisse auf uns, die mit der Wanderung in Verbindung standen. Auf der Grenzbrücke in Großrosseln –durften wir uns unter Aufsicht der Bundespolizei mit dem französischen Abgeordneten Christophe Arend treffen. Er spricht fließend Deutsch, ich Französisch – wir konnten uns gut unterhalten. Erschrocken waren Christoph Drost und ich, als Herr Arend uns von der Enttäuschung der Französ*innen berichtete, dass manche sich ausgenutzt fühlten, dass Menschen beschimpft würden. Die Enttäuschung war groß. Umso mehr freute sich Christophe Arend, dass wir mit unserer Wanderung ein Zeichen für die Freundschaft zwischen Frankreich und Deutschland verbreiten wollten.

Die Wanderung konnten wir nach dem Gespräch noch nicht beginnen, denn an der Grenzbrücke trafen wir auf Journalist*innen der ARD. Die Reporterin hatte von unserer Wanderung erfahren und war begeistert von dieser Initiative. Aus diesem Grunde wurden wir kurzerhand bezüglich der Thematik interviewt und vom Kamerateam für die Sendung aufgenommen. Im Anschluss konnten wir endlich weiter wandern. Wir mussten uns beeilen, pünktlich um 12 Uhr im schönen Karlsbrunn anzukommen. Dort empfing uns die heimische Abgeordnete Petra Fretter mit frischem Kaffee und Würsten. Für uns war das die perfekte Ergänzung zu unserer Erbsensuppe aus der Dose, die wir auf einem Bundeswehrkocher mit Feuer erhitzten. Während wir unsere Suppe löffelten, traf ein französischer Journalist ein, der extra aus Berlin angereist war, um in der französischen Tageszeitung »Le Monde« über unsere Wanderung zu berichten. Nach den vielen Interviews mit der Presse und dem Termin mit der Abgeordneten war unser Zeitbudget nicht mehr in einem ausgeglichenen Verhältnis zur Strecke. Die Strecke von Karlsbrunn nach Überherrn war nicht nur wunderschön, sondern auch echt lang. Gerade in Überherrn eingetroffen sprach uns eine Frau an und sagte: »Ihr seid doch die Grenzwanderer. Ich finde gut, was ihr macht. Was möchtet ihr essen? Ich koche für Euch.« Wir freuten uns sehr darüber, aber mussten leider ablehnen, weil wir noch weitere Kilometer und einen Abendtermin vor uns hatten. Kurz später kamen wir in einer Kneipe an, wo uns der Bürgermeister der Stadt Dillingen zum Austausch mit frischem Radler traf. Franz-Josef Berg war sich mit uns sofort einig, dass wir in der Großregion sehr voneinander profitierten. Da

Christoph und ich beide Luxemburg-Pendler sind, waren wir schnell mit ihm auf einer Wellenlänge, als es um die Zukunftsvision einer Bahnstrecke ins Großherzogtum ging, die für unsere Region eine große Chance bietet. Man hat dem Bürgermeister angemerkt, dass er einer der Europäer ist, die versuchen, den europäischen Gedanken auch in die Kommunalpolitik zu integrieren.

Die Hälfte hatten wir nun schon geschafft. Vier Tage wandern – 100 Kilometer. Mit müden Beinen, einigen Schürfwunden, Blasen an den Füßen und viel Enthusiasmus starteten wir die fünfte Etappe. Wir starteten in Überherrn und hatten als Mittagsziel das Europadenkmal in Berus. Ein besonderer Ort. Die beiden Türme des Monuments symbolisieren die Nachbarländer Deutschland und Frankreich. Ihre gemeinsamen historischen Wurzeln werden durch die Plattform dargestellt, und die vielfältigen freundschaftlichen Beziehungen zwischen den Ländern durch die Verbindungen der Türme versinnbildlicht. Wir hatten so richtig Lust auf gute Hausmannskost. Die Dosen in unserem Rucksack sollten es heute nicht sein. Wir haben uns auch gegen den ursprünglichen Plan entschieden, eine Pizza zum Europadenkmal zu bestellen. Also machten wir uns auf die Suche nach einem Restaurant. Diese Suche nach passenden Zwischenstopps mit Gastronomie ist das einzige Manko am Wandern im Saarland. Die Strecken sind schön, die Wege interessant und abwechslungsreich, aber für uns gehört das Einkehren zum Wandern dazu. Leider fehlt es an manchen Stellen an solchen Möglichkeiten – es gibt zu wenig Gastronomie auf den schönen Wegen. Corona hat die Suche noch weiter erschwert. Wir haben es bei mehreren Restaurants in der Nähe versucht, aber es war entweder Ruhetag oder wegen Corona geschlossen. Mit dem Handy haben wir dann eine Kneipe in Ittersdorf entdeckt und vorher angerufen, ob die Küche geöffnet ist. Der Wirt erklärte, dass er nur Snacks habe. Für uns war klar, dass das unser Ziel ist. Im Zweifel können wir auch mehrere Snacks essen. »Alles besser, als uns heute wieder aus der Dose zu verköstigen«, dachten wir. Wir machten uns auf den Weg. Als wir ankamen, waren wir erstaunt. In so einem Gasthaus war ich schon lange nicht mehr. Eine richtig schöne alte Kneipe. Man hat gespürt, dass hier schon viel passiert ist, viel gefeiert und gelacht wurde. Innen war die Ausstattung sehr alt, aber es hat einfach gepasst. Draußen hatte der Wirt eine Terrasse mit modernen Möbeln und französischen Bistro-Tischen. Um die Terrasse herum standen viele Blumentöpfe mit großen Pflanzen, die einen Sichtschutz zur Straße boten. Hier haben wir uns wohl gefühlt. Ein Blick auf die Karte machte uns glücklich. Wir warteten nicht lange, bis der Wirt uns mit Essen versorgte und wir waren einfach zufrieden. Mir läuft allein beim Gedanken an das Essen das Wasser im Mund zusammen. Am liebsten hätten wir Ricard bestellt und wären dort versackt. Der Wirt setzte sich an den Nachbartisch, um den notwendigen Abstand einzuhalten, und so kamen wir ins Gespräch. Schnell erkannten wir, dass wir gemeinsame Bekannte hatten, dass er Landwirt war wie mein Vater, die beiden sich kannten und seine Tochter und Enkel im Nachbarort von meinen Eltern wohnten. Die Stimmung war einfach toll. Der Wirt erzählte uns, dass seine Kneipe in normalen Zeiten viele französische Nachbarn beherbergte, dass Deutsche und Franzosen zusammen feierten und dass es ein echter Ort der Begegnung war. Man merkte sofort, dass er ein wahrer Europäer ist, für den die Grenzen schon lange nicht mehr existierten. Er erzählte von seiner französischen Frau, die ein Geschäft in Bouzonville hatte. Leider mussten wir uns auf den Weg machen und die Wanderung fortsetzen. Auf dem schönen Saargau wanderten wir entlang des Ihner Bachs nach Niedaltdorf, wo dieser in die Nied mündet. Dort empfing uns der erste Beigeordnete der Gemeinde Rehlingen-Siersburg Joshua Pawlak, der mit einer Flasche Bürgermeisterwein auf uns wartete. Wir hatten einen tollen Austausch. Der Kommunalpolitiker war sogar noch jünger als wir. Ich kenne ihn schon lange, waren wir doch gemeinsam in der Grundschule. Trotz verschiedener politischer Grundansichten waren wir in vielerlei Hinsicht einer Meinung. Unter anderem haben wir über die Niedtalbahn gesprochen – eine Bahnstrecke, deren Schienen von Siersburg nach Bousonville führen.

In Niedaltdorf starteten wir auch den sechsten Tag der Wanderung. Früh am Morgen erwartete uns Günter Heinrich dort, um mit uns bis nach Biringen zu wandern. Wir haben den dreiundsechzigjährigen Landtagsvizepräsidenten unterschätzt. Er hatte einen so schnellen Schritt drauf, dass wir kaum hinterherkamen. Und trotz des raschen Fortkommens haben wir uns richtig gut unterhalten. Günter hat uns von »seinem Projekt« erzählt. Er möchte, dass die Niedtalbahn ausgebaut wird, dass sie über Thionville nach Luxemburg fährt. Ich werbe schon lange für eine Zugstrecke ins Großherzogtum. Der Vorstoß von Günter Heinrich sieht eine andere Streckenführung als die von mir favorisierte vor. Bei seiner Streckenführung würde die Fahrt deutlich länger dauern. Aber seine Idee hat den Vorteil, dass das Schienennetz existiert und das Projekt zeitnah realisierbar ist. Außerdem verbindet diese Streckenführung das Saarland mit Lothringen und Luxemburg. Ein guter Plan.

Dass wir etwas Zeit raus gelaufen hatten, hätte uns den Zeitplan zerstört, wenn wir nicht in Fürweiler auf den Ortsvorsteher gestoßen wären. Er hatte uns zum Gespräch mit Schnaps eingeladen. Mit viel Abstand haben wir mit dem erfahrenen Kommunalpolitiker über die deutsch-französische Freundschaft auf Ortsebene und die Folgen der Grenzschließungen diskutiert. Dann ging es weiter nach Biringen. Auch der Schnaps konnte den Landtagsvize nicht bremsen. Schnell waren wir in Biringen angekommen. Dort bin ich aufgewachsen, dort sind meine Weinberge, der Hof meiner Eltern. Dieser war auch unser Mittagsziel. Meine Mutter hatte uns etwas sehr Leckeres zum Essen vorbereitet. Bei bestem Wetter haben wir eine lange Pause auf der Terrasse verbracht, gut gegessen und auf die Grenze hinter meinem Elternhaus geschaut. Nach dem Essen sind Christoph und ich an die Grenze nach Waldwisse, um den Bürgermeister Jean-Guy Magard zu treffen. Er war sehr enttäuscht über die Grenzschließungen. In seinem Ort wohnen auch viele Deutsche. Ich war dort im ersten Grundschuljahr und im Kindergarten. Der Bürgermeister erzählte uns von Geschichten, die Grenzgänger*innen aus Frankreich wiederfahren seien. Man spürte die Betroffenheit. Während wir das Gespräch führten, kam gerade die Bundespolizei, die dort kontrollierte. Aus irgendeinem Grund sprach die Bundespolizei uns nicht an. Sie standen neben uns und hielten einen Radfahrer an, der aus Frankreich kommend den deutschen Ort Biringen ansteuerte. Ich fing an zu lachen, als die Polizist*innen dem Radfahrer erklärten, dass er die Grenze illegal übertrete. Die Beamten schauten mich fragend an. Ich schaute zum Bürgermeister, der auch lachte und ich sagte zu ihn: »Sag du es Ihnen!« Der Bürgermeister nickte und sagte: »Das ist nicht ganz richtig. Die Grenze ist 200 Meter weiter. Sie sind streng genommen in Frankreich und dürfen den Radfahrer auch erst in Deutschland zurechtweisen. Die Bundespolizisten erwiderten, dass die Karte auf dem Handy das anders anzeige, stiegen verschämt in ihr Polizeiauto und waren plötzlich weg (Abbildung 2). Diese Aktion lockerte die Stimmung auf und sorgte dafür, dass unser anfänglich sehr ernstes Gespräch zunehmend entspannter wurde.

Der Amtschef des Waldwisser Rathauses bedankte sich mehrmals, dass wir uns für die Grenzenlosigkeit einsetzen und dafür, dass ich vorher einen weiteren Checkpoint an seinem Ort erkämpft hatte. Uns war somit genau das gelungen, was das Ziel unserer Wanderung war. Die Leute, die sich vor den Kopf gestoßen fühlten, konnten spüren, dass es kein Akt gegen Frankreich oder die Freundschaft war. Ich war erleichtert und erfüllt, als wir von Waldwisse weiter gingen. Wir wanderten über »Steine an der Grenze« in Richtung Wellingen. Die Skulpturenstraße entlang der deutsch-französischen Grenze ist ein berühmter Feldweg, der von Spaziergänger*innen aus Deutschland und Frankreich genutzt wird, denn er verläuft genau auf der Grenze. Die Strecke ist nicht besonders anspruchsvoll, aber wir wanderten in der prallen Nachmittagssonne. Die Sonne und uns trennte nur der

Abbildung 2 Philip Hoffmann und Christoph Drost im Gespräch mit dem Bürgermeister des französischen Waldwisse, Jean-Guy Magard – im Hintergrund berät sich die Bundespolizei über den Grenzverlauf. Quelle: Aufnahme Alfred Hoffmann 2020.

Lichtschutzfaktor 50, der gefühlt dahin schmolz. Überglücklich waren wir, als zwischendurch ein Stückchen Wald lag. Wir waren gut im Zeitplan und setzten uns auf den Waldboden. Wir genossen unser Wasser und wollten gleich weiter, als Christoph aufsprang. Wir saßen unweit eines Zeckennestes. Christoph sprang auf, weil er dies bemerkte. Wir checkten alle sichtbaren Stellen am Körper, fanden keine Zecke und gingen weiter. Wir waren zu früh im nächsten Ort, in Wehingen. Wir wurden dort direkt von einem älteren Mann angesprochen, der an der Straße vor einer Kneipe saß. Der Mann fragte uns, ob wir die Grenzwanderer aus der Zeitung seien, freute sich und erzählte uns, dass er unsere Aktion begrüße. Der Herr fragte uns über unsere Erlebnisse aus und wollte wissen, wer wir sind. Er freute sich sehr, als ich sagte: »Ich glaube, dass sie meine Großväter beide kannten. Ich erzählte, dass der eine Großvater ein Landwirt aus Biringen und der andere ein Metzger aus Hilbringen war und sofort wusste der Mann, wer ich war – im Saarland kennt man sich. Er erzählte mir, dass er mit beiden

Großvätern gut befreundet war und dass sie regelmäßig in seine Kneipe kamen. Der Wirt wollte uns unbedingt auf ein Glas Bier einladen, aber wir mussten weiter, denn unser nächster Termin wartete. Wir gingen los und wenige Meter weiter war unser Ziel, wo der Merziger Bürgermeister Marcus Hoffeld und der Landtagsabgeordnete Frank Wagner auf uns warteten. Sie begrüßten uns freundlich, schwärmten von unserer Wanderung. Frank versorgte uns mit Würstchen und Bier. Wir unterhielten uns gut. Schließlich hatte ich vorher mit Bürgermeister Hoffeld gemeinsam erkämpft, dass ein weiterer Checkpoint nach Waldwisse kommt. Am Abend wurden Christoph und ich an das Zeckennest im Wald erinnert, denn wir hatten beide Zecken an unserem Körper entdeckt.

Unseren vorletzten Wandertag starteten wir in Wellingen, wanderten über »Steine an der Grenze« vom Saargau an die schöne Obermosel. Als echter Wein-Fan habe ich mich wieder am Anblick der schönen Weinberge in der Gemeinde Perl erfreut. Wir wanderten zu meinem Lieblingsort, zur Schutzhütte in Sehndorf, die in den Weinbergen liegt. Dort wärmten Christoph und ich wieder eine Dose auf und genossen unser Mittagessen. Hier trafen wir auch den Abgeordneten Stefan Thielen, der uns auf der Strecke bis nach Nennig begleitete. Stefan muss man nicht von Europa überzeugen. Er kennt die Vorteile unserer Grenzregion und ist ein echter Europäer. Wir wanderten entlang der Grenze und diskutierten über Luxemburg. Ich habe mich zum Beginn der Grenzschließungen dafür stark gemacht, dass Grenzgänger*innen durch das Homeoffice in Zeiten von Corona keinen Steuernachteil haben. Er setzte sich dafür ein, dass meine Forderung umgesetzt wurde und hat auch für einen Antrag von mir geworben, der die Heimarbeit in der Großregion dauerhaft ermöglichen soll.

Schnell waren wir an unserem letzten Etappenziel. Jetzt stand nur noch eine Mini-Etappe vor uns. Wir waren fast in Schengen. Da wir nur noch wenige Kilometer vor uns hatten, konnten wir den letzten Wandertag langsam angehen. Wir starteten diesen besonderen Tag mit einem Interview, das RPRI mit uns führte. Anschließend begannen wir unsere letzte Wanderetappe in Nennig, überquerten die Grenzbrücke nach Schengen. Nachdem ich vorher seit den Grenzschließungen nur im Homeoffice war, war die Grenzüberquerung ein wirklich schöner Moment für mich. Es regnete, aber das war egal. Wir wanderten im Regen von Remich nach Schengen und freuten uns auf die Ankunft. Wir haben uns bewusst für Schengen als Ziel entscheiden. Schließlich ist das der Ort, wo auf einem Schiff auf der Mosel die Grenzfreiheit vereinbart wurde. Am Europadenkmal empfingen uns der Botschafter der Bundesrepublik Deutschlands in Luxemburg, Heinrich Kreft, gemeinsam mit dem Bürgermeister der Gemeinde

Abbildung 3 Philip Hoffmann und Christoph Drost beim Empfang am Ziel der Wanderung in Schengen mit Botschafter Dr. Heinrich Kreft und Bürgermeister Ralf Uhlenbruch (v. l. n. r.). Quelle: Aufnahme Rolf Ruppenthal 2020.

Perl, Ralf Uhlenbruch (Abbildung 3). Beide waren gut gelaunt. Bürgermeister Uhlenbruch lud uns sogar in sein Rathaus ein. Wir sollten zum Wein vorbeikommen, wenn Corona vorbei sei. Der Botschafter erklärte, wie die Kommunikation der Grenzschließungen zwischen Deutschland und Luxemburg funktionierte und erzählte uns wichtige Details.

ZIEL ERREICHT

Wir hatten also unser Ziel erreicht. Wir sind die komplette Grenze des Saarlandes zu Frankreich und Luxemburg gewandert. Wir hatten in dieser negativen Zeit ein positives Zeichen gesetzt und es war schön, dass wir so viel Rückenwind und Unterstützer*innen hatten. Es war toll, dass die proeuropäische Story in die Welt getragen wurde, dass in der »Saarbrücker Zeitung« mehrere Artikel über unsere Wanderung verfasst wurden, dass internationale Zeitungen wie »Le Monde« und das »Luxemburger Wort« über uns berichteten, dass die »BILD« unsere Geschichte ins Land trug, Magazine Reportagen illustrierten und wir im deutschen Fernsehen waren, beim luxemburgischen TV Sender RTL gemeinsam mit dem dienstältesten Außenminister der EU, Jean Asselborn, aufgetreten sind. Damit haben wir unser Ziel nicht nur erreicht, sondern sogar übertroffen. Wir haben gezeigt, dass das Saarland grenzenlos ist, dass die Grenzschließungen nur temporär sind und, dass man etwas bewegen kann. Unsere Geschichte wurde in die Welt getragen und auch in dieser Zeit der Abschottung konnte Europa stattfinden.

Dazu haben wir auch noch viel gelernt. Unser Saarland ist noch viel schöner, wenn man es durchwandert und wirklich von nahem sieht. Wir haben verstanden, dass Europa auch in unserer Generation nicht selbstverständlich ist und man immer wieder dafür kämpfen muss. Warum soll es mit internationalen Beziehungen auch anders sein als mit persönlichen?! Nur durch Bewegung kann man etwas erreichen. Europa ist es wert. Bewegen wir uns! Denn ich möchte und werde wieder die Wette eingehen, dass sich die Menschen auf Grenzenlosigkeit in Europa und das Schengener Abkommen verlassen können.

Philip Hoffmann ist Wirtschaftswissenschaftler. Nach seiner Berufsausbildung zum Bankkaufmann absolvierte er mehrere Studiengänge in Luxemburg, Metz, New York und Brügge. Er schloss sein Studium mit dem Master in European Economic Studies am College of Europe und dem Master in Banking and Finance an der Luxembourg School of Finance ab. Der gebürtige Saarländer ist Ehrenbürger der belgischen Stadt Brügge. Seit 2015 arbeitet er bei einer Fondsgesellschaft in Luxemburg. 2017 kandidierte Philip Hoffmann für den Deutschen Bundestag.

**Die COVID-19-Pandemie und Grenzreflexe:
Stimmen aus der Wissenschaft**

**Pandémie de COVID-19 et réflexes nationaux :
témoignages du monde universitaire**

HOCHSCHULEN IN ZEITEN DER CORONA-PANDEMIE

Herausforderungen, Krisenmanagement und Chancen

Florian Weber (Universität des Saarlandes) im Gespräch mit Manfred Schmitt (Universität des Saarlandes und Universität der Großregion)

Zusammenfassung Manfred Schmitt ist Präsident der Universität des Saarlandes und seit November 2019 auch Präsident der Universität der Großregion (UniGR), einem grenzüberschreitenden Universitätsverbund zusammen mit den Universitäten Lothringen, Lüttich, Luxemburg, Kaiserslautern und Trier. Als Wissenschaftler betrachtete er frühzeitig die Meldungen Anfang 2020 rund um COVID-19 mit Sorge und als Universitätspräsident wurden für ihn die Auswirkungen der sich entfaltenden SARS-CoV-2-Pandemie im Februar und insbesondere im März immer spürbarer: die Universität ging in den Notbetrieb, was weitreichende Abstimmungs- und Kommunikationsprozesse erforderlich machte. Mit den Grenzkontrollen und Grenzschließungen mussten schnell Lösungen für die vielen Grenzpendler*innen unter den Studierenden, Mitarbeitenden und den externen Dienstleistern gefunden werden. All dies stellte das bislang gelebte Selbstverständnis in kürzester Zeit in Frage und führte uns gleichzeitig die enorme Bedeutung offener Grenzen vor Augen. Der Austausch mit den Amtskollegen im grenzüberschreitenden Universitätsverbund hat verdeutlicht, dass landesspezifisch durchaus unterschiedlich agiert wird. Ein positiver Effekt der Pandemie liegt in der rasanten Dynamik der Digitalisierungsprozesse, die an der Universität des Saarlandes seit Frühling 2020 in kürzester Zeit die Entwicklung und Implementierung neuer innovativer Lehr- und Lernformate möglich machte. Aber auch jenseits hiervon hat die Universität vielfältige Verfahrensweisen etabliert, um mit den Herausforderungen einer bislang nie dagewesenen Viruspandemie bestmöglich und höchst verantwortungsvoll umzugehen. Als eine der Lehren zieht Manfred Schmitt aus der Krise, dass nationale Lösungen, die im Vorfeld nicht bestmöglich innerhalb der Grenzregion abgestimmt wurden, nur wenig zielführend sind. Grenzen zu schließen, hat im Rückblick auch nicht substanziell der Virusausbreitung entgegengewirkt. Dennoch sieht Universitätspräsident Schmitt die Universität des Saarlandes gerade auch im Verbund der Universität der Großregion als grundsätzlich gut aufgestellt, um in enger Abstimmung und vertrauensvoller Zusammenarbeit auch Zeiten der Einschränkungen und Grenzschließungen gemeinsam meistern zu können. Des Weiteren ist positiv zu konstatieren, dass der Wissenschaft in der Corona-Pandemie wie nie zuvor eine zentrale Rolle und Anerkennung als beratende Instanz für Politik und Gesellschaft zugestanden wird.

Florian Weber   Lieber Herr Schmitt, das Jahr 2020 war mit der COVID-19-Pandemie ein sehr besonderes. Zu Jahresbeginn schien das Coronavirus noch recht weit weg, Ende Januar kam es dann mit dem ersten Fall im bayerischen Landshut auch deutlich näher zu uns nach Deutschland. Wann wurde für Sie und Ihre Kolleg*innen im Präsidium der Universität des Saarlandes COVID-19 erstmalig zu einem Thema und auf welche Weise?

Manfred Schmitt   Ab Anfang Februar wurden wir zunehmend mit dem Thema konfrontiert. Wie wir alle, so erfuhr auch ich über die internationale Presse von den ersten Fällen einer Virusinfektion in China, ohne dass zu diesem Zeitpunkt die dramatischen Folgen schon absehbar gewesen wären – wenngleich ich als Mikrobiologe sensibilisiert war für die enorme Dynamik, die von einer aggressiven Virusinfektion ausgehen kann. Im Grunde genommen war zu diesem Zeitpunkt schon zu befürchten, dass sich das Virus sehr rasch ausbreiten wird, zumal es damals noch keine Einschränkungen im internationalen Flugreiseverkehr gab. Rückblickend war es sicher ein Fehler, die Flüge von und nach Asien noch so lange offen zu halten, obwohl sich die dramatischen Entwicklungen in China bereits abzeichneten. Die Pandemie wäre hiermit zwar vermutlich nicht verhindert worden, aber es hätte noch etwas mehr Zeit gegeben, um sich auf die drohende Verbreitung vorzubereiten.

Florian Weber   Ihre Perspektive als Molekular- und Zellbiologie ist hier natürlich sehr spannend. In den Anfangsmonaten schien sich im Vergleich die Politik auf unterschiedlichen Ebenen in Deutschland noch weniger intensiv mit der Thematik auseinandergesetzt zu haben.

Manfred Schmitt   Ich glaube, man hat wirklich versäumt – das ist eine der Lehren aus der Pandemie –, sich frühzeitig und eng abzustimmen, gerade in den Grenzregionen, länderübergreifend, um in solchen Extremsituationen wie einer Pandemie gemeinsam die bestmöglichen Maßnahmen zu deren Beherrschung zu ergreifen. Egal, ob es sich um viral oder bakteriell verursachte Infektionen handelt, sie lassen sich nicht an geographischen Grenzen aufhalten. Insofern ist aus meiner Sicht eine gut abgestimmte Vorgehensweise und vor allem auch eine – selbst wenn das Wort jetzt schon überstrapaziert ist – transparente Kommunikation auf beiden Seiten absolut notwendig. Und das war in der Phase zwischen Februar und März 2020 sicher noch nicht optimal. Da ging es Schlag auf Schlag und nicht selten erfolgte die Kommunikation erst hinterher.

Florian Weber Kommunikation ist für mich ein sehr gutes Stichwort! Am 12. März kam ich von einer Auslandsdienstreise aus Grenoble zurück nach Saarbrücken. Auf dem Zwischenstopp in Paris erreichte mich die Nachricht, dass Dienstreisen auszusetzen seien. Danach ging alles ganz schnell: die Universität ging wenig später in den Notbetrieb über. Ich hatte immer den Eindruck, dass die Kommunikation hier an unserer Universität sehr frühzeitig, sehr gut, sehr gelenkt war. Hier wäre es gewinnbringend, wenn Sie den Leser*innen einen Eindruck geben könnten, worin Ihre Überlegungen zur damaligen Zeit bestanden und wie Sie zu Ihren Entschlüssen auf so vagem Terrain gekommen sind.

Manfred Schmitt Offen gesagt, war auch für uns die Situation oft unklar, weil niemand genau wusste, wie sich die Entwicklung konkret in den nächsten Wochen und Monaten gestalten wird. Aber gleichzeitig war uns auch bewusst, dass sich aus dieser Virusinfektion eine Epidemie oder gar Pandemie entwickeln könnte und daher haben wir frühzeitig auf strikte Maßnahmen gesetzt. Als Universitätsleitung bestand bei uns von Anfang an eine enge Kommunikation mit der Landespolitik. Wir haben in Sondersitzungen des Präsidiums nicht selten zeitgleich mit dem Kabinett getagt und uns eingehend auch damit befasst, wie mit den drohenden Grenzkontrollen und Grenzschließungen umgegangen werden kann und wie wir die Universität auf einen möglichen Notbetrieb vorbereiten können. Auch das war ein völliges Novum gewesen. Wir hatten quasi eine Standleitung, um uns abzustimmen. Was kommt seitens des Landes an Maßnahmen in Betracht? Und wie reagieren wir? Uns war klar, dass wir auch innerhalb der Universität so früh wie möglich kommunizieren müssen, was geschehen muss, wenn wir möglicherweise innerhalb weniger Tage alle universitären Bereiche in den Notbetrieb zurückfahren müssen. Hierzu ist letztlich ein gewisser zeitlicher Vorlauf erforderlich, wenn Sie nur an Forschungsprojekte in den Laboren denken, an die Gebäudetechnik und das Facility Management – all das musste geklärt sein. Und dies betrifft in hohem Maße selbstverständlich auch den Lehrbetrieb. Insofern waren das schon heftige Zeiten, in denen wir sehr viel kommuniziert haben. Ich kann mich noch gut daran erinnern, wie wir kurzfristig die Dekanin und Dekane und Leitungen der wissenschaftlichen Einrichtungen in den Senatssaal eingeladen hatten und ihnen mitteilen mussten: »Mit hoher Wahrscheinlichkeit wird es ab kommender Woche einen Notbetrieb, also einen Lockdown, der Universität geben, bei dem der überwiegende Teil der Mitarbeitenden zu Hause bleiben muss und nur noch das basale Funktionieren der Betriebstechnik im Vordergrund steht und dass die Forschungsprojekte und die Versorgung der Tierställe und all das schnellstmöglich so vorbereitet werden, dass das auch gangbar ist.« Und so war es dann auch. Mit unserem Vorgehen hatten wir etwas Zeit gewonnen. Das heißt, es war sozusagen vorausschauend auf das, was politisch wahrscheinlich oder mit hoher Wahrscheinlichkeit entschieden wird. Wir haben einen Krisenstab eingesetzt mit allen Beteiligten, haben auf allen Ebenen kommuniziert: Arbeitsschutz, Betriebsarzt, Personalvertretungen, Roland Rolles als Vertreter unseres Präsidiums. Meine Referentin Kirsten Trapp hat dabei auch eine ganz zentrale Schlüsselrolle eingenommen und tut dies auch nach wie vor in diesem Team. Aus meiner Sicht hat das alles vorbildlich funktioniert, insbesondere wenn man bedenkt, dass wir so eine Extremsituation an unserer Universität bislang nicht kannten. Bei der Krisenbewältigung lässt sich zudem konstatieren, dass wir innerhalb der Landeshochschulen als größte Hochschule im Saarland auch eine gewisse Vorreiterfunktion übernommen hatten, so dass die anderen Hochschulen häufig auch dankbar waren, sich an dem orientieren zu können, was wir entwickelt hatten. Aber alles in allem waren das schon herausfordernde Zeiten. Für uns war es nicht ganz einfach, innerhalb der Universität die Maßnahmen so zu kommunizieren, dass sie auch eine breite Rückendeckung hatten. In unserer Konstellation ist es so, dass das Saarland eine landesweite Corona-Verordnung verabschiedet hat, die den Hochschulen im Rahmen ihrer Hygienemaßnahmen und Pandemiepläne eine weitgehende Autonomie gibt – also wertschätzend bezüglich eines eigenen Krisenmanagements, aber gleichzeitig auch mit einer hohen Verantwortung der Hochschulen verbunden. Unsere Pandemiepläne stellten damit die Grundlage für alle Entscheidungen dar, die wir im Vorfeld eng mit den Gesundheitsbehörden abstimmten, was auch sehr gut funktioniert hat. Gleichzeitig haben wir uns natürlich auch sehr eng mit unserem Universitätsklinikum am Campus Homburg abgestimmt und ausgetauscht – als Grundlage für unsere Maßnahmen in den Pandemieplänen. Das Beratungsteam der Landesregierung besteht aus vielen Kolleg*innen unserer Universität und des Universitätsklinikums, auch wir als Präsidium bauen auf diese Expertise. Insofern war und ist es auf der einen Seite gut, dass wir die Verantwortung selbst übernehmen konnten, auf der anderen Seite sind wir damit auch diejenigen, die in der Kritik stehen können, wenn etwas nicht funktioniert. In Frankreich ist es beispielsweise ganz anders, wie wir konkret in der Großregion im grenzüberschreitenden Universitätsverbund der Universität der Großregion erleben konnten. Dort wird vieles sehr zentralisiert von Paris aus gesteuert, wodurch die Hochschulen nur wenig Ermessensspielraum haben und beispielsweise Fragen zu Onlinelehre und Präsenzveranstaltungen meist nur zentral entschieden werden.

Florian Weber   Das ist ein spannender Punkt, letztlich, Ihre Erfahrungen aus der Großregion. Was haben Ihnen die anderen Kollegen berichtet? Wie gestaltete sich der Austausch in dieser Zeit mit den Amtskollegen der Universität der Großregion, der UniGR, als Verbund zusammen mit den Universitäten Lothringen, Lüttich, Luxemburg, Kaiserslautern und Trier?

Manfred Schmitt   Wir hatten einen regelmäßigen Austausch, der natürlich coronabedingt über Videokonferenzen stattfand, was für den UniGR-Verbund tatsächlich neu war. Sie haben es ja sicherlich auch noch erlebt, dass üblicherweise die Sitzungen immer mit Vertreter*innen der Universitäten und Dolmetscher*innen in Präsenz stattgefunden haben. Und von heute auf morgen – daran kann ich mich noch gut erinnern – habe ich in meiner Funktion als amtierender Präsident des Verbundes die erste Videokonferenz einberufen – ganz ohne Dolmetschen auf Englisch, was erstaunlich gut funktioniert hat. Ich glaube, das wird auch in der Zukunft ein Beispiel dafür sein, dass man nicht immer in Präsenz irgendwo sein muss, gerade wenn es um den schnellen Austausch untereinander geht. An den Universitäten in Luxemburg und Lothringen gab es zeitweise sehr hohe Infektionszahlen, so dass weite Teile der Universitäten komplett lahmgelegt wurden. Die Infektionszahlen sind in dieser Zeit sowohl auf Mitarbeiter*innen- als auch auf Studierendenebene stark angestiegen, was bei uns glücklicherweise bis dato nicht der Fall war. Vielleicht haben wir einfach früher reagiert mit unseren Maßnahmen und auch unsere Appelle und Bitten an die Studierenden und alle Mitglieder der Universität zügig kommuniziert, um auf die Hygiene zu achten, Abstände einzuhalten, Kontakte zu vermeiden und die Präsenz an den Standorten zu minimieren.

Florian Weber   Damit sind wir bereits mitten in der grenzüberschreitenden Thematik. Unsere Universität ist eng vernetzt mit anderen Partnern, zusätzlich auch durch viele Beschäftigte, die aus Frankreich zu uns ins Saarland kommen. Wie fiel am Anfang der Umgang mit den Grenzgänger*innen aus?

Manfred Schmitt Ich glaube, ein Problem war eben, dass die Frage der Grenzkontrollen und Grenzschließungen nicht allein vom Saarland aus entschieden werden konnte, sondern in der Zuständigkeit des Bundesinnenministeriums liegt, bei dem die Sensibilität für Grenzregionen sicher nicht so ausgeprägt ist wie bei uns im Dreiländereck. Die Grenzschließungen hatten uns natürlich in besonderer Weise betroffen, da dies nicht nur die Studierenden unserer deutsch-französischen Studienprogramme auch innerhalb der Universität der Großregion betraf, sondern auch viele täglich pendelnde Mitarbeitenden, die bei uns arbeiten, aber auch Dienstleister, wenn Sie nur beispielsweise an das Reinigungspersonal denken. Auch mir selbst war vorher nicht bewusst, wie hoch der Anteil an diesen Personengruppen tatsächlich ist, die aus Lothringen kommen. Und das sind alles Dinge, die uns daher auch unmittelbar auf vielen Ebenen vor dem Hintergrund der Grenzkontrollen und der Schließung von Grenzübergängen getroffen haben. Wir haben uns entsprechend intensiv dafür eingesetzt, dass Betroffene zügig Bescheinigungen erhalten, um zu uns kommen zu können. Des Weiteren haben wir uns als Universität besonders dafür eingesetzt, dass Studierende den Berufspendler*innen gleichgesetzt werden, um eine rechtliche Basis zu schaffen. Grundlegend ging es darum, einen geregelten Austausch zu ermöglichen, was nach einiger Zeit auch gelungen ist. Das war wichtig. Genauso wichtig war es, dass wir es geschafft haben, von den starren und wenig flexiblen Quarantäneregeln wegzukommen, so dass spezielle Regelungen für Grenzpendler*innen galten. Das hat uns sehr geholfen – auch in dem Sinne, dass hierdurch unter anderem die Studierenden für ein paar Tage hierherkommen konnten und wieder zurück.

Florian Weber In den Medien wurde allenthalben von Ressentiments gegenüber Französ*innen berichtet – bei den Grenzkontrollen, aber auch beim Einkaufen. Die Universität des Saarlandes hat eine lange deutsch-französische Tradition, ist international aufgestellt. Waren wir dadurch an der Universität ein Stück weit vor entsprechenden kritischen Situationen gefeit oder sind Sie auch mit national rückgebundenen Argumentationen konfrontiert worden?

Manfred Schmitt Also ich habe persönlich nicht wirklich etwas von Ressentiments gespürt. Ich habe diesbezüglich auch explizit bei unserem Studierendensekretariat und dem International Office nachgefragt und war sehr erleichtert zu erfahren, dass dies an unserer Universität kein wirkliches Thema war, da Internationalität zu unserem Alltag gehört – auch wenn es vielleicht einzelne Ausreißer gegeben haben mag.

Florian Weber Unsere ausländischen Studierenden haben Sie bereits angesprochen. Wie ist unsere Universität in diesem grenzüberschreitenden Geschehen positioniert? Was hat die Pandemie mit dem Austausch in der Großregion und allgemein in Europa gemacht?

Manfred Schmitt Der Austausch wurde natürlich extrem abrupt ausgebremst und dies auf allen Ebenen: Ingoing, Outgoing, EU-Ausland und auch Nicht-EU-Ausland. Auch die Praktika im Ausland, all das konnte nicht mehr wie sonst üblich stattfinden. Es wurden aber neue Formate entwickelt, Praktika im grenznahen Raum wurden zeitweilig unterbrochen oder unter entsprechend angepassten Bedingungen finalisiert. Dies war mit einem deutlich erhöhten Beratungsaufwand verbunden, der jedoch durch die vorhandenen Strukturen und Instrumente sehr gut abgefangen werden konnte, u. a. durch das International Office, das Welcome Center, über die einzelnen Fächer und deren Studienkoordination wie auch durch den persönlichen Einsatz der Mitarbeiter*innen. Die Universität wird die Erfahrungen aus dieser Zeit positiv nutzen, u. a. für neue Lehr- und Lernformate auch im Rahmen unserer neuen europäischen Universitätsallianz T4E, die von der Europäischen Kommission gefördert wird und unlängst das Label als Europäische Universität erhielt. Auch weitere, neue Partnerschaften sind hierdurch möglich. Diese neuen Formate bieten auch attraktive Perspektiven für die Studierenden. Das Thema der virtuellen Mobilität möchten wir erhalten und weiter ausbauen, so dass es zukünftig sicher noch verstärkt genutzt werden wird.

Florian Weber In Ihrer Funktion als Präsident der Universität der Großregion stehen Sie im engen Austausch mit den Partneruniversitäten, worüber wir bereits gesprochen haben. Haben sich hier im grenzüberschreitenden Kontext spezifische Probleme und Herausforderungen bei den Partnern gestellt?

Manfred Schmitt Im Grunde genommen waren die Partneruniversitäten mit den gleichen Herausforderungen konfrontiert wie die Universität des Saarlandes. Der Austausch hat uns in unserem Handeln bestätigt, da sich die anderen Universitäten mit vergleichbaren Problematiken auseinandersetzen mussten. Mitunter waren die Instrumente etwas anders gelagert oder auch das Handling und Management einer solchen Krisensituation. Da gab es durchaus Unterschiede in den einzelnen Ländern: Ich würde sagen, wir sind relativ nahe an dem, wie auch in Luxemburg die Krise gemanagt wird.

Florian Weber Ich möchte gerne noch auf den Digitalisierungsschub zu sprechen kommen, der übergeordnet für unsere Universität ein ganz spannender Prozess war. Christian Wagner, unser Vizepräsident für Planung und Strategie hat, glaube ich, darauf verwiesen, dass wir innerhalb weniger Monate einen Prozess durchlaufen haben, ...

Manfred Schmitt ... der ansonsten vermutlich zwei Jahre gedauert hätte, ja, genau.

Florian Weber Mich würde freuen, wenn Sie diesen Digitalisierungsprozess noch einmal Revue passieren lassen würden. Welche Probleme, welche Chancen gehen damit einher?

Manfred Schmitt Im Grunde genommen wollten wir immer schon digitaler werden, doch dieser Weg ist natürlich kein einfacher – in dem Sinne, dass sich Universitäten oder besser gesagt die Hochschullandschaft insgesamt etwas schwertut, neue innovative Lehr- und Lernformate zu entwickeln und im Sinne einer natürlichen Evolution auch in Studium und Lehre zu implementieren. Wir hatten bereits die Plattform Moodle, doch diese wurde noch vor Corona in erster Linie zur Dokumentenablage genutzt. Wir hatten noch kein System wie Zoom oder wie bei uns jetzt Microsoft Teams mit einer Campuslizenz. Das ist nun ein riesiges Plus, das wir flächendeckend in der Universität etablieren konnten, verbunden mit den Möglichkeiten, die eben solche Systeme bieten: Live Chats, Videos, Konferenzen, interaktive Lehrformate und vieles mehr. Damit wurde ein enormer Schub an unserer Universität ausgelöst, der gleichzeitig aber auch einen enormen Aufwand bedeutete, was Schulungen, Informationen, Demonstrationsvideos etc. anging. Ich kann mich noch gut an die ersten Schulungen erinnern, die für die Mitarbeitenden auf allen Ebenen angeboten wurden, um mit so einem System auch zurechtzukommen. Und da waren in der Tat insbesondere Christian Wagner als Vizepräsident wie auch unsere Stabsstelle für Digitalisierung extrem aktiv und erhielten auch sehr positive Resonanz aus nahezu allen Bereichen der Universität. Die Fakultäten haben hier alle sehr schnell und überaus engagiert reagiert. Während die Digitalisierung z. B. in der Mathematik oder Informatik letztlich kein großes Thema war, wurde hiermit in den Geisteswissenschaften ein ziemliches Neuland betreten. Umso mehr hat es mich gefreut, dass gerade in den weniger IT-affinen Fächern das neue Angebot mit Enthusiasmus und mit hohem Engagement aufgenommen wurde. Ich erhielt auch viele positive Rückmeldungen von den Studiendekan*innen, was konkret auch die Möglichkeit beinhaltete, mit den Studierenden zumindest online in Kontakt zu bleiben. Aus meiner Sicht wird es jetzt wichtig sein, dass wir auch für eine hoffentlich bald beginnende Nach-Corona-Zeit die bereichernden Elemente fortführen, gekoppelt natürlich mit Präsenzformaten. Ich bin davon überzeugt, dass es in Zukunft eine Kombination aus analog und digital sein wird, die in sinnvoller Kombination und Anwendung eine echte Bereicherung in Lehre und Studium sein wird. Die Studierenden haben die Umstellung insgesamt sehr gut aufgenommen und schätzen auch die hiermit verbundene höhere Flexibilität, etwa bei asynchronen Lehrangeboten. In den Bereichen Forschung und Verwaltung werden wir künftig sicher auch auf die durch die Digitalisierung angestoßenen Änderungen der Prozesse sowie die guten Erfahrungen von Homeoffice und Online-Meetings zurückgreifen. Und dennoch ist es wichtig zu betonen, dass Wissenschaft und Universitäten in Forschung und Lehre ganz wesentlich vom persönlichen Diskurs und Austausch vor Ort leben: Wir wollen und werden daher auch in Zukunft eine Präsenzuniversität sein!

Florian Weber Da haben wir innerhalb von kürzester Zeit einiges dazu gelernt. Wie sehen Sie – noch einmal grundlegend – unsere Universität mit den Erfahrungen im Laufe des Jahres 2020 für die Zukunft aufgestellt?

Manfred Schmitt Ich sehe uns aktuell um Meilen besser aufgestellt als vor der Pandemie. Wir wissen, welche Möglichkeiten wir haben, mit welchen Instrumenten wir grundsätzlich agieren können und passen diese dann der jeweiligen Situation an. Strukturen, Prozesse, Abstimmungen und auch die Kommunikation innerhalb der Universität sind jetzt deutlich effizienter etabliert. Entscheidungen eines Präsidiums sind immer mit einer hohen Verantwortung für die gesamte Universität und all ihre Mitglieder verbunden. Dies gilt es stets in ganz besonderer Weise abzuwägen, wobei eine transparente Kommunikation mit möglichst klaren Botschaften zentral wichtig ist.

Florian Weber Eine letzte Frage zum Schluss: Welche Lehren sind aus Ihrer Sicht aus der COVID-19-Pandemie zu ziehen, speziell für unsere international ausgerichtete Universität und den Verbund Universität der Großregion?

Manfred Schmitt Ich glaube, gerade bei den grenzüberschreitenden Fragen wissen wir jetzt deutlich mehr, dass nationale Lösungen, die nicht mit den Partner*innen in der Grenzregion abgestimmt sind, wenig sinnvoll sind. Und das war zu Beginn der Krise sicher noch zu wenig in unseren Köpfen, auf allen Ebenen – ich schließe mich da auch gern selbst mit ein. Natürlich ist einem bewusst, dass wir hier in einer Grenzregion leben, doch die Konsequenzen sind 2020 noch einmal viel plastischer sichtbar geworden. Und das ist für mich persönlich eine der größten Lehren, vermutlich auch für die Landes- und Bundespolitik. Die Regionen sind mittlerweile fest zusammengewachsen, hier gibt es keine Grenzen mehr. Und deswegen – egal in welcher Situation – plötzlich wieder diese Grenzen hochzuziehen oder zu schließen, ist fatal. Rückblickend betrachtet hat das den Verlauf der Pandemie auch nicht wesentlich beeinflussen können. Wichtig für die Zukunft ist, dass die Erfahrungen aus der Grenzschließung nicht zu einer neuen Form des Nebeneinanders führen, sondern im Gegenteil dazu beitragen, dass wir Europa gemeinsam leben, um künftig mit globalen Herausforderungen bestmöglich umgehen zu können.

Florian Weber Das macht diese Grenzthematik letztlich auch so spannend und aktuell für uns Forscher*innen im UniGR-Center for Border Studies.

Manfred Schmitt Die Relevanz der Grenzraumforschung ist in der Krise noch offensichtlicher geworden. Wir haben seit langem im Rahmen der UniGR gemeinsame Visionen und Ziele, gemeinsame Forschungsprojekte und gemeinsame Studienprogramme. Über COVID-19 sind wir nun auch noch auf einer weiteren Ebene enger verbunden – z.B. über geförderte Gemeinschaftsprojekte. Und das finde ich eben auch toll in so einer Krisensituation, die ja extrem geprägt ist – auf allen Entscheidungsebenen – von der Wissenschaft. Ich persönlich kann mich nicht erinnern, dass die Politik jemals einen so engen Austausch mit der Wissenschaft gesucht und gepflegt hat. Hierdurch hat die Wissenschaft letztlich auch innerhalb der Gesellschaft enorm an Bedeutung gewonnen – in dem Sinne, dass sie entscheidend dazu beiträgt, zu beraten und zu helfen, selbst wenn die Wissenschaft nicht immer einer Meinung ist. Mich persönlich hat das sehr beeindruckt.

Florian Weber Das ist auch eine eindrückliche Beobachtung aus den letzten Monaten. Vielen Dank, Herr Schmitt, für Ihre Zeit. Ich wünsche Ihnen weiterhin ein gutes Geschick für die Leitung unserer Universität so wie bisher!

---

*Prof. Dr. **Manfred Schmitt** ist seit März 2017 Präsident der Universität des Saarlandes. Er studierte und promovierte an der Universität Mainz. Nach der Promotion forschte er zwei Jahre lang als Postdoc und Stipendiat der Deutschen Forschungsgemeinschaft in den USA an der UMass Medical School in Worcester. 1990 wurde er wissenschaftlicher Assistent an der Universität Mainz, wo er sich 1993 für das Fach Mikrobiologie habilitierte. Seit 1996 ist Manfred Schmitt Professor für Molekular- und Zellbiologie am Zentrum für Human- und Molekularbiologie (ZHMB) der Universität des Saarlandes, das er von 2003 bis 2011 auch geleitet hat. Von 2009 bis 2014 war er Vizepräsident für Lehre und Studium der Saar-Universität. Am 1. März 2021 begann seine zweite Amtszeit.*

L'ENSEIGNEMENT SUPÉRIEUR AU TEMPS DE LA COVID-19 : DÉFIS, GESTION DE CRISE ET OPPORTUNITÉS

Florian Weber (Université de la Sarre) échange avec Manfred Schmitt (Université de la Sarre et Université de la Grande Région)[1]

Résumé Manfred Schmitt est président de l'Université de la Sarre et, depuis novembre 2019, également président de l'Université de la Grande Région (UniGR), un réseau universitaire transfrontalier associant les universités de la Sarre, de Lorraine, Liège, Luxembourg, Kaiserslautern et Trèves. En tant que scientifique, il a observé avec inquiétude l'actualité du début de l'année 2020 concernant la COVID-19. En tant que président d'université, il a pu ressentir l'impact de la pandémie de SARS-CoV-2 qui s'est fait sentir dès février et surtout en mars au fur et à mesure de son développement : l'université est passée en mode de gestion d'urgence, ce qui a nécessité des processus de coordination et de communication étendus. Eu égard aux contrôles et à la fermeture des frontières, il fallait trouver rapidement des solutions pour les nombreux frontaliers parmi les étudiants, le personnel et les prestataires de services extérieurs. Tout cela a rapidement remis en cause des évidences de la vie quotidienne en un laps de temps très court et nous a en même temps fait prendre conscience de l'importance cardinale de conserver des frontières ouvertes. L'échange avec nos collègues du réseau universitaire transfrontalier a montré clairement que les mesures prises différaient d'un pays à l'autre. L'un des rares effets disons « positifs » de la pandémie réside dans la dynamique très rapide des processus de numérisation, qui a permis le développement puis la mise en œuvre de nouveaux formats d'enseignement et d'apprentissage innovants à l'Université de la Sarre, et ce en très peu de temps depuis le printemps 2020. Mais au-delà, l'université a établi diverses procédures pour faire face aux défis d'une pandémie sans précédent et ce, avec autant d'efficacité et de sens des responsabilités que possible. L'une des leçons que Manfred Schmitt tire de la crise est que les solutions nationales non coordonnées au préalable de la meilleure manière possible au sein de la région frontalière sont de peu d'utilité. Rétrospectivement, la fermeture des frontières n'a pas permis de contrer sensiblement la propagation du virus. Néanmoins, le président Schmitt estime que l'Université de la Sarre, par sa participation à l'Université de la Grande

Région, dispose de solides atouts pour faire face avec ses pairs, en étroite coordination et en pleine confiance, à ces temps difficiles de restrictions diverses et de fermetures de frontières. En outre, il est appréciable que la science se voit accorder dans cette pandémie un rôle central et une reconnaissance comme « instance » de conseil auprès des décideurs politiques et de la société comme jamais auparavant.

Florian Weber   Cher M. Schmitt, l'année 2020 a été très singulière avec la pandémie de COVID 19. Au début de l'année, le coronavirus semblait encore assez éloigné, mais fin janvier, avec le premier cas à Landshut, en Bavière, il est arrivé chez nous en Allemagne. Quand et comment la COVID-19 est-elle devenue un problème pour vous et vos collègues du conseil d'administration (« Präsidium ») de l'Université de la Sarre ?

Manfred Schmitt   Dès le début du mois de février, nous avons été de plus en plus confrontés à cette question. Comme nous tous, j'ai également pris connaissance des premiers cas d'infection virale en Chine par la presse internationale, sans que leurs conséquences dramatiques soient prévisibles à l'époque – bien qu'en tant que microbiologiste, je sois sensibilisé à l'énorme dynamique que peut engendrer une infection virale agressive. Au fond, il était déjà à craindre à ce moment-là que le virus se répande très rapidement – d'autant qu'il n'y avait pas alors de restrictions sur les voyages aériens internationaux. Rétrospectivement, c'était certainement une erreur de maintenir si longtemps les vols en provenance et à destination de l'Asie, alors même que des développements dramatiques en Chine s'esquissaient déjà. Cela n'aurait probablement pas empêché la pandémie, mais cela aurait sans doute donné un peu plus de temps pour se préparer à la menace de propagation.

Florian Weber   Votre appréciation en tant que biologiste moléculaire et cellulaire est bien sûr tout à fait intéressante ici. En comparaison, au cours des premiers mois, les décideurs politiques des différents échelons territoriaux en Allemagne semblent relativement peu consacrés au sujet.

Manfred Schmitt   Je pense que ce qui a vraiment manqué – et c'est l'une des leçons de la pandémie – c'est justement une coordination étroite, dès les prémices, tout particulièrement dans les régions frontalières et de manière transnationale, afin de prendre conjointement les meilleures mesures pour maîtriser une situation aussi extrême qu'une pandémie. Qu'il s'agisse d'infections virales ou bactériennes, elles ne peuvent être arrêtées aux frontières géographiques. À cet égard, je pense qu'une approche bien coordonnée et, surtout – même si le mot est utilisé à tort et à travers – une communication transparente sont, de part et d'autre, absolument essentielles. Et ce n'était certainement pas optimal dans la phase comprise entre février et mars 2020. Tout arrivait coup sur coup et il n'était pas rare que la communication soit à la traîne.

Florian Weber La communication est un très bon mot-clé pour moi ! Le 12 mars, je suis rentré à Sarrebruck depuis Grenoble après un déplacement professionnel. Lors de l'escale à Paris, j'ai reçu la nouvelle que les déplacements professionnels étaient à proscrire. Après cela, tout est allé très vite : l'université est entrée en mode de gestion de crise peu après. J'ai toujours eu l'impression que la communication ici, dans notre université, était très rapide, très bonne, très ciblée. Il serait utile que vous puissiez donner aux lecteurs une idée de vos considérations à ce moment-là et de la façon dont vous avez pris vos décisions sur un terrain aussi mouvant.

Manfred Schmitt Très franchement, la situation était souvent peu claire pour nous aussi, car personne ne savait exactement comment les choses allaient évoluer concrètement dans les semaines et les mois à venir. Mais en même temps, nous étions conscients que cette infection virale pouvait évoluer vers une épidémie, voire une pandémie. C'est pourquoi nous avons opté pour des mesures strictes à un stade précoce. Comme instance de direction de l'université, le conseil d'administration était dès le début en étroite communication avec les autorités politiques du Land. Nous avons tenu des réunions spéciales, parfois en même temps que le conseil des ministres d'ailleurs, afin d'examiner en détails comment procéder face aux contrôles et fermetures de frontières ou de préparer l'université à un mode de gestion de crise. Cela aussi était une nouveauté complète. Nous avions pour ainsi dire une ligne dédiée afin de mieux nous coordonner. Quelles mesures seraient susceptibles d'être prises par le Land ? Et comment réagirions-nous ? Il était clair que nous devions communiquer le plus tôt possible au sein de l'université sur ce qui devrait se passer si nous devions en quelques jours faire passer les différents départements en mode dégradé. En fin de compte, cela nécessite un certain délai de préavis, si l'on pense seulement aux projets de recherche dans les laboratoires, aux services de construction et à la gestion des installations – tout cela devait être préparé. Et bien sûr, cela affecte aussi l'enseignement dans une large mesure. À cet égard, c'était déjà une période intense où nous communiquions beaucoup. Je me souviens encore très bien que nous avons convié en dernière minute les doyens et les directeurs des institutions universitaires dans la salle du Sénat et que nous avons dû leur dire : « Selon toute probabilité, à partir de la semaine prochaine, un fonctionnement de crise sera mis en place, soit une quasi-fermeture de l'université, aux termes duquel la majorité des collaborateurs devront rester chez eux et seules les fonctions minimales seront assurées – ceci devant en outre être préparé en urgence pour être prêt à temps, qu'il s'agisse des projets de recherche en cours ou des salles accueillant des animaux par exemple. » Et il en fût ainsi. Nous avons gagné un peu de temps avec notre façon de procéder. C'est-à-dire qu'il s'agissait, en somme, d'anticiper ce qui était politiquement susceptible ou très susceptible d'être décidé. Nous avons mis en place une équipe de crise (« Krisenstab ») avec toutes les parties prenantes et avons communiqué à tous les niveaux : la santé et la sécurité au travail, le médecin du travail, les représentants du personnel, Roland Rolles en tant que représentant de notre conseil d'administration. Ma collaboratrice Kirsten Trapp a également joué un rôle clé dans ce processus et continue à le faire au sein de cette équipe. De mon point de vue, tout a fonctionné de manière exemplaire, surtout si l'on considère que nous n'avions jamais vécu une situation aussi extrême dans notre université. En ce qui concerne la gestion de crise, on peut également dire qu'en tant que plus grand établissement d'enseignement supérieur de Sarre, nous avons assumé une certaine fonction de pionnier au sein des universités/écoles supérieures du Land, de sorte que les autres universités étaient souvent reconnaissantes de pouvoir s'orienter sur la base de ce que nous avions développé. Mais dans l'ensemble, c'était une période difficile. Il ne nous a pas été facile de communiquer sur les mesures prises au sein de l'université de sorte à ce qu'elles puissent bénéficier d'un large soutien. Dans notre « constellation », il est vrai que le Land de Sarre a adopté une « ordonnance coronavirus » qui donne aux universités un large degré d'autonomie s'agissant de leurs mesures d'hygiène sanitaires et de leurs plans de lutte contre la pandémie. En d'autres termes, c'est une reconnaissance de leur propre capacité de gestion de crise, mais en même temps un degré élevé de responsabilité pour les universités. Nos plans de lutte contre la pandémie ont donc constitué la base de toutes les décisions que nous avons coordonnées étroitement avec les autorités sanitaires au préalable, ce qui a également très bien fonctionné. En même temps, bien sûr, nous avons aussi échangé avec notre Centre Hospitalier Universitaire sur le campus de Homburg pour disposer de bases solides à nos mesures de lutte contre la pandémie. L'équipe d'experts du gouvernement sarrois est composée de nombreux collègues de notre université comme de l'hôpital universitaire sur lesquels nous nous appuyons en tant que conseil d'administration. À cet égard, il était et il est certes bon que nous puissions prendre nous-mêmes nos responsabilités, mais nous sommes aussi ceux qui reçoivent les critiques si quelque chose ne fonctionne pas. En France, par exemple, c'est tout à fait différent, comme nous l'avons vécu au sein du réseau universitaire transfrontalier de l'Université de la Grande Région. Là-bas, beaucoup de choses sont contrôlées de manière très centralisée depuis Paris, ce qui signifie que les universités ont peu de marge de manœuvre et que, par exemple, les questions relatives à l'enseignement en ligne et aux évènements en présentiel ne sont généralement décidées qu'au niveau central.

Florian Weber   C'est un point tout à fait passionnant, en fin de compte, que votre expérience de la Grande Région. Que vous ont rapporté vos autres collègues ? Comment s'est déroulé l'échange pendant cette période avec les homologues de l'Université de la Grande Région, l'UniGR, en tant que plateforme entre les universités de Lorraine, Liège, Luxembourg, Kaiserslautern et Trèves ?

Manfred Schmitt   Nous avions un échange régulier, qui se faisait bien sûr par vidéoconférence, une nouveauté pour le réseau UniGR. Vous avez certainement constaté que les réunions se tenaient habituellement en présence de représentants des universités et d'interprètes. Et du jour au lendemain – je m'en souviens encore très bien – j'ai organisé la première visioconférence en ma qualité de président en exercice du groupement universitaire – sans aucune interprétation en anglais, ce qui a étonnamment bien fonctionné. Je pense que cela sera sans doute à conserver à l'avenir, tant il n'est pas toujours nécessaire de se retrouver en présentiel, surtout lorsqu'il s'agit d'un échange rapide entre les uns et les autres. Dans les universités de Luxembourg et de Lorraine, le nombre d'infections était parfois très élevé, de sorte que de grandes sections des universités étaient complètement paralysées. Le nombre d'infections avait fortement augmenté pendant cette période, tant au niveau du personnel que des étudiants, ce qui n'est heureusement pas le cas pour nous à ce jour. Peut-être avons-nous simplement pris des mesures plus tôt et communiqué rapidement nos appels et demandes aux étudiants comme à tous les membres de l'université pour qu'ils veillent à l'hygiène, qu'ils gardent leurs distances, qu'ils évitent les contacts et qu'ils réduisent au minimum la présence sur les sites.

Florian Weber Cela nous place déjà au cœur de la question transfrontalière. Notre université est étroitement liée à d'autres partenaires et nombre de ses employés viennent de France. Comment avez-vous géré le sujet des frontaliers au début ?

Manfred Schmitt Il me semble qu'un des problèmes résidait dans le fait que la question des contrôles et des fermetures de frontières ne relève pas du seul Land de Sarre mais du ministère fédéral de l'Intérieur, qui n'est certainement pas aussi sensible aux régions frontalières que nous le sommes dans le « triangle des trois frontières ». La fermeture des frontières nous a bien sûr touchés de manière particulière, non seulement les étudiants de nos programmes d'études franco-allemands à l'échelle de la Grande Région, mais aussi notre personnel transfrontalier ainsi que des prestataires de services, comme par exemple le personnel de nettoyage. Même moi, je n'avais pas conscience auparavant du pourcentage élevé au sein de ces groupes de personnes qui vivent en fait en Lorraine. Et ce sont tous ces sujets qui nous ont aussi touchés directement et à de multiples niveaux dans le contexte des contrôles aux frontières et de la fermeture des postes frontières. Nous nous sommes mobilisés pour que les personnes concernées reçoivent rapidement des certificats afin qu'elles puissent venir à nous et se rendre à leur travail. En outre, en tant qu'université, nous avons milité pour que les étudiants soient mis sur un pied d'égalité avec les navetteurs, et ce afin de pouvoir disposer d'une base juridique. Il s'agissait essentiellement de rendre possible des flux encadrés, ce qui a d'ailleurs fonctionné après un temps d'adaptation. C'était majeur. Il était tout aussi important que nous parvenions à nous affranchir de règles de quarantaine rigides et inflexibles, de sorte à pouvoir appliquer des règlements dérogatoires aux frontaliers. Cela nous a beaucoup aidés, par exemple en permettant aux étudiants de venir ici pendant quelques jours puis de rentrer.

Florian Weber Les médias ont fait état de ressentiments à l'égard des Français un peu partout – aux contrôles aux frontières, mais aussi lorsqu'ils faisaient leurs courses. L'Université de la Sarre a une longue tradition franco-allemande et dispose d'un profil international. Cela signifie-t-il que nous, à l'université, étions dans une certaine mesure immunisés ou étiez-vous également confronté à ces attitudes liées au contexte national ?

Manfred Schmitt Eh bien, personnellement, je n'ai pas vraiment perçu de ressentiment. J'ai également interrogé explicitement notre secrétariat des étudiants et le bureau international à ce sujet et j'ai été très soulagé d'apprendre que ce n'était pas vraiment un problème dans notre université, car la dimension internationale fait partie de notre vie quotidienne même s'il ne faut pas exclure que quelques attitudes individuelles soient peut être à déplorer.

Florian Weber Vous avez déjà mentionné nos étudiants étrangers. Comment notre université se positionne-t-elle dans ces événements transfrontaliers ? Quel a été l'impact de la pandémie sur les échanges dans la Grande Région et en Europe en général ?

Manfred Schmitt Bien sûr, les échanges ont été ralentis de façon extrêmement brutale et ce, à tous les niveaux : entrants, sortants, au sein de l'UE et hors UE. Même les stages à l'étranger, tout cela ne pouvait plus se dérouler comme d'habitude. Cependant, de nouveaux formats ont été mis au point, les stages dans les zones frontalières ont été pour un temps interrompus ou finalisés dans des conditions adaptées. Cela s'est accompagné d'une augmentation significative de notre activité de conseils individuels, qui a toutefois été bien assurée par les structures et les instruments existants, comme le Bureau international, le Centre d'accueil, la coordination des études ainsi que l'engagement individuel des personnels. L'université mettra à profit l'expérience acquise pendant cette période, entre autres pour développer de nouveaux formats d'enseignement et d'apprentissage ; également d'ailleurs dans le cadre de notre nouvelle alliance universitaire européenne T4E, financée par la Commission européenne et récemment labellisée « université européenne ». Ceci ouvre le champ des possibles en termes de nouveaux partenariats, qui offrent des perspectives attrayantes aux étudiants. Nous aimerions maintenir et développer la mobilité virtuelle, afin d'y avoir recours encore davantage à l'avenir.

Florian Weber En votre qualité de président de l'Université de la Grande Région, vous êtes en discussion constante avec les universités partenaires dont nous avons déjà parlé. Des problèmes et des défis spécifiques sont-ils apparus dans le contexte transfrontalier avec les partenaires ?

Manfred Schmitt En somme, les universités partenaires ont été confrontées aux mêmes défis que l'Université de la Sarre. L'échange nous a confirmés dans nos actions, car les autres universités ont dû faire face à des problèmes comparables. Parfois, les instruments ou la gestion et le traitement de cette situation de crise étaient un peu différents. Il y avait des différences évidentes entre les pays : je dirais que nous sommes relativement proches de la manière dont la crise est gérée au Luxembourg.

Florian Weber J'aimerais parler de la poussée de la numérisation, qui a été un processus très stimulant pour notre université. Christian Wagner, notre vice-président chargé de la planification et de la stratégie, a, je pense, fait référence au fait que nous avons réussi en quelques mois, ...

Manfred Schmitt ... ce qui autrement aurait probablement pris deux ans, oui, exactement.

Florian Weber Je serais heureux si vous pouviez revenir sur le processus de digitalisation. Quels sont les problèmes et les opportunités qu'il apporte ?

Manfred Schmitt Au fond, nous avons toujours voulu devenir plus numériques, mais cette voie n'est bien sûr pas facile – en ce sens que les universités, ou plutôt le paysage de l'enseignement supérieur dans son ensemble – ont un peu de mal à développer de nouveaux formats d'enseignement et d'apprentissage innovants puis à les mettre en œuvre dans les études et l'enseignement comme s'il s'agissait, dirons-nous, d'une évolution naturelle. Nous avions déjà la plate-forme Moodle, mais même avant la COVID-19, elle était principalement utilisée pour le stockage de documents. Nous n'avions pas encore de système comme Zoom ou, comme nous le faisons maintenant, Microsoft Teams avec une licence de campus. C'est maintenant un énorme plus que nous avons pu établir dans toute l'université combiné aux possibilités qu'offrent justement ces systèmes : chats en direct, vidéos, conférences, formats d'enseignement interactifs et bien plus encore. Cela a donné un énorme coup de fouet à notre université, mais en même temps, cela a représenté un travail gigantesque en termes de formation, d'information, de vidéos de démonstration, etc. Je me souviens encore des premiers cours de formation qui ont été proposés au personnel de tous les niveaux afin de maîtriser un tel système. Christian Wagner en particulier, en tant que vice-président, ainsi que notre Bureau de la numérisation ont été extrêmement actifs et ont reçu des commentaires très positifs de presque tous les secteurs de l'université. Les facultés ont toutes réagi très rapidement et avec beaucoup d'engagement. Si la numérisation n'a finalement pas été un problème majeur dans les mathématiques ou l'informatique, par exemple, elle a ouvert de nouvelles perspectives dans les sciences humaines. J'ai été d'autant plus heureux que la nouvelle offre soit reçue avec enthousiasme et haut niveau d'engagement, notamment dans les domaines sans affinité particulière avec les TIC. J'ai également reçu beaucoup de commentaires positifs de la part des doyens des études, qui ont en particulier cité la possibilité de maintenir le contact avec les étudiants, au moins en ligne. De mon point de vue, il sera maintenant important que nous conservions ces avancées pour la période post-COVID, couplée bien sûr aux formats présentiels. Je suis convaincu qu'à l'avenir, ce sera une combinaison de l'analogique et du numérique, qui, déclinée en applications judicieuses, constituera un réel enrichissement pour l'enseignement et l'étude. Dans l'ensemble, les étudiants ont très bien réagi au basculement et apprécient également la plus grande flexibilité qu'il apporte, par exemple avec une offre de cours asynchrones. Dans les domaines de la recherche et de l'administration, nous nous appuierons certainement aussi à l'avenir sur les changements de processus déclenchés par la numérisation ainsi que sur les expériences positives du télétravail et des réunions en ligne. Pourtant, il est important de souligner que la science et les universités, dans la recherche et l'enseignement, vivent en grande partie d'interactions et d'échanges sur place : nous voulons et continuerons donc à être une université en présentiel dans le futur !

Florian Weber Nous avons beaucoup appris en très peu de temps. Comment voyez-vous – une fois de plus dans les grandes lignes – notre université se positionner pour l'avenir avec l'expérience acquise au cours de l'année 2020 ?

Manfred Schmitt Je pense que nous sommes actuellement en bien meilleure position qu'avant la pandémie face à cet enjeu. Nous savons quelles sont nos options, quels instruments nous pouvons mobiliser, puis nous les adaptons à la situation. Les structures, les processus, la coordination et la communication au sein de l'université sont désormais beaucoup plus efficaces. Les décisions prises par un conseil d'administration sont toujours associées à un haut niveau de responsabilité pour l'ensemble de l'université et pour tous ses membres. Elles doivent donc toujours au préalable être soupesées avec soin, tandis qu'une communication transparente avec des messages aussi clairs que possible reste d'une importance capitale.

Florian Weber Une dernière question en conclusion : selon vous, quelles leçons peut-on tirer de la pandémie de la COVID-19, en particulier pour notre université à vocation internationale et le réseau de l'Université de la Grande Région ?

Manfred Schmitt Je crois que sur les questions transfrontalières nous savons clairement désormais que les solutions nationales prises sans coordination avec les partenaires de la région frontalière n'ont que peu de sens. Et au début de la crise, ce n'était certainement pas encore suffisamment présent à nos esprits, à tous les niveaux – et je m'inclus volontiers dans ce constat. Bien sûr, chacun est conscient que nous vivons ici dans une région frontalière, mais les conséquences sont devenues beaucoup plus visibles en 2020. Et c'est l'une des plus grandes leçons pour moi personnellement, et probablement aussi pour la politique régionale et fédérale. Les régions sont maintenant solidement unies : il n'y a plus de frontières ici. Et à cause de cela – quelle que soit la situation – le fait de rétablir, de refermer soudainement ces frontières est fatal. Rétrospectivement, cela n'a pas eu d'impact majeur sur le cours de la pandémie. Ce qui est important pour l'avenir, c'est que l'expérience acquise lors de la fermeture des frontières ne conduise pas à une nouvelle forme de coexistence mais, au contraire, nous aide à vivre l'Europe ensemble afin de pouvoir faire face aux défis mondiaux de la meilleure manière possible.

Florian Weber C'est ce qui rend cette question des frontières si passionnante et si actuelle pour nous, chercheurs au Centre européen d'études sur les frontières.

Manfred Schmitt La pertinence de la recherche dans les régions frontalières est devenue encore plus évidente avec la crise. Nous avons depuis longtemps des visions et des objectifs communs, des projets de recherche et des programmes d'études partagés dans le cadre de l'UniGR. Sur la COVID-19, nous sommes désormais plus étroitement liés, par exemple par le biais de projets financés en commun. Et je pense que c'est très bien dans une telle situation de crise, que la science influe autant à tous les niveaux de décision. Personnellement, je ne me souviens pas que la politique ait jamais cherché et maintenu un échange aussi étroit avec la science. En conséquence, la science a finalement acquis une importance primordiale au sein de la société – au sens où elle contribue de manière décisive à conseiller et à apporter une aide, même si la science ne parle pas toujours d'une seule et même voix. Personnellement, cela m'a beaucoup impressionné.

Florian Weber C'est également une observation impressionnante de ces derniers mois. Merci beaucoup, M. le Président Schmitt, pour votre temps. Je vous souhaite de continuer à diriger notre université avec autant d'agilité que vous l'avez fait jusqu'à présent !

NOTES

1 Traduction de l'interview menée en allemand.

Le professeur **Manfred Schmitt** *est président de l'Université de la Sarre depuis mars 2017. Il a étudié et obtenu son doctorat à l'université de Mayence. Il a ensuite mené des recherches pendant deux ans en tant que post-doctorant et boursier de la Fondation allemande pour la recherche aux États-Unis à l'UMass Medical School de Worcester. En 1990, il est devenu assistant de recherche à l'université de Mayence, où il a obtenu son habilitation en microbiologie en 1993. Depuis 1996, Manfred Schmitt est professeur de biologie moléculaire et cellulaire au Centre de biologie humaine et moléculaire (ZHMB) de l'Université de la Sarre, centre qu'il a également dirigé de 2003 à 2011. De 2009 à 2014, il a été vice-président pour l'enseignement et les études de l'Université de la Sarre. Son deuxième mandat a débuté le 1er mars 2021.*

NATIONALE REFLEXE IM ANGESICHT EINER EUROPÄISCHEN KRISE

Die Kontrollen an der deutsch-französischen Binnengrenze während der ersten Welle der COVID-19-Epidemie

Tetyana Albers, Valerie Köbele-Ennaji, Jacob Ross und Veit Wolfart (ENA Straßburg)

Résumé Le présent article est basé sur un projet de recherche mené par des élèves allemands de l'Ecole nationale d'administration (ENA). Les auteurs s'y interrogent sur la réintroduction des contrôles à la frontière franco-allemande pendant la première vague de l'épidémie de COVID-19. Ils proposent une analyse de ce que de nombreux commentateurs ont appelé le « réflexe national », face à un virus qui frappait toute l'Europe au printemps 2020. Il s'est agi d'un retrait derrière les frontières du territoire national suite à une perte de contrôle face au développement exponentiel des infections. Les décideurs se sont vus confrontés à une menace existentielle sans disposer de plans adaptés ni d'informations complètes pour y répondre. Les auteurs reconstruisent la chaîne de décisions déclenchée par le classement de la Région Grand Est comme zone à risque par l'Institut Robert Koch le 11 mars 2020. Leur analyse étaie l'hypothèse que la décision de réintroduire des contrôles aux frontières était en premier lieu une décision des autorités allemandes, prise par le ministère fédéral de l'Intérieur allemand qui répondait ainsi aux inquiétudes des Länder frontaliers. Si la justification invoquée était la protection des populations, cette décision allait cependant à l'encontre des recommandations des experts médicaux. Cela soulève la question des dynamiques politico-administratives qui ont abouti à une telle décision. Enfin, les auteurs retracent la mise en place d'une gestion de crise transfrontalière à différents niveaux et formulent des recommandations pour rendre cette coopération plus résiliente.

Tetyana Albers, Valerie Köbele-Ennaji, Jacob Ross und Veit Wolfart

DAS VIRUS KENNT KEINE GRENZEN?

»[Es kommt] in dieser Krise ganz entscheidend darauf an, dass die europäische Familie noch näher zusammenrückt. Denn das Virus kennt keine Grenzen; und so darf auch unsere Antwort als Europäische Union nicht an nationalstaatlichen Grenzen haltmachen. Wir müssen einander helfen, wo immer dies möglich ist.«
Rede von Bundeskanzlerin Merkel im Rahmen der Veranstaltung »Außen- und Sicherheitspolitik in der deutschen EU-Ratspräsidentschaft« der Konrad-Adenauer-Stiftung am 27. Mai 2020

Wenige Sätze wurden in der Diskussion um die zwischenzeitliche Wiedereinführung der Grenzkontrollen in Europa im Frühjahr 2020 häufiger verwendet als der, das Virus kenne keine Grenzen. Leicht verändert findet er sich bereits in einer Fernsehansprache des französischen Staatspräsidenten Emmanuel Macron vom 12. März, in der dieser argumentierte, das Virus habe keinen Reisepass (»le virus n'a pas de passeport«). Diese Feststellung ging in der Regel mit Forderungen nach einer europäischen Antwort, nach Kooperation und Solidarität einher, so auch bei Macron, der fortfuhr, »die europäische Koordination ist essenziell«. Trotz dieser rhetorischen Beschwörung der europäischen Zusammenarbeit angesichts der Pandemie war die Antwort vieler europäischer Staaten auf die Krise zunächst nationalstaatlich geprägt.

Exemplarisch für diese Feststellung steht die Wiedereinführung von Kontrollen an den europäischen Binnengrenzen. Zahlreiche Kommentator*innen haben in diesem Zusammenhang von einem »nationalen« oder gar »nationalistischen« Reflex als Reaktion auf die Krise gesprochen: So forderte der luxemburgische Außenminister Jean Asselborn in der ARD: »Nicht nationale Reflexe sollen spielen, sondern europäische.«[1] Sein Landsmann Robert Goebbels, ehemals luxemburgischer Staatssekretär und vor rund 35 Jahren Unterzeichner des Schengener Abkommens, bezeichnete die Grenzschließungen als »unlogisch« und »unverhältnismäßig«, einen »archaischen Reflex«.[2] Auch wissenschaftliche Beobachter der Grenzkontrollen greifen den Begriff des nationalen Reflexes auf.[3] Angesichts des weitgehenden Konsenses über die Notwendigkeit einer europäischen Antwort auf die Pandemie, den die zitierten Aussagen reflektieren, stellt sich die Frage, wie sich der »nationale Reflex« erklären lässt. Ihre Dringlichkeit wurde gerade in den deutsch-französischen Grenzregionen deutlich, in denen die grenzüberschreitende Zusammenarbeit im Rahmen der Euroregionen und institutioneller Gremien wie der Eurodistrikte, der Oberrheinkonferenz oder der Großregion doch eigentlich fest verankert schien.

Die folgende Analyse beruht auf einem Forschungsprojekt an der *École nationale d'administration* (ENA), deren Personal und Schüler*innen die Grenzschließungen im Frühjahr dieses Jahres in Straßburg hautnah erlebten. Aufbauend auf Interviews mit Politiker*innen, Wissenschaftler*innen und Verwaltungsbeamt*innen in Deutschland und Frankreich wurden Entscheidungsprozesse, Kommunikationswege und das Zusammenspiel der verschiedenen Ebenen und Akteure rekonstruiert. Damit möchten die Autor*innen einen Beitrag zur Beantwortung der Frage leisten, worin die Ursachen für den nationalen Reflex liegen – und wie dieser in Zukunft vielleicht vermieden werden könnte.

EIN »NATIONALER REFLEX« – METAPHER ODER ANALYTISCHES KONZEPT?

Im Duden bezeichnet der Begriff »Reflex« eine »Reaktion des Organismus auf einen das Nervensystem treffenden Reiz«.[4] Stellen wir uns in einem Gedankenspiel das Infektionsgeschehen im März 2020 als einen Reiz vor, das nationale politische System als ein Nervensystem. Die Einführung von Grenzkontrollen ist in dieser Metapher die Reaktion des Nervensystems, ein Automatismus. Der häufig polemisch verwendete Begriff eines »nationalen« oder »nationalistischen« Reflexes ist damit zunächst ein unscharfer Kontrastbegriff zu der positiv besetzten europäischen Koordination nationaler Maßnahmen gegen die Ausbreitung der COVID-19-Pandemie. Statt Ratio greift der Reflex, für sorgfältige Abwägungen ist keine Zeit. Dabei gilt im Rückblick natürlich zu bedenken, dass die Krisensituation im März die Verantwortlichen in Politik und Verwaltung gezwungen hat, in kürzester Zeit Entscheidungen mit weitreichenden Folgen auf Grundlage unvollständiger Informationen und einander widersprechender Expert*innenmeinungen zu treffen – das alles unter starkem politischem und medialem Druck.

Insofern ist eine gewisse Reflexhaftigkeit der Entscheidungsfindung wenig überraschend. Angesichts des rapide steigenden Infektionsgeschehens im März 2020 mussten die politischen Entscheidungsträger*innen eine Antwort auf die Krise weitgehend improvisieren. Dies erklärt zumindest teilweise den Rückgriff auf bewährte Interpretationsmuster, in diesem Fall das Denken in nationalen Kategorien. In Hintergrundgesprächen mit französischen Politiker*innen und Verwaltungsbeamt*innen, die am Krisenmanagement beteiligt waren, fiel sogar der Begriff des »pawlowschen Reflexes«. Damit wird der symbolische Rückzug hinter die Landesgrenzen als ein automatisierter psychologischer Schutzreflex dargestellt, Ängste werden (mitunter irrational) auf die Nachbarländer projiziert.

Eine mehr auf die Entscheidungsprozesse ausgerichtete Interpretation der Ereignisse lässt sich auf die Beobachtung stützen, dass mit der plötzlichen politischen Dringlichkeit der Krise ab Ende Februar 2020 das Krisenmanagement auf die nationale Ebene gehoben wurde und die Entscheidungsfindung in Regierungskrisenstäben dazu führte, dass die vor allem kommunal und Landkreis geführten Gremien der grenzüberschreitenden Zusammenarbeit nicht beteiligt waren. Dies wiederum führte dazu, dass die Folgen der Wiedereinführung von Grenzkontrollen für die stark vernetzten Grenzregionen nicht vollständig antizipiert und die besonderen Lebensumstände der Grenzbevölkerung bei den Entscheidungen nicht vollends berücksichtigt wurden.

DIE WIEDEREINFÜHRUNG DER GRENZKONTROLLEN AN DER DEUTSCH-FRANZÖSISCHEN GRENZE – EINE UNILATERALE ENTSCHEIDUNG DER DEUTSCHEN BEHÖRDEN?

Um die Frage zu beantworten, inwiefern es sich bei den Grenzschließungen um eine unilaterale Entscheidung der deutschen Behörden handelte, müssen zunächst die Entscheidungsprozesse nachvollzogen werden. Diese lassen sich rückblickend auf Grundlage von Gesprächen mit den Beteiligten, öffentlichen Stellungnahmen und aus Pressequellen zum Teil rekonstruieren (dazu Tabelle 1).

Ausgangspunkt der Entscheidung, Grenzkontrollen einzuführen, war die Einstufung der Region Grand Est als Risikogebiet durch das Robert Koch-Institut (RKI) am Mittwoch, 11. März. Dieser folgten in enger Abfolge erste Polizeikontrollen und Sperrungen von Grenzübergängen. Am folgenden Sonntagabend wurde ein gemeinsames Kommuniqué des französischen und des deutschen Innenministers veröffentlicht. Am Morgen des Montag, 16. März, folgte schließlich die Schließung zahlreicher Grenzübergänge und die Bundespolizei begann mit systematischen Kontrollen an den offen verbliebenen Grenzübergängen. Am selben Tag verhängte Emmanuel Macron eine landesweite Ausgangssperre (»confinement«).

Die Entscheidung zur Wiedereinführung der Grenzkontrollen traf das Bundesministerium des Innern, für Bau und Heimat (BMI) im Auftrag der Bundesregierung. Sie erfolgte allerdings (zumindest zum Teil) auf politi-

Tabelle 1 Chronologie des Krisenbeginns im Frühjahr 2020.
Quelle: Eigene Zusammenstellung.

Mittwoch 11. März	Das Robert-Koch-Institut stuft die Region Grand Est als Risikogebiet ein. Französische Grenzgänger*innen werden von vielen Arbeitgebern nach Hause geschickt.
Donnerstag 12. März	Am Abend des 12. März beginnt die Bundespolizei, verstärkte Kontrollen an den Grenzübergängen durchzuführen, um Menschen mit Krankheitssymptomen zu identifizieren. Zudem kommt es zu ersten Sperrungen von kleineren Grenzübergängen.
Freitag 13. März	Erste Fernsehansprache des französischen Staatspräsidenten Emmanuel Macrons zu den Maßnahmen zur Bekämpfung der COVID-19-Pandemie.
Wochenende 14./15. März	Dänemark, Polen und die Tschechische Republik führen Kontrollen an den Grenzen nach Deutschland ein.
Sonntag 15. März	Die beiden Innenminister Horst Seehofer und Christophe Castaner veröffentlichen ein Kommuniqué zu den Einschränkungen des Grenzverkehrs.
Montag 16. März	Der französische Staatspräsident Emmanuel Macron kündigt in einer erneuten Fernsehansprache eine allgemeine Ausgangssperre (»confinement«) an, die am Mittag des Folgetages in Kraft tritt. Die Bundespolizei sperrt zahlreiche Grenzübergänge und führt an den verbleibenden systematische Kontrollen durch; die französischen Ordnungskräfte führen ebenfalls Kontrollen bei der Einreise nach Frankreich durch.
Samstag 21. März	Erste französische COVID-19-Patient*innen werden in deutsche Krankenhäuser verlegt.

schen Druck der Landesregierungen im Grenzgebiet. So forderte der saarländische Ministerpräsident Tobias Hans in einem Brief vom 11. März die Bundesregierung auf, angesichts der 18 000 französischen Berufsspendler*innen im Saarland »darauf hinzuwirken, dass Frankreich alles in seiner Macht Stehende tut, um die Ausbreitung des COVID-19-Virus möglichst einzudämmen«[5]. In einem Tweet vom 12. März begrüßte Hans die Reaktion des Bundesinnenministers: »Ich freue mich, dass Horst Seehofer so schnell auf meinen Brief reagiert hat. Temporäre Grenzkontrollen sind eine harte, aber unerlässliche Maßnahme, um die Verbreitung des Coronavirus im Saarland einzudämmen. Bei allen Entscheidungen steht die Gesundheit der Menschen an oberster Stelle!«[6].

Ende Mai berichtete Bundesinnenminister Seehofer im Rahmen einer Sondersitzung der Deutsch-Französischen Parlamentarischen Versammlung rückblickend von einer Telefonkonferenz am Sonntag, 15. März, in der die Ministerpräsident*innen Bayerns, Baden-Württembergs, Rheinland-Pfalz und des Saarlands auf schnelle Grenzkontrollen gedrängt hätten: »Da war die Forderung von allen vieren nachmittags in einer Schaltkonferenz mit der Kanzlerin: Bitte morgen in der Früh mit den Grenzkontrollen beginnen!«[7]. Zu diesem Zeitpunkt scheint der Druck auf die Politik in den Grenzregionen schnell gewachsen zu sein, auch auf der Ebene der Kommunen und Landkreise, deren Gesundheitsämter für die Kontaktnachverfolgung *(tracing)* zuständig sind und die mit dieser Aufgabe schnell überlastet waren. Neben den rapide steigenden Infektionszahlen in den elsässischen Départements Haut-Rhin und Bas-Rhin war besonders die Meldung durch die französische Gesundheitsbehörde ARS *(Agence régionale de Santé)* ein entscheidender Faktor, ab sofort könnten Testung und Quarantäne aller Verdachtsfälle nicht länger gewährleistet werden. In den Lageberichten des RKI findet sich diese Information bereits ab dem 6. März wieder.

Die Entscheidung zur Einführung von Grenzkontrollen erfolgte nach Angaben Seehofers in Abstimmung mit dem französischen Innenministerium, nach einer telefonischen Vorwarnung am Donnerstag, 12. März. Von diesem Austausch zeugt auch das bereits erwähnte gemeinsame Kommuniqué am darauffolgenden Sonntagabend. Dennoch bleibt die Einschätzung auf französischer Seite, die französische Regierung sei vor vollendete Tatsachen gestellt worden und es habe sich vor allem um eine Entscheidung der deutschen Behörden gehandelt. Das gemeinsame Kommuniqué steht in dieser Interpretation demnach nicht für die gelungene Absprache, sondern sollte in erster Linie den Eindruck eines einseitigen deutschen Vorgehens vermeiden. Diese Lesart wird durch die Tatsache gestützt, dass die Einführung der Kontrollen eben nicht gleichzeitig und beidseitig der Grenze erfolgte, sondern die Bundespolizei Mitte März schneller handelte als die französischen Zoll- und Polizeibehörden. Lokale Politiker*innen und Medien berichteten zudem, die Kontrollen seien von der Bundespolizei deutlich strenger durchgeführt worden.

Aus französischer Sicht kommt schließlich erschwerend hinzu, dass die französische Seite vorab nicht hinreichend offiziell über die Grenzkontrollen informiert wurde. Vielmehr scheinen regionale und lokale französische Entscheidungsträger*innen, wenn überhaupt, nur informelle Vorwarnungen durch Kontakte in den deutschen Länderbehörden bekommen zu haben. So gab die Präfektin der Region Grand Est in der Presse an, am Donnerstag von den eigenen Polizeibeamt*innen über die Kontrollen der Bundespolizei auf der Europabrücke zwischen Straßburg und Kehl informiert worden zu sein[8]. Insofern lässt sich die Einführung von Grenzkontrollen zu Beginn der Krise durchaus als eine einseitige Entscheidung der deutschen Behörden charakterisieren.

GRENZKONTROLLEN – NATIONALER REFLEX ODER WIRKUNGSVOLLES INSTRUMENT IM INFEKTIONSSCHUTZ?

Die Charakterisierung der Grenzkontrollen als »nationaler Reflex« wirft die Frage auf, ob das maßgebliche Motiv hinter ihrer Einführung der Beitrag zum Infektionsschutz war. Einerseits stellten die Grenzgänger*innen im März eine potenzielle Quelle neuer Infektionsketten dar. Die französischen Gesundheitsbehörden waren, wie bereits beschrieben, ab Anfang März nicht mehr in der Lage, Kontaktnachverfolgungen zu gewährleisten. Andererseits kritisierten Expert*innen jedoch von Beginn an die Wirksamkeit von Grenzkontrollen zur Pandemiebekämpfung – insbesondere, da das Virus zu diesem Zeitpunkt bereits in Deutschland präsent war. Darüber hinaus raten sowohl die Weltgesundheitsorganisation als auch der durch das RKI erstellte »Nationale Pandemieplan Teil II – Wissenschaftliche Grundlagen« grundsätzlich von Grenzschließungen als Mittel der Pandemiebekämpfung ab:

»Hier besteht eine aus theoretischen Überlegungen und realen Erfahrungen gespeiste Einigkeit, dass ein Einreise- (und Ausreise-)Screening an Grenzen aufwendig und ineffektiv ist. Viel sinnvoller erscheint zum einen die Vorbereitung der Öffentlichkeit und Entscheidungsträger, dass Einreise- und Ausreise-Screenings wenig effizient sind. Zum anderen ist es wichtig, dass Reisende und primärversorgende Ärzte über die Erkrankung und Übertragungswege informiert werden, vorzugsweise durch mehrere gleichzeitig aktivierte Kanäle bzw. Medien. Grenzschließungen werden generell nicht als sinnvoll angesehen.«[9]

Das BMI hingegen verteidigte die Wirksamkeit dieser Maßnahmen, u. a. während einer Befragung im Bundestag am 13. Mai:

»Der Bundesregierung ist die Studienlage zu Grenzschließungen und Screening-Maßnahmen an den Grenzen im Rahmen der Pandemiebekämpfung, wie sie auch dem durch das Robert Koch-Institut (RKI) erstellten ›Nationalen Pandemieplan Teil II – Wissenschaftliche Grundlagen‹ zugrunde liegt, bekannt. Gleichwohl bleibt das Bundesministerium des Innern, für Bau und Heimat (BMI) bei seiner Einschätzung, dass neben den in den jeweiligen Staaten ergriffenen Maßnahmen unter anderem zur Kontaktbeschränkung auch die Beschränkung aller Reisebewegungen auf das unbedingt erforderliche Maß flankierend einen wichtigen Beitrag zur Eindämmung des Infektionsgeschehens mit dem neuartigen Coronavirus (SARS-CoV-2) leisten kann.«[10]

Die Grenzschließungen haben aus Sicht der deutschen Gesundheitsämter dazu beigetragen, dass die Bemühungen zu den Kontaktnachverfolgungen aufrechterhalten werden konnten. Weitere im Rahmen unseres Forschungsprojekts befragte Verwaltungsbeamt*innen merken jedoch an, dass ihnen bislang keine wissenschaftlichen Belege für die Wirksamkeit von Grenzkontrollen oder für eine Korrelation zwischen Infektionszahlen in Landkreisen und ihrer Nähe zur Grenze vorliegen. Ein Beleg für die »politische« Dimension der Entscheidung ist auch die Tatsache, dass systematische Grenzkontrollen und die Schließung von Grenzübergängen an den Grenzen zu Belgien und den Niederlanden ausblieben, was Kommentator*innen in der Presse auf parteiinterne Dynamiken in den Unionsparteien zurückführten[11]. Insofern erscheinen die Grenzkontrollen im Rückblick zumindest teilweise als Reaktion auf die Besorgnis in der Bevölkerung und den daraus entstehenden politischen Druck, sowie als politisches Signal. In diesem Zusammenhang spielt auch die Berichterstattung über die Ausbreitung der Pandemie in der Region Grand Est eine Rolle, die Ängste über den Infektionsherd Elsass schürte und somit möglicherweise zur Reaktivierung stereotyper nationaler Reflexe beigetragen hat.

Die eingehende Analyse der Entscheidungsprozesse, die zur Einführung der Grenzkontrollen führten, unterstützt die These eines nationalen Reflexes. Angesichts eines realen oder befürchteten Kontrollverlustes mit Blick auf das Infektionsgeschehen wurde mit der Einführung von Grenzkontrollen reagiert, wenngleich ein epidemiologischer Nutzen nicht wissenschaftlich belegt ist. Der »Rückzug« in die nationalen Grenzen und die physische Präsenz des souveränen Nationalstaats in Person der Polizeibeamt*innen an der Grenze haben möglicherweise der Bevölkerung ein Gefühl der Sicherheit vermittelt und waren somit wohl vorwiegend politischer und symbolischer Natur. Dies ist zumindest eine Lesart der Ereignisse, die durch die Rekonstruktion der Entscheidungsprozesse und die Gespräche mit Entscheidungsträger*innen untermauert wird.

FAZIT UND AUSBLICK

Der »nationale Reflex«, wenngleich in der öffentlichen Debatte oft kritisch verwendet, soll in der vorliegenden Analyse nicht wertend oder als Kritik an den Entscheidungsträger*innen verstanden werden. Vielmehr lässt seine rückwirkende Beobachtung mehrere Schlüsse zu. Zunächst hat dieser Reflex grenznahe und grenzüberschreitende Verwaltungsstrukturen und Prozesse durcheinandergeworfen, da lokale Entscheidungen plötzlich von den nationalen Regierungen in den weit entfernten Hauptstädten getroffen wurden. Darüber hinaus scheint der Kontrollverlust angesichts der raschen Ausbreitung der Pandemie auch eine Rückkehr nationalstaatlich geprägter Deutungsmuster hervorgebracht zu haben. Schließlich bleibt festzustellen, dass der Reflex zumindest für jene Akteure plausibel scheint, deren primäre Aufgabe der Schutz der eigenen Bevölkerung ist. Mit Verweis auf die eingehende Feststellung zu der Ausnahmesituation im Frühjahr bleibt aber festzustellen, dass die tatsächliche Wirksamkeit der Grenzkontrollen zu hinterfragen ist.

Jede Kritik der Grenzschließungen muss den medialen und politischen Druck sowie die diffuse Informationslage der Entscheidungsträger*innen im Frühjahr bedenken. Trotzdem ist mit Blick auf die Erfahrungen in der Grenzregion von März bis Juni festzustellen, dass ein »europäischer Reflex« sicherlich die bessere Lösung gewesen wäre. Diese Tatsache spiegelt sich in der veränderten Strategie zu Beginn der zweiten Pandemiewelle ab September 2020 wider. Jene Grenzländer, die noch im März die Grenzschließungen grundsätzlich begrüßten, sprachen sich jetzt für die Aufrechterhaltung des »kleinen Grenzverkehrs« und die Vermeidung systematischer Kontrollen aus. Mit Blick auf die grenzüberschreitende Kommunikation lässt sich festhalten, dass sich bereits im März, kurz nach der Einführung der Grenzkontrollen, schnell eine pragmatische (und insbesondere am Anfang informelle) Koordination zwischen den verschiedenen Entscheidungsträger*innen etablierte. Ein Beispiel ist hier die Telefonschaltstelle zwischen den drei Grenzländern, dem Bundesinnenministerium und den Gesundheitsbehörden auf deutscher Seite sowie der Präfektur, der Region Grand Est und den regionalen Gesundheitsbehörden (ARS) auf französischer Seite. Darüber hinaus fand ein enger Austausch auf Ebene der Europastaatssekretäre statt, insbesondere im Rahmen des 2020 neu gegründeten Ausschusses für Grenzüberschreitende Zusammenarbeit. Auch Parlamentarier*innen auf beiden Seiten der Grenze brachten sich aktiv in die Abstimmungen und Diskussionen ein, insbesondere im Rahmen der Deutsch-Französischen Parlamentarischen Versammlung. Die

Tatsache, dass die Grenzkontrollen trotz der Mobilisierung von Parlamentarier*innen, Bürgermeister*innen und später auch den Landesregierungen erst am 15. Juni aufgehoben wurden, zeugt dennoch davon, wie schwer es politisch gewesen sein muss, den einmal eingeschlagenen nationalen Pfad wieder zu verlassen.

Abschließend stellt sich die Frage, wie in künftigen Krisen der Rückfall in nationale Reflexe vermieden werden kann. Die Analyse der ersten Pandemie-Welle lässt eine doppelte Herangehensweise empfehlenswert erscheinen: Die COVID-19-Krise hat wie ein Stresstest für die deutsch-französische Zusammenarbeit gewirkt. Bereits bestehende Hindernisse wie ungeklärte Zuständigkeiten und unbekannte Ansprechpartner*innen im Partnerland, ein national ausgerichteter Rechtsrahmen sowie die strukturellen Unterschiede zwischen dem französischen Zentralstaat und dem deutschen Föderalstaat wurden durch die Krise mit großer Deutlichkeit zum Vorschein gebracht. Daher ist eine Lehre aus der Krise, eine generelle Vertiefung der Zusammenarbeit anzustreben, indem beispielsweise in Gesetzes- und Verordnungstexten die Spezifika der Grenzregionen stärker berücksichtigt und neue Institutionen wie der Ausschuss für Grenzüberschreitende Zusammenarbeit gestärkt und eingebunden werden. Gleichzeitig sollten an Verwaltungsstellen in diesem Bereich gezielt Kompetenzen für ein grenzüberschreitendes, europäisches Handeln aufgebaut werden. Ein Schwerpunkt sollte dabei auf einer proaktiven Kommunikation liegen, die die Unterschiede zum Partnerland kennt und mitdenkt und Informationen auch über die traditionellen Kanäle hinaus in mehreren Sprachen verfügbar und zugänglich macht. Zudem hat sich gezeigt, dass der bestehende institutionelle Rahmen im Krisenfall nicht dazu geeignet ist, schnell eine gemeinsame Antwort auf eine Pandemie zu finden. Insofern gilt es im Hinblick auf künftige Krisen, Resilienz aufzubauen und grenzüberschreitende Krisenprotokolle zu entwickeln, um etwa die schnelle Aktivierung von Krisenstäben vorzubereiten. Ebenso braucht es über persönliche Netzwerke hinaus eine raschere gemeinsame Krisenkommunikation auf allen Ebenen.

Diese Maßnahmen würden es ermöglichen, die deutsch-französische Zusammenarbeit – über die unmittelbaren Grenzregionen hinaus – krisenfester zu machen und auch in künftigen Krisensituationen, sei es im Pandemiefall, bei Umweltkatastrophen oder sicherheitspolitischen Krisen, besser gewappnet zu sein.

ANMERKUNGEN

1   Berrod, F., Wassenberg, B. & Chovet, M. (2020). La frontière franco-allemande au temps du Covid-19: la fin d'un espace commun? *The Conversation*. https://theconversation.com/la-frontiere-franco-allemande-au-temps-du-covid-19-la-fin-dun-espace-commun-136467. Zugegriffen: 21. April 2020.

2   Pailler, P. (2020, 21. April). Robert Goebbels. Fermer les frontières est un réflexe archaïque. *Paperjam*. https://paperjam.lu/article/fermer-frontieres-est-reflexe-. Zugegriffen: 4. Januar 2021.

3   Unfried, M. (2020, 8. April). Mehr Reflex als Effekt. Die grenzüberschreitende Krise legt die Defizite der Zusammenarbeit bloß. *Die tageszeitung*, https://taz.de/Europas-geschlossene-Gren-zen/!5674683/. Zugegriffen: 10. Juni 2020; Berrod, F., Wassenberg, B. & Chovet, M. (2020). La frontière franco-allemande au temps du COVID-19: la fin d'un espace commun ? In C. Wille & R. Kanesu (Hrsg.), *Bordering in Pandemic Times: Insights into the COVID-19 Lockdown* (hier S. 42), http://cbs.uni-gr.eu/de/ressourcen/publikationen/themenhefte/borders-perspective-vol-4. Zugegriffen: 30. November 2020; Crossey, N. (2020). Corona – neue Herausforderungen und Perspektiven für Grenzraumpolitiken und grenzüberschreitende Governance. In C. Wille & R. Kanesu (Hrsg.), *Bordering in Pandemic Times: Insights into the COVID-19 Lockdown* (hier S. 69), http://cbs.uni-gr.eu/de/ressourcen/publikationen/themenhefte/borders-perspective-vol-4. Zugegriffen 30. November 2020.

4   https://www.duden.de/rechtschreibung/Reflex. Zugegriffen: 4. Januar 2021.

5   Jungmann, M. (2020, 11. März). Nach Einstufung der Region Grand Est als Risikogebiet. Brandbrief von Saar-Regierungschef Hans an drei Bundesminister. *Saarbrücker Zeitung*. https://www.saarbruecker-zeitung.de/saarland/landespolitik/brandbrief-von-saar-regierungschef-tobias-hans-an-die-bundesminister-seehofer-spahn-und-maas_aid-49503079. Zugegriffen: 4. Januar 2021.

6   https://twitter.com/tobiashans/status/1238126217926266883. Zugegriffen: 4. Januar 2021.

7   Deutscher Bundestag, Stenografisches Protokoll der Sondersitzung der Deutsch-Französischen Parlamentarischen Versammlung vom 28. Mai 2020. https://www.bundestag.de/resource/blob/703162/d0da7203fa31ba2e88ea57f66814e37b/20200528_protokoll-data.pdf. Zugegriffen: 4. Januar 2021.

8   Dernières Nouvelles d'Alsace (2020, 12. März). Coronavirus: contrôles renforcés à la frontière entre la France et l'Allemagne, longues files de voitures sur le Pont de l'Europe. https://c.dna.fr/techniques/2020/03/12/coronavirus-controles-renforces-a-la-frontiere-entre-la-france-et-l-allemagne-longues-files-d-attente-de-voitures-sur-le-pont-de-l-europe. Zugegriffen: 4. Januar 2021.

9   Robert Koch Institut (2014, 8. Dezember). Wissenschaftliche Grundlagen. Nationaler Pandemieplan Teil II. S. 77. https://www.rki.de/DE/Content/InfAZ/I/

Influenza/Pandemieplanung/Downloads/Pandemieplan_Teil_II_gesamt.
pdf?__blob=publicationFile. Zugegriffen: 4. Januar 2021.

10 Deutscher Bundestag, Plenarprotokoll 19/159 vom 13. Mai 2020 – Antwort des Parl. Staatssekretärs Stephan Mayer auf die Frage des Abgeordneten Andrej Hunko. https://dipbt.bundestag.de/dip21/btp/19/19159.pdf. Zugegriffen: 4. Januar 2021.

11 Bubrowski, H., Burger, R. & Steppat, T. (2020, 6. April). Wie sich Laschet gegen Seehofer durchsetzte. *Frankfurter Allgemeine Zeitung*. https://www.faz.net/aktuell/politik/inland/corona-seehofer-will-abriegelung-laschet-verhindert-das-16715019.html. Zugegriffen: 4. Januar 2021.

Tetyana Albers *absolvierte von September 2019 bis Dezember 2020 das internationale Programm der Ecole nationale d'administration (ENA) sowie den Master Droit, économie, gestion – Mention Administration publique der Sciences Po in Straßburg. Zuletzt war sie an der ständigen Vertretung Deutschlands bei der EU in Brüssel für das Auswärtige Amt tätig. Ihr Studium der Europawissenschaften hatte sie davor nach Paris an die Sorbonne geführt.*

Valerie Köbele-Ennaji *absolvierte von September 2019 bis Dezember 2020 das internationale Programm der Ecole nationale d'administration (ENA) in Straßburg. Nach einem Studium der Islamwissenschaft und Romanistik (mit Nebenfach Französisch) hat die beeidigte Konferenzdolmetscherin für Arabisch mehrere Jahre als wissenschaftliche Mitarbeiterin in einem Abgeordnetenbüro des Deutschen Bundestages zum Themengebiet Migration gearbeitet.*

Jacob Ross *absolvierte von September 2019 bis Dezember 2020 das internationale Programm der Ecole nationale d'administration (ENA) in Straßburg. Nach einem Studium der Internationalen Beziehungen in Deutschland, Frankreich und Italien war er an der französischen Nationalversammlung und dem französischen Außenministerium tätig.*

Veit Wolfart *absolvierte von September 2019 bis Dezember 2020 das internationale Programm der Ecole nationale d'administration (ENA) in Straßburg. Sein deutsch-französisches Studium der Politik- und Wirtschaftswissenschaften und der Philosophie hat ihn unter anderem an die französische Nationalversammlung und das französische Generalsekretariat für Europäische Angelegenheiten (SGAE) geführt.*

THE RETURN OF BORDERS

Ein Kommentar zur Grenzraumforschung in Zeiten der Vergrenzungen

Christian Wille (Universität Luxemburg und UniGR-Center for Border Studies)

Résumé Cet article prend comme point de départ l'aube d'une ère de « frontiérisations » et décrit comment la recherche interdisciplinaire sur les frontières et la recherche européenne sur les espaces frontaliers abordent la réémergence des frontières. Dans ce contexte, l'interconnexion étroite de la recherche sur les espaces frontaliers avec le projet politique d'intégration européenne et l'accent mis sur la perméabilité des frontières deviennent évidents. Cependant, en même temps, il apparaît que l'idée directrice d'une Europe sans frontières a perdu beaucoup de son rayonnement au cours des dernières décennies, dernièrement en raison du renforcement temporaire des contrôles dans l'espace Schengen (2015/2016) et de la fermeture temporaire des frontières de l'UE (2020). Les processus de « frontiérisation » de plus en plus fréquents dans les régions frontalières sont également illustrés dans la vie quotidienne de leurs habitants. Enfin, l'article propose un élargissement de la perspective de recherche sur les espaces frontaliers européens qui prend en compte la durabilité des frontières et aide ainsi à mieux comprendre les « frontiérisations » aux frontières intérieures de l'UE.

ZEITALTER DER VERGRENZUNGEN

Erstmalig seit der Nationenbildung wurden im Jahr 2020 die Grenzen von so vielen Ländern gleichzeitig geschlossen. Dieses Ereignis kann als (vorläufiger) Höhepunkt einer ganzen Reihe an territorialen (Selbst-)Versicherheitlichungen betrachtet werden, welche die in den 1990er Jahren aufgekommene Idee der »Borderless World«[1] erheblich in Zweifel zieht. Denn während damals unter dem Eindruck des sich ausbreitenden Internets, Falls des Eisernen Vorhangs, der wachsenden Mobilität oder globalen Klima- und Umweltfragen territoriale Grenzen scheinbar an Bedeutung verloren, ist seit einigen Jahrzehnten eine Renaissance von Grenzen augenfällig. Sie geht vor allem auf jüngere gesellschaftliche und politische Entwicklungen zurück, wie der plötzliche Anstieg terroristischer Anschläge in den 2000er Jahren sowie die immer deutlicher werdende Krise des Migrationsmanagements durch die westlichen Staaten. Sie haben nicht nur die forcierte Digitalisierung der Grenzregime, temporäre Wiedereinführung von Grenzkontrollen im Schengen-Raum oder die Abschottung der EU-Außengrenzen bewirkt, sondern auch zu einer Vervielfältigung von physischen Grenzanlagen geführt.[2] So sprechen etwa Benedicto et al.[3] von einer »Walled World«, wenn sie den Bau von Grenzmauern in den letzten 30 Jahren bilanzieren: zwischen 1989 und 2018 ist ihre Zahl weltweit von sechs auf 63 gestiegen, von denen allein 14 im Jahr 2015 zum Höhepunkt der weiter anhaltenden Fluchtbewegungen errichtet wurden.

Diese Entwicklungen legen nahe, dass wir in ein Zeitalter der Vergrenzungen eingetreten sind. Auch die Grenz(raum)forschung, die in der Großregion mit dem UniGR-Center for Border Studies (UniGR-CBS) aufgestellt ist (siehe Textbox 1), reagiert darauf und arbeitet seit ihren jüngsten epistemologischen Wenden mit Konzepten, die Grenzen in gesellschaftlichen Prozessen aufspüren und somit das Augenmerk zunehmend umlenken von den territorialen Rändern hin zu jenen gesellschaftlichen »Schauplätzen«, an denen Grenzen als Einsetzungen, Stabilisierungen, Infragestellungen oder Verschiebungen virulent (gemacht) werden.[4] Solche »Schauplätze« reichen von Migrationspolitiken über künstlerische Verarbeitungsformen von sozialer Ungleichheit oder kultureller Differenz bis hin zur Frage nach ver- oder entgrenzten Lebenswirklichkeiten in Grenzregionen.

Bei der Beschäftigung mit solchen und weiteren gesellschaftlichen »Schauplätzen« der Grenz(de)stabilisierung sind zwei Tendenzen auszumachen: Während die Grenzforschung unter dem Eindruck der Fluchtbewegungen und Migrationsforschung vor allem auf die Mobilität von Grenzen und ihre Einsetzung, Stabilisierung sowie Unterwanderung fokussiert, interessiert sich die Grenz*raum*forschung – angeleitet vom Ideal eines Europa ohne Grenzen – besonders für das Geschehen an den territorialen Rändern innerhalb der EU und für die Destabilisierung ihrer Trennwirkungen. Diese Orientierung ist spätestens seit den 1980er Jahren festzustellen, in denen rechtliche Fragen der grenzüberschreitenden Zusammenarbeit wichtiger wurden und sich das Verständnis der EU-Binnengrenzen von sogenannten »trennenden Narben der Geschichte« hin zu »verbindenden Nahtstellen« wandelte.[5] Diese Auffassung von Grenzen als

Textbox 1: Das UniGR-Center for Border Studies
Das UniGR-Center for Border Studies (UniGR-CBS) ist ein grenzüberschreitendes Netzwerk der Grenzforscher*innen der Universität der Großregion (UniGR) mit den UniGR-Partneruniversitäten Technische Universität Kaiserslautern, Universität Lothringen, Universität Luxemburg, Universität Lüttich, Universität des Saarlandes und Universität Trier. Sie haben sich im Jahr 2014 zusammengeschlossen, um die Expertisen der Grenz(raum)forschung der beteiligten Universitäten unter einem Dach zu bündeln und weiter auszubauen. Ihre gemeinsamen Entwicklungsschwerpunkte sind:

- soziökonomische und soziokulturelle Fragestellungen in Grenzregionen – insbesondere in der Großregion – wissenschaftlich analysieren,
- Handlungswissen und praxisorientierte Lösungen für grenzüberschreitende Herausforderungen in Grenzregionen – insbesondere in der Großregion – entwickeln,
- ein europäisches Profil bei Studierenden und Doktorand*innen der beteiligten Universitäten entwickeln (z. B. im trinationalen Master in Border Studies),
- mit internationalen Grenzforscher*innen vernetzen und Impulse in der internationalen Fachdebatte setzen.

Das UniGR-CBS stellt auf seinem Portal www.borderstudies.org nützliche Ressourcen für regionale Akteure und internationale Grenzforscher*innen bereit, die es im Interreg VA Großregion Projekt »Europäisches Kompetenz- und Wissenszentrums für Grenzraumforschung – Border Studies« (2018–2022) entwickelt hat.

permeable Brücken festigte sich in den 1990er Jahren im fortschreitenden Integrationsprozess, in dem Grenzregionen im »Europa der Regionen«[6] und damit etwa für den europäischen Binnenmarkt oder in der Gemeinschaftsinitiative Interreg fortan eine wichtige Rolle spielen sollten. Die politische Bedeutung von Grenzregionen, die auch im Zuge der Erweiterungswellen fortbesteht, schlägt sich in der Grenzraumforschung bis heute nieder. Sie ist eng verflochten mit dem politischen Projekt der europäischen Integration, was den Fokus auf Destabilisierungsprozesse, auf die Permeabilität von Grenzen und die normative Orientierung der zahlreichen (und oft unverbundenen) Untersuchungen einzelner territorialer EU-Binnen*an*grenzungen erklärt.[7]

VERGRENZUNGEN IN GRENZREGIONEN: COVIDFENCING

Vor diesem Hintergrund scheint es geradezu so, als sei die europäische Grenzraumforschung mit ihren spezifischen Akzentuierungen von den globalen Entwicklungen, die ein Zeitalter der Vergrenzungen eingeläutet haben, überholt worden. Dieser Eindruck erhärtet sich im Lichte der vertrauten Leitidee eines Europa ohne Grenzen, die mit Brexit, wachsender Euroskepsis und einem immer kostspieligeren EU-Grenzregime erheblich an Strahlkraft eingebüßt hat.[8] Sie wurde im Jahr 2015 außerdem erstmals frappierend in Zweifel gezogen, als einige EU-Mitgliedstaaten unter dem Eindruck der Fluchtbewegungen und Terroranschläge in Paris und Brüssel wieder Grenzkontrollen einführten oder Befestigungsanlagen errichteten. Auch in der Großregion wurden Grenzen reaktiviert, verstärkten doch Frankreich (vom 26.07.2015 bis 26.01.2017) und Deutschland (vom 14.11.2015 bis 13.05.2016) damals ihre Grenzkontrollen.[9]

Fünf Jahre später werden die EU-Binnengrenzen erneut reaktiviert, allerdings deutlich drastischer, flächendeckender und vor einer neuen Kulisse der (Un-)Sicherheit. Denn während im Jahr 2015 Sicherheit unter Verweis auf das Fremde als »emotionale Beheimatung«[10] hergestellt wurde, werden die Versicherheitlichungen des Eigenen im Jahr 2020 über das äußere und unzähmbare Virus legitimiert. Angesprochen ist damit das bis dahin beispiellose »COVIDfencing«, womit Medeiros et al.[11] die Grenzschließungen im Zuge der SARS-CoV-2-Epidemie bezeichnen. Von den EU-Mitgliedern schloss Slowenien am 11. März als erstes seine Grenze, am 14. März folgte Dänemark und bis Ende des Monats führten alle weiteren EU-Staaten – mit Ausnahme von Luxemburg, Irland, Niederlande und Schweden – einschneidende Einreisebeschränkungen an ihren Grenzen ein. Während die Chronologie der Grenzschließungen inzwischen gut dokumentiert ist,[12] hat die Aufarbeitung der *COVIDfencing*-Prozesse im Schengen-Raum erst begonnen. Dazu zählen zweifelsohne dieser Band, aber genauso die Vorschläge für ein verbessertes grenzüberschreitendes Krisenmanagement[13], für Strategien zur gemeinsamen Bewältigung der sozioökonomischen COVID-19-Auswirkungen[14] oder kritische Betrachtungen des hastigen *COVIDfencing* hinsichtlich seiner Effizienz zur Eindämmung des Virus[15].

Abbildung 1 Spuren geschlossener Grenzen in Schengen/Perl nach der Öffnung der luxemburgisch-deutschen Grenze am 15. Mai 2020. Quelle: Aufnahme Christian Wille 2020.

Ein bislang noch vernachlässigter Aspekt der *COVIDfencing*-Aufarbeitung betrifft den temporär vergrenzten Alltag der Einwohner*innen von Grenzregionen und seine mittel- bis langfristigen Auswirkungen. Denn abgesehen von einigen episodischen Einblicken[16] in das Erleben der Grenzschließungen liegen noch keine umfassenden Untersuchungen der grenzregionalen Lebenswirklichkeiten als »Schauplätze« von Ver- bzw. Entgrenzungen vor (Abbildung 1). Die Brisanz der lebensweltlichen Dimension des *COVIDfencing* hat sich in der Großregion besonders an der deutsch-französischen Grenze im April und an der deutsch-luxemburgischen Grenze im September im Zusammenhang mit grenzüberschreitenden Arbeits- und Freizeitpendler*innen gezeigt. Damit angesprochen sind die längst überkommen geglaubten Ressentiments gegenüber den »vertrauten Fremden« jenseits der Grenze, deren Artikulation die Presse zugespitzt als »Corona-Rassismus«[17] bezeichnete. Vergrenzungen im Zuge der Pandemie wurden hier also nicht nur über strikt filternde Kontrollen manifest (Abbildung 2), sondern genauso kann der beobachtete Rückzug ins Eigene – als Abgrenzung vom Anderen – als »Schauplatz« des *COVIDfencing* qualifiziert werden: Das Andere wurde hier konstitutiv gemacht für das Sicherheit ver-

Abbildung 2 Grenzkontrollen an der deutsch-französischen Grenze (Saarland/Grand Est) im April 2020. Quelle: Aufnahme Marco Kany 2020.

sprechende Eigene. Welche genaue Verbreitung solche Mechanismen der (Selbst-)Versicherheitlichung in der Großregion fanden, darüber liegen keine Informationen vor. Das lebensweltliche *COVIDfencing* wurde jedenfalls auf politischem Parkett scharf verurteilt und der grenzüberschreitende Schulterschluss[18] zur Entkräftung der beobachteten »VerAnderungen«[19] medienwirksam demonstriert.

Für eine Einschätzung der mittel- bis langfristigen Auswirkungen dieser Ereignisse ist es noch zu früh, allerdings gibt der SaarLorLux-Trend 2020[20] erste Hinweise: Im Dezember meinen zehn Prozent der 1 000 im französischen Département Moselle lebenden Befragten, sich im Saarland weniger willkommen zu fühlen als noch vor der Pandemie. Ein knappes Drittel (31 Prozent) spürt keine größeren Veränderungen und die Mehrheit (58 Prozent) enthält sich der Stimme, da sie sich kaum im Saarland aufhält. Ein ähnliches Meinungsbild geben die 500 Befragten mit Wohnsitz in Luxemburg ab. Unterschiede zwischen den Befragten aus Frankreich und Luxemburg werden aber bei der Einschätzung deutlich, inwiefern die Grenzschließungen das Verhältnis zu den Nachbargemeinden im Saarland belasten. Während hier die Mehrheit der Franzosen (57 Prozent) keine gravierenden Beeinträchtigungen sieht, hat die Hälfte (50 Prozent) der Luxemburger*innen den Eindruck, die Grenzschließung belaste nunmehr das Verhältnis zum Saarland.

AUSBLICK: GRENZRAUMFORSCHUNG IM ZEITALTER DER VERGRENZUNGEN

Die am Beispiel der Großregion angerissenen Logiken von Vergrenzungen, die Eindeutigkeiten und Sicherheiten über äußere Referenzsubjekte erzeugen (Terrorist*innen, Virus, verAnderte Nachbarn), illustrieren die Dynamik und Komplexität von Grenzziehungsprozessen, wie sie bislang in erster Linie von der Grenzforschung thematisiert werden. Ebenso vor allem in der (kritischen) Grenzforschung zu verorten ist das Umkämpftsein von Grenzen und damit die Frage, wer sich in welcher Weise mit welchen Interessen und Effekten an Ver- und Entgrenzungsprozessen beteiligen kann und beteiligt.[21] Besonders im Fokus stehen dabei zivilgesellschaftliche Akteure mit ihren aktivistischen bzw. artivistischen Aktionen als »Schauplätze« der politischen Intervention.[22] In Reaktion auf die geschlossenen Schengen-Grenzen waren solche Interventionen im Jahr 2020 auch in europäischen Grenzregionen auszumachen, die mit zivilgesellschaftlichen Anfechtungen von Grenzen in der Regel kaum Erfahrungen haben. So wurde zum Beispiel im April die Aktion »Schengen is alive« zunächst mit verschiedenen Grenzgemeinden im Dreiländereck Schengen aufgelegt und sodann mit Bürger*innen über mehrere Wochen hinweg fortgesetzt (Abbildung 3). Explizit ausgewiesene Proteste gegen Grenzschließungen fanden außerdem am 24. April an der deutsch-polnischen Grenze statt, insbesondere in der Doppelstadt Frankfurt (Oder)/Słubice, wo die Bürger*innen für »Lasst uns zur Arbeit, lasst uns nach Hause« demonstrierten.[23] An der deutsch-französischen Grenze bauten Aktivist*innen des transnationalen Jugendverbands »Junge Europäische Föderalisten« am 3. Mai in einer symbolischen Aktion an zwei gesperrten Grenzübergängen im Saarland die Barrieren ab und sprühten »#DontTouchMySchengen« auf den Asphalt (Abbildung 4).[24] Diese Aktionen, die stellvertretend für eine Vielzahl an »Schauplätzen« der gesellschaftlichen Aushandlung von Ver- bzw. Entgrenzungen in europäischen Grenzregionen stehen, werden in der Grenzraumforschung bislang weder im Kontext von *COVIDfencing-*Prozessen noch anderweitig berücksichtigt.

Die europäische Grenzraumforschung ist aber gut beraten, sich angesichts der skizzierten und vermutlich zukünftigen Entwicklungen fortan

Abbildung 3 Aktion »Schengen is alive« im Dreiländereck Schengen. Quelle: Aufnahme Christian Wille 2020.

Abbildung 4 Aktion »#DontTouchMySchengen« an der deutsch-französischen Grenze am 3. Mai 2020. Quelle: Aufnahme Junge Europäische Föderalisten 2020.

stärker auch mit den Prozessen der Einsetzung und Stabilisierung von Grenzen, aber genauso mit ihren Unterwanderungen und Anfechtungen, zu beschäftigen, ist das Zeitalter der Vergrenzungen doch nun auch bis zum Nukleus der Europäischen Integration – in die Grenzregionen – vorgedrungen. Eine solche Erweiterung um den Aspekt der Durabilität von Grenzen bedeutet für die europäische Grenzraumforschung allerdings nicht, ihren normativen Anspruch fallen lassen zu müssen oder sich vom politischen Projekt der Integration und der mit ihm verbundenen Leitideen zu emanzipieren. Vielmehr sollte eine zeitgemäße Perspektivweitung vollzogen werden, die »Schauplätze« und Dynamiken der Grenz(de)stabilisierung in Grenzregionen adäquat erfasst und darüber nunmehr auch Vergrenzungsprozesse an den EU-Binnengrenzen besser verstehbar macht. Inwiefern sich die europäische Grenzraumforschung dabei von der interdisziplinären Grenzforschung inspirieren lassen kann und lässt, wird die Zukunft zeigen. Das UniGR-Center for Border Studies in der Großregion ist ein Ort, der solche Inspirationen befördert und die Grenzraumforschung mit den Erkenntnissen der Grenzforschung verknüpft.

ANMERKUNGEN

1   Ohmae, K. (1990). *The Borderless World. Power and strategy in the interlinked economy*. New York: Harper.
2   Vallet, E. (2019). Border Walls and the Illusion of Deterrence. In R. Jones (Hrsg.), *Open Borders. In defense of free movement* (S. 157–223). Athens: University of Georgia Press.
3   Benedicto, R. A., Akkerman, M. & Brunet, P. (2020). *A walled world towards a global apartheid*. Centre Delàs Report 46. Barcelona: Centre Delàs d'Estudis per la Pau.
4   Wille, C. (2021). Vom processual shift zum complexity shift: aktuelle analytische Trends der Grenzforschung. In D. Gerst, M. Klessmann & H. Krämer (Hrsg.), *Grenzforschung. Handbuch für Wissenschaft und Studium* (S. 106–120). Baden-Baden: Nomos.
5   Courlet, C. (1988). La frontière: couture ou coupure? (special issue) *Economie et Humanisme* 301, 5–12.
6   Ruge, U. (2003). *Die Erfindung des »Europa der Regionen«. Kritische Ideengeschichte eines konservativen Konzepts*. Frankfurt (Main): Campus Verlag.
7   Wille, C. & Connor, U. (2019). Cross-border cooperation as practice formation. Perspectives for an alternative research approach. In J. Beck (Hrsg.),

Transdisciplinary discourses on cross-border cooperation in Europe (S. 255–278). Bruxelles: Peter Lang.

8 Klatt, M. (2020). The So-Called 2015 Migration Crisis and Euroscepticism in Border Regions: Facing Re-Bordering Trends in the Danish–German Borderlands. *Geopolitics* 25:3, 567–586. doi: 10.1080/14650045.2018.1557149; Bürkner, H.-J. (2020). Europeanisation versus Euroscepticism: Do Borders Matter? *Geopolitics* 25:3, 545–566. doi: 10.1080/14650045.2020.1723964; Yndigegn, C. (2020). The Europe without borders discourse and splitting European identities. In C. Wille & B. Nienaber (Hrsg.), *Border Experiences in Europe. Everyday Life – Working Life – Communication – Languages* (S. 17–38). Baden-Baden: Nomos. doi: 10.5771/9783845295671-17

9 Evrard, E., Sommarribas, A. & Nienaber, B. (2020). La réintroduction des contrôles frontaliers dans l'Espace Schengen: réflexions préliminaires pour un agenda de recherche. In G. Hamez & J.-M. Defays (Hrsg.), *Réalités, perceptions et représentations des frontières. L'espace transfrontalier de la Grande Région Sarre-Lor-Lux* (S. 247–261). Louvain-la-Neuve: EME Éditions.

10 Schwell, A. (2021). (Un-)Sicherheiten und Grenzen. In: D. Gerst, M. Klessmann & H. Krämer (Hrsg.), *Grenzforschung. Handbuch für Wissenschaft und Studium* (S. 267–282). Baden-Baden: Nomos.

11 Medeiros, E., Ramírez, M.G., Ocskay, G. & Peyrony, J. (2020). Covidfencing effects on cross-border deterritorialism: the case of Europe. *European Planning Studies* (online first). doi: 10.1080/09654313.2020.1818185

12 Reitel, B., Peyrony, J. & Wassenberg, B. (2020). Effects of the Covid-19 Pandemic on European Borders, Cross-Border Cooperation and European Integration. In B. Wassenberg & B. Reitel (Hrsg.), *Critical Dictionary on Borders, Cross-Border Cooperation and European Integration* (S. 830–847). Brüssel: Peter Lang; Carrera, S. & Luk, N.C. (2020). *In the Name of COVID-19: An Assessment of the Schengen Internal Border Controls and Travel Restrictions in the EU*. European Parliament, Policy Department for Citizens' Rights and Constitutional Affairs.

13 Coatleven, L., Hublet, F. & Rospars, T. (2020). *Subsidiäres Krisenmanagement in der Corona-Pandemie: Bundesrepublikanisches Erfolgsmodell und grenzübergreifende Perspektiven*. Paris: Groupe d'études géopolitiques.

14 Medeiros, E., Ramírez, M.G., Ocskay, G. & Peyrony, J. (2020). Covidfencing effects on cross-border deterritorialism: the case of Europe. *European Planning Studies* (online first). doi: 10.1080/09654313.2020.1818185

15 Eckardt, M., Kappner, K. & Wolf, N. (2020). Covid-19 across European regions: The role of border controls. *Covid Economics – Vetted and Real-Time Papers* 42, 94–111.

16 Wille, C. & Kanesu, R. (Hrsg.). (2020). *Bordering in Pandemic Times. Insights into the COVID-19 Lockdown* (UniGR-CBS Thematic Issue, Bd. 4). Luxemburg: UniGR-Center for Border Studies. doi: 10.25353/ubtr-xxxx-b825-a20b; Ulrich, P.,

Cyrus, N. & Pilhofer, A. (Hrsg.). (2020). *Grenzen und Ordnungen in Bewegung in Zeiten der Corona-Krise. Analysen zu Region und Gesellschaft* (Working Paper Series B/ORDERS IN MOTION 8). Frankfurt (Oder): Viadrina Center B/ORDERS IN MOTION. doi: 10.11584/B-ORDERS.8; Borderlands in the Era of COVID-19 (special issue). *Borders in Globalization Review* 1:2 (2020). https://journals.uvic.ca/index.php/bigreview. Zugegriffen: 19. Dezember 2020.

17 Drobinski, M. (2020, 13. April). »Beschämende Auswüchse«. *Süddeutsche Zeitung.* https://www.sueddeutsche.de/politik/saarland-beschaemende-auswuechse-1.4874867. Zugegriffen: 19. Dezember 2020.

18 Hans, T. & Rottner, J. (2020, 15. April). Die Grenze wird nicht blieben. *Frankfurter Allgemeine Zeitung.* https://zeitung.faz.net/faz/politik/2020-04-15/93d76424a39c94cb5e28f4c788ae55ee?GEPC=s5. Zugegriffen: 15. April 2020.

19 Reuter, J. (2002). *Ordnungen des Anderen. Zum Problem des Eigenen in der Soziologie des Fremden.* Bielefeld: transcript.

20 Saarländischer Rundfunk (SR) & Infratest dimap (2020). *SaarLorLux-Trend 2020.* https://www.sr-mediathek.de/index.php?seite=7&id=96331. Zugegriffen: 11. Dezember 2020.

21 Parker, N. & Vaughan-Williams, N. (2012). Critical Border Studies: Broadening and Deepening the ›Lines in the Sand‹ Agenda. *Geopolitics* 17:4, 727–733. doi: 10.1080/14650045.2012.706111

22 Giudice, C. & Giubilaro, C. (2015). Re-Imagining the Border: Border Art as a Space of Critical Imagination and Creative Resistance. *Geopolitics* 20:1, 79–94. doi: 10.1080/14650045.2014.896791; Amilhat Szary, A.-L. (2012). Walls and Border Art: The Politics of Art Display. *Journal of Borderlands Studies* 27: 2, 213–228. doi: 10.1080/08865655.2012.687216

23 Opiłowska, E. (2020). The Covid-19 crisis: the end of a borderless Europe? *European Societies* (online first). doi: 10.1080/14616696.2020.1833065

24 JEF (Junge Europäische Föderalisten) (2020). Grenzsturm im Mai. https://www.jef-rlp.de/2020/05/03/grenzsturm-im-mai-2020. Zugegriffen: 08. Mai 2020.

Dr. Christian Wille (www.wille.lu) ist Senior Researcher an der Universität Luxemburg und Leiter des Wissenschaftsnetzwerks UniGR-Center for Border Studies. Er lehrt Cultural Border Studies, arbeitet zu Border Complexities und ist Gründungsmitglied der Arbeitsgruppen »Cultural Border Studies« und »Bordertextures« sowie Mitherausgeber der Buchreihe »Border Studies: Cultures, Spaces, Orders«. Zuletzt hat er die Bücher »Geographien der Grenzen« (2020, Springer VS), »Border Experiences in Europe« (2020, Nomos) und »Spaces and Identities in Border Regions« (2016, transcript) mitherausgegeben. Nach Studium und Doppelpromotion im Saarland und in Luxemburg hat er für die Universität Lothringen, die Technische Universität Kaiserslautern und die Interregionale Arbeitsmarktbeobachtungsstelle gearbeitet.

GESCHLOSSENE GRENZEN – OFFENE SPRACHEN?

Beobachtungen zum Sprachgebrauch in Deutschland und Frankreich in Zeiten von COVID-19

Claudia Polzin-Haumann (Universität des Saarlandes)

Résumé Les contrôles et la fermeture des frontières au printemps 2020, qui ont rétrospectivement provoqué des jugements négatifs en majorité, ont rapidement montré que le Coronavirus ne s'arrêtait pas aux frontières. Il ne s'est pas arrêté non plus à nos langues respectives. Comme d'habitude, les événements sociaux se reflètent dans des évolutions linguistiques. Ainsi, le 30 novembre 2020, la *Gesellschaft für deutsche Sprache* a annoncé par exemple que le mot « Corona-Pandemie » avait été élu « mot de l'année 2020[1] ». De la même manière, le *Leibniz-Institut für deutsche Sprache* à Mannheim publie sur son site web des commentaires concernant des aspects linguistiques de la crise sanitaire actuelle[2]. Loin de vouloir faire l'inventaire de toutes les évolutions linguistiques liées à cette crise, Claudia Polzin-Haumann se concentre sur quelques-unes des traces que la pandémie et sa gestion ont laissées dans le discours public et dans les médias en Allemagne et en France. Dans sa contribution, elle montre à l'aide d'exemples choisis à quel point les pratiques linguistiques peuvent différer face aux mêmes événements bouleversants. Cependant, un examen plus approfondi révèle également des similitudes. Ces observations peuvent être expliquées par les traditions spécifiques en matière de politique linguistique et de culture de la langue dans les deux pays. Le regard comparatif sur les tendances caractéristiques de la « gestion linguistique de la crise sanitaire » en Allemagne et en France peut s'avérer utile pour les relations franco-allemandes dans la mesure où il contribue à une meilleure compréhension de l'autre. En même temps, la connaissance de la situation linguistique de l'autre côté de la frontière permettra peut-être aussi d'avoir une nouvelle perception de la réalité linguistique dans son propre pays.

SPRECHEN SIE CORONA? PARLEZ-VOUS CORONA?
SPRACHLICHE GRENZ(RAUM)FORSCHUNG

Die besondere Situation, die die Menschen zu beiden Seiten der Grenze seit März 2020 erleben, prägt in vielerlei Hinsicht den Sprachgebrauch. Im Sinne der angewandten Linguistik als Linguistik, die die vielfältigen Bezüge von Sprache(n), Kommunikation und Gesellschaft kritisch beleuchtet – Born spricht auch von einer Linguistik, die sich einmischt[3] – soll in diesem Beitrag der Blick auf charakteristische Tendenzen der »sprachlichen Krisenbewältigung« in Deutschland und Frankeich gerichtet werden. Dabei werden die konkreten Beispiele in den weiteren Bezugsrahmen der sprachpolitischen und sprachpflegerischen Traditionslinien in beiden Ländern gestellt, so dass eine größere Tiefenschärfe entsteht und die Komplexität von Sprache im Spannungsfeld von Sprachgebrauch, institutioneller Sprachpolitik und Sprachkritik erkennbar wird. Die vergleichende deutsch-französische Perspektive erlaubt dabei das bessere Verstehen des Anderen, aber zugleich auch eine neue Sicht auf das Eigene. Denn auch wenn hier im Grenzraum des Saarlandes Deutsch und Französisch nah beieinanderliegen – und es ist ja gerade eine der Aufgaben der Grenzraumforschung, die Spezifik der hier entstehenden (Sprach-)Räume zu untersuchen –, sind auf jeder Seite der Grenze auch nationale Traditionen und Logiken einflussreich.

Zunächst einmal ist festzustellen, dass COVID-19 aktuell beide Sprachen deutlich prägt. So ist im Deutschen eine Menge neuer Komposita entstanden, z.B. Corona-Pandemie, Coronakrise, Corona-Einschränkungen, Corona-Hotspots oder Corona-Hilfen[4]. Eine Stufe anspruchsvoller sind Neubildungen wie Novemberhilfen und Dezemberhilfen, in denen die aktuelle Situation quasi unter der morphologischen Oberfläche liegt und die letztlich nur aus dem Kontext heraus verstehbar sind[5]. Wie sehr sowohl die Infektion als auch der Ausdruck bereits verankert ist, sieht man auch an Konstruktionen ohne bestimmten Artikel wie »während Corona«[6] – analoge Formulierungen mit einer anderen Erkrankung, z.B. *während Grippe oder *während Influenza erscheinen nicht denkbar. Im Französischen hat sich *le Coronavirus* fest etabliert, mit einer für diese Sprache durchaus unüblichen Abfolge der Konstituenten, im Unterschied etwa zu *le virus de la grippe*.

Für die Maßnahmen zur Verhinderung der weiteren Ausbreitung des Virus haben sich in den deutschen Medien vor allem zwei Bezeichnungen etabliert. Während sich Deutschland ab März 2020 im Lockdown – das Wort landete in der Wahl zum Wort des Jahres 2020 hinter Corona-Pandemie auf Platz 2[7] – oder Shut-down/Shut-Down/Shutdown[8] befand, seit November 2020 auch im Lockdown light[9], wurde in Frankreich ein *confinement*[10] verhängt. Darauf folgte ein *déconfinement*[11], hier und da auch *reconfinements*[12]; Länder oder Regionen haben oder wurden *confiné(s)* oder *reconfiné(s)*. In einem Artikel wird sogar über ein *redéconfinement*[13] nachgedacht. Das in Dänemark praktizierte Vorgehen wird als *semi-confinement*[14] bezeichnet – möglicherweise eine Entsprechung zum im Deutschen gebräuchlichen Lockdown light? Jedenfalls ist festzuhalten, dass das Wortbildungsmuster *confin-* außerordentlich produktiv ist. Man kann gewissermaßen parallel zum Verlauf der pandemischen Entwicklung die sprachliche Entwicklung erkennen, von *confinement* zu *déconfinement* zu *reconfinement*.

In der Zeit des Lockdowns sind in Deutschland viele Arbeitnehmer*innen ins Homeoffice[15] oder Home-Office[16] gewechselt, alternativ auch in die Heimarbeit[17]. In Frankreich wird dies üblicherweise als *télétravail*[18] bezeichnet; das entsprechende Verb lautet *télétravailler*[19]. Deutsche Schüler*innen (und Lehrkräfte) mussten sich im Zuge der Coronamaßnahmen an Homeschooling[20] gewöhnen. Die Diskussionen um Präsenz-Unterricht oder Heim-Unterricht[21] auf der einen und Online-Unterricht[22], Distanzunterricht[23] und digitales Lernen[24] – in Schulen wie an Hochschulen – auf der anderen dauern an. In französischen Medien wird das Lehren und Lernen in Zeiten der Pandemie ebenfalls mit Hilfe des Präfixes *télé-* versprachlicht: *télé-école*[25] und passend dazu *télé-rentrée*[26] – analog dazu werden die gestressten Eltern in einer womöglich etwas augenzwinkernd gemeinten Überschrift als *télé-parents* bezeichnet (»Des télé-parents d'élèves au bord de la crise de nerfs«[27]). Daneben sind Formulierungen wie *école à distance*[28] oder *enseignement à distance*[29] belegt, auch das Adjektiv *distanciel*[30]. Ein *éditorial* macht die Abwägung auf: »›Distanciel‹ contre ›présentéisme‹«[31].

SPRACHPOLITIK UND SPRACHLICHE WIRKLICHKEIT

Diese wenigen Beispiele mögen genügen, um zu verdeutlichen, dass im deutschen Corona-Vokabular Anglizismen eine nicht unerhebliche Rolle spielen, während in Frankreich häufig auf einheimische sprachliche Lösungen zurückgegriffen wird. Aus deutscher Sicht mag es daher etwas verwundern, wenn die *Académie Française* auf ihrer Website in der Rubrik »Néologismes & anglicismes« just die beiden Adjektive *présentiel* und *distanciel* tadelt: »Le Centre national d'enseignement à distance (le CNED) a été créé en 1939, il y a donc plus de quatre-vingts ans. Cette assez longue histoire a permis de faire entrer la locution *enseignement à distance* dans l'usage. Aussi n'est-il sans doute pas nécessaire de remplacer cette forme par l'expression ›en distanciel‹, trop largement répandue en ces temps de fermeture partielle de nombre d'établissements scolaires. Parallèlement à ›à distance‹, on emploiera ›en présence‹, plutôt que l'anglicisme *présentiel*, calque maladroit et peu satisfaisant de l'anglais *presential*.«[32]

In dieselbe Kerbe schlägt die *Délégation générale à la langue française et aux langues de France* mit einer im April 2020 veröffentlichten Broschüre französischer medizinischer Fachtermini, die im Kontext der Pandemie relevant sein können[33]. In dieser Zusammenstellung sind Termini enthalten, die in der Datenbank *France Terme* gespeichert sind und die nach der Veröffentlichung im *Journal Officiel* als offiziell empfohlene Ersatzwörter für zu meidende Anglizismen gelten. Wie eine stichprobenartige Recherche in *France Terme*[34] zeigt, wurden die aktuell in Deutschland gebräuchlichen Anglizismen schon lange vor der Coronapandemie durch die offizielle Sprachpolitik und Sprachpflege aus dem offiziellen Französisch »verbannt«: So wurde 2018 für *home schooling* der Ausdruck *instruction à domicile* festgelegt (Journal officiel du 25/02/2018), und bereits 2006 wurde *bureau à domicile* als französisches Äquivalent für *homeoffice* eingeführt (Journal officiel du 26/10/2006). Beide Ausdrücke finden sich allerdings kaum in den für diesen Beitrag untersuchten Presseartikeln.

Dies zeigt einmal mehr, dass staatliche Sprachpolitik und Sprachpflege sich nicht automatisch in einem den Vorgaben entsprechenden Sprachgebrauch niederschlagen, und dass auch in Frankreich mit seiner langen sprachpolitischen Tradition[35] die Sprecher*innen und/oder die Medien eigene Wege gehen. Gleichwohl bleibt festzuhalten, dass die »sprachliche Krisenbewältigung« in Frankreich erheblich weniger von Anglizismen geprägt ist als in Deutschland.

In einem Kommentar seitens des Leibniz Instituts für deutsche Sprache in Mannheim heißt es zu der Menge an Anglizismen im deutschen Corona-Vokabular: »Das war zu erwarten und ist auch gut so. Denn Entlehnungen aus dem Englischen wie Bildungen mit Entlehnungen aus dem Englischen sind heute ein unverzichtbarer Bestandteil des deutschen Wortschatzes und eine Bereicherung, kein Dokument der Armut des Deutschen. Sprecher und Sprecherinnen nutzen sie – zumindest wenn sie ohne manipulative Absichten reden – und bewerten ihre Tauglichkeit wie bei anderen Ausdrücken vor allem nach folgenden Kriterien: Sie sollen treffend sein, also den Sachverhalt, um den es geht, wahrheitsgemäß charakterisieren helfen. Sie sollen sprechend sein, also die Absichten, Interessen und unter Umständen die Gefühle ihrer Autoren gut ausdrücken helfen. Und sie sollen überzeugend und verständlich sein, also bei denen, die sie erfassen wollen, auch ›ankommen‹ können. Am ehesten im Hinblick auf Verständlichkeit sind Anglizismen von Haus aus natürlich im Nachteil. Aber gerade der Corona-Wortschatz zeigt noch einmal deutlich, dass ›Sachlichkeit‹ und Fachlichkeit größere Hindernisse für Verständlichkeit darstellen als die Herkunft aus dem Englischen.«[36]

Hier wird nicht die Herkunft von sprachlichen Ausdrucksmitteln als Maßstab genommen, sondern die Verständlichkeit. Dies erscheint angesichts einiger Beispiele aus der oben genannten Broschüre »Quelques termes de santé« durchaus nachvollziehbar: Warum soll z. B. *résilience* verständlicher sein als *resilience* (Journal officiel 19/10/2008)? Und wer kann sich umgekehrt etwas unter Sieben-Tage-Inzidenz vorstellen[37]?

Auch in Deutschland gibt es allerdings jenseits von solchen nüchternen Standpunkten zum Thema Anglizismen polemischere Haltungen. Allen voran bezieht hier der *Verein deutsche Sprache* (VdS) sehr eindeutig Position. Dies betrifft auch die mit der aktuellen Coronasituation verbundenen Anglizismen, für deren Verwendung im August 2020 die beiden öffentlich-rechtlichen Sender vom VdS als »Sprachpanscher des Jahres« gekürt wurden[38]. Schlaglichtartig wird hier das populistisch anmutende öffentlichkeitswirksame Auftreten deutlich, dass für den VdS charakteristisch ist[39].

FAZIT: VON GRENZZIEHUNGEN ZUR ÜBERWINDUNG VON SPRACHGRENZEN IN EINER »MODELLREGION MEHRSPRACHIGKEIT«

In beiden Ländern gibt es also eine öffentliche Debatte um sprachliche Fragen, um Für und Wider bestimmter Ausdrucksformen. Die Akteure sind allerdings unterschiedlich im Gesamtsystem verortet. Staatliche Sprachpolitik und Sprachpflege sind charakteristisch für Frankreich. Das Französische soll durch Institutionen wie die *Académie Française* oder die *Délégation générale à la langue française et aux langues de France* gegen sprachlichen Einfluss anderer Sprachen, insbesondere des Englischen, abgeschirmt werden. Mit der Gesellschaft für deutsche Sprache und dem Leibniz Institut für deutsche Sprache sind deskriptivere Grundhaltungen im öffentlichen Diskurs präsent. Doch die Sorge um »Sprachverfall« mit dem Ruf nach entsprechenden Gegenmaßnahmen ist in beiden Ländern präsent und wird auch in Deutschland regelmäßig plakativ in die Öffentlichkeit getragen[40]. Dass solche Grenzziehungen durchaus nicht immer nur sprachlich gemeint sind, lässt sich durch tiefergehende diskurslinguistische Analysen nachweisen[41], und hier liegt eine ganz zentrale Erkenntnis. Denn sprachliche Abgrenzungsmaßnahmen, die funktional nicht einleuchten, wirken sich hier wie dort nicht ohne Weiteres wie gewünscht aus, wie der Sprachgebrauch immer wieder zeigt. Ähnlich wie das Coronavirus nicht vor geschlossenen Grenzen haltmacht, lassen sich eben auch sprachliche Entwicklungen nur bedingt durch Interventionen steuern. Und ein Präfix wie *télé-* bietet aus Sicht der Sprecher*innen offenbar den Vorteil, dass es sich ganz bequem auch als Bezeichnung für andere wichtige Aktivitäten in Coronazeiten nutzen lässt, wie der Beleg *télé-apéro* zeigt (neben anderen Beispielen wie *skypéro, apéro virtuel, coronapéro, apéro confinement*[42]).

Unser exemplarischer Blick auf charakteristische Tendenzen »sprachlicher Krisenbewältigung« in Deutschland und Frankeich hat verdeutlicht, dass der öffentliche Umgang mit Sprache und Sprechen in Frankreich und Deutschland durch unterschiedliche sprachpolitische und sprachpflegerische Traditionen bestimmt ist. Gleichwohl lassen sich teilweise ähnliche Diskurse erkennen[43], die auf komplexe ideologische Hintergründe verweisen[44]. Was können wir daraus lernen? Eine wichtige Erkenntnis mag sein, dass ein Blick über den eigenen sprachlichen Tellerrand dazu beiträgt, die Diskurse und das, was möglicherweise dahintersteht, besser zu erkennen. Sprachen sollten nicht als abgegrenzte bzw. abzugrenzende Systeme und machtpolitische Instrumente gesehen werden, sondern als Zugänge zu Welten und zu Wissen. Mehr Sprachen eröffnen dementsprechend mehr Chancen auf solche Zugänge. Dies bestätigt letztlich die Wichtigkeit von grenzüberschreitender Sprachenpolitik zur Schaffung eines gemeinsamen mehrsprachigen Raums, wie sie in der *Grande Région* mit der Frankreichstrategie des Saarlandes (2014) und den entsprechenden Maßnahmen für das Deutsche in Lothringen[45] abgesteckt wurde. Hier liegen jenseits eines konkreten gemeinsamen Wirtschafts- und Bildungsraums die tieferliegenden, für die Zukunft Europas gleichwohl zentralen Dimensionen einer »Modellregion Mehrsprachigkeit«, wie sie hier im Grenzraum im Entstehen begriffen ist.

ANMERKUNGEN

1 https://gfds.de/wort-des-jahres-2020-1. Zugegriffen: 09. Dezember 2020.
2 https://www1.ids-mannheim.de/sprache-in-der-coronakrise. Zugegriffen: 09. Dezember 2020.
3 Born, J. (2011). Angewandte Linguistik als Einmischung: Der Beitrag der Sprachwissenschaft zu einer demokratischen und effizienten Sprachpolitik, in W. Dahmen et al. (Hrsg.). *Romanistik und Angewandte Linguistik. Romanistisches Kolloquium XXIII* (S. 227–251). Tübingen: Narr.
4 Die Schreibweise mit Bindestrich oder in einem Wort richtet sich nach der in einer kursorischen Sichtung der Belege als mehrheitlich identifizierten Variante. Die Frage wäre eine eigene Analyse wert, wurde hier aber nicht eingehender untersucht.
5 Und wenn die Novemberhilfen erst im Januar ausgezahlt werden können, wird schnell die mit diesem Kompositum verbundene Problematik deutlich.
6 Beispielhaft vgl. https://taz.de/Studieren-waehrend-Corona/!5730283/ oder https://www.noz.de/deutschland-welt/gut-zu-wissen/artikel/2177058/urlaub-waehrend-corona-so-entspannt-man-sich-am-sinnvollsten. Zugegriffen: 09. Dezember 2020.
7 https://gfds.de/wort-des-jahres-2020-1/. Zugegriffen: 09. Dezember 2020.
8 Z. B. https://www.faz.net/aktuell/coronavirus-leben-nach-dem-shutdown-16686888.html, https://www.faz.net/aktuell/gesellschaft/gesundheit/coronavirus/die-wichtigste-ressource-schuetzen-peter-kurz-zur-coronakrise-16749235.html. Zugegriffen: 09. Dezember 2020.
9 Z. B. https://www.tagesschau.de/faktenfinder/lockdown-light-103.html. Zugegriffen: 09. Dezember 2020.
10 Z. B. https://www.lemonde.fr/societe/article/2020/09/30/explosion-du-nombre-de-nouveaux-precaires-pendant-le-confinement_6054166_3224.html. Zugegriffen: 09. Dezember 2020.
11 Z. B. https://www.lemonde.fr/planete/article/2020/11/24/discours-d-emmanuel-macron-deplacements-assouplis-reouverture-des-petits-commerces-les-principales-annonces_6060986_3244.html. Zugegriffen: 09. Dezember 2020.
12 Z. B. https://www.lemonde.fr/planete/article/2020/09/06/coronavirus-reprise-des-croisieres-par-costa-confinement-prolonge-a-melbourne_6051180_3244.html. Zugegriffen: 09. Dezember 2020.
13 https://www.lemonde.fr/planete/article/2020/10/28/le-reconfinement-etait-il-inevitable_6057704_3244.html. Zugegriffen: 09. Dezember 2020.
14 https://www.lemonde.fr/planete/article/2020/12/08/retour-du-semi-confinement-au-danemark_6062647_3244.html. Zugegriffen: 09. Dezember 2020.

15 Z. B. https://www.faz.net/aktuell/rhein-main/befragung-zeigt-juengere-wollen-homeoffice-16772277.html. Zugegriffen: 09. Dezember 2020.

16 Z. B. https://www.sueddeutsche.de/wirtschaft/corona-home-office-sparen-buero-1.4994866?reduced=true. Zugegriffen: 09. Dezember 2020.

17 Z. B. https://www.faz.net/aktuell/wirtschaft/corona-in-usa-heimarbeit-ist-domaene-der-besserverdiener-16709952.html. Zugegriffen: 09. Dezember 2020.

18 Z. B. https://www.lemonde.fr/emploi/article/2020/09/30/teletravail-faut-il-un-equipement-standard-ou-sur-mesure_6054159_1698637.html. Zugegriffen: 09. Dezember 2020.

19 Z. B. https://www.lemonde.fr/societe/article/2020/10/01/blessures-sportives-a-domicile-douleurs-aigues-dues-au-teletravail-le-corps-a-l-epreuve-de-la-crise-sanitaire_6054293_3224.html. Zugegriffen: 09. Dezember 2020.

20 Z. B. https://www.faz.net/aktuell/karriere-hochschule/klassenzimmer/corona-schule-welche-standards-brauchen-wir-fuers-homeschooling-16769245-p2.html. Zugegriffen: 09. Dezember 2020.

21 Z. B. https://www.faz.net/aktuell/gesellschaft/gesundheit/coronavirus/lockerungen-der-corona-massnahmen-wo-darf-ich-kuenftig-was-16764464.html?printPagedArticle=true#pageIndex_2. Zugegriffen: 09. Dezember 2020.

22 Z. B. https://www.faz.net/aktuell/politik/inland/karliczek-kurzfristige-unterstuetzung-fuer-online-unterricht-16741737.html. Zugegriffen: 09. Dezember 2020.

23 Z. B. https://www.faz.net/aktuell/karriere-hochschule/klassenzimmer/corona-krise-lob-eines-referendars-fuer-den-distanzunterricht-16863306.html. Zugegriffen: 09. Dezember 2020.

24 Z. B. https://www.faz.net/aktuell/karriere-hochschule/klassenzimmer/bildung-deutschland-schlusslicht-beim-digitalen-lernen-16943140.html. Zugegriffen: 09. Dezember 2020.

25 Z. B. https://www.lemonde.fr/m-perso/article/2020/05/16/lundi-11-mai-rien-n-a-change-et-desirs-d-une-france-fantasmee-une-semaine-dans-nos-vies-de-confinees_6039853_4497916.html. Zugegriffen: 09. Dezember 2020.

26 Z. B. https://www.lemonde.fr/idees/article/2020/08/24/la-vraie-question-que-pose-le-teletravail-c-est-celle-de-l-utilite-du-travail_6049727_3232.html. Zugegriffen: 09. Dezember 2020.

27 Z. B. https://www.lemonde.fr/m-le-mag/article/2020/09/25/des-tele-parents-d-eleves-au-bord-de-la-crise-de-nerfs_6053608_4500055.html. Zugegriffen: 09. Dezember 2020.

28 Z. B. https://www.lemonde.fr/societe/article/2020/06/11/j-ai-perdu-l-essentiel-de-mon-metier-des-enseignants-racontent-trois-mois-d-ecole-a-distance_6042526_3224.html. Zugegriffen: 09. Dezember 2020.

29 Z. B. https://www.lefigaro.fr/actualite-france/l-enseignement-a-distance-sera-t-il-bien-maintenu-pour-les-enfants-qui-resteront-a-la-maison-20200506. Zugegriffen: 09. Dezember 2020.

30 Z. B. https://www.lemonde.fr/idees/article/2020/11/16/universites-derriere-la-froide-objectivite-de-la-technologie-le-distanciel-est-un-redoutable-instrument-de-selection_6059850_3232.html. Zugegriffen: 09. Dezember 2020.

31 https://www.lefigaro.fr/vox/societe/distanciel-contre-presenteisme-20200510. Zugegriffen: 09. Dezember 2020.

32 http://www.academie-francaise.fr/presentiel-distanciel. Zugegriffen: 09. Dezember 2020.

33 »Quelques termes de santé«, http://www.culture.fr/Ressources/FranceTerme/Actualites/Les-mots-pour-le-dire-en-francais-Avril-2020. Zugegriffen: 09. Dezember 2020.

34 http://www.culture.fr/Ressources/FranceTerme. Zugegriffen: 09. Dezember 2020.

35 Polzin-Haumann, C. (2006). Sprachplanung, Sprachlenkung und institutionalisierte Sprachpflege: Französisch und Okzitanisch. In G. Ernst, M.-D. Gleßgen, C. Schmitt & W. Schweickard (Hrsg.), *Romanische Sprachgeschichte. Ein internationales Handbuch zur Geschichte der romanischen Sprachen* (Band II, S. 1472–1486). Berlin/New York: de Gruyter.

36 Zifonun, G. (2020). »Anglizismen in der Coronakrise«. https://www1.ids-mannheim.de/fileadmin/aktuell/Coronakrise/zifonun_anglizismen.pdf. Zugegriffen: 09. Dezember 2020.

37 Zifonun, G. (2020). »Anglizismen in der Coronakrise«, https://www1.ids-mannheim.de/fileadmin/aktuell/Coronakrise/zifonun_anglizismen.pdf. Zugegriffen: 09. Dezember 2020.

38 https://vds-ev.de/mitteilungen/tagesschau-und-heute-nachrichten-sind-die-sprachpanscher-2020/. Zugegriffen: 09. Dezember 2020.

39 Ausführlicher dazu vgl. z. B. Spitzmüller, J. (2005). *Metasprachdiskurse. Einstellungen zu Anglizismen und ihre wissenschaftliche Rezeption.* Berlin: de Gruyter und das entsprechende Kapitel in Neusius, V. (im Druck). *Sprachpflegediskurse in Deutschland und Frankreich. Öffentlichkeit – Geschichte – Ideologie.* Berlin: de Gruyter.

40 Vgl. hierzu auch das Kapitel »Sprache und Sprachwahrnehmung in der Öffentlichkeit: Experten- und Laienperspektiven« in Polzin-Haumann, C. & Osthus, D. (Hrsg., 2011): *Sprache und Sprachbewusstsein in Europa. Beiträge aus Wissenschaft, Öffentlichkeit und Politik. Langues et conscience linguistique en Europe. Une approche pluridisciplinaire: entre sciences, opinion publique et politique.* Bielefeld: transcript.

41 Vgl. Neusius, V. (im Druck). *Sprachpflegediskurse in Deutschland und Frankreich. Öffentlichkeit – Geschichte – Ideologie.* Berlin: de Gruyter.

42 Z. B. https://tendances.orange.fr/societe/actualite-et-debat/article-zoom-sur-la-nouvelle-tendance-du-tele-apero-CNT000001p6H0K/photos/-93ca815efe4b2cc08a595f320d4a03f0.html. Zugegriffen: 09. Dezember 2020.

43 Vgl. auch Polzin-Haumann, C. (2012). Übersetzen, integrieren oder ignorieren? Beobachtungen zum Umgang mit einem Anglizismus im germanophonen, frankophonen und hispanophonen Sprachraum, in V. Atayan & U. Wienen (Hrsg.): *Sprache – Rhetorik – Translation: Festschrift für Alberto Gil zu seinem 60. Geburtstag* (S. 111–123). Frankfurt (Main): Lang.

44 Vgl. Neusius, V. (im Druck): *Sprachpflegediskurse in Deutschland und Frankreich. Öffentlichkeit – Geschichte – Ideologie.* Berlin: de Gruyter.

45 Stratégie Allemagne (2015), *Convention cadre pour une vision stratégique commune de développement des politiques éducatives en faveur du plurilinguisme et du transfrontalier* (2019).

---

*Prof. Dr. **Claudia Polzin-Haumann** ist fasziniert davon, zu erforschen und zu vermitteln, wie man mit Sprachen Grenzen und wie man Grenzen zwischen Sprachen überschreiten kann. Seit 2006 hat sie den Lehrstuhl für Romanische Sprachwissenschaft (Angewandte Linguistik und Didaktik der Mehrsprachigkeit) an der Universität des Saarlandes inne. Ihre Arbeitsgebiete liegen u. a. in der Mehrsprachigkeitsforschung sowie der (vergleichenden) Sprachpolitik und Sprachreflexion. Sie ist Ko-Gründerin und -Leiterin des Instituts für Sprachen und Mehrsprachigkeit, zu dessen Hauptzielen die Nutzung von Forschungsergebnissen auf dem Gebiet der Sprachen und Mehrsprachigkeit für die Lehrerbildung gehört. Für das Ministerium für Bildung und Kultur Saarland hat sie mehrere wissenschaftliche Studien durchgeführt und kürzlich gemeinsam mit diesem das Sprachenkonzept Saarland 2019 erarbeitet. Zusammen mit Kolleg*innen aus der Großregion forscht sie im UniGR-Center for Border Studies, etwa in der Arbeitsgruppe zum grenzüberschreitenden Arbeitsmarkt. Sie ist außerdem Gründungsmitglied der trinationalen Forschergruppe GRETI (Groupement de Recherches Transfrontalières Interdisciplinaires).*

COVID-19 ALS MÖGLICHE CHANCE

Gemeinden, grenzüberschreitende Beziehungen
und die Frankreichstrategie des Saarlandes

Nora Crossey (Universität des Saarlandes)

Résumé La coopération transfrontalière entre la Sarre et les territoires voisins possède déjà une assez longue tradition. En 2014, le gouvernement du Land de Sarre lui a donné un nouvel élan en lançant sa « Frankreichstrategie/stratégie France », qui vise à créer dans les décennies à venir un « espace plurilingue d'empreinte franco-allemande » et à valoriser la situation frontalière de la Sarre pour renforcer son attractivité économique et politique. Cette démarche a été conçue en tant que projet de « gouvernance », prévoyant la participation de divers acteurs pour conforter et approfondir le plurilinguisme et les relations transfrontalières dans le domaine de l'économie, de la recherche, de l'éducation, de la mobilité, de la sécurité, etc. Dans ce contexte, les communes peuvent constituer un intermédiaire de choix entre le gouvernement du Land et les populations car elles entretiennent des jumelages, offrent des lieux et des occasions de rencontres et font ainsi vivre l'Europe à petite échelle. Mais il ne faudrait pas croire que ces relations au niveau communal sont toutes naturelles et ne requièrent aucun effort – d'une part en raison des contrôles aux frontières et des fermetures du printemps 2020 naturellement, mais aussi en raison d'autres obstacles et défis. Il convient donc de sonder les modes praticables d'implication et de soutien à long terme afin de promouvoir « le projet européen à l'échelle locale », comme il ressort d'un projet de recherche dirigé par Nora Crossey et Florian Weber en 2019 – 2021 et financé par la Chancellerie d'Etat du Land de Sarre. Les communes consultées font état de besoins spécifiques et de potentiels concernant par exemple l'extension des possibilités de subventionnements, mais aussi en matière de renforcement de la visibilité, de communication et d'offre de conseil pour la coopération transfrontalière en vue de créer des effets de synergie. Chose positive, il ressort que de nombreuses communes disposent déjà d'un savoir-faire très approfondi et sont très fortement motivées en ce qui concerne l'entretien et l'approfondissement des relations transfrontalières. Il conviendra donc de les impliquer à l'avenir aussi dans les stratégies locales et régionales de coopération transfrontalière, afin de pouvoir disposer de plus de possibilités d'action en temps de crise notamment.

HINTERGRUND – GEMEINDEN ALS AKTEURE GRENZÜBERSCHREITENDER BEZIEHUNGEN

Im Verlauf der COVID-19-Pandemie wurden zahlreiche Dinge des alltäglichen Lebens, die zuvor als selbstverständlich erachtet wurden, binnen weniger Tage alles andere als selbstverständlich. Arbeiten, ausgehen, Freund*innen und Familie treffen war nicht mehr oder nur unter Auflagen möglich. Dies gilt umso mehr für das Leben in den Grenzregionen und grenznahen Gemeinden des Saarlandes und der französischen Nachbarregion Grand Est, in denen sich die Bewohner*innen an die offenen Grenzen des Schengen-Raumes gewöhnt hatten. In einem Land wohnen, im anderen arbeiten, einkaufen, Freund*innen treffen – für viele eine »gelebte Realität«, die durch die Einstufung der Région Grand Est als Risikogebiet durch das Robert Koch-Institut am 12. März 2020 und die darauffolgenden Kontrollen an und Schließung von Grenzen am 16. März unmöglich gemacht wurde[1] (Abbildung 1).

Im Zuge dieser Grenzkontrollen und -schließungen rückten die Gemeinden der Grenzregionen und ihre Bürgermeister*innen in den Fokus – zum einen als Ansprechpartner*innen und Sprachrohr der grenzüberschreitend lebenden und arbeitenden Bürger*innen, zum anderen aber auch als Akteure mit eigenständigen Beziehungen zu französischen Nachbar- oder Partnergemeinden[2]. Durch die Grenzkontrollen und -schließungen, die von französischer Seite oftmals als unsolidarischer Rückzug ins Nationale empfunden wurden, Berichten von Anfeindungen französischer Bürger*innen an den Grenzen und in saarländischen Geschäften sowie umstrittenen Äußerungen des saarländischen Innenministers[3] standen den längst überholt geglaubte Ressentiments wieder im Raum. Auch hier bemühten sich zahlreiche saarländische Bürgermeister*innen um ein Gegenwirken, indem sie Videobotschaften mit Bitten an die Landes- und Bundesregierung sowie Solidaritätsbekundungen mit ihren Amtskolleg*innen jenseits der Grenze aufzeichneten. Wenngleich also zahlreiche Aspekte der Pandemiebekämpfung unbestritten Landes- oder Bundessache sind, so kommt doch auch den Gemeinden eine tragende Rolle als Ansprechpartner*innen für grenzüberschreitendes Leben vor Ort zu, die insbesondere in eng funktional verflochtenen Räumen wie der grenzüberschrei-

Abbildung 1 Die geschlossene Grenze zwischen Reinheim und Bliesbruck im Frühjahr 2020. Quelle: Aufnahme Marco Kany 2020.

tenden Metropolregion Saarbrücken-Moselle Est oder dem Dreiländereck SaarLorLux eine besondere Tragweite entwickeln.

Die Beziehungen zwischen den Akteuren des Saarlandes und der französischen Nachbarregion Grand Est haben eine lange Tradition und haben mit der im Januar 2014 verkündeten Frankreichstrategie des Saarlandes einen weiteren Impuls erhalten. Angesichts wirtschaftlicher und demographischer Herausforderungen soll mithilfe der auf die nächsten Jahrzehnte ausgelegten Frankreichstrategie die Nähe des Saarlandes zu Frankreich als Standortfaktor gestärkt werden. Hierfür sind noch einige sprachliche, aber auch administrative, infrastrukturelle und kulturelle Weichen zu stellen. Langfristiges Ziel ist hierbei die »Schaffung eines leistungsfähigen multilingualen Raums deutsch-französischer Prägung«[4] oder – etwas konkreter formuliert – die (funktionale)[5] Mehrsprachigkeit des Saarlandes bis 2043. Um diese ambitionierte Zielsetzung zu erreichen, wurde die Frankreichstrategie explizit als Governance-Projekt[6, 7] konzipiert – die aktive Beteiligung von Akteuren aus Wirtschaft, Kultur, Bildung, Planung, Zivilgesellschaft etc. in Konzeption, Ausgestaltung und Umsetzung der Strategie wird also angestrebt und als ausschlaggebend für den Erfolg der Strategie erachtet.[8, 9] Den an der Erstellung der Strategie beteiligten administrativen Expert*innen zufolge erfordern »[s]owohl die zeitliche (30 Jahre) als auch die thematische Dimension der Frankreichstrategie, die auf das gesamte Selbstverständnis der Grenzregion mit den Bereichen Sprache und Bildung, Kultur und Wissenschaft, Wirtschaft, Soziales, Gesundheit, Verkehr und Umwelt zielt, [...] die aktive Einbindung aller Betroffenen.«[10] Um dies zu ermöglichen, wurde bspw. neben einem Konsultationsverfahren zu Beginn der Ausarbeitung der Frankreichstrategie im Sommer 2020 eine Online-Plattform ins Leben gerufen, über die sich Bürger*innen über die Frankreichstrategie informieren, diskutieren sowie eigene Vorschläge einbringen können.[11]

Kommunalen Akteuren kommen in den grenzüberschreitenden Beziehungen nicht erst seit der Frankreichstrategie und den Erfahrungen des Jahres 2020 eine zunehmend wichtige Rolle zu. Vielmehr lässt sich seit den frühen 1990er Jahren im Zuge der Reformen von Förderstrukturen der Europäischen Union und der Schaffung neuer Rechtsformen für die grenzüberschreitende Zusammenarbeit auf kommunaler Ebene (EVTZ) eine zumindest teilweise Verschiebung auf die subnationale und subregionale Ebene beobachten. Zuletzt wurde dies in den Bestimmungen des Aachener Vertrages vom 22. Januar 2019 deutlich, die die »wesentliche Rolle der Gebietskörperschaften und anderer lokaler Akteure« hervorhoben und die Notwendigkeit unterstrichen, grenzüberschreitende Vorhaben dieser Gebietskörperschaften, wenn nötig, durch »angepasste Rechts- und Verwaltungsvorschriften einschließlich Ausnahmeregelungen« zu erleichtern[12]. Als ein weiterer Beleg für Kompetenzverschiebungen »nach unten« mögen insbesondere auf französischer Seite die aktuellen Bestrebungen der Départements Haut-Rhin und Bas-Rhin sowie (nachgelagert) Moselle gelten, unter den Labels der »Collectivité Européenne d'Alsace« bzw. als »Eurodépartement Moselle« besondere Kompetenzen im Bereich der grenzüberschreitenden Zusammenarbeit, der Förderung von Zweisprachigkeit, dem Tourismus und weiteren Bereichen auszuüben.

Vor dem Hintergrund der sich weiter entwickelnden grenzüberschreitenden Zusammenarbeit widmet sich ein aktuelles, von der saarländischen Staatskanzlei gefördertes Forschungsvorhaben von Florian Weber und mir den Erfahrungen und Perspektiven kommunaler Akteure in diesem Kontext. Wir möchten dabei insbesondere ausleuchten, welche Rolle(n) saarländische Gemeinden und Gemeinden im Département Moselle im Geflecht deutsch-französischer Beziehungen aktuell einnehmen, welchen Beitrag sie zu den Zielsetzungen der Frankreichstrategie leisten können und wie sie zukünftig in die Zielsetzungen der Landesregierung eingebunden und in ihren bestehenden Aktivitäten unterstützt und gefördert werden können. Hierzu wurden bisher (Stand Januar 2021) insgesamt 17 qualitative leitfadengestützte Expert*innen-Interviews mit Bürgermeister*innen des Saarlandes (systematisiert als D1–D9), des Départements Moselle (F1–F6), und ergänzend des Großherzogtum Luxemburgs (L1) geführt. Weitere Interviews, insbesondere mit Vertreter*innen höherer institutioneller Ebenen, sind im weiteren Verlauf des Forschungsvorhabens vorgesehen. Die Erkenntnisse aus den bisherigen Interviews werden durch eine quantitative Umfrage unter Bürgermeister*innen des Saarlandes und des Départements Moselle ergänzt (n = 50, Befragungszeitraum 21.09.2020–05.12. 2020), die aufschlussreiche Einblicke in raumübergreifende Gemeinsamkeiten und Unterschiede bietet. In diesem Beitrag möchte ich vor dem Hintergrund der COVID-19-Zäsur die bisherigen Ergebnisse speziell im Hinblick auf die Frage erörtern, welche Perspektiven auf und Erfahrungen mit grenzüberschreitenden Beziehungen auf Gemeindeebene bestehen, welche Hürden und Herausforderungen in der Gestaltung grenzüberschreitender Beziehungen wahrgenommen werden und welche Lösungsansätze skizziert werden können.

GRENZÜBERSCHREITENDE BEZIEHUNGEN SAARLÄNDISCHER UND MOSELLANISCHER GEMEINDEN

Die Nähe zur Grenze wird von den Gesprächspartner*innen primär als Bereicherung wahrgenommen, bspw. im Bereich der kulturellen, Freizeit- oder Konsumangebote – so fahre man regelmäßig zum Einkaufen nach Forbach oder nutze die Ausflugsmöglichkeiten in der Région Grand Est, wodurch in der Summe ein »erhöhtes Gefühl der Lebensqualität« (D6) entstehe. Auch wird die gemeinsame Geschichte des Saarlandes und der Region als Schauplatz deutsch-französischer Konflikte als verbindendes Element gesehen – man lebe in einem »espace commun [qui] était balloté par l'histoire, une fois d'un côté, une fois de l'autre de la frontière« (F1), die grenzüberschreitende Zusammenarbeit sei auch »le reflet de l'histoire de la Sarre et de la Moselle« (F2). Auch individuelle Erlebnisse mit Grenzübertritten vor der Öffnung der innereuropäischen Grenzen durch das Schengener Abkommen von 1985 fließen in die Bewertung der Grenznähe mit ein, wie eine*e Interviewpartner*in (D4) bemerkt: »Ich bin schon als Studierender von Saarbrücken aus über die Grenze gefahren, allerdings damals noch mit Schlagbäumen, mit Geldwechsel und allem, was damit zu tun hatte. Deswegen kann ich auch ermessen, was es bedeutet, in einem Schengenraum zu leben, mit offenen Grenzen.«

Während sich die Assoziationen der Bürgermeister*innen *grenzfernerer* Gemeinden aus diesem Fundus der eigenen und geteilten Geschichte »speisen«, tritt bei *grenznahen* Gemeinden häufig noch eine »funktionelle Komponente« hinzu.[13] Austausch und Kooperation mit den jeweiligen französischen, luxemburgischen oder deutschen Nachbar*innen finden hier alltäglich oder in greifbaren Projekten statt und werden nicht notwendigerweise als »distinkt« wahrgenommen, sondern als »ein Stück weit Normalität bei uns in der Gemeinde« (D5), oder, wie es ein*e mosellanische*r Bürgermeister*in beschreibt, »ça ne change absolument pas ma vie, parce que c'est le propre des communes transfrontalières« (F1). Es ist gleichzeitig an dieser Stelle anzumerken, dass sich eine direkte Grenznähe nicht notwendigerweise in solchen funktionellen Verflechtungen niederschlägt – so gibt es durchaus grenznahe Gemeinden, in denen Austausch und Kooperation mit den französischen Nachbargemeinden z. B. aufgrund mangelnden Engagements früherer Bürgermeister*innen eher sporadisch stattfinden.

Die Wahrnehmung und Bewertung der Grenzkontrollen und -schließungen während der ersten Welle der Pandemie fallen in Teilen unterschiedlich aus und rangieren von Empörung (»ein ungeheurer Schock. [...] Als überzeugter Europäer hat mich das entsetzt« (D4)) bis hin zu pragmatischem Verständnis (»Ich bin davon überzeugt, dass das damals der richtige Schritt war, um die Bürgerinnen und Bürger zu schützen« (D5)). Gemeinsam ist den Gesprächspartner*innen jedoch wiederum der Eindruck, dass das Bewusstsein auf nationaler Ebene für die »grenzüberschreitenden Realitäten«, für »die Abhängigkeiten im täglichen Leben« (D6) nicht ausreichend vorhanden war – »pour les ministres de l'Intérieur des deux pays, c'est plus facile de gérer une crise sanitaire en fermant la frontière, je peux le comprendre, mais on n'imagine pas l'impact que ça peut avoir sur les habitants« (F1). Weiterhin wird punktuell Kritik an der (fehlenden) Kommunikation im Vorfeld und zu Beginn der Grenzkontrollen und -schließungen sowie an der eher langsamen Rückkehr zu offenen Grenzen deutlich: »als man dann etwas später mehr Erkenntnisse hatte, hat das ein Stück weit auch zu lange gedauert, bis die Grenzen wieder auf waren« (D5). Geteilt wird ebenso der Eindruck, dass die Erfahrungen der ersten Welle der Pandemie zu einer »Wiederbelebung« der Beziehungen beitragen, was in Teilen bereits in der Zusammenarbeit zwischen den Gemeinden spürbar sei – am deutlichsten formuliert es ein*e luxemburgische*r Bürgermeister*in (L1): »Wenn die Krise nicht gekommen wäre, glaube ich, dass [der grenzüberschreitende Austausch zwischen den Gemeinden] langsam aber sicher ausgelaufen wäre. Es wäre dann manchmal noch zu Zusammentreffen gekommen, die dann freundschaftlich abgelaufen wären, aber es wären nicht mehr die politischen Themen besprochen worden. Aber jetzt durch diese Krise nimmt es wieder Fahrt auf.«

Wie eingangs erwähnt, kann die grenzüberschreitende Zusammenarbeit zwischen den Gemeinden der Großregion auf eine lange Geschichte zurückblicken. Seit dem Ende des Zweiten Weltkrieges und der Wiedereingliederung des Saarlandes in die Bundesrepublik Deutschland ist auf interregionaler Ebene wie auf interkommunaler Ebene ein dichtes Netz an Verbindungen gewachsen, z. B. in Form der EuRegio SaarLorLux+, der Städtenetzwerke Quattropole und Tonicité oder den Eurodistricts Saar-Moselle und Alzette-Belval.[14] Einen zentralen Ausgangspunkt für grenzüberschreitende Beziehungen stellen zudem die zahlreichen Partnerschaften dar, die zwischen Städten, Gemeinden und einzelnen Ortsteilen bestehen. Als »Relikt« der 1960er bis 1980er Jahre – Partnerschaften erlebten insbesondere nach dem ersten Elysée-Vertrag und der Gründung des Deutsch-Französischen Jugendwerkes einen gewissen »Schub« – mögen Gemeindepartnerschaften auf den ersten Blick etwas »verstaubt« anmuten.[15] Auf den zweiten Blick erweisen sie sich jedoch als oftmals lebendiger Ausgangspunkt für eine große Bandbreite an Verbindungen und Kooperationen zwischen den jeweiligen Gemeinden. So stufen in unserer quantitativen Befragung 11,0 % und 36,2 % der befragten Gemeinden im Saarland und dem Département Moselle ihre Partnerschaften respektive als »sehr aktiv« bzw. »eher aktiv« ein, wobei die Werte der saarländischen Gemeinden hier mit 15,8 % (»sehr aktiv«) und 47,4 % (»eher aktiv«) deutlich höher liegen. Neben gegenseitigen Besuchen bei offiziellen Anlässen (50,0 % der befragten Gemeinden) spielen der Austausch zwischen lokalen Vereinen (33,0 %), gemeinsame Veranstaltungen (32,6 %), informelle Besuche (31,1 %) sowie die Förderung der Begegnung zwischen Kindern und Jugendlichen (27,4 %) eine zentrale Rolle (siehe Abbildung 2).

Insbesondere den letztgenannten Aspekt – die Einbindung der Kinder und Jugendlichen in die grenzüberschreitenden Beziehungen – empfinden viele Gesprächspartner*innen als zentral für die Zukunft der Partnerschaften. Mehrere Gesprächspartner*innen sehen hier Ausbaumöglichkeiten insbesondere im Bereich des Austauschs zwischen Schulklassen, aber auch im Hinblick auf Begegnungen anlässlich von Sport- oder Musikveranstaltungen, bei denen Sprachbarrieren in den Hintergrund treten können (z. B. D4, D8, L1). Wenngleich die gegenseitigen Besuche bei offiziellen Anlässen zwar eher »Symbolcharakter« hätten und man hiermit

Abbildung 2 Bereiche der Kooperation zwischen Gemeinden (Quelle: Erhebung und Darstellung Nora Crossey und Florian Weber 2020).

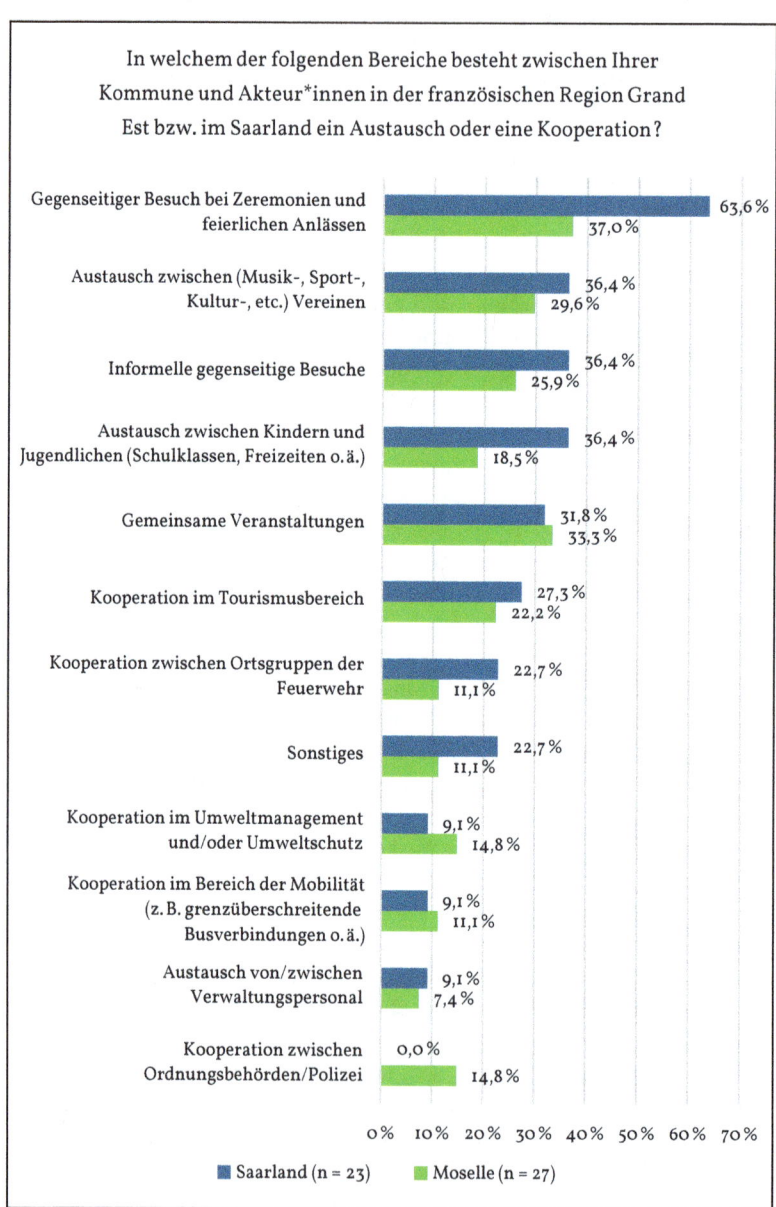

nicht die notwendige »große Menge« (L1) erreiche, so wurde diesen (symbolischen) Treffen zwischen den politischen Persönlichkeiten im Zuge der Pandemie eine besondere Bedeutung zugesprochen, denn »die große Solidarität, [...] die geht ja nur, wenn man sich kennt und schätzt« (L1).

Als Erfolgsfaktoren für aktive und erfolgreiche Partnerschaften werden von den Interviewpartner*innen vor allem eine gewisse Pfadabhängigkeit der Beziehungen, die Motivation der politischen Persönlichkeiten, der lokalen Vereine, aber auch des administrativen Personals wie der Beigeordneten zitiert. Oftmals sind es einzelne Personen, insbesondere Bürgermeister*innen, zudem Beigeordnete, Vereinsvorsitzende, Lehrer*innen, die aus hoher persönlicher Motivation grenzüberschreitende Beziehungen pflegen, organisieren und fördern – Interviewpartner*in F1 beschreibt zentrale Persönlichkeiten der Partnerschaft bspw. als »hommes dans l'esprit de Jean Monnet« und als »ardent[s] défenseur[s] du jumelage«. Das »Wegfallen« dieser treibenden Figuren aufgrund von Wahlen oder alternden Vereinsstrukturen wird oftmals als ausschlaggebender Grund für das Einschlafen ebendieser Partnerschaften benannt – die deutschen, französischen und luxemburgischen Bürgermeister*innen berichten, dass die Bereitschaft zu ehrenamtlichen Tätigkeiten sinke, »das Benevolat wird immer weniger« (hier bspw. L1). Eine Ortsteilpartnerschaft mit einer französischen Gemeinde sei bspw. »eingeschlafen«, da »die handelnden Akteure alle alt geworden, teilweise gestorben [sind]« (D6), im Fall einer anderen Gemeindepartnerschaft sei »der Austausch nicht mehr so toll« (D3), seitdem die Partnergemeinde einen Bürgermeister des Rassemblement National habe.

In der Wahrnehmung von Hürden und Hindernissen in der Zusammenarbeit zwischen den Kommunen weichen die deutschen und französischen Gemeinden in einigen Aspekten voneinander ab, in anderen bestehen jedoch ähnliche Einschätzungen (siehe Abbildung 3). So nehmen zwar 86,4 % der deutschen, aber nur 57,7 % der französischen Gemeinden die Sprache als potentielle Barriere wahr – die deutschen Sprachkenntnisse der französischen Bürgermeister*innen sind ungleich höher als die Französischkenntnisse der saarländischen Bürgermeister*innen. Weiterhin nehmen die deutschen Gemeinden die begrenzten finanziellen und personellen Ressourcen in der eigenen Kommune (63,6 %), begrenztes Interesse und Engagement seitens der Bürger*innen (45,5 %) sowie den bürokratischen Aufwand in der Akquise von Fördermitteln (36,4 %) als zentrale Herausforderungen wahr. Letzteres wird auch auf französischer Seite als zweite zentrale Hürde wahrgenommen (34,6 %), wichtig sind hier jedoch die unterschiedlichen finanziellen Ressourcen der Ge-

Abbildung 3 Hürden der grenzüberschreitenden Zusammenarbeit (Quelle: Erhebung und Darstellung Nora Crossey und Florian Weber 2020).

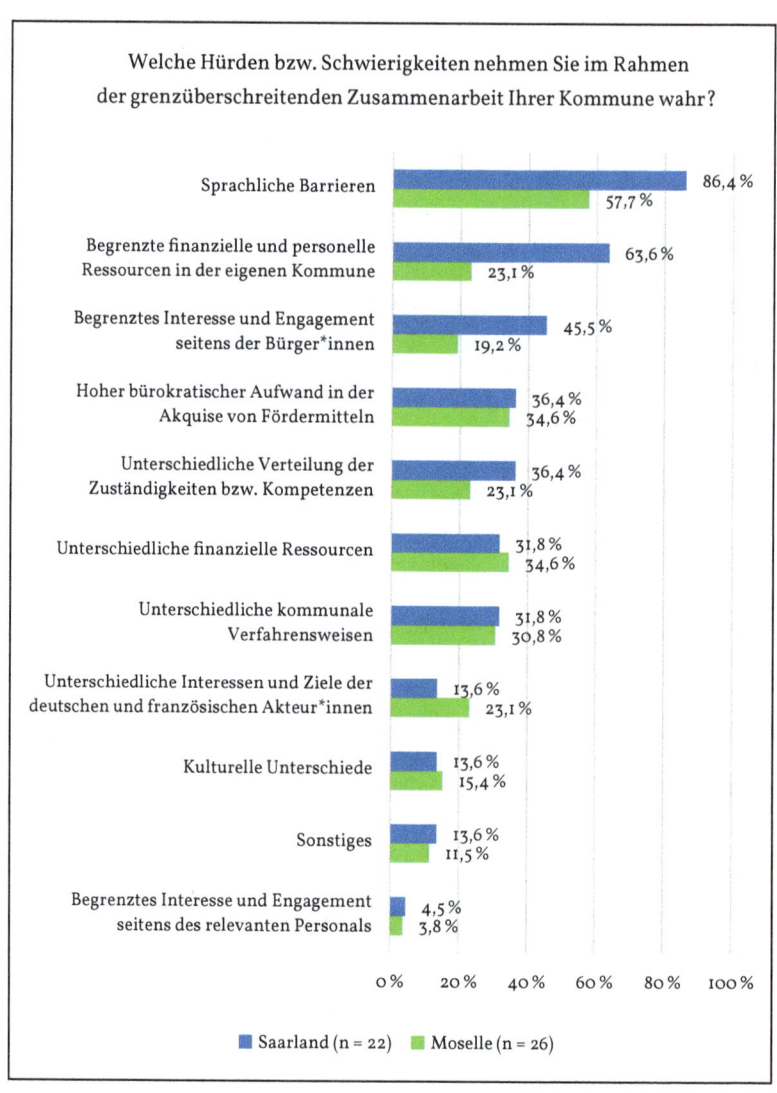

meinden (34,6 %) sowie die unterschiedlichen kommunalen Verfahrensweisen (30,8 %).

Wie lassen sich die Gemeinden nun in Zukunft in ihren grenzüberschreitenden Beziehungen unterstützen und in die Zielsetzungen der Frankreichstrategie einbinden? Hier lässt sich erfreulicherweise festhalten, dass sich die Wünsche bzw. Lösungsvorschläge der Gemeinden sowohl aus der quantitativen als auch der qualitativen Befragung weitestgehend decken – Finanzierung und Kommunikation sind die zentralen Schlagworte. Wenig überraschend stellt die Organisation von grenzüberschreitenden Beziehungen – z. B. Mobilität, die Ausrichtung von Veranstaltungen, aber auch längerfristige Projekte von Grenzgemeinden – einen oft beträchtlichen Kostenfaktor für die Kommunen dar. Die Akquise von Fördermitteln ist kompliziert und bindet personelle Ressourcen, insbesondere bei grenzferneren Gemeinden, die in dieser Hinsicht weniger »routiniert« sind – »es hat in den Kommunen niemand Zeit, sich damit intensiv zu beschäftigen« (D6). Der im April 2020 eingeführte Deutsch-Französische Bürgerfonds[16] wurde vor diesem Hintergrund von einigen Gemeinden bereits für seine übersichtlichen und transparenten Förderziele und -strukturen gelobt. Zusammengefasst wünschen sich die bis dato befragten Bürgermeister*innen eine größere, vor allem aber »unbürokratische« und »vereinfachte Förderkulisse«. Einige Gemeinden sprechen sich hier auch dafür aus, eine gesonderte Förderkulisse für die Frankreichstrategie zu schaffen, also Vorhaben von Gemeinden zu fördern, die auf die Zielsetzungen der Frankreichstrategie hinwirken. Einzelne Bürgermeister*innen sprechen sich zudem durchaus für mehr »fordern und fördern« aus – also mehr Druck und Verbindlichkeit bei gleichzeitiger Förderung zu schaffen. So könne die Landesregierung bspw. die grenzüberschreitende Zusammenarbeit »als Pflichtaufgabe der kommunalen Selbstverwaltung anerkennen« oder »saarländische Kommunen dazu verpflichten […], ihre Internetangebote [und Formulare] zweisprachig anzubieten« (D2).

Neben dem Aspekt der Finanzierung wird auch die Kommunikation als ausbaufähig empfunden, wobei hier unter dem Stichwort »Kommunikation« drei Aspekte zusammengefasst sind. Erstens werden die Kommunikation und die Sichtbarkeit der Frankreichstrategie selbst als steigerungsfähig wahrgenommen. Lediglich 9,1 % der befragten saarländischen Bürgermeister*innen stufen ihre Kenntnisse der Frankreichstrategie als »eher gut«, 40,9 % und 31,8 % respektive als »teils teils« bzw. »eher schlecht« ein – bei den französischen Bürgermeister*innen liegen diese Werte noch niedriger, hier stufen nach eigener Einschätzung nur 11,5 % ihr Wissen um die Frankreichstrategie als »eher gut« ein, 42,3 % als »eher begrenzt« und 38,5 % als »sehr begrenzt«. In den Interviews berichten die saarländischen Bürgermeister*innen häufig, dass man zwar im Zuge der Verkündung 2014 davon gelesen habe, seither die Frankreichstrategie aber weniger wahrgenommen habe – »Die Frankreichstrategie ist sehr weit von uns weg. [...] Ich kann sie nicht erkennen« (D4) – und hierüber auch nicht kommuniziere: »Unterm Strich muss ich sagen, fällt das Wort »Frankreichstrategie« nie [in Gesprächen zwischen saarländischen Bürgermeister*innen]. Wenn, dann spricht man über die »Notwendigkeit zu kooperieren« (D2). Die Frankreichstrategie wird also als solche nur begrenzt wahrgenommen, was ihre »Zugkraft« durchaus schmälern kann. Um ihre Sichtbarkeit zu erhöhen, sprechen sich die Bürgermeister*innen bspw. für eine gezieltere Information der lokalen Akteure durch die Landesebene aus, für die Auszeichnung von besonders engagierten politischen Persönlichkeiten und Verwaltungsmitarbeiter*innen (D9), aber auch ein breiter aufgestelltes Marketing aus, mit dem man breite Teile der Bevölkerung erreichen könne, z. B. in Form einer »französischen Woche, wo in den Kommunen Veranstaltungen sind« (D6).

Zweitens wird eine strategischere und zentralisierte Kommunikation zwischen Landesebene und Gemeinden gewünscht, insbesondere was die Beratung und Unterstützung bei grenzüberschreitenden Vorhaben betrifft. Vielfach wird in den Gesprächen, aber auch im Rahmen der quantitativen Erhebung der Wunsch nach einer »zentralisierten Beratungsstelle auf Landesebene« geäußert, an die die Gemeinden sich bei Bedarf wenden können. Solcher Bedarf besteht hier z. B. bei der Beratung in der Akquise von Fördermitteln, Übersetzungen, der Organisation von Ferienprogrammen und Begegnungsangeboten oder einer Zusammenstellung von »best practice«-Beispielen. Ein*e saarländische*r Bürgermeister*in (D6) resümiert hier: »Ich wünsche mir inhaltlich-logistische Unterstützung bei der Gestaltung der Programme. Ich wünsche mir finanzielle Unterstützung und vielleicht auch personelle Unterstützung und Beratung, wenn es darum geht, so etwas in die Wege zu leiten. Und dann wäre es wichtig, dass man das natürlich auch entsprechend kommuniziert.« Eine sichtbare, zentralisierte Informations- und Beratungsstelle würde also den Bedürfnissen vieler Gemeinden in ihren grenzüberschreitenden Bemühungen entgegenkommen.

Drittens wünschen sich einige Gemeinden einen stärkeren Austausch untereinander, bei dem sich Verwaltungsmitarbeiter*innen über »best practices« der grenzüberschreitenden Beziehungen austauschen können. Die grenzüberschreitende Arbeit wird oftmals als »Flickenteppich« (D7, ähnlich F1) wahrgenommen, bei dem Potenzial für Synergieeffekte bestünde.

Lösungsansätze sieht man hier bspw. in »Plattformen der Kooperation. Damit kann man sehr viel erreichen, weil nicht jeder das Rad neu erfinden muss« (D4), auch für Verwaltungsmitarbeiter*innen der Verwaltung, die sich mit grenzüberschreitenden Beziehungen befassen (hierzu insbesondere D7).

RÉSUMÉ

Das von zahlreichen kommunalen Akteuren über die vergangenen Jahrzehnte geknüpfte Netz an Kontakten und Kooperationen hat sich auch während der Grenzkontrollen und -schließungen bewährt, in dem Sinne, dass die Interessen der Bürger*innen der Grenzregionen als gemeinsames Anliegen aufgefasst, adressiert und kommuniziert werden, ungeachtet möglicher »Brüskierungen« auf regionaler oder nationaler Ebene. Dieses Netz ist jedoch keineswegs als »Selbstläufer« zu betrachten, sondern steht vor zahlreichen Herausforderungen: dem Rückgang des Ehrenamtes, dem Rückgang deutscher Sprachkenntnisse auf französischer Seite, begrenzten finanziellen Ressourcen der Kommunen, den Mühen einer kontinuierlichen Abstimmung zwischen unterschiedlichen administrativen Strukturen und Verfahren etc. Diesen Herausforderungen kann unter anderem durch entsprechende Förderungs- und Beratungsangebote auf Landesebene entgegengewirkt werden, die die Gemeinden in ihren grenzüberschreitenden Aktivitäten unterstützend begleiten und informieren.

Die Erfahrungen der Grenzschließungen und -kontrollen des Frühjahres 2020 können hier durchaus als Chance verstanden werden, die auf nationaler, regionaler, aber eben auch kommunaler Ebene die Notwendigkeit grenzüberschreitenden Austausches und der kontinuierlichen Pflege partnerschaftlicher Beziehungen verdeutlicht haben. Hier besteht auf Gemeindeebene durchaus ein hohes Maß an Motivation und Interesse, welches es in der weiteren Ausgestaltung und Umsetzung regionaler Strategien – wie der Frankreichstrategie des Saarlandes – durch die oben genannten Maßnahmen und Angebote vermehrt einzubinden, zu unterstützen und zu fördern gilt. Gemeinden – als Bindeglied zwischen Land und Bürger*innen, aber auch als Akteure mit eigenständigen grenzüberschreitenden Beziehungen – haben das Potenzial, die deutsch-französische Freundschaft und Solidarität vor Ort greifbar zu machen. Dies wird auch in der Zeit nach der Pandemie und in künftigen Krisen notwendig sein.

ANMERKUNGEN

1 Pigeron-Piroth, I., Evrard, E. & Belkacem, R. (2020). Marché du travail transfrontalier : négocier avec les frontières à l'heure de la crise sanitaire COVID-19. In C. Wille & R. Kanesu (Hrsg.), *Bordering in Pandemic Times: Insights into the COVID-19 Lockdown* (S. 17–23). Luxemburg: UniGR-Center for Border Studies; Wille, C. & Kanesu, R. (Hrsg.). (2020). *Bordering in Pandemic Times: Insights into the COVID-19 Lockdown* (UniGR-CBS Thematic Issue, Bd. 4). Luxemburg: UniGR-Center for Border Studies.

2 Crossey, N. (2020). Corona – neue Herausforderungen und Perspektiven für Grenzraumpolitiken und grenzüberschreitende Governance. In C. Wille & R. Kanesu (Hrsg.), *Bordering in Pandemic Times: Insights into the COVID-19 Lockdown* (S. 69–72). Luxemburg: UniGR-Center for Border Studies.

3 Saarländischer Rundfunk (2020, 06. April). Bouillon verteidigt Grenzschließungen. https://www.sr.de/sr/home/nachrichten/politik_wirtschaft/bouillon_verteidigt_grenzschliessungen_100.html. Zugegriffen: 16. Januar 2021.

4 Landesregierung des Saarlandes (2014). Eckpunkte einer Frankreichstrategie für das Saarland. https://www.saarland.de/stk/EN/service/publikationen/Frankreichstrategie.html. Zugegriffen: 16. Januar 2021.

5 Universität des Saarlandes & Ministerium für Bildung und Kultur (2019). Sprachenkonzept Saarland 2019. Neue Wege zur Mehrsprachigkeit im Bildungssystem. https://www.uni-saarland.de/lehrstuhl/polzin-haumann/forschungsprojekte/abgeschlossene-projekte/sprachenkonzept-saarland-2019.html. Zugegriffen: 16. Januar 2021.

6 Benz, A. & Dose, N. (Hrsg.). (2010). *Governance – Regieren in komplexen Regelsystemen. Eine Einführung*. Wiesbaden: VS Verlag für Sozialwissenschaften.

7 Hooghe, L. & Marks, G. (2003). Unraveling the Central State, but How? Types of Multi-level Governance. *American Political Science Review* 97 (2), 233–243.

8 Lüsebrink, H.-J., Polzin-Haumann, C. & Vatter, C. (Hrsg.). (2017). *»Alles Frankreich oder was?« – Die saarländische Frankreichstrategie im europäischen Kontext/»La France à toutes les sauces?« – La ›Stratégie France‹ de la Sarre dans le contexte européen*. Bielefeld: transcript Verlag.

9 Crossey, N. & Weber, F. (2020). Zur Konstitution multipler *Borderlands* im Zuge der Frankreichstrategie des Saarlandes. In F. Weber, C. Wille, B. Caesar & J. Hollstegge (Hrsg.), *Geographien der Grenzen. Räume – Ordnungen – Verflechtungen* (S. 145–166). Wiesbaden: Springer VS.

10 Funk, A. & Niedermeyer, M. (2016). Die Frankreich-Strategie des Saarlandes. Governance und territoriale Kohäsion als neue Dimensionen regionaler Entwicklungskonzepte. In W. H. Lorig, S. Regolot & S. Henn (Hrsg.), *Die Großregion*

SaarLorLux. Anspruch, Wirklichkeiten, Perspektiven (S. 169–182). Wiesbaden: Springer VS.

11   Ministerium für Finanzen und Europa (2020). Mitmachportal Frankreichstrategie. www.frankreichstrategie.saarland.de. Zugegriffen: 16. Januar 2021.

12   Bundesrepublik Deutschland & Französische Republik (2019). Vertrag zwischen der Bundesrepublik Deutschland und der Französischen Republik über die deutsch-französische Zusammenarbeit und Integration. https://www.bundesregierung.de/resource/blob/997532/1570126/c720a7f2e1a0128050baaa6a16b760f7/2019-01-19-vertrag-von-aachen-data.pdf?download=1. Zugegriffen: 16. Januar 2021.

13   Hierzu ausführlicher Wille, C. (2020). Räumliche Identifikationen und Identifizierungen in Grenzregionen. Das Beispiel der Großregion SaarLorLux. In F. Weber, C. Wille, B. Caesar & J. Hollstegge (Hrsg.), *Geographien der Grenzen. Räume – Ordnungen – Verflechtungen* (S. 25–53). Wiesbaden: Springer VS

14   vgl. auch Weber, F. (2020). Grenzüberschreitende Governance in der Großregion SaarLorLux. *Forum Wohnen und Stadtentwicklung* (4), 183–186. https://www.vhw.de/fileadmin/user_upload/08_publikationen/verbandszeitschrift/FWS/2020/4_2020/FWS_4_20_Weber.pdf. Zugegriffen: 16. Januar 2021.

15   Hierzu ausführlicher auch Marchetti, A. (2019). *Städte- und Gemeindepartnerschaften. Strukturen – Praxis – Zukunft in deutsch-französischer Perspektive* (Handreichungen zur Politischen Bildung, Bd. 26). Sankt Augustin/Berlin: Konrad-Adenauer Stiftung. https://www.kas.de/documents/252038/4521287/St%C3%A4dte-+und+Gemeindepartnerschaften+-+Handreichungen+zur+Politischen+Bildung.pdf/fb06e46f-4928-334a-5de7-d9696df05301?version=1.0&t=1556278208188. Zugegriffen: 16. Januar 2021.

16   Deutsch-Französisches Jugendwerk (2020). Deutsch-Französischer Bürgerfonds. www.buergerfonds.eu. Zugegriffen: 16. Januar 2021.

Nora Crossey studierte Liberal Arts and Sciences mit Hauptfach Governance am University College an der Albert-Ludwigs-Universität Freiburg. Ab Wintersemester 2016/2017 belegte sie den Masterstudiengang »Humangeographie/Global Studies« an der Eberhard Karls Universität Tübingen. Parallel hierzu war sie als Projektbearbeiterin für die Evaluierung des »LIFE living Natura 2000«-Projektes zuständig. Seit April 2019 arbeitet sie als wissenschaftliche Mitarbeiterin in der Arbeitsgruppe »Europastudien / Schwerpunkte Westeuropa und Grenzräume« an der Universität des Saarlandes. Ihre Forschungsinteressen liegen im Bereich der grenzüberschreitenden interregionalen und interkommunalen Zusammenarbeit.

LES CRISES ET LE NÉCESSAIRE RENFORCEMENT DU COUPLE FRANCO-ALLEMAND

Nicolas Bouzou (Cabinet de conseil Asterès)

Zusammenfassung Krisen haben zumindest einen Vorteil, konstatiert Nicolas Bouzou in seinem Beitrag: Sie ermöglichen es Frankreich und Deutschland, den beiden wichtigsten Volkswirtschaften der Europäischen Union, sich besser kennen zu lernen, mehr zu kooperieren und die Union voranzubringen. Dies war bereits im Jahr 2008 so. Und dies war 2020 erneut der Fall. Auf den ersten Blick besteht ein enges Verhältnis zwischen Deutschland und Frankreich, allerdings kennen sich die beiden Länder in den Details nicht so gut, wie man denken könnte. Die COVID-19-Krise ermöglichte es daher tatsächlich, die deutsch-französische Zusammenarbeit zu stärken. Trotz der Unterschiede, die vor allem institutioneller Natur sind und mit der politischen Kultur jeder Nation zusammenhängen, nähern sich unsere beiden Länder auf pragmatische Weise an: Gesundheit, künftige industrielle Zusammenarbeit, makroökonomische, geldpolitische und haushaltspolitische Fragen sind alles Beispiele, die nicht nur die Vertiefung der bilateralen Zusammenarbeit, sondern vor allem die Entwicklung der Europäischen Union in Richtung einer größeren Integration forcieren. COVID-19 fungiert als Beschleuniger dieser Integration unter dem Antrieb des deutsch-französischen Tandems. Um künftig zwischen den Polen USA und China bestehen zu können und seine Werte zu bewahren, bleibt die »geteilte Souveränität« innerhalb der Europäischen Union die beste Option, so Nicolas Bouzou. Die Coronakrise hat gezeigt, wie zentral weiterhin das deutsch-französische Engagement in der EU zu gewichten ist. Den jüngeren Leser*innen gibt der Autor folgende Botschaft mit auf den Weg: Deutschland zu kennen und zu verstehen, dessen Sprache zu sprechen, stellt eine bedeutende individuelle und gemeinschaftliche Investition dar.

FRANCE ET ALLEMAGNE, UN BINÔME AUX MULTIPLES DIFFÉRENCES

Les crises ont au moins un avantage : elles permettent à la France et à l'Allemagne, les deux principales économies de l'Union Européenne, de mieux se connaître, de coopérer davantage et de faire avancer l'Union. C'était vrai en 2008. Cela l'a été encore une fois en 2020. Car malheureusement, nos deux pays se connaissent mal. Combien de Français parlent l'allemand ? Combien d'Allemands parlent le français ? Certes, nous connaissons nos deux cultures, notamment dans les domaines de la littérature et de la musique car nous avons les Lumières puis le romantisme en commun, ceux deux contraires qui nous unissent. De nombreux touristes allemands viennent voir nos plages, et les Français adorent les villes d'outre-Rhin. Mais nous sommes séparés par des infrastructures économiques et politiques tellement différentes qu'elles nous rendent exotiques l'un à l'autre. Il me semble parfois que les Français connaissent et comprennent mieux les Britanniques ou les Américains que les Allemands. La France est un pays centralisé dont l'Etat est dirigé par un Président avec lequel l'opinion publique entretiens une relation passionnelle. L'Etat et les territoires sont souvent en conflit. Nos syndicats sont faiblement représentatifs et contestataires (ceci expliquant cela). Les syndicats allemands sont moins nombreux et habitués à la cogestion raisonnable. Quant à la politique allemande, elle n'a rien à voir avec la politique française. Elle est plus apaisée, plus long-termiste et les pouvoirs sont davantage partagés. Les Français sont passionnés par l'action. Les Allemands valorisent, plus que nous, la règle. L'économie allemande est tournée vers l'exportation, l'économie française vers son marché intérieur. Pour achever de nous différencier, la France est une vieille nation, au passé révolutionnaire, devenu une puissance militaire démesurée au regard de la taille de son économie. Elle estime son message universel et souhaite toujours faire entendre une voix forte et différente sur les affaires diplomatiques. De par le passé du pays, la politique étrangère allemande est moins vibrionnante que la nôtre. Disons-le clairement : non seulement Allemands et Français ne se comprennent pas toujours, mais ils s'agacent parfois. Angela Merkel juge les dirigeants français hyperactifs et pas toujours efficaces. Les dirigeants français considèrent que la chancelière allemande est trop précautionneuse. Victor Hugo d'un côté du Rhin, Kant de l'autre.

DES ÉCONOMIES ET COOPÉRATIONS INDUSTRIELLES SANS CESSE PLUS INTERDÉPENDANTES

Ces différences sont importantes mais elles ne doivent pas nous empêcher de renforcer sans cesse nos liens. L'efficacité de nos politiques publiques passe par l'amélioration de notre connaissance mutuelle et la multiplication de nos coopérations, qu'elles sont bilatérales ou dans le cadre de l'Union Européenne. En réalité, nous n'avons pas le choix et la crise de la COVID-19 l'a rappelé. Je rappelle que l'Allemagne est le principal partenaire commercial de la France, qu'il s'agisse des importations ou des exportations. Pour l'Allemagne, la France est le deuxième partenaire concernant les exportations (juste derrière les Etats-Unis) et le troisième concernant les importations (après la Chine et les Pays-Bas). Très concrètement, environ 50 000 frontaliers français travaillent en Allemagne. L'Allemagne et la France sont aussi des partenaires très proches en matière d'investissements directs.

Tout ceci explique pourquoi ces coopérations étaient évidemment déjà intenses avant la crise de la COVID-19. Mais il faut ajouter, au-delà des données macroéconomiques, un destin industriel partagé. Ainsi, l'un des points culminants de cette coopération a été atteint avec la mise en place d'un « Airbus des batteries » à partir de 2018. Dans un ouvrage récent, le Ministre Français de l'économie et des finances, Bruno Le Maire, raconte comment ce projet s'est mis en place concrètement. Dès 2018, des industriels français de l'automobile ont alerté le Gouvernement sur la dépendance de l'Europe aux batteries chinoises. Cette dépendance faisait peser de vrais risques économiques. En effet, développer des voitures électriques nécessite des investissements coûteux. Faire tenir la réussite de la transition automobile européenne à la capacité voire à la volonté de nos partenaires chinois de nous fournir en batteries était trop risqué. Le Président Macron soutenait cette initiative qui, outre sa justification économique, donnait un contenu à l'Europe politique. Mais cette vision volontariste très française était, dans un premier temps, modérément partagée par le Gouvernement et les industriels allemands, moins « politiques » et moins favorables aux initiatives publiques que leurs homologues français. Peter Altmaier réussit néanmoins à vaincre les réticences dans son pays. Il eut en outre la grande élégance de laisser la France ouvrir la première usine sur son territoire, l'Allemagne devant accueillir la deuxième. Ce projet est devenu une réalisation franco-allemande et européenne bien concrète. Il prouve que nos pays savent le cas échéant aplanir leur différence et trouver des compromis pour le bien commun.

LA CRISE DE LA COVID-19 : UN ACCÉLÉRATEUR DE COOPÉRATIONS BILATÉRALES PRAGMATIQUES ET D'INTÉGRATION EUROPÉENNE

Dès le début de la crise, j'ai pu, grâce à mes échanges avec le Gouvernement français et les élus frontaliers, mesurer à quel point les vues de nos deux pays se sont rapprochés. Nos coopérations sanitaires ont été très efficaces dès le début de la crise. Mais c'est vrai aussi, ce qui était peut-être moins attendu, sur les questions de politique macroéconomique, monétaire et budgétaire, les deux étant d'ailleurs très liés. Sur ce sujet, la vision française était volontariste et la vision allemande plus prudente. Nos performances comparées en matière de finances publiques traduisaient bien, avant la crise, cette différence de vision. Il est frappant de voir à quel point le pragmatisme de la relation entre nos deux pays l'a emporté sur des considérations idéologiques. Après un début de printemps difficile, France et Allemagne ont convergé pour trouver des solutions à la crise sanitaire et à la crise économique et sociale dans le cadre de l'Union Européenne. Finalement, l'Allemagne comme la France ont réussi à convaincre nos partenaires européens que l'Union devait avoir la capacité à emprunter en son propre nom. Cet événement historique n'a pas eu médiatiquement l'écho qui aurait été justifié. Mais, de fait, grâce à l'action coordonnée de la France et de l'Allemagne, l'Union Européenne a fait, à la faveur de cette crise très grave, un saut quantique. On pourrait presque dire que l'Union a changé de nature. Cette possibilité donnée à l'Union change les choses à trois aspects. Premièrement, la signature de crédit de qualité très élevée de l'Union lui permet d'emprunter à des taux d'intérêt très bas. Cela peut sembler secondaire pour la France ou l'Allemagne. Mais pour l'Italie, ce ne l'est pas. La zone euro s'en trouve « solidifiée ». Deuxièmement, cette initiative force l'Union Européenne à trouver des recettes. Elles se matérialiseront par l'instauration d'une taxe carbone aux frontières de l'Union, une excellente évolution du point de vue écologique et économique. Enfin, elle confère une nouvelle compétence fédérale à l'Union, ce qui montre que nos pays savent, dans une période difficile et troubler, s'arracher aux nationalismes et aux égoïsmes, et montrer aux yeux du monde une Europe unie prête à peser sur le cours des choses.

VERS UNE « SOUVERAINETÉ PARTAGÉE » AU SEIN D'UNE UNION EUROPÉENNE POUR PESER FACE AU DUOPOLE ETATS UNIS/CHINE

Ce dernier point est fondamental si l'on juge, ce qui est mon cas, que malgré ses dysfonctionnements (notamment ses lenteurs et son obsession de la décision à l'unanimité), l'Union Européenne reste le cadre institutionnel qui permet le mieux à l'Allemagne et à la France de faire valoir leurs intérêts. Ce qui était vrai avant la COVID l'est encore plus aujourd'hui. Il est devenu courant, dans le débat public, de se demander qui, de la Chine, des Etats-Unis ou de l'Europe, sortira renforcée de la crise. Mais cette question est mal posée. Cette crise ne fera pas de gagnants au sens où aucun pays n'en sortira économiquement grandi par rapport à la situation qui prévalait avant. La problématique ne peut donc être que relative : qui de la Chine, des Etats-Unis ou de l'Europe, va le moins souffrir ? Quelles sont les zones qui verront leur influence géopolitique reculer le plus ? Quelle partie du monde s'en sortira le moins mal parce qu'elle se sera mieux protégée et, surtout, parce que la crise l'aura forcé à changer ? L'Union Européenne a, à cet égard, une carte à jouer.

L'influence géopolitique repose sur trois piliers : la puissance technologique et économique, la puissance militaire et l'influence culturelle (que l'on appelle aussi le soft power). Les historiens du temps long comme Fernand Braudel ont parfaitement montré qu'il existait un « cœur de l'économie-monde » qui réunissait ces caractéristiques et qui se déplaçait au cours du temps. Ce furent les cités-Etat d'Italie du nord, la Flandres, le Nord de l'Angleterre, l'Est des Etats-Unis .... La puissance technologique dans les secteurs de la troisième révolution industrielle (le numérique, l'intelligence artificielle, la robotique et les biotechnologies) est fortement concentrée aux Etats-Unis et en Chine, avec sans doute un léger avantage à l'Empire du Milieu, en particulier dans les domaines de l'IA et des technologies du vivant. Il n'existe aucune entreprise européenne capable de rivaliser avec les GAFA ou les BATX. La puissance militaire reste aux Etats-Unis. Le budget annuel de défense américain se monte à 650 milliards de dollars contre 250 pour la Chine et 65 pour la France, qui est le pays européen le mieux « armé ». La puissance culturelle demeure forte en Europe grâce à son histoire, son patrimoine, ses artistes, ses libertés publiques et sa qualité de vie. La présidence Trump, quoi qu'on en pense sur le fond, a dégradé un soft power américain déjà amenuisé par des interventions militaires ratées à l'extérieur et des inégalités sociales criantes à l'intérieur. La piètre gestion de la crise sanitaire, en tous cas jusqu'à la vaccination, a accentué cette fragilité. Quant à la Chine, le resserrement de son système totalitaire, son comportement vis-à-vis de Hongkong et le manque de transparence au début de l'épidémie de COVID-19 ont renforcé une image défavorable aux yeux de démocrates du monde entier. En août 2020, on peut dire que la Chine a de l'avance dans le domaine du pouvoir technologique, les Etats-Unis dans le domaine militaire et l'Europe dans le domaine culturel. Mais ces positions sont instables. Elles vont beaucoup évoluer ces prochaines années.

L'Union Européenne a marqué deux points récemment. D'une part, ses élites ont enfin compris l'importance de la puissance technologique et l'origine de nos retards. La commission européenne sait qu'il est nécessaire, par exemple, de mener une politique industrielle davantage basée sur le soutien à l'offre, bien plus que cela n'a été fait ces dernières décennies. D'autre part, l'UE a procédé à des avancées majeures pendant la crise. Que la Commission Européenne puisse lever de l'argent sur les marchés financiers en son nom constitue une évolution nécessaire vers une intégration que personne ne pensait possible il y a moins d'un an. Comme toujours, l'Union Européenne accélère sous l'impulsion du couple franco-allemand quand la situation est gravissime. Dans notre économie globalisée, il n'est plus de « souveraineté réelle » sans « souveraineté partagée ». Ainsi, en nous tournant le dos, le Royaume-Uni passe du statut de « rule maker » dans le cadre de l'Union, à celui de « rule taker ». Il est ainsi possible que nos amis britanniques passent sous influence américaine. Ce ne peut être le destin de l'Europe. Pour paraphraser Hubert Védrine, l'Union Européenne doit, vis-à-vis des Etats-Unis, être amie, alliée, mais pas toujours alignée.

La puissance géopolitique n'est pas qu'une question de pouvoir pour le pouvoir. Il faut être puissant pour faire vivre ses valeurs. Or l'Europe en a, qui lui sont spécifiques. De fait, le monde est séparé en deux blocs qui ont remplacé les pays capitalistes et les pays socialistes : les démocraties libérales (Etats-Unis, Europe – hors Hongrie) et les pays capitalistes illiberaux (Chine, Vietnam, Thaïlande, Russie …). Et à l'intérieur même des démocraties libérales, une ligne sépare les démocraties communautaristes (les Etats-Unis) des démocraties universalistes (l'Europe). L'Union Européenne ne doit donc pas être un outil simplement destiné à soutenir l'économie. Elle a besoin d'une politique économique, d'une diplomatie et d'un rayonnement culturel pour défendre et faire vivre ses valeurs dans un monde en recomposition. Sans Europe intégrée socialement et fiscalement, sans marché unique du numérique et du capital, sans politique étrangère commune, notre économie va devenir la sous-traitante d'un duopole sino-américain qui maîtrisera le big data, captera les meilleurs emplois et nous imposera sa diplomatie. Cette Europe puissance passe avant tout par un resserrement des relations franco-allemandes.

Dans son livre « Tempêtes » (paru aux Editions de l'Observatoire en 2020), le Président Nicolas Sarkozy explique avoir découvert en avançant que le destin de l'Union Européenne reposait quasi-entièrement sur le couple franco-allemand, ce qui ne va pas sans poser de difficultés, tant nos cultures et nos systèmes de décision politique sont différents. Ce diagnostic est le même que celui de toutes les personnes qui ont occupé, en France, des positions de responsabilité gouvernementale au plus haut niveau. La centralité du couple franco-allemand s'est rappelée à nous depuis le début de la crise du Coronavirus. Je le dis à l'adresse des plus jeunes : connaître et comprendre l'Allemagne, parler cette langue, consiste en un remarquable investissement individuel et collectif.

Nicolas Bouzou est un économiste, essayiste et éditorialiste français, directeur du cabinet de conseil Asterès et co-fondateur du Cercle de Belém, directeur d'études au sein du MBA Law & Management de l'Université de Paris II Assas. Il écrit régulièrement dans la presse française et dans la presse étrangère. Il a siégé au Conseil d'Analyse de la Société auprès du Premier Ministre (2010-2012). Il est l'auteur d'une douzaine d'ouvrages.

Und nun? Lehren aus der Krise

Et maintenant ? Quelles leçons tirer de la crise ?

VIEL MEHR ALS »*PLUS JAMAIS!*«

Welche Lehren wir aus der Krise ziehen – die Chance auf einen neuen Aufbruch für die deutsch-französische Grenzregion!

Roland Theis

Der Schock der Pandemie und ihrer Auswirkungen auf das deutsch-französische Verhältnis sowie die grenzüberschreitenden Beziehungen in unserer Region haben alte und neue Schwächen und Defizite offenbart, deren Beseitigung Aufgabe der Politik in der Region, aber auch in Paris und Berlin sein muss. Die Krise war ein Brennglas auf den derzeitigen Zustand der grenzüberschreitenden Arbeit. Sie hat gezeigt, was gut funktioniert, aber auch, wo sicher geglaubte Kooperationen im Ernstfall versagt haben und nicht zuletzt neue Probleme offengelegt, die den Menschen in den zurückliegenden Monaten das Leben schwergemacht haben.

Gleichzeitig hat die Pandemie die Relevanz der grenzüberschreitenden Zusammenarbeit für den Alltag der Menschen in unserer Region deutlich gemacht. Ich selbst habe die Erfahrung machen können, dass die Beschäftigung mit diesen Fragen für einen jungen Abgeordneten selbst im Saarländischen Landtag eher als weniger relevantes Interesse aus Neigung und Nähe zum Thema empfunden wurde denn als Einsatz in einem zentralen und wichtigen Politikfeld. Das Frühjahr 2020 hat das Gegenteil bewiesen. Gute grenzüberschreitende Zusammenarbeit hat im wortwörtlichen Sinne Leben gerettet.

Die beiden prägenden Bilder des Frühjahrs 2020 werden die geschlossenen Grenzübergänge einerseits und die Helikoptertransporte der französischen Patient*innen nach Deutschland andererseits bleiben. Sie stehen für die besten und die schwierigsten Facetten der Bekämpfung der Pandemie – für Solidarität und Freundschaft statt für das »Rette sich, wer kann« der ersten Tage. Ersteres hat sich durchgesetzt. Nicht nur im Frühjahr, auch in der zweiten Phase im Oktober 2020 wurden Patient*innen in geringerem Umfang wieder nach Deutschland gebracht und von französischer Seite waren den deutschen Behörden im Dezember Kapazitäten angeboten worden, als es Anfang des Monats kurzfristig nach Engpässen in deutschen Kliniken aussah. Im kollektiven Gedächtnis der Menschen in der Grenzregion werden beide Bilder bleiben.

Daneben werden die Menschen so schnell nicht die mit Flatterband gesperrte Freundschaftsbrücke zwischen Grossbli und Kleinblittersdorf[1] oder den Baguette-Angler von Lauterbach[2] vergessen. Und was ist mit all den Bürger*innen, die sich vor der Bundespolizei rechtfertigen mussten, deren meist junge Beamt*innen vor Ort weder unsere Grenzregion kannten noch kontrollierte Binnengrenzen der Europäischen Union zuvor aktiv erfahren haben? Szenen aus dem März und April 2020, die die ganze Absurdität der Situation des Frühjahrs 2020 zeigten. Sie haben uns vor Augen geführt, dass man die deutsch-französische Region und die Menschen, die in ihr leben, nicht voneinander trennen kann. Für die Analyse der Auswirkungen der Pandemie auf das deutsch-französische Verhältnis in der Grenzregion wird jedoch auch die Frage sein, welche Lehren die Politik aus dieser Zeit gezogen hat. Werden wir den Schock des Frühjahrs 2020 als Weckruf zu echten strukturellen und nachhaltigen Verbesserungen und Fortschritten nutzen oder bleiben die erlebten Verletzungen und die Fragilität der Beziehungen in Erinnerung, weil man wieder zur Tagesordnung zurückgekehrt ist? Ein Impetus dieser Publikation ist es, einige Themen auf die Agenda der Post-Corona Zeit zu setzen, für deren Lösungen wir eine neue Dynamik in den grenzüberschreitenden Beziehungen brauchen, die ihre Notwendigkeit und Bedeutung aus dem Schock dieser besonderen Tage im Frühjahr 2020 bezieht. Ein »plus jamais!« wird nur glaubwürdig sein, wenn es nicht im Übrigen auf einem »Weiter so!« beruht. Im Gegenteil: Wenn der heilsame Schock des Frühjahrs eine neue Dynamik in den grenzüberschreitenden Beziehungen entfacht, dann wird aus der Pandemie eine Chance für die Grenzregion (Abbildung 1).

Die nationale und regionale Politik kann damit beweisen, dass sie die Lehren aus der Krise gezogen hat und – mehr noch – den Beteuerungen der Bedeutung der grenzüberschreitenden Kooperation in der Krise auch nach der Krise Taten folgen. Für die angekratzte Glaubwürdigkeit und die – wie eine Umfrage des Saarländischen Rundfunks[3] aufgezeigt hat – für manche Menschen immer noch belasteten Beziehungen wäre dies dringend notwendig.

Diese Vorschläge sind weder abschließend gemeint noch erhebt der Autor auf diese ein Copyright, denn sie sind politischen und gesellschaftlichen Debatten entlehnt, die in den vergangenen Monaten stattgefunden haben. Einige Verbesserungen haben sich im weiteren Verlauf der Pandemie bereits eingestellt und sind auf einem guten Wege. Bei vielen ist ein

Viel mehr als »plus jamais!« 429

Abbildung 1 Gemeinsam für Europa. Quelle: Aufnahmen David Quack 2020.

Großteil der Strecke noch vor uns. Bei manchen scheint die Tendenz sogar negativ zu sein, da die Beschäftigung mit der Pandemie die notwendige Aufmerksamkeit genommen hat, so dass eine politische Lösung heute weiter entfernt scheint als in den Monaten vor Corona.

POLITISCHE KOORDINATION STÄRKEN: DER DEUTSCH-FRANZÖSISCHE KRISENSTAB BEIM GEMEINSAMEN SEKRETARIAT FÜR DIE GRENZÜBERSCHREITENDE ZUSAMMENARBEIT

Die ersten beiden Wochen des März 2020 waren geprägt von teilweise hektischen Entscheidungen in einer Phase, in der die Schreckensnachrichten der Pandemie auf die Verantwortlichen auf beiden Seiten der Grenze im Stundentakt einschlugen und bereits die innerstaatliche Koordination und Kommunikation den Ereignissen kaum nachkam. Dies galt – wie eine ehrliche Rückschau zeigt – für beide Länder und ist angesichts der Dramatik der Geschehnisse, die keiner der Beteiligten zuvor erlebt hatte, auch nicht vorwerfbar. Politische Positionierungen wurden vielfach von der Dynamik der Situation überrollt, bevor sie beim Adressaten angekommen waren. Ich habe in den ersten Wochen der Pandemie selbst erlebt, dass die persönlich übermittelte Nachricht an die Partner*innen des Landes bereits nicht mehr aktuell war, als das letzte Telefonat beendet wurde. Die Dynamik der Lage war häufig ein Euphemismus für eine stürmische Entwicklung, die uns alle atemlos zurückließ.

Eine wirkliche gemeinsame Abstimmung von Maßnahmen auf der regionalen Ebene war insbesondere in Fragen, die national vorentschieden waren, nur eingeschränkt möglich. So unternahm die Landesregierung beispielsweise bei der Schließung von Grenzübergangsstellen, die das saarländische Verkehrsministerium als Amtshilfe gegenüber der Bundespolizei durchführte, den Versuch, diese mit den Vertreter*innen von Präfektur und Region vorab zu besprechen. Da diese Koordinierungsrunde aber weder das Ob der Maßnahme diskutieren konnte noch wesentlichen Spielraum in der Umsetzung hatte, kam diese eher einer umfangreichen Vorabinformation denn einer Koordinierung gleich.

Die politische Koordinierung wurde gerade in den hektischen Tagen des März ersetzt durch regelmäßige SMS-Kontakte zwischen einigen wenigen Entscheidungsträger*innen. Insbesondere das bereits vor der Krise gute Verhältnis zwischen dem Präsidenten des Regionalrats des Grand Est und dem saarländischen Ministerpräsidenten Tobias Hans waren von enormer Bedeutung insbesondere bei der Übernahme von Patient*innen aus Frankreich in saarländischen Kliniken[4].

Im weiteren Verlauf der Pandemie gewann zudem ein von der Präfektin Chevalier einberufener Kreis von Vertreter*innen aus Frankreich und Deutschland sowie der Schweiz immer größere Bedeutung, zumal dort auch die politische Ebene mit der sanitären Administration in beiden Ländern verschränkt wurde. Weitere regelmäßige Videokonferenzen im Rahmen der Oberrheinkonferenz und der Großregion verknüpften insbesondere die Arbeitsebene der beteiligten Institutionen.

Seit dem 16. März, dem Tag der Einführung der Kontrollen, finden mehrmals wöchentlich Telefonkonferenzen im sogenannten »GRÜZ-Format« statt. Daran beteiligt sind die Partner*innen, die im Ausschuss für Grenzüberschreitende Zusammenarbeit nach dem Aachener Vertag, zusammenarbeiten. An diesen Telefonkonferenzen nehmen regelmäßig das saarländische Europaministerium, Staatsministerium Baden-Württemberg, Staatskanzlei Rheinland-Pfalz, Region Grand Est, Präfektur Grand Est, die Departements Moselle, Haut-Rhin, Bas-Rhin, die agence régional de santé (ARS), Eurodistrict SaarMoselle und das Auswärtige Amt und das Bundesinnenministerium teil. Seit dem 2. April erfolgte ein zusätzlicher Austausch wöchentlich im Rahmen einer Videokonferenz auf Ebene der Großregion.

All diese Runden waren und bleiben aktuell für die gemeinsame Bekämpfung der Pandemie von echtem Wert. Alleine das Wissen um die Lage des Nachbarn, dessen Sicht auf die kommenden Tage, das Austauschen über eigene Handlungsoptionen macht Politik verlässlicher. Der permanente Austausch auf politischer Ebene rückt die Betroffenheit des Nachbarn von und die Interdependenz der eigenen Entscheidung in den Fokus der Aufmerksamkeit der Entscheidenden. Verständnis und Sensibilität für die Lage des Nachbarn, dessen Nöte und Zwänge sowie dessen Prioritäten und Probleme ergeben sich nur aus einem stabilen und permanenten Kontakt. Dieser war in der Krise so eng, vertrauensvoll und vielfach freundschaftlich wie nie zuvor. Die gemeinsame Not machte es erforderlich, die Videokonferenztechnik machte es möglich. Der gemeinsame Geist der Krisenzeit wird hoffentlich noch lange bleiben, wenn Corona seinen Schrecken verloren hat.

Was während der ersten Phase der Pandemie durch Sondergipfel der Großregion, Austausch im Rahmen der Oberrheinkonferenz, bilaterale Kontakte abgefangen wurde, muss zukünftig diese Aufgabe in vergleichbaren Lagen durch eine institutionalisierte Runde auf politischer Ebene ab dem ersten Moment der Krise wahrgenommen werden. Was im Nationalstaat selbstverständlich ist, nämlich die Bildung von Krisenstäben auch auf politischer Ebene, muss ad hoc in der grenzüberschreitenden Zusammenarbeit genauso gelebt werden. Der jeweilige Krisenstab braucht jedoch neben der erforderlichen politischen Besetzung auch die operative Durchschlagskraft, um Termine anzusetzen, Tagesordnungen abzustimmen und Informationsplattform zu sein.

Dreh- und Angelpunkt für die Krisenbewältigung: Das Sekretariat des Ausschusses für die grenzüberschreitende Zusammenarbeit
Im Vorfeld zu bestimmen, wer genau am Tisch sitzen muss, erscheint zwar unpraktikabel, da beides von der konkreten Ausprägung der jeweiligen krisenhaften Situation abhängt, als Dreh- und Angelpunkt im deutsch-französischen Verhältnis bietet sich jedoch das Gemeinsame Sekretariat des Ausschusses für grenzüberschreitende Zusammenarbeit im Rahmen des Aachener Vertrags[5] an. Dieses Sekretariat, bereits heute deutsch-französisch personalisiert, verfügt über die notwendige Anbindung an regionale und nationale Administrationen und bringt damit die notwendige Vernetzung und Stabilität mit, um Plattform und Motor für die Koordination zwischen Deutschland und Frankreich zu sein.

MEDIZINISCHE KOOPERATION: VOM BEISTANDSPAKT ÜBER DEN SOLIDARITÄTSMECHANISMUS AUF DEM WEG ZUR GRENZÜBERSCHREITENDEN GESUNDHEITSZONE

Während die Übernahme von Patient*innen in der ersten Phase der Krise aus der Not geboren und auch dank Eigeninitiative aus den Krankenhäusern erfolgte, verlief sie im Herbst 2020 bereits weitaus koordinierter und besser organisiert. Auf Hinweise aus der *Agence Régionale de Santé* (ARS, regionale Vertretung des französischen Gesundheitsministeriums) war der französische Bedarf quantifiziert worden und konnte so mit etwas Verlauf aus den deutschen Kliniken beantwortet werden, zumal sich im weiteren Verlauf der Ereignisse der Bedarf durch einen Rückgang der Neuinfektionen in Frankreich als geringer als befürchtet darstellte. Im Gegenzug wurden im Dezember, nachdem sich die Lage in den deutschen Krankenhäusern spürbar anspannte, von Seiten der ARS Kapazitäten in französischen Kliniken angeboten.

Als politische Reaktion – angestoßen durch den französischen Regionalratspräsidenten Jean Rottner und den Ministerpräsidenten von Baden-

Württemberg Winfried Kretschmann – wurde Ende November 2020 der Beistandspakt[6] unterzeichnet, mit dem sich die Partner zur gegenseitigen Solidarität förmlich verpflichteten. Materiell betrachtet zwar zunächst nur eine politische Absichtserklärung, dennoch eine wertvolle Absicherung aller Beteiligten durch symbolische Manifestation der gegenseitigen Unterstützung im Ernstfall. Auf Ebene der Großregion wurden daneben Projekte initiiert und unterstützt, die die grenzüberschreitende Pandemiebekämpfung erleichterten und zukünftig hilfreich sein werden.[7]

Während dies in der ersten Phase spontan und im Herbst auf Basis kurzfristig aufgebauter Kommunikationsstrukturen erfolgte, bedarf es in Ergänzung des politischen Krisenstabs für zukünftige Krisenlagen eines Solidaritätsmechanismus, der verfügbare Ressourcen sowie drohende Knappheiten transparent macht, damit die politischen Entscheidungsträger kurzfristige Entscheidungen über gegenseitige Unterstützungsmaßnahmen treffen können.

Die Gesundheitsregion von den Patient*innen her statt entlang nationaler Grenzen neu denken

Die langfristige Vision für die Gesundheitsversorgung in der Grenzregion muss jedoch weit über die punktuelle gegenseitige Hilfe in Notsituationen hinausgehen. Vereinbarungen zwischen der Moselle und dem Saarland wie die MOSAR-Konvention[8], die den Zugang von Notfallpatient*innen zu bestimmten Behandlungen im jeweils nächstgelegenen Krankenhaus regelt, bilden den Nucleus für eine zukünftige grenzüberschreitende Gesundheitsregion. Entscheidend für die Frage, in welchem Krankenhaus Patient*innen eingeliefert werden, muss sich in dieser Zukunft nicht am Verlauf der nationalen Grenzen und der Zuständigkeiten der jeweiligen Systeme, sondern ausschließlich an der Frage orientieren, wo die jeweiligem Patient*innen für ihre jeweiligen Erkrankungen die beste und schnellste Behandlung erhalten können. Dass dies auch zu mehr Effizienz der Gesundheitsversorgung führen kann, wird am Beispiel des Notfallhelikopters auf dem Saarbrücker Winterberg besonders deutlich. Da dieser bislang nur in Deutschland zu Einsätzen gerufen werden kann, führt seine geographische Lage an der Grenze dazu, dass er nur einen halben Einzugsbereich bedienen kann. Während der Saarbrücker Helikopter also eine geringere Auslastung als seine fliegenden Kollegen hat, müssen die französischen Patient*innen im weniger Kilometer entfernten Forbach, Saint Avold oder Sarreguemines aus dem weit entfernten Nancy angeflogen werden. Dass die Verbesserung dieser Situation in der Unfallmedizin Leben retten könnte, liegt auf der Hand.

DER KLEINE GRENZVERKEHR IN DER KRISE – GRENZRAUMCHECK GERADE IN KRISENZEITEN DURCHFÜHREN!

Neben der symbolischen Dimension der Bilder von geschlossenen Grenzen im Herzen von Europa war die Beschränkung des sogenannten kleinen Grenzverkehrs für viele Menschen in der Region nicht nur ein Ärgernis, sondern auch ein faktisches Hindernis in der gemeinsamen Bekämpfung der Pandemie. Während das Personal der Krankenhäuser unter Hochdruck stand, führten die gesperrten Grenzübergänge für die zahlreichen in Frankreich wohnhaften Mitarbeiter*innen saarländischer Kliniken zu Staus und Umwegen, die den ohnehin langen Arbeitstag noch in die Länge zogen.

Nach der lang erwarteten Öffnung aller Übergänge im Juni 2020 war es daher Ziel der Politik in der Grenzregion, diese Situation für den weiteren Verlauf der Pandemie zu vermeiden. Mit der Diskussion um die Frage der Quarantäne-Pflicht für Rückkehrende aus sogenannten Risikogebieten stellte sich die Frage erneut, wie – im Falle der Einordnung des Nachbarn als solches Risikogebiet – beispielsweise Pendler*innen zu behandeln seien. Denn auch bei Ausnahmeregelungen für bestimmte Aufenthaltsgründe wären damit die »triftigen Gründe«, deren Prüfung und Auslegung im Frühjahr viel Aufwand und Ärger bereitet hatten, wieder in der Welt gewesen.

Nach eingehender Debatte in den Ländern, zwischen ihnen und mit der Bundesregierung, die durch das Bundesinnenministerium eine Musterquarantäneverordnung erarbeiten ließ, wurde mit der »24-Stunden-Regel« im saarländischen Europaministerium eine Vorschrift erdacht, die bei Kurzaufenthalten im Rahmen des kleinen Grenzverkehrs eine generelle Ausnahme von der Quarantänepflicht vorsieht. An dieser haben Bund und Länder, mit Ausnahme Baden-Württembergs im Zusammenhang mit der Diskussion um den Skitourismus in die Schweiz, bislang (Stand Mitte Januar 2021) festgehalten, da sie sich in den Augen aller bewährt hat.

Dieses Beispiel steht pars pro toto für die besondere Betroffenheit von Grenzregionen in Situationen wie der des Jahres 2020. Bei ihrem Besuch in der Region am 5. Juni 2020 hatte Amélie de Montchalin, zu dieser Zeit französische Staatssekretärin für Europaangelegenheiten, dafür auch die richtige Erklärung gefunden. Grenzregionen unterliegen nämlich durch die faktischen Auswirkungen der Regeln des Nachbarn im Grunde mehr Beschränkungen als solche in zentralen nationalen Lagen. Das führt zu umso mehr Verwerfungen, je inkompatibler die Vorschriften dies- und jenseits der jeweiligen Grenze gestaltet sind. Diese Feststellung gilt nicht nur für Mobilitätsbeschränkungen, sondern auch für sozialrechtliche, arbeitsrechtliche oder steuerrechtliche Fragestellungen, von denen wir in diesem Buch bereits einige kennengelernt haben.

Wie auch außerhalb der Krise ist daher umso wichtiger der permanente Grenzraum-Check, der politische Entscheidungsträger*innen auf der nationalen und regionalen Ebene auf die besondere Situation der Betroffenheit von Grenzräumen aufmerksam machen soll.

Sachverstand für die Krise vorhalten: »Task Force Grenzgänger« weiterentwickeln
*Für zukünftige Krisen braucht es daher bereits im Vorfeld die Kompetenz, Regeln auf diese Fragestellung in kurzer Frist zu überprüfen. Beste Erfahrungen hat dafür die Politik in der Region mit der »Task Force Grenzgänger«⁹ gemacht, die den notwendigen juristischen Sachverstand bündelt, juristische und administrative Hindernisse für den Grenzraum durch Maßnahmen der Krisenbewältigung vorauszusehen und Lösungsansätze aufzuzeigen. Die »Task Force Grenzgänger« der Großregion beschäftigt sich mit der Erarbeitung von juristischen und administrativen Lösungsvorschlägen grundsätzlicher Art für Fragen und Problemstellungen von Grenzgänger*innen der Großregion und Unternehmen, die in der Großregion Grenzgänger*innen beschäftigen. Dabei ist sie insbesondere im Arbeits-, Bildungs-, Sozial- und Steuerrecht tätig. Die politische Verständigung über die Fortführung der Task Force nach Auslaufen der Interreg-Förderung war einer der Erfolge der saarländischen Präsidentschaft in der Großregion.*[10]

AKTEUR UND MOTOR DER ZUSAMMENARBEIT STATT MITTEL ZUR ABSCHOTTUNG – SICHERHEITSKOOPERATION BESSER KOORDINIEREN UND SICHTBARER MACHEN!

Der Unterschied zwischen Frühjahr und Winter 2020 in der grenzüberschreitenden Pandemiebekämpfung könnte durch kein Bild deutlicher gemacht werden als durch das der binationalen Streifen in den Innenstädten im Dezember im Vergleich zu dem des den Grenzübertritt kontrollierenden Beamten des Frühjahrs. Während es – trotz aller ehrlichen Bemühungen der Bundespolizei – im Frühjahr zu unschönen Szenen, Missverständnissen und Ärgernissen über die sogenannten »triftigen Gründe« bei Grenzkontrollen gekommen war, schritten die uniformierten Kolleg*innen von Polizei und Police Nationale sowie Gendarmerie Schulter an

Schulter durch Sarreguemines, Saarbrücken und Saarlouis und vermittelten damit, dass die Behörden auch bei der Durchsetzung der Vorschriften zur Bekämpfung der Pandemie Hand in Hand arbeiteten.

Die Sicherheitsbehörden in der Grenzregion arbeiten seit vielen Jahren erfolgreich zusammen. Zahlreiche formelle und informelle Formen der Zusammenarbeit haben sich bewährt, um grenzüberschreitende Kriminalitätsphänomene gemeinsam zu bekämpfen. Vom Gemeinsamen Zentrum für Polizei- und Zollzusammenarbeit in Luxemburg, an dem vier Länder beteiligt sind, bis zu den persönlichen Kontakten zwischen Dienststellen entlang der Grenze hat es sich bewährt, dass Informationen fließen können und Einsätze abgesprochen werden. Die Flucht über die Grenze schützt schon lange nicht mehr vor dem Zugriff der Sicherheitskräfte. Bereits in der Ausbildung beginnt die Zusammenarbeit, wenn jedes Jahr im Juni junge Polizeischüler*innen aus Luxemburg, Frankreich, Belgien und Deutschland zusammenkommen, um diese Dimension ihrer zukünftigen Arbeit und dabei auch sich untereinander besser kennen zu lernen. Die Zusammenarbeit der Polizei bildet im Übrigen eines der 15 Kapitel der »feuille de route III« (2020–2022) der Frankreichstrategie des Saarlandes.

Für den ausgeprägten Willen zur Zusammenarbeit gibt es zahlreiche Beispiele und Orte, an denen dieser besonders zu Tage tritt. Ob in der gemeinsamen Dienststelle an der Goldenen Bremm, den monatlichen 3M-Gesprächen – regelmäßige Besprechungen der Polizei-Dienststellen im Dreiländereck – oder den grenzüberschreitenden Kontrolltagen im Straßenverkehr die Sicherheitsbehörden in der Grenzregion – auf deutscher Seite Landes- wie Bundespolizei – sind Akteur und Motor der grenzüberschreitenden Zusammenarbeit.[11] Auch im Alltag der Dienststellen ist die Zusammenarbeit fruchtbar. So konnte die Saarbrücker Zeitung Anfang November 2020 von einem gemeinsamen Fahndungserfolg mitten in der Pandemie berichten, bei dem ein Täter, der in der Moselle und im Saarland strafrechtlich in Erscheinung getreten war, dingfest gemacht werden konnte. Fazit der Ermittler*innen: »Es erleichtert die Arbeit ungemein, dass wir unsere französischen Kollegen gut kennen!«[12]

Die Pandemiebekämpfung hat jedoch deutlich gemacht, dass gerade in krisenhaften Situationen die Zusammenarbeit umso wichtiger ist. Das hat auch ganz praktische Gründe. In einem mehrsprachigen Raum wie unserer Region mit zehntausenden Pendler*innen ist die Vermittlung der gerade geltenden Regeln über die Sprachgrenze hinweg keine Kleinigkeit. Was bei sich ständig ändernden rechtlichen Vorgaben für die Bürger*innen bereits im eigenen sprachlichen Kontext nicht leicht ist, fällt zwischen den deutschen Beamt*innen und den frankophonen Bürger*innen – oder umgekehrt! – noch schwerer. Im Frühjahr kam bei der Frage des »triftigen Grunds« für den Grenzübertritt noch eine gewisse Rechtsunsicherheit hinzu, was von vielen Bürger*innen als Willkür oder gar Diskriminierung empfunden wurde. Über Wochen kam es an Grenzübergangsstellen zu Missverständnissen und Ärgernissen, weil Regeln nicht klar waren oder nicht klar verstanden wurden. Auch wenn sich die Beamt*innen alle Mühe gaben und die Kontrollen trotz der angespannten Lage im Großen und Ganzen mit viel Empathie und Fingerspitzengefühl durchgeführt wurden, haben genau diese Einzelfälle für eine gewisse Zeit das Klima erkalten lassen.[13] Um ein Fortbestehen solcher Situationen zu verhindern, veröffentlichten das Bundesinnenministerium und sein französisches Pendant am 2. Juni 2020 eine deutsch-französische Bescheinigung, in der die verschiedenen »triftigen Gründe« aufgelistet wurden, die beide Verwaltungen für eine Reise in das Nachbarland akzeptierten[14].

Die Lektion daraus für zukünftige krisenhafte Situationen wurde bereits in der zweiten Welle gezogen und bleibt aktuell. Gemeinsame Kontrollen, bei denen es nicht zu sprachlichen Missverständnissen kommen kann, weil immer ein Muttersprachler unter den kontrollierenden Beamt*innen anwesend ist, können erst gar nicht als diskriminierend empfunden werden, weil der jeweilige ja auch von seinen »eigenen Beamt*innen« kontrolliert wird.

Die Instrumente grenzüberschreitender Kooperation der Sicherheitsbehörden stärken, üben und im Krisenfall auch nutzen
*Für künftige Krisen muss gelten: Die Nutzung der bereits vorhandenen Instrumente grenzüberschreitender Zusammenarbeit im Krisenfall muss besser werden. Beispielsweise durch gemeinsame Maßnahmen im Rahmen der Schleierfahndung im Grenzraum, die bessere Koordinierung der Arbeit der Sicherheitsbehörden auch zwischen dem Saarland und seinen Nachbarn auf Führungsebene zwischen Landesministerien, Bundespolizeidirektion und Präfektur und schließlich langfristig der Ausbau von Sprachkompetenz in den Sicherheitsbehörden, um die Zusammenarbeit noch flüssiger zu machen, werden Maßnahmen sein, die auf den bereits bestehenden professionellen Grundlagen der Polizeizusammenarbeit diese auch in der Krise noch besser machen. Solche Szenarien müssen in Zukunft Gegenstand grenzüberschreitender Übungen sein, müssen im Krisenfall aber auch von den Entscheidungsträger*innen gelebt werden.*

RECHTLICHE UND FAKTISCHE BENACHTEILIGUNGEN FÜR GRENZGÄNGER*INNEN ENDLICH ABBAUEN – DIE KRISE ALS KATALYSATOR NUTZEN!

Nach den unmittelbaren sanitären Auswirkungen der Krise ließen die sozialen und ökonomischen Folgen der Krise und der Maßnahmen zur Bekämpfung der Pandemie nicht lange auf sich warten. Die Vollbremsung und der abrupte Stillstand weiter Teile des wirtschaftlichen Handelns zwecks maximaler Kontaktreduzierung führten zu Kurzarbeit auf beiden Seiten der Grenze und sorgten für einen Anstieg der Arbeitslosigkeit, der vermutlich nur der lange Schatten einer ökonomischen Krise darstellt, die Europa in den kommenden Jahren beschäftigen wird. Mit den ökonomischen Problemen traten auch die rechtlichen Verwerfungen wieder stärker in den Vordergrund, die für viele Grenzpendler*innen und deren Arbeitgeber*innen zu schwerwiegenden finanziellen Benachteiligungen führen und in der Krise eine zusätzliche Belastung der Menschen und der regionalen Wirtschaft darstellen.

Die abermalige Besteuerung des – vor Auszahlung in Deutschland bereits pauschal besteuerten und netto ausgezahlten – deutschen Kurzarbeitergelds in Frankreich führte bei in Frankreich lebenden und in Deutschland arbeitenden Grenzgänger*innen, die in Kurzarbeit gingen, zu massiven Einkommenseinbrüchen. Die in Deutschland lebenden Mitarbeiter*innen französischer Firmen, die keinen Sitz in Deutschland haben, waren aufgrund der deutschen Rechtslage gleich vollständig vom Bezug von Kurzarbeitergeld ausgeschlossen. Anzumerken ist hierbei wiederum, dass Muriel Pénicaud, die französische Arbeitsministerin, in Rekordzeit die französische Gesetzgebung dahingehend geändert hat, dass Arbeitnehmer*innen deutscher Unternehmen in Frankreich ohne Tochtergesellschaft oder Niederlassung unter dem Vorbehalt der Gegenseitigkeit Kurzarbeit gewährt werden kann. Die neue Verordnung trat am 27. März 2020 in Kraft, 10 Tage nach dem Beginn der Ausgangsperre – eine Reaktivität und Professionalität, die den französischen Behörden zur Ehre gereicht.

Auch weitere steuerrechtliche und sozialrechtliche Probleme zeitigten ihre desaströsen Auswirkungen auf den Arbeitsmarkt der Grenzregion. Nicht nur in Form von Kaufkraftverlusten bei den Mitarbeiter*innen, sondern auch für die Unternehmen, die beispielsweise nicht in den Genuss der infektionsschutzrechtlichen Entschädigung kamen, wenn ihre Mitarbeiter*innen nicht von einer deutschen, sondern einer – für in Frankreich lebende Menschen nun einmal alleinig zuständigen – französischen

Gesundheitsbehörde in Quarantäne geschickt wurden. Was in normalen Zeiten eine geringfügige wirtschaftliche Belastung darstellt, wird in Zeiten massenhafter Quarantäneanordnungen ein Standortnachteil für Unternehmen in der Region.

In all diesen Fragen, die sich zu den Barrieren grenzüberschreitenden Lebens und Arbeitens hinzugesellen, liegen die Schlüssel zur Lösung in den nationalen Hauptstädten. Sei es die schwieriger gewordene Finanzierung grenzüberschreitender Ausbildung oder die bürokratischen Hürden im Rahmen der Umsetzung der Entsenderichtlinie, all diese Fragen scheinen sich derzeit zwischen Berlin und Paris gegenseitig zu blockieren, jedenfalls ist der Fokus der Aufmerksamkeit während der Pandemie davon abgerückt. Eine Lösung für einzelne Fragen ist derzeit nicht in Sicht. Der Versuche von Seiten der regionalen Politik – auf beiden Seiten der Grenze – alleine und gemeinsam Berlin und Paris von den notwendigen Schritten zu überzeugen gab es zahlreiche.

Die beschriebenen täglichen Hindernisse in der Realität des grenzüberschreitenden Lebens sind nicht nur für die Betroffenen ein Ärgernis. Sie sind auch für die Glaubwürdigkeit deutsch-französischer Politik in den Augen derer, die einen deutsch-französischen Alltag leben, desaströs. Die Frage, wie Deutschland und Frankreich gemeinsame Großprojekte stemmen wollen, wenn sie nicht einmal in der Lage sind, bürokratische Petitessen zu harmonisieren, führt zu Enttäuschung und Verdruss bei denen, die dem Grunde nach der Idee am nächsten stehen müssten.

Zwar hat es in der Vergangenheit immer mal wieder Fortschritte gegeben. Mühsam und langwierig zu finden, sind diese jedoch häufig als unzureichend empfunden worden. Und Rückschläge gab es eben auch. Der saarländische Schreiner, der vor zehn Jahren mit seinem französischen Lehrling, zur Baustelle nach Strasbourg fuhr, konnte dies in der Gewissheit tun, dass er sich keine besonderen Sorgen machen musste. Heute braucht er ein A1-Formular für jeden seiner Mitarbeitenden und sich selbst, eine Crit'Air Umweltplakette für Strasbourg, die natürlich nicht die gleiche ist wie für deutsche Ballungszentren und die Finanzierung des Arbeitgeberanteils der theoretischen Ausbildung seines Lehrlings ist auch nicht mehr gesichert. Diesem zu erklären, dass »Europa die Lösung« ist, wird jedem Politiker schwerfallen, da es sich nicht mit seinen alltäglichen Erfahrungen deckt. Hintergrund solcher Regelungen sind bisweilen die Unachtsamkeit des nationalen Gesetz- oder Verordnungsgebers für die besonderen Belange der Grenzregionen, aber eben manchmal auch schlicht Protektionismus.

Diese Hürden und Hindernisse gibt es selbstverständlich nicht nur entlang der deutsch-französischen Grenze. Vielmehr beschäftigt sich die EU-Kommission bereits seit langem mit der Situation der Grenzregionen innerhalb der Europäischen Union. In einem Bericht der Kommission aus dem September 2017 kommt die Kommission zu dem Ergebnis, dass aufgrund dieser rechtlichen, administrativen und auch faktischen Hindernisse die Grenzregionen innerhalb der EU, in denen immerhin ein gutes Drittel aller Bürger*innen der EU leben, weit hinter ihrem ökonomischen Potential zurückbleiben.[15] Ein Abbau der Barrieren würde sich daher als kleines Konjunkturprogramm für die europäischen Grenzregionen entwickeln, was nicht erst seit der Pandemie dringend notwendig ist. Denn die ökonomischen Folgen werden auch wegen der beschriebenen zusätzlichen Belastungen die Grenzregion stärker erfassen als andere europäische Regionen in aus nationalstaatlicher Sicht betrachtet zentraleren Lagen. Das Fortbestehen dieser rechtlichen und administrativen Hindernisse ist umso unverständlicher, als Artikel 13 des am 22. Januar 2019 unterzeichneten und am 22. Januar 2020 in Kraft getretenen Aachener Vertrags vorsieht, dass die Regierungen von den nationalen Vorschriften abweichen können, um den Gegebenheiten der Grenzregionen Rechnung zu tragen und die Vorschriften zu harmonisieren.

Ein Deutsch-Französischer Ministerrat als Befreiungsschlag für die rechtlichen und tatsächlichen Barrieren in der Grenzregion
*Was es daher braucht, um zu zeigen, dass aus dieser Krise gelernt wurde, ist ein Paket an Lösungen für die deutsch-französische Grenzregion. Die jeweiligen Lösungsvorschläge liegen bereits auf dem Tisch des Ausschusses für grenzüberschreitende Angelegenheiten und in den zuständigen Ministerien in Paris und Berlin. Was jetzt notwendig ist, ist der politische Wille, diese zu einem Paket zu schnüren, der wie ein Befreiungsschlag für die Grenzregionen wirken kann. Eine Tagung des deutsch-französischen Ministerrats gemeinsam mit dem Ausschuss für grenzüberschreitende Beziehungen, an dem auch die regionalen und lokalen Vertreter*innen beteiligt sind, wäre das geeignete Format für die dringend notwendigen Entscheidungen zugunsten der deutsch-französischen Grenzregion. Warum ist dabei nun eine politische Entscheidung zwingend notwendig? Der Hintergrund besteht darin, dass die nationalen Verwaltungen zwar Ausnahmeregelungen kritisch gegenüberstehen, doch in unterschiedlichen Situationen besteht die Fairness darin, die Regeln an die Gegebenheiten unserer Grenzregion anzupassen.*

EIN NEUER »STATUT TRANSFRONTALIER« FÜR GRENZÜBERSCHREITENDE AUSBILDUNG UND STUDIUM IN DER GROSSREGION

Universitäten und Studierende waren zu allen Zeiten Motoren gesellschaftlicher Entwicklungen und des Fortschritts in Städten, Regionen und ganzen Ländern. In den Hochschulen werden nicht nur neue Forschungsergebnisse erzielt, sie dienen auch der Weiterentwicklung unseres Blicks auf die Welt, schaffen neue Identitäten und transformieren ganze Gesellschaften. Sie sind Treiber des Strukturwandels und bereits von ihrer Grundidee grenzüberschreitend gedacht, da der wissenschaftliche Austausch keine Grenzen kennt.

Was seit der Gründung der ersten Universität 1088 in Bologna gilt, wird in den Universitäten und Hochschulen der Grenzregion ganz besonders gelebt. Die internationale Aufstellung der Forschung und Lehre, die Zusammensetzung der Studierenden mit jungen Menschen aus aller Herren Länder, ja selbst die Gründungsgeschichte der Universität des Saarlandes seit 1948 atmen diesen Geist. Daher nehmen die Universitäten und Hochschulen in der Grenzregion auch genau diese Rolle, zentraler Akteur und Motor des Zusammenwachsens über die Grenze hinweg zu sein, auch wahr. Kein Politikfeld ist so weit in der konkreten Zusammenarbeit, nirgends kommen so viele Menschen täglich grenzüberschreitend zusammen wie in den Hörsälen und Labors der Grenzregion, nirgends entwickelt sich der europäische Geist unserer Heimat mehr als in den Mensen und Studierendenwohnheimen zwischen Luxemburg, Metz, Nancy, Trier, Saarbrücken und Kaiserslautern.

Mit dem Verwaltungssitz der Deutsch-Französischen Hochschule, der Universität der Großregion, mit ISFATES sowie mit seinen zahlreichen europäisch und international ausgerichteten Instituten und Forschungseinrichtungen verfügt unser Hochschulraum über ein besonderes Profil. In vielen grenzüberschreitenden, bi- und multilateralen Studiengängen lernen Studierende nicht nur Fachliches, sondern zusätzlich die kulturellen Kompetenzen, die das Leben und Arbeiten in verschiedenen Ländern und Kulturen mit sich bringen. Für viele Dozierende und Forschende ist die Vielfalt des Hochschulraums dank der zahlreichen grenzüberschreitenden und internationalen Verbindungen ein wichtiges Argument für ihre Arbeit an unseren Forschungseinrichtungen. Ich habe bei vielen Gelegenheiten im Rahmen von Auslandsaufenthalten in zahlreichen Ländern Europas, aber auch in Russland, Südostasien oder Afrika die Erfahrung gemacht, dass der Kreis der Alumni der Universität des Saarlandes größer ist als man ihn einer mittelgroßen deutschen Universität zutrauen mag. Aus dieser Vernetzung Kapital für das Saarland zu schlagen, ist eine der großen Chancen, denen sich zu widmen es sich lohnt.

Gleiches gilt – wenn auch noch in geringerer Zahl – für diejenigen Auszubildenden, die in den grenzüberschreitenden Ausbildungsgängen ihre berufliche Ausbildung machen. In mittlerweile vier binationalen Berufsausbildungsgängen lernen junge Menschen von beiden Seiten der Grenze nur an saarländischen Berufsschulen. Ähnliche Projekte gibt es entlang der deutsch-französischen Grenze ebenso, wenngleich noch nicht so stark ausgeprägt. Der ökonomische Vorteil auf beiden Seiten der Grenze wird jedoch bereits deutlich, wenn man die immer noch hohe Jugendarbeitslosigkeit in Frankreich und den Fachkräftemangel in Deutschland in den Blick nimmt. Die bessere Verknüpfung der beiden Arbeitsmärkte bietet damit eine Lösung für zwei Probleme. Wie hoch das Interesse daran ist, wird jedes Jahr bei der Interregionalen Jobmesse in Saarbrücken deutlich, bei der im Jahr 2019 über 150 ausstellende Unternehmen immerhin 10 000 Stellen in der Großregion den über 10 000 Besucher*innen anbieten konnten.

Für all diese Menschen, die ihre berufliche und universitäre Ausbildung auf das Versprechen des grenzenlosen Arbeitsmarkts in der Europäischen Union bauen, waren die Grenzschließungen mit Sicherheit ein besonderer Einschnitt, weil damit eine zusätzliche Fragilität der grenzüberschreitenden Mobilität offenbar wurde, die bei der Wahl des Ausbildungs- oder Studienorts zukünftig eine Rolle spielen wird. Zwar konnte durch das verstärkte Angebot von Online-Vorlesungen und durch Ausnahmeregelungen in den Corona-Verordnungen der Länder für Studierende, Auszubildende und Lehrende die Beeinträchtigung der grenzüberschreitenden Studien- und Ausbildungsgänge de facto minimiert werden, die Unsicherheit über viele Monate war dennoch groß. Wer für die Zukunft verhindern will, dass grenzüberschreitende Ausbildungs- und Studiengänge dadurch zukünftig an Attraktivität verlieren, muss dieser schlechten Erfahrung ein positives Signal der konkreten Verbesserung der Mobilität von Studierenden und Lernenden entgegensetzen. Dieser Überlegung dient die Idee eines »statut d'apprenant transfrontalier«, der eine Erleichterung der rechtlichen und tatsächlichen Situation der Studierenden, Auszubildenden und Praktikant*innen in grenzüberschreitenden Studien- oder Ausbildungsgängen zum Ziel hat.

Dieser Vorschlag, der im Rahmen des Projekts »business act Grand Est«[16] von Seiten der universitären Vertreter*innen der Politik in der Großregion unterbreitet wurde und auch in anderen Grenzregionen Gegenstand der Diskussion ist, beinhaltet die Forderung nach Verbesserung der grenzüberschreitenden Mobilität durch einige tatsächliche Maßnahmen. So kann durch die Harmonisierung der Ausbildungskalender eine bessere Durchlässigkeit der Studien- und Ausbildungsangebote erreicht werden. Zumindest partiell erscheint diese sinnvolle Maßnahme auch möglich. Zum anderen zielt der Vorschlag darauf ab, die faktische Mobilität der Lernenden zu verbessern, indem ihnen die Nutzung des öffentlichen Personennahverkehrs mit einem einzigen Studi-Ticket für die Großregion vergünstigt wird. In Ergänzung der heute bereits vielfach gewährten Mobilitätshilfen könnte dies einen weiteren Anreiz zur Nutzung des grenzenlosen Hochschulraums in der Region bieten und ein wesentliches Hindernis im Alltag abbauen.

Mehr junge Menschen für den Bildungs- und Hochschulraum mit einem zusätzlichen »statut d'apprenant transfrontalier«
Ziel muss es sein, mehr regionale Studierende und Lernende zur Internationalisierung ihrer Abschlüsse zu bewegen und mehr internationale Studierende wegen dieser besonderen Qualifikationen in die Region zu locken. Die Voraussetzungen im Saarland hierfür sind gut, unsere Hochschulen und Berufsschulen sind bereits gut aufgestellt, zahlreiche Akteure insbesondere an der Universität des Saarlandes und der htw saar arbeiten in spannenden Projekten an der weiteren Internationalisierung unserer Hochschullandschaft mit einem starken europäischen Profil. Durch einen zusätzlichen »statut d'apprenant transfrontalier« noch mehr junge Menschen hierfür zu gewinnen, wird diese Bemühungen unterstützen.

GEMEINSAM DIE ZUKUNFT PLANEN: VON *BUSINESS ACT GRAND EST* BIS ZUR IBA-PLATTFORM – *THINK TANKS* FÜR DIE POST-COVID ÄRA SCHAFFEN

Nach der sanitären Krise wird gerade die Grenzregion die volle Härte der ökonomischen und sozialen Krise zu spüren bekommen. Die Zahl der Unternehmen, die auf das Mittel der Kurzarbeit zurückgegriffen haben, ist nur ein vorsichtiger Hinweis darauf, was wirtschaftlich auf dem Spiel stehen kann. Neben den besonders betroffenen Branchen – Einzelhandel, Gastronomie, Kultur, um nur einige zu nennen – wird eine Region, die sehr stark an globalen Wertschöpfungsketten hängt, von der schwersten globalen ökonomische Wirtschaftskrise massiv erfasst. Die Karten werden also auch ökonomisch neu gemischt. Bereits ohne die Pandemie standen wesentliche Industriezweige der Region vor disruptiven Entwicklungen oder waren bereits von diesen erfasst. Die Pandemie wird hier ein weiterer Katalysator sein, die Herausforderungen zuspitzt aber auch Lösungen aufzeigt.

In einer Region, die – das hat das Jahr 2020 gezeigt – in vielfacher Hinsicht ökonomisch interdependent ist, wird der Weg aus der Krise und die Neupositionierung in der Zeit danach nur in gemeinsamer Abstimmung gelingen. Die Heterogenität der politischen Strukturen ist dabei nicht hilfreich. Denn unterschiedlicher könnten Zuständigkeiten, finanzielle Ausstattung und faktische Handlungsspielräume kaum sein als im Dreiländereck der Grenzregion. Vom wohlhabenden Nationalstaat Luxemburg, über die deutschen Bundesländer mit ihren einerseits weitgehenden Zuständigkeiten, andererseits jedoch starken Einbindung in den bundesdeutschen Föderalismus bis hin zur geographisch gewachsenen, aber finanziell gering ausgestatteten Région Grand Est im immer noch zentralistisch geprägten Frankreich.

Je struktureller schwieriger die politische Koordination, desto bedeutsamer wird die Abstimmung politischer Ziele in der Formulierung der einzelnen Politikfelder in den Regionen. Dabei kommt der institutionalisierten Zusammenarbeit wie beispielsweise in der Großregion oder der Oberrheinkonferenz die wichtige Aufgabe zu, den Dialog zu verstetigen und Stabilität in die Zusammenarbeit zu bringen.

Gerade in der multilateralen Zusammenarbeit unter sehr heterogenen Partner*innen mit asymmetrischen Zuständigkeiten und Ressourcen ist die Durchführung konkreter Projekte bisweilen langwierig und schwierig. Hinzu kommt die wachsende Bedeutung non-gouvermentaler Akteure in der grenzüberschreitenden Zusammenarbeit. Hochschulen und Forschungseinrichtungen, Unternehmen und ihre Vertretungen, kommunale Körperschaften wie die Eurodistricte, kulturelle Akteure und Initiativen von Bürger*innen bilden agile Gruppen, deren Zusammenarbeit über die Grenzen hinweg für den Alltag der Menschen eine mindestens so große Relevanz entfalten kann wie die politischer Institutionen. Sie bilden gleichzeitig keinen Widerspruch, da sie häufig die politische und finanzielle Unterstützung letzterer brauchen, um starten und erfolgreich sein zu können. Daher wurden deren Ressourcen, Energie und Kreativität auch im Umgang mit den Folgen der Krise eingebunden. Vorbildhaft hierfür war der Prozess »*Business Act Grand Est*«, der unter der Leitung des Präsidenten des Regionalrats Rottner und der Präfektin der Region Chevalier hunderte Akteure aus Wirtschaft, Gesellschaft, Hochschulen, Wissenschaft, Verwaltung und Politik versammelte, um Ideen für den wirtschaftlichen Wiederaufbau der Région Grand Est nach der Pandemie zusammen zu tragen.[17] Dabei wurde nicht nur durch eine gesonderte Arbeitsgruppe zu den grenzüberschreitenden Beziehungen, sondern auch durch die aktive Einbindung von Vertreter*innen aus Luxemburg und Deutschland von vorneherein diese Dimension berücksichtigt.

Ebenso breit in Wissenschaft und Gesellschaft und damit zielführend in diesem Sinne sind die Debatten, die im Rahmen der Arbeiten des Prä-IBA-Büros der htw in Saarbrücken geführt wurden. Auf Initiative des Saarbrücker htw-Professors Dr. Stefan Ochs und finanziert von der Landesregierung gingen die Forscher*innen der htw in einem breit angelegten partizipativen Prozess, der in die gesamte Großregion ragte, der Frage nach, in welcher Form eine Internationale Bauausstellung (IBA) in der Großregion möglich und machbar wäre. Dabei entwickelten die zahlreichen Teilnehmer*innen der Werkstattgespräche und Panels spannende Ideen für eine nachhaltige Entwicklung der Grenzregion. Unter dem von Voltaire inspirierten Leitsatz »*mais il faut cultiver notre jardin*« wurde dort gedacht, gearbeitet und wurden Ansätze entwickelt, die in den Jahren 2021 und 2022 im Rahmen einer weiteren zweijährigen Projektphase zu einer IBA-Plattform weitergeführt werden sollen.[18]

Agile think tanks und echte Partizipation machen unsere Grenzregion zum einmaligen Labor für ein bürgernahes Europa
Für die Zeit nach der Pandemie ist es genau diese Form von agilen think tanks, die die grenzüberschreitende Zusammenarbeit braucht. Damit kommen nicht nur neue Ideen auf die Tagesordnung, das macht auch die notwendige Partizipation so vieler Akteure aus Wissenschaft, Wirtschaft und Gesellschaft möglich, die die Grenzregion nicht nur in ihrer Vielfalt erst ausmachen, sondern zu einem einmaligen Labor für ein bürgernahes Europa machen kann. Denn die Zusammenarbeit in einem der Kernräume des europäischen Integrationsprozesses ist immer auch Gradmesser des europäischen Projekts insgesamt. Wenn es hier hakt, wachsen die Zweifel am Gelingen der europäischen Idee, wenn es hier in großen Schritten vorangeht, können wir Modell für ein gelingendes bürgernahes Europa werden.

ANMERKUNGEN

1 Der Saarländische Rundfunk berichtete in diesen Tagen viel von den Ereignissen an der Grenze. Eine gute Zusammenfassung gelang Lisa Huth: https://www.sr.de/sr/sr2/themen/politik/20200420_freundschaftsbruecke_kleinblittersdorf_wieder_offen_100.html. Zugegriffen: 26. Januar 2021.

2   Süddeutsche Zeitung (2020). Saarländer »angelt« sich sein Baguette aus Frankreich. https://www.sueddeutsche.de/gesundheit/gesundheit-voelklingen-saarlaender-angelt-sich-sein-baguette-aus-frankreich-dpa.urn-newsml-dpa-com-20090101-200420-99-760064. Zugegriffen: 26. Januar 2021.

3   Die infratest dimap-Umfrage des Saarländischen Rundfunks erschien am 11. Dezember 2020. Sie wurde in Luxemburg und der Moselle zwischen dem 2. und 4. Dezember 2020 unter 513 Befragten erhoben. Siehe dazu: https://www.sr.de/sr/home/nachrichten/politik_wirtschaft/saarlandtrend/saarlandtrend_2020/2020_saarlorluxtrend_uebersicht_100.html. Zugegriffen: 26. Januar 2021.

4   Von dieser guten Zusammenarbeit zeugt auch der gemeinsame Gastbeitrag des Saarländischen Ministerpräsidenten Tobias Hans und des Regionalratspräsidenten Jean Rottner in der Frankfurter Allgemeinen Zeitung vom 14. April 2020: https://www.faz.net/aktuell/politik/inland/gastbeitrag-mehr-zusammenarbeit-an-der-grenze-16725182.html. Zugegriffen: 26. Januar 2021.

5   Der Aachener Vertrag im Volltext: https://www.bundesregierung.de/resource/blob/997532/1570126/c720a7f2e1a0128050baaa6a16b760f7/2019-01-19-vertrag-von-aachen-data.pdf?download=1. Zugegriffen: 26. Januar 2021.

6   Der Beistandspakt im Volltext: https://www.saarland.de/SharedDocs/Downloads/DE/stk/2020-11-27-beistandspakt.pdf?__blob=publicationFile&v=1. Zugegriffen: 26. Januar 2021.

7   Dylla, C. (2020). Großregion will Corona mit digitaler Hilfe eindämmen. https://www.sr.de/sr/home/nachrichten/politik_wirtschaft/grossregion_digital_gegen_corona_100.html. Zugegriffen: 26. Januar 2021.

8   Informationen zur Gesundheitskooperation im Rahmen des Mosar-Abkommens: http://www.saarmoselle.org/rubrique.php?id_rubrique=2326&surligner=YToxOntpOjA7czoiOiJtb3NhciI7fQ==&langue=de. Zugegriffen: 26. Januar 2021.

9   Siehe dazu: https://www.tf-grenzgaenger.eu/. Zugegriffen: 26. Januar 2021.

10 Die Abschlusserklärung des 17. Gipfels der Großregion sowie weitere Dokumente des saarländischen Gipfelvorsitzes: http://www.grossregion.net/Aktuelles/2021/XVII.-Gipfel-der-Exekutiven-der-Grossregion. Zugegriffen: 26. Januar 2021.

11 Saarbrücker Zeitung (2020). Polizei kontrolliert über Grenzen hinweg. https://www.saarbruecker-zeitung.de/saarland/merzig-wadern/perl/grenzueberschreitende-grosskontrolle-der-polizei-im-dreilaendereck-bei-perl_aid-48874113. Zugegriffen: 26. Januar 2021.

12 Saarbrücker Zeitung (2020). Französische und deutsche Beamte erwischen Betrüger. https://www.saarbruecker-zeitung.de/saarland/saarbruecken/deutsche-und-franzoesische-polizei-ueberfuehren-einen-kreditkartendieb_aid-54480547. Zugegriffen: 26. Januar 2021.

13   Einer von unzähligen Berichten über die mit den Grenzkontrollen verbundenen Probleme sowie politischen Spannungen: https://www.zdf.de/nachrichten/panorama/coronavirus-grenzkontrollen-verstimmung-100.html. Zugegriffen: 26. Januar 2021.
14   Dadillon, Marie-Alix (2020). Contrôles aux frontières: une attestation unique. https://www.lalsace.fr/societe/2020/06/06/controles-aux-frontieres-une-attestation-unique. Zugegriffen: 08. Februar 2021.
15   Mitteilung der Kommission vom 20. September 2017 »Stärkung von Wachstum und Zusammenhalt in den EU-Grenzregionen«: https://ec.europa.eu/regional_policy/de/information/publications/communications/2017/boosting-growth-and-cohesion-in-eu-border-regions. Zugegriffen: 26. Januar 2021.
16   Die Ergebnisse des business act Grand Est: https://www.grandest-ba.fr/wp-content/uploads/2020/07/business-act-grand-est-rapportvf-opti.pdf. Zugegriffen: 26. Januar 2021.
17   Les Echos (2020). Grand Est: un »Business Act« pour la relance. https://www.lesechos.fr/thema/dynamiques-regionales/grand-est-un-business-act-pour-la-relance-1256936. Zugegriffen: 26. Januar 2021.
18   Siehe dazu: https://iba-gr.eu/kategorie/werkstatt/. Zugegriffen: 26. Januar 2021.

Roland Theis ist Staatsekretär der Justiz und für Europa in der saarländischen Landesregierung sowie Europa-Bevollmächtigter des Saarlandes. Der gebürtige Saarländer ist deutscher und französischer Staatsbürger und hat Rechts- und Politikwissenschaft in Saarbrücken und Aix-en-Provence studiert. Nach dem Studium arbeitete Theis als Unternehmensjurist in einer deutsch-französischen Mittelstandsbank. Vor seinem Eintritt in die Landesregierung 2017 war Theis von 2009 an Mitglied des Saarländischen Landtags. Heute unterrichtet er an der Université de Lorraine sowie an der Université Paris Panthéon-Assas deutsches öffentliches Recht.

BIEN PLUS QU'UN « PLUS JAMAIS ! »

Quelles leçons nous pouvons tirer de la crise – la chance d'une nouvelle dynamique pour la région frontalière franco-allemande !

Roland Theis

Le choc de la pandémie et ses effets sur les rapports franco-allemands comme sur les relations transfrontalières dans notre région ont révélé des faiblesses et des déficits anciens et nouveaux, dont la suppression doit être un devoir pour les responsables politiques de notre région, comme pour ceux de Paris et Berlin. La crise a eu un « effet loupe » sur la situation actuelle du travail transfrontalier. Elle a montré ce qui fonctionne bien, certes, mais aussi que des coopérations que l'on croyait assurées ont échoué dans un moment critique, sans oublier l'émergence de nouveaux problèmes qui ont rendu la vie difficile aux citoyens ces derniers mois.

Dans le même temps, la pandémie a clairement démontré toute la pertinence de la coopération transfrontalière pour la vie quotidienne des habitants de notre région. J'ai moi-même pu faire l'expérience que, même au parlement sarrois, l'intérêt d'un jeune député pour ces questions ne l'était point tant par inclination et proximité avec le sujet que pour sa dimension politique incontournable. Autrement dit, le langage de la raison plutôt que celui du cœur. Le printemps 2020 a prouvé le contraire. Une bonne coopération transfrontalière a littéralement sauvé des vies.

Les deux images marquantes du printemps 2020 resteront, d'une part, les points de passage aux frontières fermés et, d'autre part, les transports par hélicoptère de patients français vers l'Allemagne. Ils représentent à la fois le meilleur et le pire de la lutte contre la pandémie ; la solidarité et l'amitié contrastant avec le « sauve qui peut » des premiers jours. La première tendance a prévalu. Des patients français ont été acheminés en Allemagne non seulement au printemps, mais aussi lors de la deuxième phase en octobre 2020 en nombre certes plus restreint ; la partie française mettant alors à la disposition des autorités allemandes des capacités d'accueil au moment où des cliniques allemandes commençaient à saturer début décembre. Ces deux images resteront dans la mémoire collective des habitants de la région frontalière.

On n'oubliera pas davantage de sitôt le pont de l'amitié entre Grossbli et Kleinblittersdorf[1] fermé avec de la rubalise, ni le pêcheur de baguettes de Lauterbach[2]. Et que dire de tous les citoyens qui devaient se justifier devant la police fédérale, dont les jeunes recrues sur le terrain, nées après les accords de Schengen, ne connaissaient pas plus notre région frontalière que les frontières intérieures de l'Union européenne ? Scènes de mars et avril 2020, qui montrèrent toute l'absurdité de la situation du printemps 2020. Elles nous ont fait comprendre qu'on ne peut pas séparer la région franco-allemande, ni d'ailleurs les gens qui y vivent. Pour l'analyse de l'impact de la pandémie sur les relations franco-allemandes dans la région frontalière, la question est pourtant aussi de savoir quelles leçons les décideurs politiques ont tiré de cette période. Saurons-nous faire du choc des premiers mois de 2020 un réveil salutaire pour de véritables améliorations et des progrès aussi structurels que durables, ou resterons-nous sur les blessures subies et la fragilité des relations, tout cela parce que nous serons finalement retombés dans le statu quo ? Cette publication vise à mettre à l'agenda de l'après COVID-19 des questions dont les solutions impliquent un nouvel élan dans les relations transfrontalières ; élan qui tire sa nécessité et son sens du choc de ces journées particulières du printemps 2020. Un tel « plus jamais ! » ne sera en effet crédible que s'il se distingue fondamentalement du « business as usual » ! A l'inverse, si le choc salutaire du printemps déclenche une nouvelle dynamique dans les relations transfrontalières, alors la pandémie deviendra une opportunité pour la région frontalière (figure 1).

Les politiques nationales et régionales ont ainsi l'opportunité de prouver qu'elles tirent les leçons de la crise et – plus encore – de donner une traduction concrète aux protestations publiques d'attachement à la coopération transfrontalière : après la crise, des actes ! Cela serait même à très court terme absolument nécessaire au regard de la crédibilité ternie et – comme l'a montrée une enquête de la radiotélédiffusion sarroise[3] – des relations qui restent encore meurtries pour de nombreux citoyens.

Ces suggestions ne prétendent pas à l'exhaustivité, et leur rédacteur n'en revendique aucun droit d'auteur. Elles sont de fait empruntées aux débats politiques et de société des derniers mois. Certains progrès ont déjà été engagés au fur et à mesure que nous apprenions de la pandémie et sont en bonne voie. Pour beaucoup d'autres, la plus grande partie du chemin reste devant nous. Pour certains, la tendance semble même négative, car toute l'attention s'est focalisée sur la pandémie, à tel point qu'une solution

Figure 1 Ensemble pour l'Europe. Source : Photographies de David Quack 2020.

politique semble plus éloignée aujourd'hui qu'au cours des mois précédant la pandémie.

RENFORCER LA COORDINATION POLITIQUE : LA CELLULE DE CRISE FRANCO-ALLEMANDE AU SEIN DU SECRÉTARIAT COMMUN À LA COOPÉRATION TRANSFRONTALIÈRE

Les deux premières semaines de mars 2020 étaient marquées par des prises de décision parfois frénétiques, dans une phase où les nouvelles effrayantes concernant la pandémie pleuvaient d'heure en heure sur les décideurs des deux côtés de la frontière, tandis qu'en interne la coordination et la communication peinaient déjà à suivre le rythme des événements. Ce constat vaut – comme en atteste un regard rétrospectif honnête – pour les deux pays et, compte tenu du caractère dramatique d'événements qu'aucun des acteurs concernés n'avait vécu auparavant, ne constitue en aucune façon un reproche. Les prises de positions politiques ont souvent été dépassées par la dynamique de la situation, et ce, avant même d'avoir pu atteindre leurs destinataires. Dans les premières semaines de la pandémie, j'ai moi-même vécu le fait qu'une information transmise personnellement aux partenaires du Land était déjà obsolète à peine le dernier appel téléphonique terminé. Qualifiée d'évolutive cette situation relevait souvent d'un euphémisme pour désigner en réalité une situation houleuse qui nous laissa tous à bout de souffle.

Une réelle coordination commune de mesures au niveau régional n'a été possible que partiellement, notamment pour les questions préemptées par le niveau national en France et fédéral en Allemagne. Ainsi, s'agissant de la fermeture des points de passage frontaliers, effectuée par le ministère des transports du land de Sarre à la demande expresse de la police fédérale[4] dans le cadre de dispositions internes « d'assistance administrative », le gouvernement du Land a tenté d'en discuter au préalable avec les représentants de la préfecture et de la région Grand Est. Cependant, comme cette coordination ne pouvait porter ni sur l'opportunité de la mesure, ni ne nous laissait une réelle marge de manœuvre concernant la mise en œuvre pratique, il s'agissait plus d'une information préalable assez complète que d'une réelle coordination.

La coordination politique a laissé place au cours des jours agités de mars à des contacts réguliers par SMS entre un petit nombre de décideurs. En particulier, les bons rapports entre le Président du Conseil régional du

Grand Est et le Ministre-Président du Land de Sarre, Tobias Hans, déjà solides avant la crise, ont très grandement facilité la prise en charge des patients de France au sein des hôpitaux et cliniques sarroises[5].

À mesure que la pandémie progressait, un groupe de représentants de France, d'Allemagne et de Suisse, réuni par Mme le Préfet Chevalier, a pris de plus en plus d'importance, d'autant plus que l'échelon politique croisait les informations avec les services de santé des deux pays. D'autres vidéoconférences régulières dans le cadre de la Conférence du Rhin supérieur et de la Grande Région ont notamment permis de faire travailler ensemble les administrations des partenaires concernés.

Toutes ces réunions ont été et restent d'une réelle utilité pour la lutte commune contre la pandémie. Le simple fait de connaître la situation de ses voisins, leur vision des jours à venir et d'échanger sur les options possibles rend l'action publique plus fiable. L'échange permanent au niveau politique place au centre de l'attention des décideurs la préoccupation du partenaire et l'interdépendance avec sa propre décision. La compréhension et la sensibilité à la situation du voisin, à ses urgences et contraintes, priorités et problèmes, ne résultent que d'un contact stable et permanent. Pendant la crise, ce contact a été plus étroit, plus confiant et souvent plus amical que jamais. La nécessité commune l'a rendu indispensable ; la vidéoconférence l'a rendu possible. L'esprit collectif de la période de crise, espérons-le, survivra encore longtemps après les heures sombres de la COVID-19.

Ce qui a été atteint pendant la première phase de la pandémie par des sommets ad hoc de la Grande Région, des échanges dans le cadre de la Conférence du Rhin supérieur, des contacts bilatéraux, doit à l'avenir être institutionnalisé au niveau politique et actionné dans une situation comparable dès les prémices de la crise. Ce qui est une évidence dans l'État-nation, à savoir la formation d'équipes de gestion de crise au niveau politique, doit avoir cours de la même manière dans la coopération transfrontalière. Toutefois, la cellule de crise politique doit disposer d'un support administratif pour préparer les rendez-vous, déterminer les ordres du jour et servir de plate-forme d'information.

Clef de voûte pour la gestion de crises : le secrétariat du Comité de coopération transfrontalière.
Si déterminer à l'avance qui précisément doit siéger autour de la table apparaît peu réaliste car subordonné à la nature spécifique de la crise, le secrétariat commun du Comité de coopération transfrontalière créé par le traité d'Aix-la-Chapelle s'impose[6] *comme clef de voûte des relations franco-allemandes. Ce secrétariat, doté d'un person-*

nel franco-allemand, dispose des relais nécessaires dans les administrations régionales et nationales et assure ainsi la mise en réseau et la stabilité requises pour jouer son rôle de plate-forme et de moteur de coordination entre l'Allemagne et la France.

COOPÉRATION MÉDICALE : DU PACTE D'ASSISTANCE MUTUELLE À LA ZONE DE SANTÉ TRANSFRONTALIÈRE PAR LA MISE EN ŒUVRE D'UN MÉCANISME DE SOLIDARITÉ

Alors que le transfert de patients dans la première phase de la crise était commandé par la nécessité et devait beaucoup à l'initiative propre des hôpitaux, il était déjà beaucoup plus coordonné et mieux organisé à l'automne 2020. Suite aux indications de l'*Agence Régionale de Santé* (ARS, représentation régionale du ministère français de la santé), le besoin français a été quantifié et peut donc être mieux pris en compte par les hôpitaux allemands. D'autant mieux d'ailleurs que le besoin s'est avéré plus faible qu'anticipé du fait de nouvelles infections moindres que prévues en France. En retour, en décembre, après que la situation des hôpitaux allemands se soit sensiblement tendue, l'ARS a offert d'accueillir des patients allemands dans les services de santé français.

La réaction politique, initiée par le président du Conseil régional français Jean Rottner et le ministre-président du Bade-Wurtemberg Winfried Kretschmann[7], a pris la forme d'un pacte d'assistance mutuelle signé fin novembre 2020, par lequel les partenaires s'engagent à une solidarité mutuelle. Au plan juridique, s'il ne s'agit que d'une déclaration d'intention, elle constitue néanmoins une garantie précieuse pour tous les participants par la proclamation emblématique et officielle de se secourir mutuellement en cas d'urgence. En outre, à l'échelle de la Grande Région, des projets ont été lancés et soutenus, représentant autant de facilités pour la lutte transfrontalière contre la pandémie que de précieux outils pour l'avenir.[8]

Alors que dans la première phase l'entraide s'est faite spontanément et sur la base de structures de communication convoquées à la hâte à l'automne, un mécanisme de solidarité est nécessaire en complément de la cellule de crise politique pour les situations de crises futures. Ce mécanisme doit rendre transparentes les ressources disponibles comme les pénuries imminentes afin que les décideurs politiques puissent prendre dans l'urgence des décisions d'assistance mutuelle.

Redéfinir la région sanitaire du point de vue du patient plutôt que sur la base des frontières nationales
La vision à long terme des soins de santé dans la région frontalière doit aller bien au-delà d'une assistance mutuelle limitée aux situations d'urgence. Les accords entre la Moselle et la Sarre, tels que la convention MOSAR[9], qui régit l'accès des patients en situation d'urgence à certains traitements dans l'hôpital le plus proche, forment le noyau d'une future région sanitaire transfrontalière intégrée. À l'avenir, la décision d'admettre un patient dans un hôpital ne doit pas être fondée sur le tracé des frontières nationales ou sur la compétence géographique de tel système de soin, mais exclusivement sur la question de savoir où le patient pourra recevoir le plus rapidement possible le meilleur traitement. Que cela contribue aussi à une meilleure efficacité des systèmes de soin, l'exemple de l'hélicoptère de secours du Winterberg à Sarrebruck suffit à en faire la démonstration. Comme ce dernier ne peut intervenir qu'en Allemagne, sa situation géographique à la frontière ne lui permet de desservir que la moitié de sa zone d'intervention potentielle. Ainsi, alors que l'hélicoptère de Sarrebruck a un taux d'utilisation plus faible que celui de ses homologues, les patients français de Forbach, Saint Avold ou Sarreguemines, qui sont pourtant tout près, sont actuellement contraints d'être transportés par avion depuis Nancy, située bien au-delà de la zone frontalière. Il est évident qu'améliorer l'organisation des services de secours pourrait sauver des vies.

TRAFIC FRONTALIER DE PROXIMITÉ EN TEMPS DE CRISE – EFFECTUER DES CONTRÔLES EN ZONE FRONTALIÈRE, SURTOUT EN TEMPS DE CRISE !

Outre la dimension symbolique des images de frontières fermées au cœur de l'Europe, les restrictions du trafic frontalier dit local ont non seulement été une gêne pour de nombreuses personnes dans la région, mais aussi un obstacle de facto dans la lutte commune contre la pandémie. Alors que le personnel des hôpitaux travaillait sous forte pression, la fermeture des postes frontières a entraîné des embouteillages et des détours pour les nombreux employés des hôpitaux sarrois vivant en France, rendant la journée de travail déjà longue encore plus éprouvante.

Après l'ouverture tant attendue de tous les points de passage en juin 2020, l'objectif politique partagé dans la région frontalière était précisément d'éviter le retour à une telle situation au cours de la suite de la pandémie. Lors du débat sur l'obligation de quarantaine pour les nationaux en provenance de zones dites « à risques », la question s'est posée à nouveau de savoir comment – dans le cas de la classification du territoire voisin comme zone « à risques » – les navetteurs, par exemple, devraient être traités. Car même accompagnées d'exemptions pour certains motifs de séjour, les trop fameux « motifs valables », dont l'examen et l'interprétation avaient suscité tant de problèmes au printemps, auraient ressurgi des abysses administratifs[10].

Après de longs débats dans les Länder, entre eux et avec le gouvernement fédéral, qui a fait élaborer un modèle d'ordonnance de quarantaine par le ministère fédéral de l'Intérieur, un règlement a été élaboré sous la forme de la « règle des 24 heures » au ministère sarrois des Affaires européennes, qui prévoit une exemption générale de l'obligation de quarantaine pour les déplacements de courte durée dans le cadre du trafic frontalier. À l'exception du Bade-Wurtemberg, à cause du contexte spécifique des séjours touristiques de ski en Suisse, le gouvernement fédéral et les Länder ont jusqu'ici (à la mi-janvier 2021) maintenu cette règle, qui a fait ses preuves aux yeux de tous.

Cet exemple témoigne « pars pro toto » de la manière toute particulière dont les régions frontalières sont concernées par des situations telles celle de l'année 2020. Lors de sa visite dans la région le 5 juin 2020, Amélie de Montchalin, alors secrétaire d'État française aux affaires européennes, a trouvé les mots justes à cet égard. Les régions frontalières sont en effet soumises à davantage de restrictions que les régions centrales nationales, car frappées aussi par les règles du pays voisin. Cela entraîne d'autant plus de distorsions que les réglementations de ce côté-ci et de l'autre de la frontière sont incompatibles. Cette observation s'applique non seulement aux restrictions à la mobilité, mais aussi aux questions de droit social, de droit du travail ou de droit fiscal, dont certaines ont déjà été abordées dans ce livre.

En dehors des temps de crise, où le contrôle permanent des zones frontalières est crucial, l'attention des décideurs politiques doit être appelée au niveau national et régional sur la situation particulière des zones frontalières, aussi par temps calmes.

Tenir prête l'expertise pour la crise : développer la « Task Force frontaliers »

Pour les crises futures, il est donc nécessaire de disposer de la compétence préalable pour réexaminer si nécessaire les règles dans un court laps de temps. A ce propos, les élus de la région n'ont eu qu'à se louer de la « Task Force frontaliers »[11]*, qui rassemble l'expertise juridique requise pour anticiper les obstacles juridiques et administratifs en zone frontalière, et témoigne d'une réelle démarche de résolution des problèmes. La Task Force frontaliers de la Grande Région élabore des propositions de solutions juridiques et administratives aux questions et problèmes majeurs des travailleurs* *transfrontaliers et des entreprises qui les emploient. C'est pourquoi elle est particulièrement active dans les domaines du droit de la formation, du travail, social et fiscal. L'accord politique intervenu sur la poursuite d'activité de la Task Force frontalier après l'expiration des financements européens Interreg est l'un des succès de la présidence sarroise de la Grande Région.*[12]

ACTEUR ET MOTEUR DE COOPÉRATION ET NON DE SÉPARATION – MIEUX COORDONNER LA COOPÉRATION EN MATIÈRE DE SÉCURITÉ ET LA RENDRE PLUS VISIBLE !

La différence entre le printemps et l'hiver 2020 dans la lutte commune contre la pandémie ne saurait être mieux illustrée que par l'image des patrouilles binationales dans les centres villes, contrastant avec celle des agents contrôlant le passage de la frontière au printemps. Alors qu'au printemps – malgré tous les efforts sincères de la police fédérale – des scènes pénibles, des malentendus et des désagréments se sont produits au sujet des motifs dits « valables » lors des contrôles aux frontières, voir marcher côte à côte dans les rues de Sarreguemines, Sarrebruck et Sarrelouis la police sarroise, la police nationale ou la gendarmerie démontrait en soi que les autorités travaillent main dans la main à faire appliquer les règles de lutte contre la pandémie.

Les forces de l'ordre dans la région frontalière coopèrent avec succès depuis de nombreuses années. De multiples formats de coopération, formels et informels, ont fait leurs preuves pour lutter conjointement, en transfrontalier, contre la criminalité. Du Centre commun de coopération policière et douanière de Luxembourg, auquel participent quatre pays, aux contacts personnels entre les services le long de la frontière, les informations circulent et les opérations sont discutées ensemble. Depuis longtemps, fuir au-delà de la frontière ne protège plus contre l'arrestation par les forces de sécurité. La coopération commence dès la phase de formation, lorsque de jeunes stagiaires de police du Luxembourg, de France, de Belgique et d'Allemagne se réunissent chaque année en juin pour connaître cette dimension de leur futur travail et apprendre à mieux se connaître. La coopération policière constitue logiquement l'un des 15 chapitres de la « feuille de route III » (2020–22) de la stratégie France de la Sarre.

Il existe de nombreux exemples de la forte volonté de coopérer et des endroits où cela est particulièrement évident. Que ce soit dans le bureau commun de la Brême d'Or, lors des entretiens mensuels 3M, synonyme de réunions régulières des services de police dans le triangle frontalier, ou des contrôles transfrontaliers de circulation routière associant la police sarroise et la police fédérale du côté allemand, voici autant d'acteurs et de moteurs de la coopération transfrontalière.[13] La coopération est également fructueuse dans la vie quotidienne des services. Ainsi, début novembre 2020, le Saarbrücker Zeitung a pu faire état d'un succès commun en pleine pandémie avec l'arrestation d'un délinquant ayant sévi en Moselle et en Sarre. Conclusion des enquêteurs : « Cela facilite grandement le travail que nous connaissions bien nos collègues français ![14] ».

La lutte contre la pandémie a montré clairement que la coopération est d'autant plus importante en situations de crise. Il y a aussi des raisons très pratiques à cela. Dans une région multilingue comme la nôtre, où les navetteurs se comptent par dizaines de milliers, faire connaître les règles en vigueur au-delà de la frontière linguistique n'est pas une mince affaire. Ce qui n'est déjà pas facile pour les citoyens dans leur propre contexte linguistique compte tenu de normes juridiques en constante évolution l'est encore moins entre le fonctionnaire allemand et le citoyen francophone ou vice versa ! Au printemps, une certaine insécurité juridique s'est ajoutée à la question du « motif valable » pour franchir la frontière, que de nombreux citoyens ont perçu comme arbitraire, voire discriminatoire. Pendant des semaines, il y a eu des malentendus et des désagréments aux points de passage aux frontières parce que les règles n'étaient pas claires ou n'étaient pas bien comprises. Même si les agents ont fait tous les efforts possibles et que les contrôles ont été effectués au global avec beaucoup d'empathie et de tact malgré la situation tendue, ce sont précisément ces quelques cas individuels qui ont rafraîchi nos relations pendant quelque temps.[15] Pour éviter que les citoyens ne vivent encore cette situation, le ministère fédéral de l'intérieur et son homologue français ont publié le 2 juin 2020 un certificat franco-allemand énumérant les différents « motifs valables »[16] reconnus comme tels pour un voyage dans le pays voisin.

La leçon pour les futures situations de crise a déjà été tirée lors de la deuxième vague et reste d'actualité. Les contrôles conjoints, au cours desquels aucun malentendu linguistique ne peut se produire, ne sauraient non plus être perçus comme discriminatoires car le citoyen concerné est aussi contrôlé par « ses » propres fonctionnaires.

Renforcer, pratiquer et utiliser les instruments de coopération transfrontalière entre les forces de l'ordre en cas de crise
Pour les crises futures : l'utilisation des instruments de coopération transfrontalière déjà existants en cas de crise doit être améliorée. Par exemple, au moyen de mesures

communes d'interpellation banalisée dans la zone frontalière, d'une meilleure coordination du travail des forces de l'ordre entre la Sarre et ses voisins au niveau des décideurs entre les ministères du Land, la direction de la police fédérale et la préfecture et, enfin, à long terme, du développement des compétences linguistiques au sein des forces de l'ordre afin de rendre la coopération encore plus fluide ; autant de mesures qui, sur les bases professionnelles déjà existantes de la coopération policière, la rendront encore plus performante en cas de crise. De tels scénarios doivent faire l'objet d'exercices transfrontaliers à l'avenir, mais doivent également être actionnés par les décideurs en cas de crise.

EN FINIR ENFIN AVEC LES DÉSAVANTAGES JURIDIQUES ET DE FAIT ENVERS LES TRAVAILLEURS TRANSFRONTALIERS – UTILISER LA CRISE COMME CATALYSEUR !

Après les effets sanitaires immédiats de la crise et des mesures de lutte anti-COVID-19, leurs conséquences sociales et économiques ne se sont pas faites attendre. Le ralentissement majeur voire l'arrêt brutal de pans entiers de l'activité économique dans le but de réduire au maximum les contacts a entraîné un chômage partiel des deux côtés de la frontière et provoqué une augmentation du chômage, qui n'est probablement qu'un avant-goût d'une crise économique en Europe dans les années à venir. Avec les problèmes économiques, les distorsions juridiques sont également revenues plus fortement sur le devant de la scène. Elles causent de sérieux désavantages financiers pour de nombreux travailleurs frontaliers et leurs employeurs et représentent une charge supplémentaire pour la population et l'économie régionale dans la crise.

La réimposition en France de l'allocation de chômage partiel allemande – qui est d'ailleurs déjà imposée forfaitairement en Allemagne avant paiement – a entraîné une baisse très sensible des revenus des travailleurs frontaliers en situation de chômage partiel vivant en France et travaillant en Allemagne. Les salariés d'entreprises françaises résidant en Allemagne n'ayant ni établissement ni filiale en Allemagne ont été totalement exclus du bénéfice de l'indemnité de chômage partiel en raison de la situation juridique allemande. Il convient au contraire de signaler que Mme Muriel Pénicaud, ministre française du travail, a modifié la législation française en un temps record afin de permettre aux employés des entreprises allemandes en France sans filiale ni succursale de bénéficier du chômage partiel, sous réserve de réciprocité. Le nouveau règlement est entré en vigueur le 27 mars 2020, 10 jours après le début du gel initial.

D'autres problèmes de droit fiscal et social ont également eu un effet néfaste sur le marché du travail dans la région frontalière. Non seulement sous la forme de perte de pouvoir d'achat pour les salariés mais aussi pour les entreprises qui, par exemple, n'ont pas bénéficié de l'indemnisation prévue par la loi sur la lutte contre les infections au motif que leurs employés vivant en France n'auraient pas été mis en quarantaine par une autorité sanitaire allemande mais française – qui est, après tout, seule responsable des résidents sur son sol. Ce qui représente une charge économique mineure en temps normal devient un désavantage compétitif pour les entreprises de la région en période de quarantaine massive.

Pour toutes ces questions, qui s'ajoutent aux barrières inhérentes à la vie et au travail transfrontaliers, les clefs du problème se trouvent dans les capitales nationales. Qu'il s'agisse du financement plus tendu de la formation transfrontalière ou des obstacles bureaucratiques nationaux surajoutés lors de la transposition de la directive sur les travailleurs détachés, la situation semble en ce moment réciproquement bloquée par Berlin et Paris. A tout le moins, disons que la résolution de ces questions clefs pour la région frontalière semble être nettement moins prioritaire pendant la pandémie. Une solution à ces difficultés n'est pas en vue. De nombreuses tentatives ont été faites par les responsables politiques régionaux – des deux côtés de la frontière – pour convaincre Berlin et Paris de prendre, chacun et ensemble, les mesures nécessaires.

Les obstacles quotidiens décrits dans la réalité de la vie transfrontalière ne sont pas seulement une gêne pour les personnes concernées. Ils sont également désastreux pour la crédibilité de la politique franco-allemande aux yeux de ceux qui vivent le quotidien franco-allemand. La question de savoir comment l'Allemagne et la France vont gérer de grands projets communs alors qu'elles ne sont même pas capables d'harmoniser les irritants bureaucratiques conduit à la déception et à l'agacement de ceux qui devraient en être les soutiens les plus résolus.

Il est vrai que des progrès ont été réalisés bon an mal an dans le passé. Cependant, pénibles et laborieux à trouver, ils ont souvent été perçus comme insuffisants. Et il y a eu aussi des reculs. Le charpentier sarrois qui, il y a dix ans, se rendait sur un chantier de Strasbourg avec son apprenti français, pouvait le faire avec la certitude qu'il n'avait rien à craindre. Aujourd'hui, il a besoin d'un formulaire A1 pour chacun de ses employés et pour lui-même, d'un badge environnemental Crit'Air pour Strasbourg, qui en plus n'est pas le même que celui des agglomérations allemandes, et le financement de la part patronale de la formation théorique de son apprenti n'est, pour finir le tableau, plus assurée. Lui expliquer que « l'Europe est la solution » sera mission impossible pour tout responsable politique, car cela ne correspond pas à son expérience quotidienne. La cause de ces réglementations relève parfois de l'inattention du législateur national ou du pouvoir règlementaire aux nécessités particulières des régions frontalières ; parfois aussi purement du protectionnisme.

Bien entendu, ces obstacles n'existent pas seulement le long de la frontière franco-allemande. La Commission européenne se préoccupe plutôt depuis longtemps de la situation des régions frontalières au sein de l'Union européenne. Dans un rapport publié en septembre 2017, la Commission est arrivée à la conclusion qu'en raison de ces obstacles juridiques, administratifs mais aussi de fait, les régions frontalières de l'UE, dans lesquelles vivent un bon tiers des citoyens de l'UE, sont loin d'avoir atteint leur potentiel économique.[17] Un démantèlement des barrières serait analogue à un petit plan de relance économique pour les régions frontalières européennes, dont le besoin est urgent, et pas seulement depuis la pandémie. En raison des charges supplémentaires décrites ci-dessus, les conséquences économiques affecteront la région frontalière plus que d'autres régions européennes situées dans des lieux plus centraux de l'État-nation. La persistance de ces obstacles juridiques et administratifs est d'autant plus incompréhensible que l'article 13 du traité d'Aix-la-Chapelle, signé le 22 janvier 2019 et entré en vigueur le 22 janvier 2020, prévoit que les gouvernements peuvent déroger aux règles nationales afin de tenir compte de la situation des régions frontalières et d'harmoniser les règles.

Un Conseil des ministres franco-allemand comme « coup de butoir » pour faire tomber les barrières dans la région frontalière
Ce qu'il faut donc pour montrer que des leçons ont été tirées de cette crise, c'est un ensemble de mesures pour la région frontalière franco-allemande. Les propositions de solutions sont déjà sur la table du comité de coopération transfrontalière et dans les ministères concernés à Paris et à Berlin. Ce qu'il faut maintenant, c'est la volonté politique de les rassembler en un paquet de mesures qui puisse agir comme un coup de butoir libérateur pour les régions frontalières face au mur de normes non coordonnées. Une session du Conseil des ministres franco-allemand, conjointe avec le Comité de coopération transfrontalière où siègent des représentants régionaux et locaux, serait le format idoine pour adopter les décisions à prendre en urgence au bénéfice de la région frontalière franco-allemande. Pourquoi une décision politique est-elle nécessaire ? Parce que les administrations nationales n'aiment pas les dérogations régionales aux règles nationales, qui leur paraissent contraires à l'esprit d'égalité. Mais dans dif-

férentes situations, l'équité consiste justement à adapter les règles aux réalités du bassin de vie.

UN NOUVEAU *STATUT TRANSFRONTALIER* POUR LA FORMATION ET LES ÉTUDES TRANSFRONTALIÈRES DANS LA GRANDE RÉGION

Les universités et les étudiants ont de tout temps été les moteurs du développement et du progrès dans les villes, les régions et des pays entiers. Les universités ne produisent pas seulement de nouveaux résultats de recherche, elles servent également à développer notre vision du monde, à créer de nouvelles identités et transforment des sociétés entières. Elles sont des moteurs de changement structurel et sont conçues comme transfrontalières *ab initio* puisque les échanges scientifiques ne connaissent pas de frontières.

Ce qui est vrai depuis la fondation de la première université en 1088 à Bologne est particulièrement vérifié dans les universités et écoles supérieures de la région frontalière. Le positionnement international de la recherche et de l'enseignement, la composition du public étudiant avec des jeunes du monde entier, et même l'histoire de la fondation de l'Université de la Sarre depuis 1948 témoignent de cet esprit. C'est pourquoi les universités et les établissements d'enseignement supérieur de la région frontalière jouent précisément ce rôle d'acteur central et de moteur de la croissance commune de part et d'autre de la frontière. Aucun autre secteur ne va aussi loin dans la coopération concrète, nulle part autant de personnes travaillent ensemble par-delà les frontières au quotidien dans les salles de cours et les laboratoires de la région frontalière, nulle part ailleurs l'esprit européen de notre chère « petite patrie » ne se développe autant que dans les réfectoires et les logements étudiants de Luxembourg, Metz, Nancy, Trèves, Sarrebruck et Kaiserslautern.

Avec le siège administratif de l'Université franco-allemande, l'Université de la Grande Région, l'ISFATES, ses nombreux instituts et centres de recherche tournés vers l'Europe et l'international, notre espace d'enseignement supérieur dispose d'un profil tout particulier. Dans de nombreux cursus transfrontaliers, bi- et multilatéraux, les étudiants apprennent non seulement les matières, mais développent aussi les compétences culturelles qui découlent de la vie et du travail dans différents pays et cultures. Pour beaucoup d'enseignants et chercheurs, la diversité de l'espace d'enseignement supérieur grâce aux nombreux partenariats et liens transfrontaliers et internationaux est un argument important en faveur de nos institutions de recherche. Lors de mes séjours à l'étranger dans de nombreux pays européens, mais aussi en Russie, en Asie du Sud-Est ou en Afrique, j'ai pu constater à maintes reprises que le cercle des diplômés de l'Université de la Sarre est plus large que ce que l'on pourrait attendre d'une université allemande de taille moyenne. Capitaliser sur ce réseau pour la Sarre est l'une des grandes opportunités auxquelles il convient de se consacrer.

Il en va de même – bien qu'en nombre plus restreint – pour les stagiaires qui suivent leur formation professionnelle dans le cadre des formations transfrontalières. Dans ce qui sont désormais quatre formations professionnelles binationales, les jeunes des deux côtés de la frontière apprennent au sein d'écoles professionnelles en Sarre. Des projets similaires existent également le long de la frontière franco-allemande, bien qu'ils ne soient pas encore aussi aboutis. Toutefois, l'avantage économique des deux côtés de la frontière apparaît déjà clairement si l'on considère le chômage des jeunes encore élevé en France et la pénurie de travailleurs qualifiés en Allemagne. Une meilleure articulation des deux marchés du travail offre donc une solution à deux problèmes. Le grand intérêt que suscite cette démarche se manifeste chaque année lors du salon interrégional de l'emploi de Sarrebruck, où en 2019, plus de 150 entreprises exposantes ont pu proposer 10 000 emplois dans la Grande Région à plus de 10 000 visiteurs.

Pour toutes ces personnes qui construisent leur formation professionnelle et universitaire sur la promesse d'un marché du travail sans frontières dans l'Union européenne, la fermeture des frontières a été sans aucun doute un coup dur, car elle a révélé une fragilité supplémentaire de la mobilité transfrontalière et cela jouera un rôle à l'avenir dans le choix du lieu de formation ou d'études. Bien que l'offre accrue de cours en ligne et les exemptions prévues par les règlements de lutte contre la COVID-19 en faveur des étudiants, apprentis et enseignants aient en réalité permis de réduire au strict minimum l'impact sur les études et formations transfrontalières, l'incertitude a néanmoins été grande pendant de nombreux mois. Pour éviter que les formations et les études transfrontalières ne perdent de leur attrait à l'avenir, cette mauvaise expérience doit être corrigée par un signal pour l'amélioration concrète de la mobilité des étudiants et plus largement des apprenants. Cette recommandation pourrait prendre la forme d'un « *statut d'apprenant transfrontalier* », qui vise à faciliter la situation légale et réelle des étudiants, des apprentis et des stagiaires suivant des études ou formations transfrontalières.

Cette proposition, formulée par des représentants du monde universitaire de la Grande région dans le cadre du projet « *business act Grand Est* »[18] fait également l'objet de discussions dans d'autres régions frontalières. Elle inclut des mesures concrètes pour améliorer la mobilité des jeunes. Par exemple, l'harmonisation des calendriers de formation permettrait une meilleure perméabilité des études et offres de formations. Cette mesure de bon sens semble atteignable, au moins en partie. D'autre part, la proposition vise à améliorer la mobilité réelle des étudiants en leur accordant l'utilisation des transports publics locaux à tarif réduit avec un seul « ticket d'études » sur le territoire de la Grande Région. Complétant les aides à la mobilité déjà largement disponibles aujourd'hui, cela pourrait constituer une incitation supplémentaire à utiliser l'espace d'enseignement supérieur sans frontières de la région et lever un obstacle majeur de la vie quotidienne.

Plus de jeunes dans l'espace de formation et d'enseignement supérieur avec un* statut d'apprenant transfrontalier *supplémentaire.
L'objectif doit être d'encourager davantage d'étudiants et d'apprenants régionaux à internationaliser leurs diplômes et d'attirer davantage d'étudiants internationaux dans la région en raison de ses possibilités de qualification remarquables. En Sarre, les conditions sont bonnes, nos universités et nos écoles professionnelles sont déjà bien placées, de nombreux acteurs, notamment à l'Université de la Sarre et dans la région, travaillent à des projets passionnants pour renforcer l'internationalisation de notre l'enseignement supérieur avec un forte dominante européenne. Le fait d'attirer encore plus de jeunes grâce à un statut d'apprenant transfrontalier *supplémentaire soutiendra ces efforts.*

PLANIFIER L'AVENIR ENSEMBLE : DU *BUSINESS ACT GRAND EST* À LA PLATEFORME IBA – CRÉER DES *GROUPES DE RÉFLEXION* POUR L'APRÈS COVID-19

Après la crise sanitaire, la région frontalière ressentira pleinement les effets de la crise économique et sociale. Le nombre d'entreprises qui ont eu recours au recours au chômage partiel n'est qu'une indication prudente de ce qui peut être en jeu au plan économique. Outre les secteurs particulièrement touchés – commerce de détail, gastronomie, culture, pour n'en citer que quelques-uns – c'est une région très fortement liée aux chaînes de valeur mondiales qui est massivement frappée par la plus grave crise économique mondiale. Les cartes sont donc également remaniées sur le plan économique. Même sans la pandémie, des industries majeures de la région devaient faire face à une dynamique disruptive ou étaient déjà impactées par le mouvement. La pandémie sera un catalyseur supplémentaire, aggravant les défis mais indiquant également les solutions.

Dans une région qui – comme l'année 2020 l'a montré – est économiquement interdépendante à bien des égards, la sortie de crise et le repositionnement dans la période qui suit ne réussiront que par une coordination commune. L'hétérogénéité des structures politiques n'est ici d'aucun intérêt. Les compétences, les ressources financières et les possibilités d'action réelles ne pourraient guère être plus différentes que dans le triangle frontalier : de l'État souverain prospère du Luxembourg aux États fédérés allemands aux compétences certes étendues mais à l'intégration forte dans le fédéralisme de la République fédérale d'Allemagne, sans oublier la Région Grand Est en France, géographiquement vaste mais financièrement peu dotée au sein d'une organisation nationale encore centralisée.

Plus la coordination politique est structurellement complexe, plus se mettre d'accord sur des objectifs politiques partagés dans les différents domaines d'action est déterminant. Dans ce contexte, la coopération institutionnalisée au niveau de la Grande Région ou de la Conférence du Rhin supérieur par exemple, a pour tâche importante de consolider le dialogue et d'apporter de la stabilité à la coopération.

En particulier dans la coopération multilatérale associant des partenaires très hétérogènes aux missions et aux ressources asymétriques, la mise en œuvre de projets concrets est parfois longue et difficile. À cela s'ajoute l'importance croissante des acteurs non gouvernementaux dans la coopération transfrontalière. Les universités et les instituts de recherche, les entreprises et leurs organes représentatifs, les autorités locales telles que les Eurodistricts, les acteurs culturels et les initiatives citoyennes forment des groupes agiles dont la coopération par-delà les frontières peut être au moins aussi pertinente pour la vie quotidienne des gens que celle des institutions politiques. Elles ne sont pas opposées, ne fût-ce que parce que ces dernières ont souvent besoin du soutien politique et financier des premières pour démarrer et réussir.

C'est la raison pour laquelle leurs ressources, leur énergie et leur créativité ont également été mises à contribution pour faire face aux conséquences de la crise. De manière exemplaire, le processus « *Business Act Grand Est* », qui, sous la direction du président du Conseil régional Rottner et du préfet de région Chevalier, a rassemblé des centaines d'acteurs du monde des affaires, de la société civile, des universités, de la science, de l'administration et de la politique en vue de la reconstruction économique de la région Grand Est après la pandémie.[19] La dimension frontalière a été prise en compte dès le départ, non seulement par la mise en place d'un groupe de travail dédié mais aussi par la participation active de représentants du Luxembourg et de l'Allemagne à cette instance.

Les débats qui ont eu lieu dans le cadre des travaux du bureau pré-IBA de la htw à Sarrebruck sont tout aussi vastes dans le domaine de la science et de la société, et donc utilement mentionnés ici. À l'initiative du professeur Stefan Ochs de la htw de Sarrebruck et grâce à un financement du gouvernement du Land, les chercheurs de la htw se sont penchés sur la question de savoir quelle forme d'exposition internationale de la construction (IBA) serait possible et réalisable dans la Grande Région, dans le cadre d'un processus participatif élargi à l'ensemble de la Grande Région. Les nombreux participants aux discussions et panels de l'atelier ont développé des idées passionnantes pour le développement durable de la région frontalière. Inspirés par la devise de Voltaire « *mais il faut cultiver notre jardin* », les participants ont réfléchi, travaillé et développé des approches qui doivent être développées en une plate-forme IBA en 2021 et 2022 dans le cadre d'une nouvelle phase de projet de deux ans.[20]

Des* groupes de réflexion *agiles et une véritable participation citoyenne font de notre région frontalière un laboratoire unique pour une Europe proche des citoyens
Pour la période suivant la pandémie, c'est précisément de cette forme de groupes de réflexion *agiles dont la coopération transfrontalière a besoin. Cela permet non seulement de mettre de nouvelles idées à l'ordre du jour, mais rend aussi possible la participation si nécessaire de tant d'acteurs de la science, des entreprises et de la société civile, qui constituent la région frontalière dans sa diversité, mais peuvent aussi en faire un laboratoire unique pour une Europe proche des citoyens. Car la coopération concrète dans l'un des domaines essentiels du processus d'intégration est toujours un indicateur pour apprécier le projet européen dans son ensemble. S'il y a des problèmes ici, les doutes sur le succès de l'idée européenne vont grandir ; si l'on progresse ici à grands pas, nous pouvons devenir un modèle pour une Europe efficace et proche de ses citoyens.*

NOTES

1   Le Saarländischer Rundfunk a fait de nombreux reportages sur les événements survenus à la frontière ces jours-ci. Lisa Huth a réussi un bon résumé :

https://www.sr.de/sr/sr2/themen/politik/20200420_freundschaftsbruecke_kleinblittersorf_wieder_offen_100.html. Accès : 26 janvier 2021.

2   Süddeutsche Zeitung (2020). Saarländer „angelt" sich sein Baguette aus Frankreich. https://www.sueddeutsche.de/gesundheit/gesundheit-voelklingen-saarlaender-angelt-sich-sein-baguette-aus-frankreich-dpa.urn-newsml-dpa-com-20090101-200420-99-760064. Accès : 26 janvier 2021.

3   Le sondage dimap infratest du Saarländischer Rundfunk a été publié le 11 décembre 2020 et a été réalisé au Luxembourg et en Moselle entre le 2 et le 4 décembre 2020 auprès de 513 personnes. Voir : https://www.sr.de/sr/home/nachrichten/politik_wirtschaft/saarlandtrend/saarlandtrend_2020/2020_saarlorluxtrend_uebersicht_100.html. Accès : 26 janvier 2021.

4   Les Länder ont une compétence liée dans un tel cas. Ils doivent faire exécuter la décision du Bund.

5   L'article conjoint du ministre-président de la Sarre Tobias Hans et du président du Conseil régional Jean Rottner dans le Frankfurter Allgemeine Zeitung du 14 avril 2020 témoigne également de cette bonne coopération : https://www.faz.net/aktuell/politik/inland/gastbeitrag-mehr-zusammenarbeit-an-der-grenze-16725182.html. Accès : 26 janvier 2021.

6   Le traité d'Aix-la-Chapelle en texte intégral : https://www.bundesregierung.de/resource/blob/997532/1570126/c720a7f2e1a0128050baaa6a16b760f7/2019-01-19-vertrag-von-aachen-data.pdf?download=1. Accès : 26 janvier 2021.
Le pacte d'assistance mutuelle en texte intégral : https://www.saarland.de/SharedDocs/Downloads/DE/stk/2020-11-27-beistandspakt.pdf?__blob=publicationFile&v=1. Accès : 26 janvier 2021.

7   Dylla, C. (2020). La Grande Région cherche à freiner la Corona avec l'aide du numérique. https://www.sr.de/sr/home/nachrichten/politik_wirtschaft/grossregion_digital_gegen_corona_100.html. Accès : 26 janvier 2021.

8   Informations sur la coopération sanitaire de l'accord de Mosar : http://www.saarmoselle.org/rubrique.php?id_rubrique=2326&surligner=YToxOntpOjA7czo1OiJtb3NhciI7fQ==&langue=de. Accès : 26 janvier 2021.

9   Au printemps, les personnes souhaitent se rendre en Allemagne devaient à la frontière justifier auprès du policier fédéral présent d'un « motif valable » pour passer la frontière. Les motifs familiaux ont donné lieu à d'innombrables difficultés car aucune liste n'a été transmise aux policiers présents, lesquels devaient apprécier au cas par cas.

10   Voir : https://www.tf-grenzgaenger.eu/. Accès : 26 janvier 2021.

11   La déclaration finale du 17e Sommet de la Grande Région ainsi que d'autres documents de la Présidence du Sommet de la Sarre : http://www.grossregion.net/Aktuelles/2021/XVII.-Gipfel-der-Exekutiven-der-Grossregion. Accès : 26 janvier 2021.

12   Saarbrücker Zeitung (2020). Polizei kontrolliert über Grenzen hinweg. https://www.saarbruecker-zeitung.de/saarland/merzig-wadern/perl/grenzueberschreitende-grosskontrolle-der-polizei-im-dreilaendereck-bei-perl_aid-48874113. Accès : 26 janvier 2021.

13   Saarbrücker Zeitung (2020). Les fonctionnaires français et allemands attrapent les fraudeurs. https://www.saarbruecker-zeitung.de/saarland/saarbruecken/deutsche-und-franzoesische-polizei-ueberfuehren-einen-kreditkartendieb_aid-54480547. Accès : 26 janvier 2021.

14   Un des innombrables rapports sur les problèmes liés aux contrôles aux frontières, ainsi que sur les tensions politiques : https://www.zdf.de/nachrichten/panorama/coronavirus-grenzkontrollen-verstimmung-100.html. Accès : 26 janvier 2021.

15   Dadillon, Marie-Alix (2020). Contrôles aux frontières : une attestation unique. https://www.lalsace.fr/societe/2020/06/06/controles-aux-frontieres-une-attestation-unique. Accès : 08 février 2021.

16   Communication de la Commission du 20 septembre 2017 « Renforcer la croissance et la cohésion dans les régions frontalières de l'UE » : https://ec.europa.eu/regional_policy/de/information/publications/communications/2017/boosting-growth-and-cohesion-in-eu-border-regions. Accès : 26 janvier 2021.

17   Les résultats de l'acte d'entreprise Grand Est : https://www.grandest-ba.fr/wp-content/uploads/2020/07/business-act-grand-est-rapportvf-opti.pdf. Accès : 26 janvier 2021.

18   Les Echos (2020). Grand Est : un « Business Act » pour la relance. https://www.lesechos.fr/thema/dynamiques-regionales/grand-est-un-business-act-pour-la-relance-1256936. Accès : 26 janvier 2021.

19   Voir : https://iba-gr.eu/kategorie/werkstatt/. Accès : 26 janvier 2021.

Roland Theis est secrétaire d'État à la Justice et plénipotentiaire aux affaires européennes du Land de Sarre. Né en Sarre, il est citoyen allemand et français et a étudié le droit et les sciences politiques à Sarrebruck puis à Aix-en-Provence. Après avoir obtenu son diplôme, Roland Theis a travaillé comme juriste d'entreprise dans une banque franco-allemande pour les moyennes entreprises. Avant de rejoindre le gouvernement du Land en 2017, il était membre du parlement sarrois depuis 2009. Aujourd'hui, il enseigne le droit public allemand à l'Université de Lorraine ainsi qu'à l'Université Paris Panthéon-Assas.

GPSR Compliance

The European Union's (EU) General Product Safety Regulation (GPSR) is a set of rules that requires consumer products to be safe and our obligations to ensure this.

If you have any concerns about our products, you can contact us on

ProductSafety@springernature.com

In case Publisher is established outside the EU, the EU authorized representative is:

Springer Nature Customer Service Center GmbH
Europaplatz 3
69115 Heidelberg, Germany

www.ingramcontent.com/pod-product-compliance
Lightning Source LLC
LaVergne TN
LVHW011005250326
834688LV00004B/76